KB073491

나 자신과의 대화

CONVERSATIONS WITH MYSELF

Text copyright ⓒ 2010 by Nelson R. Mandela
and The Nelson Mandela Foundation
Foreword copyright © 2010 by Barack Obama
Concept and design copyright ⓒ 2010
by PQ Blackwell Limited
Book design: Cameron Gibb

Owing to limitations of space, all acknowledgments for
permission to reprint previously published and unpublished
material can be found on page 520~521

All rights reserved. No part of this publication may be
reproduced, stored in or introduced into a retrieval system,
or transmitted, in any form, or by any means (electronic,
mechanical, photocopying, recording or otherwise) without
the prior written permission of the publisher. Any person who
does any unauthorized act in relation to this publication may be
liable to criminal prosecution and civil claims for damages.

Produced and originated by PQ Blackwell Limited
116 Symonds Street, Auckland 1010, New Zealand
www.pqblackwell.com

Korean translation copyright ⓒ 2012 by RH Korea Co., Ltd.
Korean translation rights arranged with
PQ Blackwell Limited c/o Curtis Brown Group Limited
through EYA (Eric Yang Agency), Seoul.

이 책의 한국어판 저작권은 EYA(Eric Yang Agency)를 통해
with PQ Blackwell Limited c/o Curtis Brown Group Limited와
독점계약한 '㈜알에이치코리아'가 소유합니다.
저작권법에 의하여 한국 내에서 보호를 받는 저작물이므로 무단 전재와 복제를 금합니다.

나 자신과의 대화

넬슨 만델라 지음
버락 오바마 서문 | 윤길순 옮김

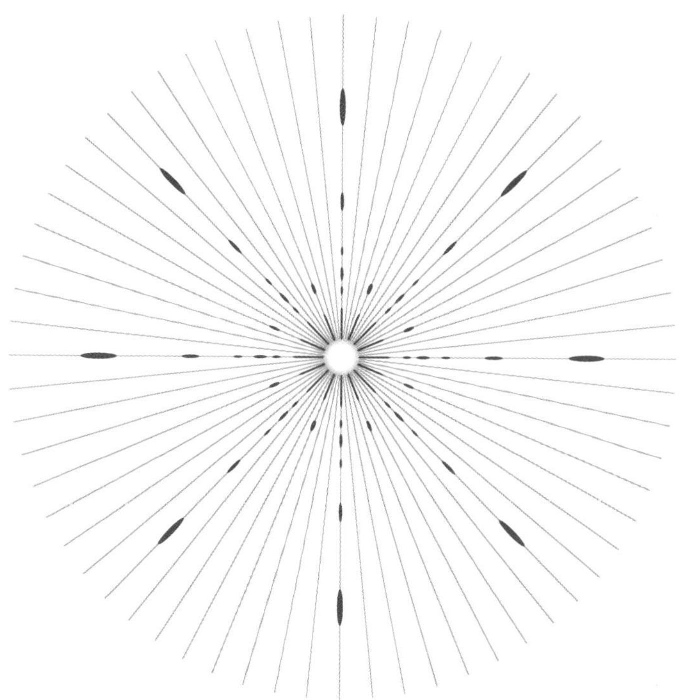

CONVERSATIONS WITH MYSELF

NELSON MANDELA

일러두기

- 외국의 인명, 지명, 기타 고유명사는 되도록 '외래어 표기법'(1986년 1월 문교부 고시)과 이에 근거한 『편수자료』(1987년 국어연구소 편)를 참조해 표기했으나, 주로 원어에 근접하게 표기하는 것을 원칙으로 삼았다.
- 원주原註는 뜻을 보충하고 풀이하는 경우에는 '( )', 생략된 문맥에 대한 첨언을 한 경우에는 '[ ]'로 표시했다. 각주는 해당 단어, 구, 문장 뒤에 숫자로 나타내고 본문 하단에 내용을 밝혔다. 그밖에 옮긴이가 단 주는 '—옮긴이'로 구별하여 나타냈다.
- 단행본·전집에는 겹낫표(『 』)를, 단편 작품이나 논문·논설·기고문 등에는 낫표(「 」)를, 그리고 정기간행물(신문, 잡지 등)·연설·공연·영상에는 꺾쇄표(〈 〉)를 사용했다.

서문

전 세계 많은 사람들과 마찬가지로 나는 멀리서 넬슨 만델라에 관해 알게 되었다. 그가 로벤 섬에 수감되어 있을 때였다. 우리 가운데 꽤 많은 사람들에게 그는 그저 평범한 사람이 아니었다. 그는 남아프리카공화국과 전 세계에서 정의와 평등, 인간의 존엄을 위한 투쟁의 상징이었다. 그의 희생은 사람들에게 어디서나 인간의 진보를 위해 자신이 할 수 있는 일을 하도록 요청했을 정도로 위대했다.

나도 미약하게나마 그의 요청에 응하려고 했던 사람들 가운데 하나였다. 나는 대학생 때 처음 정치에 적극 나서게 되었는데, 그때 투자 철회 운동에 참여해 남아프리카에서 아파르트헤이트를 종식시키려는 노력에 동참했다. 내가 젊은이로서 맞닥뜨려야 했던 개인적 장애물들은 아파르트헤이트의 희생자들이 날마다 겪는 것에 비하면 아무것도 아니었고, 나는 그토록 오랜 세월을 감방에서 보낼 수 있었던 만델라의 용기를 겨우 상상으로밖에 할 수 없었다. 그러나 그가 본보기로서 보인 행동은 내가 더 넓은 세계에 눈뜨게 해주고, 우리 모두 옳은 것을 지지하며 옹호할 의무가 있다는 사실에 눈뜨게 해주었다. 만델라는 자신의 선택을 통해 우리가 있는 그대로의 현실을 받아들일 필요가 없다는 것을, 마땅히 되어야 할 세계를 얻기 위해 우리 나름의 역할을 할 수 있다는 것을 분명하게 보여 주었다.

나는 오랫동안 계속 감탄하는 마음과 부끄러운 마음으로 넬슨 만델라를 지켜보았다. 그러면서 그의 삶이 증명해 주는 가능성에 고무되었고, 그가 자신의 꿈인 정의와 평등을 달성하기 위해 치른 희생에 경외감을 느꼈다. 그야말로 그의 삶은 우리 세계를 너무도 자주 괴롭히는 냉소, 절망과는 정반대의 이야기를 해준다. 감옥에 갇혀 있던 사람이 자유로운 사람이 되고, 해방을 부르짖던 사람이 열정적으로 화해를 부르짖는 목소리가 되고, 정당 지도자가 민주주의와 발전을 이끈 대통령이 되었다. 공직에서 물러난 뒤에도 만델라는 계속 평등과 기회, 인간의 존엄을 위해 일하고 있다. 그가 없는 지난 몇십 년의 역사를 상상하기 어려울 정도로 그는 자신의 나라를 바꾸고 세계를 바꾸기 위해 아주 많은 일을 했다.

대학생 때 캘리포니아에서 처음 정치적 삶에 뛰어들어 투자 철회 운동을 한 지 20년 남짓 되었을 때, 나는 만델라가 갇혀 있던 로벤 섬의 감방에 섰다. 나는 새로 선출된 미국 상원 의원이었다. 그때 그 감방은 남아프리카공화국의 평화적 변화를 위해 수많은 사람이 치른 희생을 상징하는 기념비가 되어 있었다. 그 감방에 서서 나는 만델라 대통령이 죄수 466/64번이었을 때로, 그의 투쟁의 성공 가능성이 전혀 보이지 않았을 때로 되돌아가 보려고 했다. 역사를 바꾼 전설이 된 만델라에 대해서, 변화를 위해 아주 많은 것을 희생한 사람으로 상상해 보려 했다.

『나 자신과의 대화Conversations with Myself』는 역사를 바꾼 전설이 아닌, 변화를 위해 아주 많은 것을 희생한 사람으로서의 만델라를 보여 준다는 점에서 세계에 선사하는 바가 크다. 이 책은 몇십 년에 걸친 그의 일기와 편지, 연설, 인터뷰 등을 통해 그가 살았던 삶을, 감옥에서 시간을 보내는 데 도움이 된 평범한 일상부터 그가 대통령으로서 내린 결정에 이르기까지 많은 것을 엿볼 수 있게 해준다. 여기서 우리는 학자이자 정치가인 그를 보고, 가정적인 남자이자 친구인 그를 보고, 선견지명 있고 실용주의적 지도자인 그를 본다. 만델라는 이전의 자서전에 '자유를 향한 머나먼 길Long Walk to Freedom' 이라는 제목을 붙였다. 이제 『나 자신과의 대화』는 만델라가 '자유를 향한 머나먼 길'에서 걸은 다른 걸음들을 비롯해 우회로까지 되살릴 수 있도록 도와준다.

이렇게 온전한 초상을 제공함으로써 넬슨 만델라는 우리에게 자신이 완벽한 사람이 아니었음을 일깨워 준다. 우리 모두와 마찬가지로 그도 흠이 있는 사람이다. 그러나 우리를 고무하는 것은 바로 그런 불완전함이다. 자신에게 정직해지면 우리 또한 도전해야 할 크고 작은 투쟁에, 정치적이거나 개인적인 투쟁에 직면해 있음을 알게 된다. 두려움과 의심을 떨치고, 성과가 불확실할 때에도 계속 열심히 노력하며, 다른 사람들을 용서하면서 도전해야 할 투쟁 말이다. 이 책에 있는 이야기, 만델라의 삶이 들려주는 이야기는 오류 없는 인간이 거둔 필연적 승리에 관한 것이 아니다. 그것은 자신이 믿는 것을 위해 기꺼이 목숨을 건 사람, 세상을 더 나은 곳으로 만들기 위해 열심히 노력한 사람에 관한 이야기다.

결국은 그것이 만델라가 우리에게 주는 메시지다. 우리 모두는 변화가 어려워 보이는 시대에, 우리의 대립과 우리의 불완전함이 우리 자신으로 하여금 서로 책임지지 않는 쉬운 길로 가도록 유혹하는 시대에 봉착해 있다. 만델라도 그런 시대에 봉착했었다. 그러나 햇빛이 거의 비치지 않는 로벤 섬 감방에서도 그는 더 나은 미래를, 희생할 가치가 있는 미래를 보았다. 복수를 하고 싶은 유혹에 부딪쳤을 때에도 그는 화해의 필요성을, 원칙이 한낱 권력보다 우위에 있음을 보았다. 그는 휴식을 얻었을 때에도 동료들에게 봉사를 하도록 북돋았고, 지금도 마찬가지다.

나는 미국 대통령으로 선출되기 전에 만델라를 만나는 대단한 특권을 누렸고, 취임한 뒤에도 가끔 전화로 그와 이야기를 나누었다. 대화는 대개 짧았다. 그는 인생의 황혼기에 있고, 나는 직책상 일정이 바쁜 탓이다. 그런 짧은 대화 중에도 그의 다정함과 너그러움, 지혜가 빛나는 순간이 있었다. 그럴 때마다 나는 역사의 밑바탕엔 두려움보다 희망을 선택한 사람, 과거라는 감옥보다 진보를 선택한 사람이 있음을 새삼 깨닫는다. 그리고 이미 전설이 되었는데도 넬슨 만델라는 알면 알수록 더욱 존경스러운 사람임을 깨닫게 된다.

제 44대 미국 대통령 버락 오바마

출간에 부쳐

넬슨 만델라라는 이름은 지구상에서 가장 유명하고 가장 존경받는 이름 가운데 하나다. 이 이름을 가진 사람은 동세대의 영웅, 20세기 역사에서 가장 위대한 인물 가운데 하나다. 그가 동세대의 다른 정치 지도자들과 함께 거의 30년 동안 감옥에 갇혀 있었던 이야기는 '새로운 남아프리카'의 탄생 설화 또는 창조 신화가 되었다. 그는 아이콘이 되었다. 그의 삶은 전기에서 신문 기사, 영화에서 텔레비전 다큐멘터리, 노래에서 찬가, 단체 웹사이트에서 개인 블로그에 이르기까지 수많은 콘텐츠 제작물로 조명되었다. 그러나 그는 정말 누구일까? 그는 정말 무슨 생각을 할까?

넬슨 롤리랄라 만델라 자신도 만델라 문헌과 출판 산업, 공개적인 담론에 결코 적지 않은 기여를 했다. 1994년에 출판한 자서전 『자유를 향한 머나먼 길』은 펴낸 이래 줄곧 베스트셀러다. 1990년에 그가 감옥에서 풀려난 뒤로 계속 그의 사무실에서 공인된 저작물이 흘러나왔다. 그는 수많은 인터뷰와 연설을 하고, 수없이 많은 메시지를 녹음해 전하고, 엄청나게 많은 기자회견을 했다.

『자유를 향한 머나먼 길』은 기본적으로 집단의 작품이며, 처음부터 집단의 작품으로 의도된 것이었다. 만델라의 오랜 동지이자 친구이며 동료 죄수였던 아메드 카트라다가 "편집진"이라고 부른 사람들이 로벤 섬에서 그 책의 초고를 썼다. 1990년대 초에 만델라는 작가 리처드 스텡글과 함께 그 초고를 보완하고 확장했으며, 카트라다를 비롯한 자문위원들이 또 하나의 팀을 꾸려 편집 과정을 감독했다. 만델라의 연설도 마찬가지로 집단의 작품이다. 즉석연설을 하는 드문 경우를 제외하고는 치밀하게 준비된 텍스트를 공식적으로 발표한 것이었기에, 연설 준비를 대개 집단이 했다는 것은 놀라운 일이 아니다. 그동안의 수많은 인터뷰도 만델라의 아주 공식적인 페르소나인 '지도자', '대통령', '인민의 대표', '아이콘'의 너머를 꿰뚫어 보기에는 역부족이었다. 페르소나 너머에 있는 인간은 언뜻언뜻 보일 뿐이었다. 따라서 그는 정말 누구이고 무슨 생각을 하는지는 여전히 의문으로 남아 있었다.

『나 자신과의 대화』는 넬슨 만델라의 사적인 기록을 통해 공식적인 페르소나 뒤에 있는 인간에 접근하려고 한다. "사적인 기록"이란 만델라가 사적으로 말하고 쓴 것, 그가 자신이나 자신과 가장 가까운 친구들에게 말하고 쓴 것을 말한다. 여기서 그는 독자나 청중의 요구와 기대에 부응하도록 되어 있는 넬슨 만델라가 아니다. 여기서는 그가 편지와 연설문, 회고록의 초고를 쓴다. 여기서는 그가 회의 중에 메모(나 낙서)를 하고, 일기를 쓰고, 꿈을 기록하고, 몸무게와 혈압을 재서 기록하고, 해야 할 일들의 목록을 만든다. 여기서는 그가 자신의 경험을 반추하고, 기억을 되짚고, 친구와 대화를 나눈다.

여기서는 그가 아이콘 또는 보통 사람들은 가닿을 수 없는 위치로 격상된 성인이 아니다. 여기서는 그가 여러분이나 나와 같다. 그 자신도 말했듯이.

> 실생활에서 우리가 대하는 것은 신들이 아니라 우리 같은 평범한 사람들이오. 모순으로 가득 찬 사람들, 차분하면서도 변덕스럽고, 강하면서도 약하고, 유명하면서도 악명 높은 사람들, 우리 몸에 흐르는 피 속에서 구더기와 살충제가 매일 전쟁을 벌이는 사람들.

만델라는 성인이 된 뒤로 거의 언제나 부지런히 기록을 하고 강박적일 정도로 기록을 보존했다. 그렇지 않고서야 어떻게 그가 1929년부터 1934년까지 해마다 감리교회에서 받은 신도증을 모두 모아 둔 것에 대해 설명할 수 있을까? 그렇지 않고서야 어떻게 그가 1962년에 아프리카를 여행하는 동안 날마다 일기를 쓴 것이나, 감옥에서 편지를 쓸 때면 거의 언제나 노트에 초고를 쓰는 습관이 있던 것에 대해 설명할 수 있을까?

물론 그가 투쟁을 하고 지하 생활을 하고 감옥살이를 하는 동안 기록이 많이 훼손되었다. 기록을 몰래 빼돌리거나 다른 사람에게 주어 안전하게 보관하도록 했지만, 그 과정에서 손실된 기록도 있고 국가에서 압수해 없애거나 증거로 쓴 기록들도 있다. 오늘날 만델라의 사적인 기록들은 여기저기에 단편적으로 흩어져 있다. 가장 많은 기록을 보관하고 있는 곳은 넬슨 만델라 기억과 대화 센터Nelson Mandela Centre of Memory and Dialogue이다. 남아프리카 국가 기록 보관소와 국가정보국, 만델라 집 박물관, 릴리스리프 농장 복원 재단인 릴리스리프 트러스트에도 상당량의 기록이 보관되어 있다. 개인들이 소장하고 있는 단편적인 기록도 무수히 많은데, 이것들은 대개 편지다.

출판 프로젝트로서의 『나 자신과의 대화』는 2004년에 넬슨 만델라 재단의 핵심 기능을 하는 곳으로 넬슨 만델라 기억과 대화 센터가 문을 열면서 시작되었다. 처음부터 이 센터의 중점적인 사업은 여기저기에 단편적으로 흩어져 있는 '만델라 기록'을 보존하는 것이었지만, 아직 기록으로서 보존되지 않은 자료를 모으는 것도 금세 똑같이 중요한 일이 되었다. 만델라 자신도 2004년부터 센터에 사적인 문서들을 기증하기 시작해, 2009년까지 계속 자료를 더해 주었다.

처음부터 센터의 기억 프로그램 책임자였던 나는 센터의 책임 아래 이 자료들을 가지고 중요한 책을 만들어 낼 수 있겠다는 생각이 분명하게 들었다. 2005년에 기록 보존 담당자들과 연구자들로 이루어진 팀이 자료를 모아서 전후맥락에 맞게 분류해 정리하는 아주 고된 작업을 하기 시작했다. 동시에 이 책을 위한 항목과 구절, 발췌문을 선별하는 예비 작업도 했다. 팀은 셀로 하탕과 앤시아 조지어스, 루스 멀러, 보니스와 은야티, 루시아 라드셀더스, 자넬레 리바, 라지아 살레, 삼 벤터와 나로 이루어졌다.

2008년에 나는 출판인 제프 블랙웰, 루스 홉데이와 이 책에 관해 논의하기 시작했다. 이 논의로 이 책에 대한 센터의 생각이 확고해졌고, 프로젝트는 마지막 단계에 들어갔다. 만델라에게 알렸더니 좋다고 했고, 그렇지만 자신이 직접 관여하고 싶지는 않다고 했다. 아메드 카트라다도 이 프로젝트의 특별 자문 역을 맡아 주었다. 수석 연구자 벤터와 기록 보존 담당자 하탕, 라드셀더스, 리바, 살레가 프로젝트 책임자인 나의 지시에 따라 최종 선별 작업과 편집을 하게 되었다. 역사가이며 작가인 팀 쿠즌스도 팀에 끌어들여 전문가로서의 지식, 센터의 일상 업무에 얽매이지 않은 학자의 눈을 보태도록 했다. 마지막으로, 1990년대에 『자유를 향한 머나먼 길』 프로젝트에서 수석 편집자로 일했던 빌 필립스도 최종 편집 단계에 합류했다.

『나 자신과의 대화』는 진정한 의미에서 넬슨 만델라의 책이다. 이 책은 우리에게 그의 목소리를 들려준다. 그가 직접 분명하게 개인적으로 한 말을 들려준다. 그러나 팀이 편집자로서 한 역할도 중요하다. 이 책에 있는 말은 무엇보다도 주제와 중요성, 직접성을 토대로 수많은 자료에서 걸러 낸 것이며, 그 수많은 자료도 현재 존재하고 접근할 수 있는 것들로 국한되었다. 우리는 만델라가 가진 사적인 기록들은 대부분 면밀히 검토했다고 확신하지만, 개인들이 소장하고 있는 것들을 모두 찾은 것은 아니며, 따라서 그것들을 모두 이용할 수도 없었다. 예를 들면, 프로젝트를 마치기 몇 달 전에 우연히 과거 교도관이었던 잭 스워트가 소장하고 있던 기록을 발견했다. 그는 만델라가 빅터버스터 교도소에 수감되어 있을 때 마지막 14개월을 함께 보낸 교도관이었다. 또한 뒤늦게 국가정보국에서도 만델라의 기록을 조금 보관하고 있다고 밝혀, 우리는 그 기록들도 대부분 이용할 수 있었다. 정보국의 신중함을 고려하면 더 많은 기록이 있을 가능성도 있다.

이 프로젝트를 위해 만델라의 사적인 기록을 모두 검토했지만, 최종 선별 작업은 주로 네 부분으로 나누어서 했다. 첫째는 감옥에서 쓴 편지다. 가장 가슴 아픈 글은 표지가 두꺼운 노트 두 권에서 찾을 수 있었다. 거기에는 로벤 섬 교도소의 검열관을 통해 보내야 했던 편지들의 초고가 정성껏 쓰여 있었다. 감옥살이가 가장 힘들었던 1969년부터 1971년에 쓴 것이었다. 1971년에 당국은 그의 감방에서 그 노트를 몰래 훔쳐 갔는데, 과거 비밀경찰이었던 사람이 2004년에 그에게 돌려주었다. 감옥에 있는 동안 만델라는 자신의 편지가 과연 목적지에 도달할지 전혀 알 수 없었다. 그가 "저 무자비한 운명"이라고 부른 것, 즉 검열관 탓이었다. 국가 기록 보관소에 있는 그의 수감 시절 서류를 보면, 당국이 부치지 않은 편지가 무수히 많음을 알 수 있다. 그 부치지 않은 편지들은 당국이 만들어 놓은 '부친 편지 사본'과 함께 보관되어 있다.

둘째는 테이프에 녹음된 대화다. 여기서는 만델라가 글로 쓴 것이 아니라 입으로 직접 말한 것을 들을 수 있다. 이런 대화는 만델라가 몽상에 빠져 자신과의 대화에 들어갈 때가 많을 정도로 아주 친밀하고 허물이 없다. 녹음된 대화는 크게 두 가지가 있는데, 하나는 만델라와 리처드 스텡글이 『자유를 향한 머나먼 길』 작업을 함께하면서 약 50시간에 걸쳐 나눈 대화이다. 또 하나는 1964년 6월 12일에 만델라가 다른 정치 지도자 여섯 명과 함께 종신형을 선고받았던 카트라다와 약 20시간에 걸쳐 나눈 대화이다. 카트라다는 1990년대 초에 만델라를 도와 『자유를 향한 머나먼 길』과 앤서니 샘슨의 공인된 전기 초고를 검토해 달라는 부탁을 받았다. 만델라와 카트라다. 이 두 오랜 동지가 막후에서 나눈 대화는 아주 느긋하고 편안하다. 그들은 자주 낄낄거리고 큰 소리로 웃기도 한다. 만델라가 말하는 내용도 흥미롭지만, 그가 말하는 방식도 흥미롭다.

셋째는 노트다. 1962년에 투옥되기 전부터 만델라는 늘 노트를 가지고 다니는 습관이 있었다. 1962년에 혁명 전략도 배우고 게릴라전 훈련도 받고 새로 독립한 나라들과 민족주의 운동 지도자들의 지원도 받으려 아프리카를 두루 여행하고 영국에도 갔을 때 역시 그는 노트를 가지고 다녔으며, 남아공에 돌아온 뒤 얼마 안 되어 붙잡혔을 때 역시 노트를 가지고 있었다. 감옥에서 풀려난 뒤에도 노트를 가지고 다녔다. 남아프리카공화국의 민주주의 이행에 대한 협의를 할 때에도 그랬고, 대통령의 자리에 있을 때에도 그랬다. 나중에 쓴 이 노트들에는 메모와 비망록, 회의록, 편지 초고가 담겨 있다. 한 번에 몇 쪽씩 길게 쓴 글도 여럿이다. 아프리카 민족회의 운영위원회 회의 때 쓴 것인데, 여기서 만델라는 발언자들이 주장하는 바를 아주 꼼꼼하게 기록했다(이 기록은 분량도 많고 주제도 전문적이라 여기에 싣지 않았다). 그가 왜 그랬는지는 분명하지 않다. 어쩌면 변호사로 일할 때 고객이 말하는 것을 주의 깊게 받아 적던 습관 때문일 수도 있고, 칠십이 넘어 자신의 기억을 완전히 신뢰할 수 없다고 생각했기 때문일 수도 있다.

넷째는 『자유를 향한 머나먼 길』의 속편으로 쓴 미완성 원고다. 1998년 10월 16일에 그는 파란 편지지에다 강하고 단호한 필체의 로마 숫자로 날짜를 썼다. 그러고는 "대통령 시절"이라는 가제를 붙이고, 밑에 "1장"이라고 썼다. 페이지 맨 위쪽에 "초고"라는 말도 썼다. 그러나 대통령 임기 마지막 해인 데다 부룬디 협상에 관여하느라 바빴고 정치적으로 신경 쓸 일도 많아 이 책을 진전시키지 못했다. 그가 벌인 자선 사업도 요구하는 바가 많았고, 끊임없는 방문객 역시 문제였다. 그의 자문역들이 전문 작가를 써서 함께 작업하는 것이 어떻겠느냐고 했지만 싫다고 했다. 그는 글쓰기에 매우 방어적이라서 직접 쓰려고 했다. 한때 연구 조사를 보조하는 사람을 둔 적도 있지만, 그것을 못 견뎌 했다. 그러다 결국 기력이 쇠하고 말았다.

어쩌면 당연한 이야기이겠지만, 만델라의 사적 기록에는 그것을 체계적으로 정리하거나 구성하는 어떤 일관된 원칙이 없다. 『나 자신과의 대화』를 위해 우리는 어느 정도는 만델라의 연대기를 바탕으로, 어느 정도는 그가 명상하고 반추한 주요 주제를 바탕으로 하여 선별한 내용을 분류했다. 이 책은 네 부로 이루어졌으며, 부마다 머리말이 있고 고전 양식과 형식, 장르에서 뽑은 제목(목가, 드라마, 서사시, 희비극)이 달려 있다. 만델라는 고전에 심취했었다. 학교와 대학교에서 라틴어를 공부했고, 그리스 문헌을 폭넓게 읽었으며, 대학교와 감옥에 있을 때 고전극에 출연하기도 했다.

이 책의 형식은 마르쿠스 아우렐리우스의 『명상록』에서 가장 직접적인 영향을 받았다. 『명상록』은 서기 2세기에 쓰인 사색과 명상, 아포리즘의 책이다. 마르쿠스 아우렐리우스는 지도자이자 로마 황제, 정치가, 행동가, 군인이었다. 그는 위대한 철학자나 작가는 아니었을지 몰라도 명상과 기록, 일상의 수련이 어떤 혜택을 가져오는지를 알았다. 그는 행동하면서 썼다. 그의 책은 지혜로 가득하다. 『명상록』의 원제를 말 그대로 번역하면 '나 자신에게'이다. 아우렐리우스와 『명상록』의 속성이 18세기 뒤에 나타난 사람과 책의 속성하고 결코 무관하지 않다.

2010년 8월

넬슨 만델라 기억과 대화 센터 프로젝트 책임자 **번 해리스**

차례

2010년 6월 11일, 열세 살의 나이로

비극적 죽음을 맞이한

제나니 자네템바 노마손토 만델라에게

이 책을 바친다.

"……감옥이 자신을 알고 깨우치기에, 자신의 마음과 감정의 흐름을 냉철하게 규칙적으로 살펴보기에 이상적인 곳임을 발견할지도 모르오. 우리는 자신이 개인으로서 얼마나 진보했는지를 판단할 때 사회적 지위와 영향력, 인기, 부, 교육 수준 같은 외적 요소들에 집중하는 경향이 있소. 물론 이런 것들도 물질적 문제에서 자신의 성공 여부를 평가할 때는 중요하고, 많은 사람이 주로 이 모든 것을 성취하려고 애쓰는 것도 충분히 이해할 수 있는 일이오. 그러나 자신이 인간으로서 얼마나 발전했는지를 평가할 때는 내적 요소들이 더 중요할지도 모르오. 정직하고 성실하고 소박하고 겸손하며 순수하게 너그럽고 허영심이 없고 남을 위해 기꺼이 일하는 것, 이 모두는 누구나 얻기 쉬운 것들이지만 우리의 정신적 삶의 바탕을 이루는 자질들이오. 그런데 이런 성질의 문제에서 성장과 발전은 진지한 자기 성찰 없이는, 자신을 알지 못하고는, 자신의 약점과 잘못을 모르고는 상상할 수도 없다오. 감옥은 다른 것은 몰라도 날마다 자신의 행동을 낱낱이 들여다볼 수 있는, 나쁜 것은 극복하고 좋은 것은 무엇이든 발전시킬 수 있는 기회를 준다오. 이 점에서 날마다 잠자리에 들기 전에 15분 정도 규칙적으로 명상을 하면 아주 알찬 결과를 얻을 수 있소. 처음에는 자신의 삶에서 부정적인 것들을 정확히 집어내기가 어려울지 몰라도, 계속 시도하다 보면 열 번째에는 알찬 보상을 얻을 수 있다오. 성인은 계속 노력하는 죄인이라는 것을 잊지 마시오."

크루언스타트 교도소에서 위니 만델라에게 보낸
1975년 2월 1일자 편지에서

PART 1

✳

목가

소웨토 지역 올랜도에 있었던 넬슨 만델라의 집은 경찰이 몇 번이나 급습한 데다 1985년에 화재가 나는 바람에, 시골 템불란드에서 보냈던 그의 어린 시절 기록은 많이 사라졌다. 아마도 영원히 사라졌을 것이다. 사라진 기록 중에는 그가 어머니로부터 물려받은 가족 회고록도 포함되어 있다. 그의 어머니 사진은 남아 있지만, 아버지 사진은 한 장도 없다.

만델라의 독특한 습관들 가운데에는 어릴 때 몸에 밴 것이 많다. 그의 전통적 배경인 템불란드에서는 어른들이 하는 말이나 부족 회의에서 사람들이 하는 말을 모두 주의 깊게 듣고, 왕이나 족장 또는 촌장의 지도 아래 합의가 이루어지는 것을 보는 것이 가장 중요한 일 가운데 하나였다. 규율과 질서, 절제, 타인에 대한 존중은 전통 사회뿐만 아니라 만델라가 공부한 교육 기관에서도 요구한 덕목이었다.

만델라는 일곱 살에 출생지 음베조에서 가까운 쿠누에 있는, 교실이 하나밖에 없는 학교에 들어갔다. 그 뒤에는 코콜웨니 고등학교와 클라크베리 기숙학교, 웨슬리교파 대학인 힐트타운 칼리지에서 공부했다. 그는 앨리스라는 작은 도시에서 가까운 포트하레 대학교에서 첫 번째 학위를 땄다. 포트하레 대학교는 남아프리카 전역에서 흑인 명문가의 자식들을 끌어모아, 훗날 오랫동안 만델라의 세계에서 산 집단을 길러 냈다. 그중 가장 주목할 만한 사람은 카이저(K. D.) 마탄지마(만델라의 조카이지만 나이는 그보다 많았다)와 올리버 탐보이다. 올리버 탐보는 만델라의 정치적 동료이자 법률 회사 동업자로, 평생의 친구였다.

1941년에 만델라는 다른 삶과 더 큰 운명을 위해서 템불란드와 이스턴케이프 주를 떠났다. 그는 한 번도 그곳이나 그곳의 전통과 단절되지 않았다. 그러나 만델라가 삶에서 선택한 것들 또는 그의 조직인 아프리카 민족회의의 정책은 그가 그곳이나 그곳의 전통과 관계하는 방식에서 극심한 긴장과 갈등을 빚었다. 아주 개인적 차원에서는 마탄지마와의 관계로 표출되었다. 만델라는 그를 좋아하고 존경했지만, 아파르트헤이트 국가와 협력하는 문제에서 길이 갈렸다. 감옥에 있을 때 만델라는 그의 방문을 받고 싶었지만 동료 재소자들의 반대에 뜻을 굽혀야 했다. 그들은 만델라가 마탄지마의 방문을 받아들이는 것을 정치적 타협으로 보았다. 그러나 먼 훗날, 감옥에서 풀려나기 몇 달 전에 만델라는 결국 마탄지마를 받아들였다.

감옥에서 풀려난 뒤 만델라는 쿠누에 집을 지었다. 그가 쿠누에 머물 때면 전통적 지도자들이 찾아와 그와 상의를 한다. 그는 손자가 음베조의 족장에 임명되는 것을 관심 있게 지켜보았다. 2007년에는 포트하레 대학교에 넬슨 만델라 교육과 농촌 발전 연구소를 세웠다.

| CHAPTER 1 |

기나긴 시간

"나는 우리의 맹세를 지킬 겁니다.
어떤 상황에서도 남에게 부적절한 말은
절대 하지 않겠다는 맹세를…….
물론 문제는
성공한 사람들일수록 어떤 형태로든
허세를 부리기 쉽다는 것입니다.
그들의 삶에 언젠가는
이기적이어도 될 것 같고, 자신의 특별한 성과를
대중 앞에 떠벌려도 될 것 같은 단계가 오니까요.
영어는 자화자찬을
얼마나 듣기 좋게 표현합니까!
Autobiography……."

파티마 미어에게 보낸 1971년 3월 1일자 편지에서

1. 파티마 미어[1]에게 보낸 1971년 3월 1일자 편지에서

물론 문제는 성공한 사람들일수록 어떤 형태로든 허세를 부리기 쉽다는 것입니다. 그들의 삶에 언젠가는 이기적이어도 될 것 같고, 자신의 특별한 성과를 대중 앞에 떠벌려도 될 것 같은 단계가 오니까요. 영어는 자화자찬을 얼마나 듣기 좋게 표현합니까! Autobiography. 성공한 사람들은 자화자찬을 '자서전'이라 칭하며 다른 사람의 단점을 이용해 칭찬할 만한 자신의 업적을 부각시키는 경우가 빈번하지요. 나는 아무래도 앉아서 나의 배경을 스케치하는 일은 없을 것 같습니다. 나는 자랑할 만한 업적도 없거니와 자랑 기술도 없습니다. 내가 설사 평생 날마다 사탕수수로 빚은 독한 술을 먹고 살았더라도 그럴 용기는 못 낼 것입니다. 나는 때로 우주 만물이 나를 통하여 세상에 말 그대로 평범하기 짝이 없는 사람의 본보기를 보여주려고 하지 않았나 하는 생각이 듭니다. 아무것도 나를 스스로 광고하도록 유혹할 수 없을 것입니다. 설령 내가 자서전을 쓸 위치에 있더라도 그것의 출판은 우리 뼈가 누울 때까지 미루어질 것입니다. 어쩌면 그때 나의 맹세와는 다른 내용을 넌지시 말할지도 모르겠습니다. 그러나 죽은 사람은 걱정할 것이 없습니다. 죽은 사람에 대한 진실이, 오로지 죽은 사람에 대한 진실만이 드러나 내가 영원한 침묵을 통해 유지하려고 한 이미지가 손상되더라도 그것은 후대의 일이지 우리 대의 일이 아니지요……. 나는 이런저런 주제에 대

1 파티마 미어 교수. 부록 「사람과 장소, 사건」 참조.

해 피상적인 정보 부스러기만 가지고 있을 뿐, 내가 당연히 전문적이어야 할 것, 우리나라와 민족의 역사에 관해서도 깊이 있는 지식이 없는 사람들 가운데 하나랍니다.

2. 조이 모시엘로아에게 보낸 1986년 2월 17일자 편지에서

어떤 사람이 45년 동안 살아온 삶의 유형에 헌신할 때, 당연히 그런 삶이 가져올 모든 위험을 처음부터 예상했다 하더라도, 뒤에 실제로 어떤 일들이 벌어지고 그 일들이 자기 삶에 정확히 어떤 식으로 영향을 미칠지는 분명하게 알 수 없었을 겁니다. 나는 뒤에 일어난 일들을 모두 예측할 수 있었더라도 분명 같은 유형의 삶을 선택했을 것이라고 믿습니다. 다만, 뒤의 일들을 예측했다면 삶의 유형을 선택하면서 한층 겁을 먹었을 것이며, 그러한 겁이 빚은 비극의 일부가 내 안의 강철 같은 면들을 모두 녹여 버렸을 것입니다.

3. 리처드 스텡글과 나눈 대화에서

나는 족장의 자리에 오를 훈련을 받고 있었는데…… 강제 결혼을 피해 달아났어요…….[2] 그것이 내 앞날을 완전히 바꾸어 놓았지요. 집에 머물러 있었다면 오늘날 존경받는 족장이 되었겠지요. 그랬으면 배도 불룩 나오고, 소와 양도 많았겠지요.

4. 리처드 스텡글과 나눈 대화에서

사람들은 대부분 자신의 배경에 영향을 받아요. 나는 스물세 살 때까지 시골 마을에서 자랐어요. 그때 마을을 떠나 요하네스버그로 갔으니까. 물론…… 거의 1년 내내 학교에 다니다가 6월과 12월 방학 때 돌아왔어요. 6월 방학은 한 달밖에 안 됐고, 12월 방학은 두 달 정도 됐어요. 결국 1년 내내 학교에 있었던 셈이지요……. 그러고는 [19]41년 스물세 살 때 요하네스버그로 와서 공부하며…… 서양 생활 방식 등을 습득했어요. 그러나 내 견해는 이미 시골에서 형성되었고…… 그래서 당신도 보다시피 내가 우리 문화, 원주민 문화를 대단히 존중하는 거예요……. 물론 서양 문화가 우리에게 필요 불가결한 것이어서 나는 이 두 갈래의 문화적 영향을 받았어요. 그러나 나만 그렇다고 말하는 것은 불공평하다고 생각해요. 우리들 가운데 서양 문화의 영향을 받은 사람이 많으니까요……. 나는 지금은 영어가 더 편해요. 고향을 떠나 많은 세월을 보냈고, 감옥에서 오랜 세월 지내는 동안 코사족 문헌과의 접촉이 끊어진 탓이지요. 내가 은퇴하면 꼭 하고 싶은 것 가운데 하나가 읽고 싶은 문헌을 실컷 읽는 거예요. 아프리카 문헌을 [포함해서요.] 나는 코사어 문헌과 소토어 문헌을[3] 모두 읽을 수 있고 좋아하지만 그동안 정치 활동을 하느라 그러지 못했어요……. 요즘에는 아무것도 읽을

---

2 만델라는 템부족이고 왕가의 일원이라서 섭정이 고른 신부와 결혼하도록 되어 있었다.

3 코사어와 소토어는 남아프리카에서 공인된 11개 언어에 속해 있다.

수가 없는데, 이것이 내가 가장 안타깝게 여기는 일들 중 하나예요.

5. 만델라가 감옥에서 쓴 미출간 자서전 원고에서

나는 누가 나와 함께 정기적으로 앉아서 내게 우리나라 역사와 지리, 천연자원과 문제점, 우리 문화, 셈하고 무게 재고 측량하는 법을 서로 연결 지어 분명하게 설명해 준 적이 없다. 모든 코사족 아이들과 마찬가지로 나는 자라면서 질문을 통해 호기심을 충족하며 지식을 습득하고, 경험을 통해 배우고, 어른들을 눈여겨보며 그들이 하는 것을 모방하려 했다. 그 과정에서 관습과 의례, 금기가 중요한 역할을 했고, 이와 관련해 꽤 많은 정보를 얻을 수 있었다……. 우리 집에는 늘 식객이 있었다. 주로 사내아이들이었다. 어려서 나는 부모 손을 떠나 그 아이들과 함께 놀고 함께 먹었다. 사실 나는 내가 집에 혼자 있었던 적을 거의 기억할 수 없다. 함께 음식을 나누어 먹고 함께 이불을 덮고 자는 아이들이 늘 있었다. 내가 사내아이들과 함께 나가 양과 송아지를 돌보기 시작하면서 드넓은 초원을 향한 가슴 뛰는 사랑에 처음 눈뜬 것이 아마 다섯 살 때쯤일 것이다. 좀 더 나이가 들어서는 소 떼도 돌볼 수 있었다……. 무척 즐겼던 놀이는 내가 "케타(좋아하는 사람 고르기)"라고 부른 것이다……. 우리는 길을 가다가 우리 또래 여자아이들을 만나면 멈춰 세우고 저마다 좋아하는 남자아이를 뽑아 달라고 했다. 여자아이들의 선택을 존중하는 것이 규칙이었고, 여자아이들은 자기가 좋아하는 남자아이를 고르면 그 남자아이의 호위를 받으며 자유롭게 계속 길을 갈 수 있었다. 영악한 여자아이들은 단합해서 모두 한 남자아이를 고르기도 했다. 그 아이들은 대개 가장 못생기거나 가장 어수룩한 남자아이를 골라, 가는 동안 짓궂게 골리거나 못살게 굴었다……. 마지막으로 우리는 노래하고 춤추면서, 나이든 사람들하고는 거리가 멀어 보이는 완벽한 자유를 만끽했다. 저녁을 먹은 뒤에는 우리 어머니가 들려주는 전설, 신화, 우화에 푹 빠져들었다. 때로는 이모나 고모도 이런 이야기를 들려주었는데, 한결같이 모두 상상력을 자극하고 소중한 도덕적 교훈이 담겨 있었다. 그 시절을 돌이켜 보면 집에서 다른 아이들과 더불어 생활했던 삶, 초원에서 아이들과 함께 무리 지어 일하고 놀았던 경험이 내가 일찍이 집단적 노력에 눈뜨도록 하지 않았을까 하는 생각이 든다. 나중에 받은 정규교육은 내가 그 시절에 이룬 작은 발전마저 짓밟았다. 정규교육은 집단적 가치보다 개인을 강조했기 때문이다. 하지만 1940년대 중반 정치 투쟁에 휘말렸을 때, 나는 어렵지 않게 집단적 규율에 적응할 수 있었다. 이는 아마도 내가 어린 시절에 받은 교육 덕분이었을 것이다.

6. 만델라가 감옥에서 쓴 미출간 자서전 원고에서

섭정은 내가 쿠누에 가는 것을 마땅찮아 했다. 그로서는 그만한 이유가 있는 것이, 내가 나쁜 아이들과의 사귐에 빠져 학교에서 달아나지 않을까 우려했기 때문이다. 어떤 때는 어머니를 데려오도록 해 내가 왕족의 거처에 있는 모습을 볼 수 있게 했다.

쿠누에 가서 어머니와 누이 등 가족을 보는 것은 내게 늘 흥분되는 순간이었다. 나는 특히 사촌인 알렉산더 만델라와 함께했을 때 행복했다. 그는 그 시절에 교육 문제에서 나를 격려하고 고무해 주었다. 그와 내 조카 파티웨 라누구(그녀는 나보다 나이가 훨씬 많았다)는 아마 우리 부족에서 처음 교사 자격을 얻은 사람들일 것이다. 만일 그들의 조언과 끈질긴 설득이 없었다면 내가 교실 밖 손쉬운 삶의 유혹에 저항할 수 있었을까 하는 생각도 든다.

그 시절 나의 생각과 행동에 지배적인 영향을 끼친 것은 족장과 교회라는 제도였다. 어쨌거나 그 당시 내가 아는 영웅들은 거의 모두 족장이었다. 족장이 흑인과 백인에게 두루 존경을 받는 것도 내가 그들에게서 과도하게 영향을 받은 이유였다. 나는 족장을 공동체 생활의 중심축으로도 보았지만, 영향력과 권력과 높은 지위에 오르는 길로도 보았다. 교회도 똑같이 중요했다. 나는 교회를 성경 내용이나 교리보다 마티올로라는 목사와 연결해 생각했다. 그 교구에서는 목사가 섭정만큼 인기가 있었다. 영적인 문제에서는 목사가 섭정보다 우위에 있는 지도자라는 사실도 교회의 위력을 더욱 돋보이게 했다. 더 중요한 사실은 우리 사람들이 이룬 진보들, 다름 아닌 내가 입학한 학교들과 나를 가르친 교사들과 정부에서 일하는 사무원·통역관들이 모두 선교 학교의 산물이라는 것이었다.

훗날 나는 족장의 이중적 속성을 알게 되었다. 그들은 우리 사람들을 대표하기도 했지만, 정부에 봉사하는 사람이기도 했다. 그래서 그들의 위치를 좀 더 현실적으로 평가하지 않을 수 없었다. 나의 가족 배경이 족장이라는 관점, 사람들의 투쟁에 동조하는 예외적인 족장도 있다는 관점에서만 그들의 위치를 보지 않게 되었다. 족장은 우리 땅을 빼앗아 간 전쟁에서 적에 맞서 우리를 아주

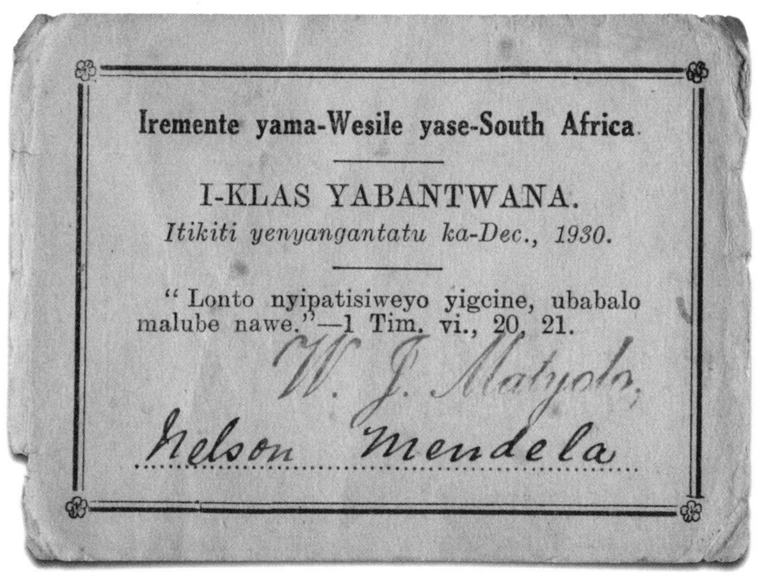
Iremente yama-Wesile yase-South Africa.

I-KLAS YABANTWANA.

Itikiti yenyangantatu ka-Dec., 1930.

" Lonto nyipatisiweyo yigcine, ubabalo malube nawe."—1 Tim. vi., 20, 21.

W. J. Matyolo.

Nelson Mendela

만델라의 감리교회 신도증, 1930년.

잘 이끌었던 이름난 영웅들의 후손인 데다 그들 자신도 전통적 지도자였다. 따라서 족장은 존경 받을 자격이 있다. 그러나 흑인의 적으로 여겨지는 억압적 정부의 대리인이라는 점에서는 비판과 적대의 대상이기도 하다. 지금은 족장 제도도 정부에 장악되어서 억압 장치의 하나로 보아야 할 것이다. 나는 경험을 통해 선교사의 역할도 좀 더 균형 잡힌 시각에서 평가하게 되어, 단순히 그들과의 관계로만 판단하는 것은 어리석다는 것을 깨달았다. 그래도 늘 족장과 교회가 사람들에게 끼친 영향을 평가 절하하는 것은 위험하다고 보았고, 이런 이유로 두 제도를 대할 때 늘 조심하도록 주변에 경고했다.

7. 『자유를 향한 머나먼 길』의 속편으로 쓴 미완성 원고에서

감옥에서 나온 지 얼마 안 되어 지역 상황을 알아보려고 EL(이스트 런던)에 내려가 실룸코 소쿠파 동지와 ANC(아프리카 민족회의) 지역 위원회를 만났다. 그런데 그들이 브리핑을 하면서 응키카족의 왕자 네시즈웨 산딜레가 호텔로 나를 찾아올 거라고 했다. 깜짝 놀랐다. 왕에게 나를 보러 호텔로 와달라고 하는 것은 의례에 어긋나는 일이었기 때문이다.

나는 위원회에 지시하기를, 왕에게 전화하여 왕궁에 그대로 있으라고, 그러면 내가 나중에 예의를 갖추어 찾아뵙겠다고 말하라 했다. 그런데 그 순간 왕이 걸어 들어왔다. 나는 왕에게 사과하고, 요새 젊은이들은 도시에서 태어나 자란 경우가 많다는 점을 지적했다. 그들은 전통적 지도자에 관해 아는 바가 거의 없다. 이는 그들이 전통적 지도자를 존경하지 않아서가 아니다. 의례를 갖추어야 하는 지조차 알지 못하는 무지 탓이다.

코이족 지도자 아우추마요[4]와 라라베족의 마코마, 줄루족의 밤바타, 케츠와요, 페디족의 맘푸루, 벤다족의 치바세 같은 많은 영웅들이 저항 투쟁의 선봉에 섰다. 우리는 감탄하고 존경하는 마음으로 그들에 관해 말한다……. 아파르트헤이트 정권의 가혹한 탄압이 절정에 이르렀을 때에도 민족 배반을 거부한 템부족의 사바타와 줄루족의 시프리안 같은 용감한 군주들이 있었다……. 우리의 전통

4 아우추마오(만델라는 "아우추마요"라고 썼다). 부록 「사람과 장소, 사건」 참조.

적 지도자들 중에는 역사의 교훈을 알지 못하는 이들이 많다. 그들은 한때 세상에 권력을 백성들과 나누어 갖지 않는 절대 군주들이 있었다는 것을 모르는 것 같다……. 살아남은 것은 영국의 엘리자베스 2세 여왕과 에스파냐의 카를로스 왕, 네덜란드의 베아트릭스 여왕, 덴마크의 마르그레테 2세 여왕, 노르웨이의 하랄 왕, [스웨덴의] 칼 구스타프 16세처럼 국민이 선출한 대표에게 통치권을 넘겨준 입헌군주들이나 그들의 선조들이었다.

만일 그들이 완고하게 절대 권력을 놓지 않으려고 했다면, 이미 오래전에 무대에서 사라졌을 것이다.

그러나 우리는 전통적 지도자라는 제도가 아프리카의 법과 관습에 의해, 우리의 문화와 전통에 의해 인정받는다는 사실을 잊어서는 안 된다. 그 제도를 없애려 해서는 안 된다. 우리는 민주주의 원리에 바탕을 둔 원만한 해결책을 찾아야 하고, 그렇게 되면 전통적 지도자들이 정부 차원에서 의미 있는 역할을 할 수 있을 것이다.

다른 반투스탄(흑인 자치 지역)에서는…… 아파르트헤이트 정부가 얼마나 주도권을 가지고 있었는지 모른다. 그러나 트란스케이에는 전통적 지도자의 아들들에게 관할 지역의 행정을 돌보는 데 필요한 기본 지식을 가르쳐 주는 학교가 있었다. 나는 우리도 그런 학교가 있어야 한다고 말하는 것이 아니다. 그러나 정부의 자원이 허락한다면, 전통적 지도자의 아들들에게 최상급 교육을 권장하는 것도 바람직한 일일 것이다. 내가 가진 자원은 아주 한정되어 있지만, 나는 많은 전통적 지도자의 아들딸을 남아프리카에 있는 대학교에도 보내고 영국과 미국에도 보냈다. 전통적 지도자들도 교육을 받아서 읽고 쓸 줄 알게 되면 틀림없이 민주적 과정을 받아들일 것이다. 그렇게 되면 기를 쓰고 봉건적 통치 형태에만 매달리는 그들 대다수의 열등감도 자연히 사라질 것이다.

8. 노마부토 발라에게 보낸 1971년 1월 1일자 편지에서

당신의 편지는 내가 받아 본 가장 짧은 편지 가운데 하나였습니다. 내용 전체가 하나의 중문으로 이루어졌으니 말입니다. 그렇지만 내가 읽은 가장 훌륭한 편지 중 하나이기도 했습니다. 나는 1950년대가 저물면서 우리 세대의 대중 선동가는 사라졌다고 생각했습니다. 거의 50년 동안 쌓은 내 모든 경험에서 아주 설득력 있게 이야기하는 사람들의 말도 들어 보고 세계 최고의 명인들 가운데 일부의 훌륭한 전기도 읽어 본 터라, 그저 아름다운 문장이나 물 흐르듯 유려한 웅변에는 내가 잘 넘어가지 않으리라고 여겼습니다. 그러나 당신이 저 보잘것없는 종이에 정성껏 쓴 몇 줄 안 되는 글은 내가 읽은 어떤 고전보다도 감동적이었습니다. 당신의 놀라운 꿈에 등장하는 인물들 가운데 상당수는 문자 기록 하나 없는 3세기 이전에 살았습니다. 당신도 나도 그들이 훗날 그들을 유명하게 만든 작전 계획을 짜는 것을 보지 못했고, 그들이 행동에 들어가는 것도 보지 못했습니다. 그들 대부분이 진본 사진 한 장 없어서 우리가 그들의 외모나 인격도 가늠해 볼 수가 없습니다. 그렇지만 20세기 후반을 사는 당신 같은 세련된 도시인도 이 시대의 온갖 환상적인 진보와 성취에도 불구하고, 부족 생활의 영향으로부터 단절되어 있음에도 불구하고 당신의 생각과 계획, 꿈에서 신석기시대의 거칠고 사나운

영웅들을 일소할 수 없습니다. 그들은 보기 드문 사람들, 세계의 다른 곳에서도 발견되는 예외적인 사람들이었습니다. 그들은 경제와 도구만 보면 신석기시대에 살았으나 금속 무기로 안정된 왕국을 세웠습니다. 나중에 이 나라를 뒤흔들게 될 물리적 충돌에서도 당당하게 적을 물리쳤습니다. 경제 조직과 기술에서 자신들보다 1천 년이 앞선 사회, 이용할 수 있는 과학적 자원을 최대한으로 활용한 사회의 접근을 100년 넘게 막아 냈습니다.

나는 당신이 우리 조상들로부터 훨씬 깊은 교훈을 얻었다는 단순한 사실에서 당신의 꿈이 어디서 왔는지를 보게 됩니다. 당신은 불후의 투쟁의 세기에 그들이 보여 준 영웅적 행위를 오늘날 우리가 살아야 할 삶의 본보기로 봅니다. 그들은 나라가 위협을 받았을 때 최고의 애국심을 보여 주었습니다. 그들이 경제 제도의 원시성과 무기의 비효율성을 구실 삼아 신성한 의무를 저버리려고 하지 않았듯이, 오늘날의 세대도 현재의 내부 질서가 불평등한 차이를 가져오는 것 같아도 그것에 겁먹어서는 안 됩니다……. 그러나 그 결과 타오른 주요한 투쟁의 서막을 여는 역할을 하고 그 못지않게 훌륭히 임무를 수행한 저 원주민 영웅의 계보를 잊는다면, 우리의 과거 유산은 결코 완전한 모습을 얻을 수 없습니다. 아우추마요(SA 남아프리카 흑인 정치 지도자 가운데 최초로 로벤 섬에 유배된 인물)와 오다소아, 고고소아는 우리 유색인 대다수의 선조인 코이코이족[5]을 능숙하게 이끌었습니다. 1799년에 일어난 제3차 해방전쟁에서는 클라

5 남아프리카의 원주민이었던 네 집단 가운데 하나다.

스 스튀르만이 아마그쿠누크웨베족의 족장 쿵와와 힘을 합치는 유례없는 조치를 취했습니다. 투쟁과 희생을 오래도록 한 자유의 투사들을 비롯해 많은 사람들이 아바트와족에 대해 경멸적으로 이야기했습니다. 하지만 아바트와족의 불굴의 정신과 고귀한 품성에 대해 객관적으로 따뜻하게 진술한 남아프리카 역사가들도 여럿 있습니다. 아바트와족과 보어인 사이에서 벌어진 스니우베르그 전투에 관한 기록, 특히 카렐 족장이 이끈 아바트와족과 100명이 넘는 보어인 특공대가 포슐리스 후크의 거대한 동굴에서 벌인 전투에 관한 기록을 읽어 본 사람이라면, 한때 아름다운 우리나라에서 유일한 거주민이었던 그들이 남아프리카 역사에 중요한 기여를 했다는 것을 알 것입니다.[6] 수많은 교전에서 그들은 보기 드문 용기와 대담함을 보여 주었고, 마지막 화살을 쏜 뒤에도 계속 결사적으로 싸웠습니다. 그들은 우리가 전장에 도착하기 오래전부터 자유로운 남아프리카를 얻으려고 애쓴 사람들입니다. 그들은 후대를 위해 길을 냈고, 그들의 공동 노력은 남아프리카 역사의 거대한 흐름의 원천입니다. 우리는 세 줄기 유산의 상속자이며, 이러한 유산은 우리가 삶에서 가장 고귀한 이상을 위해 싸우고 그것을 위해 죽도록 합니다. '아프리카의 영웅'이라는 말은 이 모든 참전 용사를 아우르는 말입니다. 훗날 자신의 의견을 한층 분명하고 정교하게 말하는 인물들

---

6 1905년에 출간된 조지 W. 스토우의 저서 *The Native Races of South Africa : A History of the Intrusion of the Hottentots and Bantu into the Hunting Grounds of the Bushmen, the Aborigines of the Country*에는 포슐리스 후크에서 벌어진 전투에 대한 묘사가 나오며, 만델라도 이것을 읽었다.

이 나왔고, 그 과정에서 역사의 풍경은 천배나 풍부해졌습니다. 셀로페 테마와 자바부, 두베, 압두라만, 굴, 아스바트, 카찰리아[7] 들이 있었고, 지금은 당신과 당신 세대가 이 명예로운 군단에 합류했습니다…….

나는 위대한 꿈을 아주 좋아하는데, 특히 당신의 꿈이 좋았습니다. 그것은 내 가슴에 아주 많이 와 닿았습니다. 아마 당신의 다음 꿈에는 지카 은투의 아들들만이 아니라 과거의 모든 유명한 영웅의 자손들을 흥분시키는 것이 있을 겁니다. 일부 사람들이 아주 작은 세력의 성장을 열광적으로 부추기고, 그 부족을 마지막의 가장 높은 형태의 사회 조직으로 길러서 민족 집단 간의 대립을 조장할 때, 범세계주의적인 꿈은 바람직할 뿐만 아니라 반드시 가져야 할 의무이기도 합니다. 공동의 투쟁과 희생, 전통이 빚어낸 유대로 자유 세력을 하나로 묶는 특별한 단결을 강조하는 꿈은 말입니다.

---

7 부록 「사람과 장소, 사건」 참조.

GP-S. P.21 81/143198

The Native Races of South Africa: George W. Stow. P. 218.

Dr R. Rubidge who spent the greater portion of his youth in wandering about the rocks & crags of the Sneeuwberg mountains, stated that after committing some depredations, the clan was surrounded by a commando which had pursued them and succeeded in cutting them off among the rocks of a projecting shoulder of a great precipice. Here the retreating Bushmen turned for the last time at bay. Their uniting enemies were on one side, a yawning gulf without any chance of escape on the other. A dire but hopeless struggle for life commenced. One after another they fell under the storm of bullets with which their adversaries assailed them. The dead and the dying were heaped upon the dizzy projecting ledge, many in their death struggle rolled and fell over among the crags and fissures in the depths which environed them. Still they resisted and still they fell, until one only remained; and yet with the bloody heap of dead around him, and the mangled bodies of his comrades on the rocks below, he seemed as undaunted as when surrounded by the entire band of his brave companions. Posting himself on the very outermost point of the projecting rocks, with sheer precipices of nearly a couple of hundred feet on either side of him, a spot where no man would have dared to follow him, he defied his pursuers, and amid the bullets which showered around him, he appeared to have a charmed life and plied his arrows ~~whe~~ with unerring aim whenever his enemies incautiously exposed themselves

만델라가 조지 W. 스토우의 *The Native Races of South Africa : A History of the Intrusion of the Hottentots and Bantu into the Hunting Grounds of the Bushmen, the Aborigines of the Country*의 일부를 옮겨 썼다(주 6 참조).

G.P.-S. P.21 81/143198

His last arrow was on the string. A slight feeling of compassion seemed at length to animate the hostile multitude which hemmed him in; they called to him that his life should be spared if he would surrender. He let fly his last arrow in scorn at the speaker, as he replied that "a chief knew how to die, but never to surrender to the race who had despoiled him!" Then with a loud shout of bitter defiance, he turned round, and leaping headlong into the deep abyss was dashed to pieces on the rocks beneath. Thus died with a Spartan-like intrepidity, the last of the clan, and with his death his tribe ceased to exist.

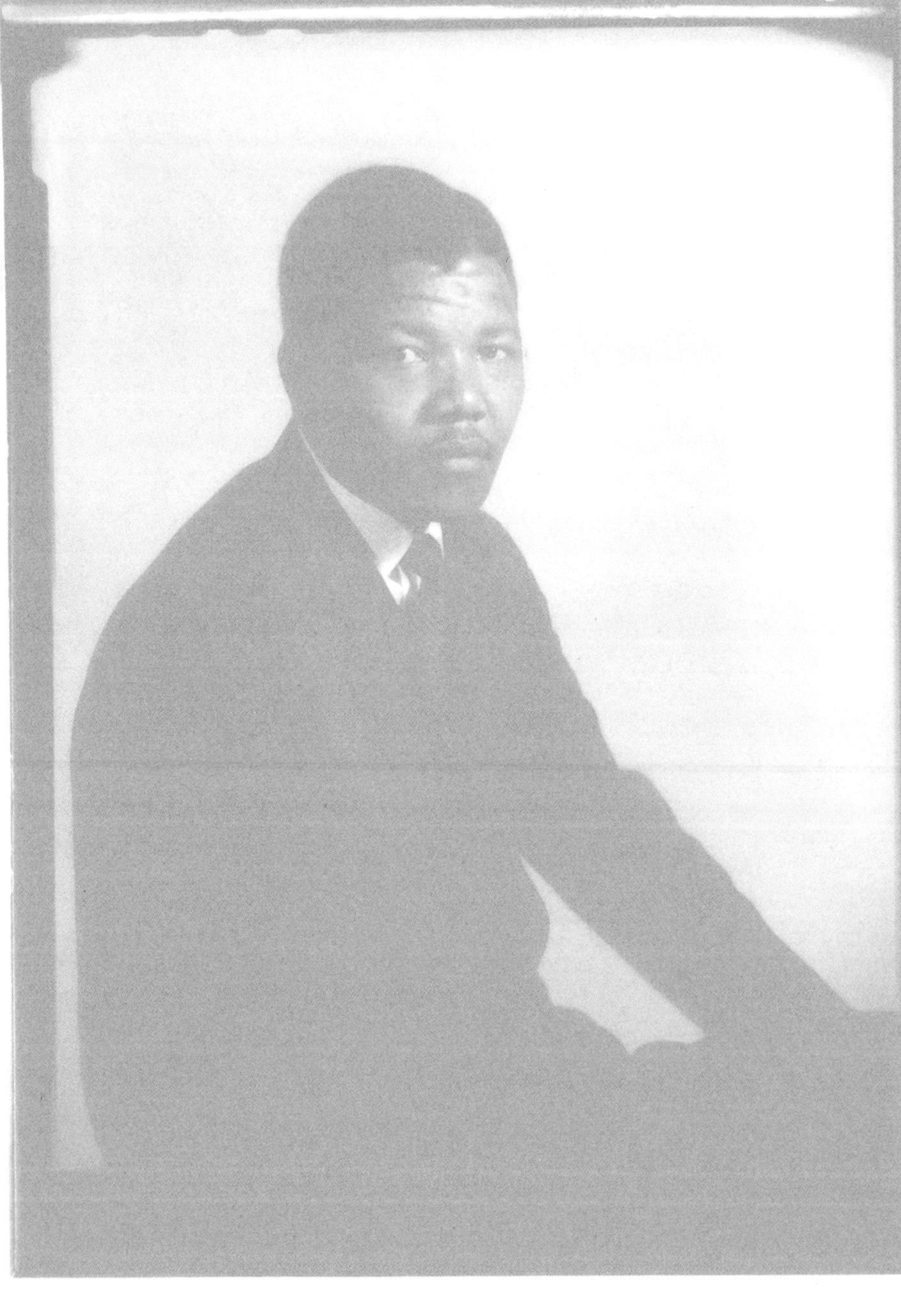

| CHAPTER 2 |

친구와 동료들

"서양 문명은
내 아프리카적 배경을 완전히 지우지 못해,
나는 우리가 어릴 적
공동체의 어른들 주위에 모여
그들의 풍부한 지혜와 경험에
귀를 기울이곤 하던 것을 잊지 않았다.
그것은 우리 조상들의 관습이었고
우리가 자란 전통 학교의 관습이었다.
나는 지금도 어른을 공경하며,
우리에게 우리 정부가 있어서
자유롭게 살았던 옛날에 관하여
그들과 이야기하기를 좋아한다."

만델라가 감옥에서 쓴 미출간 자서전 원고에서

1. 만델라가 감옥에서 쓴 미출간 자서전 원고에서

서양 문명은 내 아프리카적 배경을 완전히 지우지 못해, 나는 우리가 어릴 적 공동체의 어른들 주위에 모여 그들의 풍부한 지혜와 경험에 귀를 기울이곤 하던 것을 잊지 않았다. 그것은 우리 조상들의 관습이었고 우리가 자란 전통 학교의 관습이었다. 나는 지금도 어른을 공경하며, 우리에게 우리 정부가 있어서 자유롭게 살았던 옛날에 관하여 그들과 이야기하기를 좋아한다. 우리의 진짜 역사와 문화, 전설, 전통에 관한 전문 지식이 있는 사람들의 말을 들을 때마다 나는 정말 좋았다. 우리는 음웰리 스코타와 셀로페 테마, 루툴리 족장, Z. K. 매튜스 교수, 모지스 코타네, J. B. 마크[1] 같은 사람들에게 아프리카 역사에 관해 말해 달라고 졸랐고, 그들의 지식은 엄청났다. 무엇보다도 그들의 장점은 그들의 발이 아프리카 땅에 깊이 뿌리를 내리고 있다는 것이었다. 그들은 과학적 지식을 이용해 우리의 유산과 문화를 한층 풍부하게 했다. 우리 민족을 이루는 사람들이 저마다 북쪽에서 이동해 온 경로를 추적할 수 있었다. 이동 경로에 관한 여러 가지 이론, 역사상 우리나라 사람들 사이에 잦은 충돌이 있었던 원인, 그리고 백인과의 접촉에 대해서 능숙하게 토론할 수 있었다. 또한 장래의 일을 예측하려는 시도도 할 수 있었다. 입에서 입으로 전해져 온 우리 조상의 전통을 이어받은 옛 세대가 지금은 사라졌거나 사라지고 있다. 과학이 모든 분야에서 지식을

---

1 부록 「사람과 장소, 사건」 참조.

습득하는 현대적 기법을 발달시켰지만, 오늘날의 젊은 세대도 어른들의 경험을 소중히 여긴다. 날마다 새로이 현실적인 인간의 문제와 씨름하는 젊은이들도 교실과 책에서 얻은 지식을 현장에 있었던 성숙한 연장자들의 경험에 비추어 시험해 보기를 좋아한다.

2. 리처드 스텡글과 나눈 대화에서

그래요. 기숙사 사감은 대학에서 학생들을 책임지고 돌보는 사람이에요. 그런데 그 사감은 주목할 만한 사람이었어요……. 그 사감이 한번은 집에 악령이 나타나는 사람에 관해 설교를 했어요. 그는 악령을 쫓아내려고 별의별 짓을 다했지만 실패했어요. 그래서 자기네 크랄(오두막과 집들로 이루어진 농촌 마을)을 떠나 다른 데서 살려고 모든 것을 마차에 싣고 달리기 시작했어요. 도중에 친구를 만났는데, 친구가 "어디 가?" 하고 묻자 그 사람이 대답하기도 전에 마차에서 "우리는 이주하고 있어, 우리 크랄을 떠나고 있지." 하는 목소리가 들려왔어요. 그는 악령을 두고 왔다고 생각했는데, 사실은 악령과 함께 가고 있었던 거지요. 사감이 그 사람 이야기의 교훈을 말해 줬어요. "문제가 있으면 피해 달아나지 말고 용감히 맞서라! 문제는 해결하지 않으면 늘 여러분과 함께할 테니까. 문제가 생기면 해결하라! 문제에 용감히 맞서라!" 나는 그 교훈을 잊지 않았고, 문제가 있으면 용감하게 맞서야지 얼버무리고 지나가면 안 된다는 것을 받아들였어요.

예를 들면 정치에도 아주 민감한 문제가 있는데, 사람들은 대개 인기가 없는 접근법은 쓰고 싶어 하지 않아요. 사람들이 "우리는 행동에 들어가야 한다."라고 말하면, "우리에게 그럴 만한 자원이 있는가? 우리가 그럴 만큼 충분히 준비되어 있는가? 우리가 이런 행동을 취할 위치에 있는가?"라고 말하는 사람은 거의 없어요. 전투적인 인상은 주기 좋아하면서 문제, 특히 자신의 인기를 떨어뜨릴 유형의 문제에 용감히 맞서는 것은 좋아하지 않는 사람들이 있어요. 그러나 정치에서 성공하려면 자기 견해에 사람들이 확신을 갖도록 문제를 아주 분명하면서도 정중하게, 아주 차분하면서도 솔직하게 터놓고 말해야 해요.

3. 남아프리카 대학교[2]에 보낸 1987년 12월 22일자 편지에서

나는 다음과 같은 근거로 라틴어 1의 면제를 요청합니다. 나는 1938년도 대학 입학시험에서 라틴어 과목을 통과했고 1944년에 비트바테르스란트 대학교에서도 같은 과목의 특별 강좌를 이수했지만, 배운 바를 사실상 다 잊어버렸습니다. 만일 내가 라틴어 과목을 들어야 한다면 완전히 처음부터 다시 시작해야 할 것입니다. 69세라는 나이에 그것은 정말 어려운 일입니다. 나는 자격증 있는 변호사이고, 체포되어 유죄 판결을 받기 전 9년 동안 변호사 일을 했습

2 만델라는 감옥에 있는 동안에도 법학사 학위를 따기 위해 계속 공부했고, 1989년에 학위를 취득했다.

니다. 그래서 변호사 일을 다시 시작한다고 해도 먼저 라틴어 학위를 딸 필요는 없습니다. 그러나 사실 나는 법정 변호사로서나 사무 변호사로서나 변호사 일을 다시 할 생각이 없습니다. 설령 언젠가 변호사 일을 하겠다고 마음먹더라도, 실제로 그렇게 할 리가 거의 없습니다. 현재 나는 종신형을 살고 있으니까요. 만일 이 요청을 받아 준다면, 라틴어 1 대신 아프리카 정치를 수강 신청하겠습니다.

4. 만델라가 감옥에서 쓴 미출간 자서전 원고에서

아프리카 민족회의와 관계하면서 폭넓은 민족운동에는 여러 가지 다양한 모순과 대립이 있다는 것을 깨달았다. 모순과 대립에는 근본적인 것도 있고 그렇지 않은 것도 있다. 한 조직에는 다양한 계급과 사회집단이 있어서 장기적으로 보면, 서로 이해가 엇갈려 결정적 순간에 충돌할 경우 일련의 갈등이 일어나게 마련이다. 그러나 서로 동질적인 계급이나 집단도 모순과 대립으로 완전히 박살날 수 있다. 그러한 예 중 하나가 할례 관습의 차이에서 비롯된 편견이다. 나는 지금도 포트하레 대학교에서 한 친구가 할례 관습을 지키지 않은 것을 알아챘을 때의 내 첫 반응을 잘 기억한다. 그때 나는 심지어 혐오감까지 느꼈다. 내 나이 스물한 살이었던 때이다. 이후 나는 아프리카 민족회의와 진보 사상을 접하면서 어릴 적 편견으로부터 벗어나 모든 사람을 동등하게 받아들이게 되었다. 또한 아무리 자랑스럽게 여기는 관습[3]이라도 나의 관습을 기준으로 타인에 대해 판단할 권리는 없으며, 타인이 특정한 관습을 지키지 않는다고 경멸하는 것은 위험한 쇼비니즘이라는 사실을 받아들이게 되었다. 나는 내 자신의 관습과 전통을 마땅히 존중할 의무가 있다고 생각한다. 우리를 단결하게 하고, 인종차별적 억압에 맞선 투쟁의 목적과 목표에 어긋나지 않는 관습과 전통이라면 말이다. 그러나 나는 내 자신의 관습을 타인에게 강요하지 않을뿐더러, 나의 동료들을 불쾌하게 하는 관습이나 관례는 그 어떤 것도 따르지 않을 것이다. 특히 자유가 아주 값비싼 것이 된 지금은.

5. 리처드 스텡글과 나눈 대화에서

예, 그래요, 맞아요. 나는 포트하레 대학교를 자랑스럽게 생각했어요. 선생님들은 우리에게 "이제 포트하레에 왔으니 여러분은 국민의 지도자가 될 것이다."라고 했어요.[4] 우리는 이 말을 귀가 따갑도록 들었어요. 물론 그 시절에는 흑인으로서 학위를 갖는다는 것이 아주 중요했지요. 그래서 나는 포트하레를 자랑스러워 했고, 물론 왕도 포트하레에 다니는 아들이 있음을, 씨족 구성원이 있음을 아주 자랑스러워 했어요.

---

3 할례는 코사족의 전통 의례로, 이것을 통해 소년이 어른이 된다. 만델라는 열여섯 살 때 할례를 했다.

4 포트하레 대학교는 1916년에 남아프리카에서는 최초로 흑인 남아프리카인의 고등교육을 위해 설립되었다.

6. 만델라가 감옥에서 쓴 미출간 자서전 원고에서

그러나 환상과 환멸의 과정도 삶의 일부이며, 이러한 과정은 끊임없이 계속된다. [19]40년대 초에 나는 내 기대와 실제 경험의 충돌로 큰 충격을 받았다.

포트하레 대학교를 다니면서 나는 졸업만 하면 저절로 사람들의 선두에 서서 그들의 모든 노력을 이끄는 지도자가 되리라고 기대하게 되었다. 어떤 의미에서 보면 포트하레 학생들은 실제로 그렇게 되었다. 많은 학생들이 졸업하자마자 아늑한 생활이 보장되는 좋은 일자리를 얻어 꾸준한 수입과 어느 정도의 영향력을 갖게 되었고 지역사회, 특히 교육계에서 존경을 받게 되었기 때문이다. 하지만 내 경험은 그와 사뭇 달랐다. 내가 졸업 후에 들어간 집단은 상식과 실제 경험이 중요한 곳으로, 높은 학력이 꼭 결정적이라고는 할 수 없었다. 그 새로운 환경은 내가 대학교에서 배운 것의 대부분과는 직접적인 관련이 없어 보였다. 일반 선생들은 인종차별적 억압, 흑인에게 기회가 주어지지 않는 문제, 흑인이 일상생활에서 받는 수많은 모욕 같은 주제를 거의 회피했다. 우리가 어떻게 해야 피부색 편견이 낳는 악을 마침내 없앨 수 있는지, 이와 관련해 내가 어떤 책을 읽어야 하는지, 내가 규율 있는 자유 운동에 참여하고 싶으면 어떤 조직에 들어가야 하는지에 대하여 아무도 가르쳐 주지 않았다. 나는 이 모든 것을 시행착오를 통해 우연히 배워야 했다.

PART 2

*

드라마

넬슨 만델라는 포트하레 대학교 시절 연극에서 에이브러햄 링컨의 암살자인 존 윌크스 부스 역을 했다. 로벤 섬에서 죄수들이 올린 연극 〈안티고네〉에서는 폭군 크레온 역을 했다. 아메드 카트라다가 공부를 구실로 그리스 희곡을 엄청나게 많이 주문한 적도 있다. 간수들이 궁금해 하지 않은 덕분에 아무 문제 없이 들여올 수 있었다. 악당 역은 짓궂은 유머 감각의 소유자인 만델라에게 더없이 매력적으로 다가왔을 것이다. 그는 때로 셰익스피어를 인용하고, 그리스 비극을 좋아한다. 그는 로벤 섬에서 처음 그리스 비극을 읽었다. 한번은 농담으로 배우가 되면 어떨까 하는 이야기도 했고, 정치적 도제 시절에는 극적인 제스처의 위력을 배우기도 했다.

사실 1941년부터 1962년에 투옥될 때까지 그의 삶은 대중 앞에 펼쳐진 하나의 장엄한 드라마였다. 그는 1940년대 말부터 아프리카민족회의(ANC)에서 지도자의 위치에 오르기 시작했고, 1950년대를 거쳐 1960년대까지 아파르트헤이트에 반대하는 모든 국민적 운동과 사건에 주도적으로 참여했다. 1962년에 체포되었을 때에는 그가 ANC의 군사 조직 움콘토 웨 시즈웨(MK)의 지도자였고, 반아파르트헤이트 투쟁에서 가장 인기 있고 유명한 인물이었을 것이다. 그는 남아프리카의 거물급 지명수배자 '검은 별봄맞이꽃'이 되었다. 남아프리카 역사상 가장 극적이고 가장 큰 정치 재판이었던 1963~64년 리보니아 재판에서 만델라가 관심을 독차지한 것은 놀라운 일이 아니다.

만델라 개인의 드라마는 1944년에 몇 번의 짧은 연애 끝에 월터 시술루의 젊은 친척 에벌린 마세와 결혼하면서 절정에 이르렀다. 그들에게는 자식이 넷 있었다. 딸 마카지웨(마키), 두 아들 마디바 템베킬레(템비)와 마카토(카토), 그리고 아홉 달 만에 죽은 큰딸 마카지웨까지. 그러나 결혼 생활 12년 만에 그들은 격렬히 싸우다가 헤어졌고, 이는 그 뒤 가족에게 상당히 큰 불행을 가져왔다.

1958년에 만델라는 눈부시게 아름다운 위니 마디키젤라와 결혼했다. 만델라는 늘 루스 몸파티, 릴리언 응고이, 헬렌 조지프, 루스 퍼스트 같은 강한 여성을 칭송했지만, 위니가 얼마나 강한 여성이 될지는 아마 알아보지 못했을 것이다. 그들에게는 두 딸 제나니(제니)와 진드지스와(진드지)가 있었다. 만델라는 위니를 '자미'라고 부르곤 했다. 그녀의 코사족 이름인 '놈자모'를 줄인 이름이다. 이 두 번째 가족도 첫 번째 가족 못지않게 만델라의 공적 삶이 끼치는 영향을 뼈저리게 느꼈다. 그의 드라마는 그들의 고통이었다.

| CHAPTER 3 |

정신에는 날개

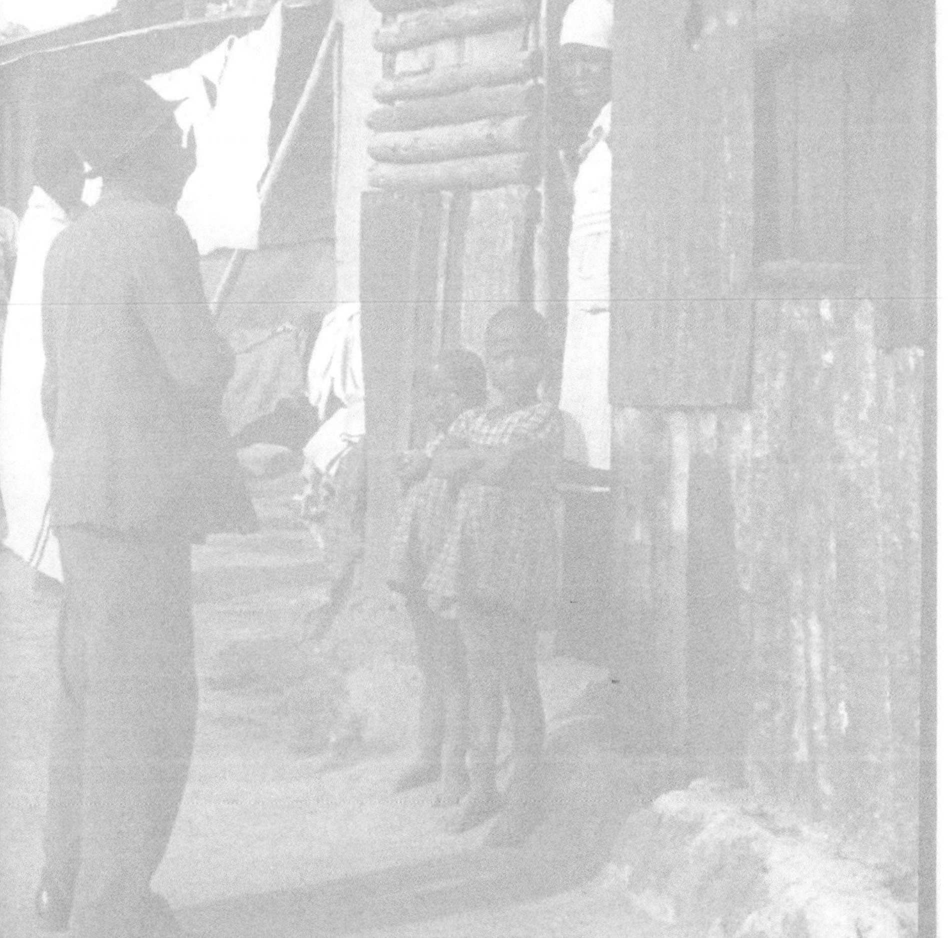

"탁상공론만 일삼는 정치가들은
실수를 면할 수 있다.
하지만 정치적 행동에 나서면
실수를 할 수밖에 없다. 정치 투쟁의 중심에 있는
사람들, 시급히 해결해야 할 현실적인 문제들을
다뤄야 하는 사람들에게는
심사숙고할 시간적 여유도 거의 없고
길잡이가 될 만한 전례도 없어서
실수를 많이 할 수밖에 없다.
그러나 시간이 흐르면, 융통성 있게 자신의 일을
비판적으로 검토할 준비가 되어 있을 경우,
휘몰아치는 사건들 속에서 일상적 함정을 피해
어떤 길로 나아가야 하는지를 선택하는 데
필요한 경험과 선견지명이 생길 것이다."

만델라가 감옥에서 쓴 미출간 자서전 원고에서

1. 만델라가 감옥에서 쓴 미출간 자서전 원고에서

탁상공론만 일삼는 정치가들은 실수를 면할 수 있다. 하지만 정치적 행동에 나서면 실수를 할 수밖에 없다. 정치 투쟁의 중심에 있는 사람들, 시급히 해결해야 할 현실적인 문제들을 다뤄야 하는 사람들에게는 심사숙고할 시간적 여유도 거의 없고 길잡이가 될 만한 전례도 없어서 실수를 많이 할 수밖에 없다. 그러나 시간이 흐르면, 융통성 있게 자신의 일을 비판적으로 검토할 준비가 되어 있을 경우, 휘몰아치는 사건들 속에서 일상적 함정을 피해 어떤 길로 나아가야 하는지를 선택하는 데 필요한 경험과 선견지명이 생길 것이다.

2. 만델라가 감옥에서 쓴 미출간 자서전 원고에서

알렉산드라에서의 삶은 흥미진진했다.[1] 지금은 현 정부의 인종차별 정책으로 사회구조가 무너져 유령도시로 전락했지만, 그곳을 생각하면 언제나 내 안에서 다정한 기억들이 떠오른다. 그곳에서 나는 도시 생활에 적응할 줄 알게 되었고, 백인우월주의의 온갖 해악을 직접 체험하게 되었다. 이 흑인 거주 지역은 아름다운 건물도 얼마

1 만델라는 전기가 없어 '어둠의 도시'로 알려진 번잡한 빈민 지역인 알렉산드라에서 숙소를 구했다.

간 있었지만 전형적인 빈민 지역이었다. 번잡하고 더러우며, 제대로 먹지 못해 영양실조에 걸린 아이들이 발가벗거나 꾀죄죄한 누더기를 걸치고 뛰어다녔다. 온갖 종류의 종교 집단과 깡패들, 무허가 술집들이 우글거렸다. 생명은 값쌌고, 밤에는 총과 칼이 지배했다. 통행증과 인두세, 술 때문에 경찰이 자주 급습해 수많은 사람을 붙잡아 갔다.

그래도 5만 명 주민에게 알렉산드라는 집 이상이었다. 아프리카인이 자유롭게 부동산을 보유할 수 있고, 시에서 제멋대로 휘두르는 규제와 단속을 받지 않고도 사업을 할 수 있는, 전국에서 몇 안 되는 지역의 하나로서 알렉산드라는 상징이자 도전이었다. 우리 중 일부가 농촌 지역과의 유대를 끊고 영원히 도시에 사는 사람들이 되었다는 사실이 그것을 입증해 준다. 온갖 아프리카 언어 집단에서 온 이곳 주민들은 정치의식이 있어서 자신의 주장과 의견을 한층 분명하게 말할 수 있었다. 또한 연대 의식도 있었는데, 백인들 사이에서는 그 연대 의식이 갈수록 큰 근심거리가 되었다. 나는 전투적인 노동자들, 그리고 번창하는 야심만만한 신흥 상인 계급이 인종적 편견으로 온갖 좌절을 겪는 이 도시에서 우리의 지도자가 나올 것이라고 확신했다.

14년 전 체포된 그 순간까지 나는 알렉산드라, 이 흑인 거주 지역을 이렇다 할 집이 없으면서도 집으로 여겼다. 하지만 지금도 아내와 아이들이 사는 올랜도는 실제 집이 있지만 정작 집으로 여기지 않는다.

3. 만델라가 감옥에서 쓴 미출간 자서전 원고에서

나와 라자르 시델스키[2] 사이의 따뜻한 우정과, 그가 온갖 문제에서 내게 베푼 수많은 친절과 도움은 한 장章을 가득 채우고도 남을 것이다. 웅변가이며 줄루족 역사에 정통한 존 음응고마 역시 아주 특별한 친구였다. 나는 그가 얘기해 주는 우리 역사의 흥미로운 사건들을 몇 시간이고 듣곤 했다……. 그들을 비롯해 내가 요하네스버그에서 초기에 맺은 인연들은 나로 하여금 홀로 설 수 있다는 확신을 갖게 해주었다. 나는 전에 몰랐던 훌륭한 남성들과 여성들의 선의와 지원을 누릴 수 있었고, 필요하면 그들에게 의지할 수도 있었다. 그리하여 나는 태어난 곳에서 멀리 떨어진 곳에 내가 선택한 집을 마련할 수 있었고, 무엇보다도 나의 주도로 내가 가진 자원을 통해 조금이나마 진보할 수 있었다. 나는 내가 힘들고 고통스러울 때 친구가 되어 준 사람들에게 각별한 애정을 느낀다. 그들과의 우정은 대체로 개인을 넘어 가족 중심으로 쌓였다. 그래서 한 친구가 죽더라도 그를 매개로 쌓아 온 그 가족들과의 우정은 거의 영향을 받지 않았다.

---

2 부록 「사람과 장소, 사건」 참조.

4. 리처드 스텡글과 나눈 대화

만델라 : 힐트타운에서 친해진 녀석이 있는데, 그 우정이 요하네스버그에 갔을 때 결실을 보았어요. 자카리아 몰레테라는 녀석이에요. 힐트타운에서 사워밀크sour milk 배달 일을 하고 있었고, 내가 저에게 잘하면 아주 진한 사워밀크를 주곤 했어요. 내가 40대 초반에 요하네스버그로 왔을 때 알렉산드라에서 머물렀는데, 그때 자카리아와 절친한 사이가 되었지요. 아버지는 식료품상을 하고 자기는 감리교회 주방장이었던 자카리아가 나를 돌봐 주었기 때문에, 힘겹게 살아가는 나에게 약간의 식료품이라도 얻을 수 있게 해주었기 때문에 더 가까워졌어요. 한번은 자카리아가 내게 와서 이래요. "이봐, 밤에는 매우 조심해야 해. 투타랜치Thutha Ranch라고 하는 깡패들이 있거든." '투타'는 쓸어 모아 간다는 뜻이에요. 집에 들이닥쳤다 하면 싹 쓸어 가는 그런 깡패, 그런 도둑이라서 '투타랜치'라고 불리는 것이죠. 그런데 자카리아의 말로는 투타랜치가 여기 우리 지역에서 활동하고 있다는 겁니다. 그때 난 단칸방에 살고 있었는데, 어느 날 밤 밖에서 사람들 발소리에 잠이 깨어 들어 보니 문득 자카리아가 해준 말이 떠올랐어요. 바깥의 그들이 서로 옥신각신하는데, 무엇을 놓고 그러는지 또렷하게 들려왔습니다. 한 녀석이 "아니, 들어가자, 들어가자니까." 하니, 또 한 녀석이 "아냐, 저 녀석은 돈이 없어. 아무것도 없어. 학생이야." 하는 거예요. 그렇게 옥신각신했는데…… 한 녀석이 완강했어요. 그 녀석이 이러더군요. "학생은 놔둬, 이 사람아. 그냥 두라고……." 그러자 들어가기를 우기던 녀석이 불만스럽고 짜증이 났는지 문을 걷어찼어요. 그 불쌍한 문을 걷어차는 통

에 빗장이 부러졌지만 들어오지는 않더라고요. 그냥 갔어요.

스텡글 : 그가 걷어찬 것이 당신 문이었다고요?

만델라 : 예, 내 문이었어요. 그래서 얼마나 놀랐는지 몰라요. 가슴이 철렁했지요. 하지만 그들은 그냥 가고 들어오지 않아…… 침대의 방향을 바꾸어 문에 가로질러 놓았어요. 문을 닫아 두려면 그러는 수밖에 없었거든요. 그렇게 해놓고 잤어요. 그리고 무척 감사했지요. 내 것을 털리지 않게 해준 녀석이 누구든, 그들 가운데 한 녀석이 친절하게도 "아냐, 그러지 마."라고 했으니까요.

5. 진드지 만델라에게 보낸 1979년 12월 9일자 편지에서

이 편지는 딸에게 보내는 크리스마스카드에 넣어도 된다는 '허락을 받지' 못하고 간수에게 압수당했다.

나는 올랜도 이스트에서 성 요셉 체육관이라고 하던 곳에 있던 우리 권투 연습장이 어떻게 되었는지 가끔 궁금하구나. 그 도장과 DOCC(도널슨 올랜도 커뮤니티 센터)의 벽은 오랫동안 나를 기쁘게 해줄 달콤한 추억들로 흠뻑 젖어 있지. 우리가 [19]50년대에 DOCC에서 훈련했을 때에는 아마추어와 프로 권투 선수뿐만 아니라 레슬링 선수들도 있었단다. 센터는 요하네스(스킵 아도니스) 몰로시[3]가 운

3 그의 이름은 사실 '요하네스(스키퍼 아도니스) 몰로치'다.

영했지. 과거에 챔피언이자 유능한 트레이너였던 그는 권투의 역사와 이론뿐 아니라 실전에도 밝았단다.

그런데 안타깝게도 50년대 중반부터 자신의 의무를 게을리하기 시작해 오랫동안 센터에 나오지 않았단다. 그래서 권투 선수들이 반발했지. 두 번은 내가 이 문제를 진정시켰어. 하지만 스킵이 권투 선수들의 항의가 되풀이되는데도 주의를 기울이지 않자 일이 극한으로 치달았단다. 이번에는 나도 당사자들을 화해시킬 수 없었어. 권투 선수들은 DOCC를 떠나 성 요셉에 자기들 도장을 차렸어. 템비와 나도 그들과 함께 갔지. 지금 외국에 있는 사이먼 차발랄라가 매니저였고, 스타 권투 선수는 당연히 그때도 제리(우인야) 몰로이였어. 그는 나중에 트란스발의 라이트급 챔피언이 되었고, 손꼽히는 전국 타이틀 도전자가 되었지. 제리 말고도 우리는 챔피언을 세 명이나 더 배출했단다. 에릭(블랙 머티어리얼) 은첼레가 레슬리 탕게와의 대결에서 전국 밴텀급 타이틀을 땄어. 프레디(토마호크) 응기디는 트란스발 플라이급 챔피언이 되었고, 나중에 그 타이틀을 우리 도장 친구인 요하네스 모코테디가 땄지. 우리 집 차고를 지어 준 게리도 전도유망한 플라이급 선수였어. 두베에 있는 여름학교 학생인 게리는 블룸폰테인에서 환호를 받았지. 템비도 좋은 권투 선수였어. 나는 가끔 아주 밤늦게까지 앉아서 템비가 란트폰테인이나 페리니힝 같은 중심지에서 열린 토너먼트 경기를 치르고 돌아오길 기다렸단다. 나와 우리 체육관 친구들은 아주 끈끈한 가족이었고, 네 엄마(위니)가 등장하면서 그 가족은 한층 친밀해졌단다. 내가 엄마와 함께 드라이브를 나가지 못하는 상황에 처하면 제리와 게리가 나 대신 엄마를 태우고 드라이브를 시켜 주었고, 엄마와 아빠의 약혼식 파티에는 도장 식구들 모두가 참석해 주었지.

그때 내가 다니던 회사에는 프레디라는 사무원이 있었단다. 그는 조용하고 믿음직스러워서 직원들 모두가 좋아했지. 어느 해 크리스마스이브였는데, 내가 사무실에 돌아갔다가 일반 사무실 바로 앞 복도에 누군가 뻗어 있는 것을 발견했어. 그 사람이 누구였는지 아니? 바로 프레디였단다. 그 모습에 깜짝 놀라서 프레디를 싣고 부랴부랴 의사에게 갔지. 그런데 돌팔이 의사가 프레디를 한번 휙 살피더니, 챔피언에게는 아무 문제가 없고 잠만 좀 더 필요할 뿐이라며 나를 안심시키더구나. 크리스마스라고 제멋대로 흥청거리다가 나가떨어졌던 것이지. 나는 안도의 숨을 쉬고 프레디를 OE(올랜도 이스트)에 있는 그의 집으로 태워다 주었단다. 그건 그렇고, DOCC에서 분쟁이 있었을 때 스킵이 마르쿠스 안토니우스가 친구 카이사르를 배신했듯이 게리가 자신의 뒤통수를 쳤다고 비난한 것을 말하지 않았구나. 그 비난을 듣고 템비가 스킵에게 안토니우스와 카이사르가 누구냐고 물었단다. 그때 템비는 겨우 아홉 살밖에 안 되었지. 그런데 스킵이 "죽은 사람들 이야기는 하지 마!" 하며 화를 내는 것 아니겠니. 만일 내가 그곳에 없었으면 스킵은 아이의 창자라도 끄집어 냈을 거야. 그러고는 아이가 건방지다며 내게 거세게 항의를 했단다. 그래서 내가 일깨워 주었지. 집에서는 내가 가장이고 따라서 집안을 다스리지만 도장에서는 내게 그런 힘이 없다, 템비도 회비를 내니 우리는 완전히 동등하고 따라서 내가 이래라저래라 할 수 없다고 말이야.

우리는 도장에서 한 시간 반가량을 보내고 밤 9시쯤 집에 돌아오곤 했단다. 몸에 거의 물 한 방울 없을 정도로 완전히 기진맥

진해서 말이지. 그러면 엄마는 내게 신선하고 시원한 오렌지주스를 한 잔 주었단다. 잘 준비된 사워밀크와 함께 차려 주는 저녁이었지. 네 엄마는 그 시절에 아주 건강하고 행복해서 빛이 났단다. 우리 집은 우리 식구를 비롯해 엄마 아빠의 학창 시절 친구들, 엄마의 바라(바라과나스 병원) 동료들,[4] 도장 친구들, 심지어는 집으로 전화해 엄마와 수다를 떠는 고객들로 벌집 같았단다. 엄마와 나는 2년 넘게 말 그대로 꿈같은 신혼 생활을 했어. 나는 근무 시간 뒤에도 집에 들어가지 못하게 하는 일은 조용히 물리쳤단다. 그렇지만 엄마와 나는 우리가 빌린 시간에 살고 있다고, 곧 힘든 시절이 닥칠 거라고 계속 서로에게 경고했지. 그러나 우리는 좋은 친구들과 정말 좋은 시간을 보내고 있었기에 자기 연민에 빠질 시간은 많지 않았단다. 그때로부터 20년이 넘게 지났지만, 나는 지금도 그 시절을 아주 생생하게 기억한단다. 모든 일이 바로 어제 일어난 것처럼 말이야.

6. 리처드 스텡글과 나눈 대화

스텡글 : 그 시절엔 서로 어울리는 일이 꽤 많지 않았나요? 전에 말하기로는 처음 요하네스버그에 왔을 때 누가 파티, 공산당 파티에 데려가 거기서 마이클 하멜[5]을 만났다 했잖아요. 그러한 어울림에

---

4 위니는 바라과나스 병원에서 사회복지사로 일했다.

5 부록 「사람과 장소, 사건」 참조.

Nelson Mandela 466/64 9.12.79

My darling Zindzi,

I sometimes wonder what happened to our boxing gym at what used to be called St Joseph's in Orlando East. The walls of that school & of the D.O.C.C. are drenched with sweet memories that will delight me for yrs.

When we trained at the D.O.C.C. in the early 50s the club included amateur & professional boxers as well as wrestlers. The club was managed by Johannes [Skip Adams] Molosi, a former champ & a capable trainer who knew the history, theory & practical side of the game.

Unfortunately in the mid-50s he began neglecting his duties & would stay away from the gym for long periods. Because of this, the boxers revolted. Twice I settled the matter, but when Skip failed to pay heed to repeated protests from the boxers things reached breaking point. This time I was totally unable to reconcile the parties. The boxers left the D.O.C.C. & opened their own gym at St. Joseph's. Thembi & I went along with them. Simon Tshabalala, who is now abroad, became the manager & the star boxer was, of course, still Jerry [Uyinja] Moloi who later became the Tvl lightweight champ & leading contender for the national

진드지 만델라에게 보낸 1979년 12월 9일자 편지. 이 편지는 2010년에 남아프리카 국가 기록 보관소에서 어느 간수가 직접 쓴 아프리칸스어 메모와 함께 발견되었다. 메모 내용은 이렇다. "죄수 만델라가 크리스마스카드에 동봉한 이 편지는 보내지 않는다. 카드는 보낸다. 죄수에게 편지 발송이 거부되었다는 사실을 알리지 않았다. 죄수는 편지를 카드에 동봉해도 된다는 허락을 받지 못했다. 내가 1979년 12월 20일에 뒤 플레시스 준장에게 편지 발송 거부 건을 상의했을 때 준장은 그 결정에 동의했다. 편지를 죄수의 서류에 넣어 보관하라."

관해 글을 쓴 것도 많고 조 슬로보, 루스 퍼스트[6]와 어울리기도 했고…….

만델라 : 그 시절에 파티는 놀라운 일이 아니었습니다. 이 나라에서는 백인들 사이에서나 흑인들 사이에서나 흔히 일어나는 일이었어요. 오직 차이가 있다면, 그 파티에서는 흑인과 백인이 함께 어울렸다는 것뿐이지요.

스텡글 : 하지만 놀라운 일 아닌가요?

만델라 : ……그러한 어울림은 놀라운 일이었지만, 파티 자체는 이 나라에서 흔히 일어나는 일이었어요. 예, 그것은 새로운 일이 아니었어요. 그리고 파티를 그렇게 정기적으로 한 것도 아니고, 중요한 것은 공산당이 그런 모임을 이용하기도 했다는 거예요. 그렇죠, 공산당에서요. 새로운 당원을 모을 목적으로 말이죠.

스텡글 : 그렇군요……. 적어도 백인들 사이에서는 그렇게 흑인과 백인이 함께 어울리는 파티를 함으로써 자기들이 아주 대담하고 흥분되는 일을 하고 있다는 생각을 하지 않았을까요?

만델라 : 아니, 아니, 난 그렇게 생각하지 않아요. 이 나라에는 진정한 의미의 민주적 전통 속에서 자란 백인들이 있었어요. 그들은 억압받는 사람들을 위한 투쟁에 헌신했고, 따라서 느긋하게 긴장을 풀 수 있는 시간을 갖고 싶어서 아프리카인을, 흑인을 초대한 거예요.

스텡글 : 그래서 그런 어울림이 있는 파티에 간 건가요?

만델라 : 아, 그렇죠. 나는 [파티에] 자주 가는 사람이 아니었어요. 사

---

6 부록 「사람과 장소, 사건」 참조.

실 한때는 조가 월터 [시술루]에게 "이봐, 넬슨은 파티를 좋아하지 않아."라고 투덜거리기도 했어요.

7. 리처드 스텡글과 나눈 대화

만델라 : 나는 요하네스버그에서 여러 갈래의 사상을 접하고 있었어요.

스텡글 : 그래서 모임에 가면 그냥 앉아서 듣기만 했나요?

만델라 : ……한 번도 내가 나서서 말하지는 않았어요. 나는 토론 모임에서만 참여했어요. 그것도 정치적 토론이 아니라 그냥 학술적인 토론에만. 예를 들면, 블룸폰테인에서 요하네스버그에 이르기까지 토론 팀이 있었어요. 요하네스버그 쪽에서 내게 토론을 이끌어 달라고 하기에 그 팀에는 내가 참여했어요. 하지만 [ANC] 청년 동맹에 들어가기 전까지 다른 모임에는 전혀 참여하지 않았어요. 사실 청년 동맹에 들어갈 때도 불안하고 초조했어요. 정말 그랬어요.

스텡글 : 왜 그랬지요? 큰 발걸음을 떼는 거라서? 아니면 위험해서?

만델라 : ……사실 난 정치를 몰랐어요. 내가 정치적으로 뒤처진 반면에, 내가 상대하는 사람들은 정치를 아는 이들이었어요. 남아프리카 안팎에서 무슨 일이 일어나고 있는지를 토론할 수 있는 사람들이었어요. 그들 가운데는 초등학교 4학년밖에 다니지 않은 사람들도 있었어요. 학력은 참 보잘것없었어도 그들이 나보다 훨씬 많이 알았어요……. 포트하레 [대학교]에서 역사 강의를 두 개 들었는데, 그 강의에서 남아프리카 역사와, 유럽 역사를 아주 심도 있게 다

루었어요. 그래도 가워 라데베[7]가 아는 것이 내가 아는 것보다 훨씬 많았어요. 가워는 사실만 배운 것이 아니라, 사실의 배후도 들여다보아 특정한 관점에서 원인을 설명할 수 있었으니까요. 물론 당신도 알다시피 내가 상대하는 이들 중에 석사 학위가 있는 마이클 하멜 같은 사람도 있었고, 러스티 번스타인[8]은 비트(비트바테르스란트대학교)에서 학사 학위를 받았어요. 이 친구들…… 역사에도 아주 정통했죠. 나는 [공산]당 사람은 아니었지만…… 그들의 말을 아주 잘 귀담아 들었어요. 매우 흥미로웠거든요.

스탱글 : 처음에 공산당 모임에 갔을 때 그때는 아주 반공적이었지요?

만델라 : 예, 그랬어요. 정말로 꽤.

스탱글 : 그래서 모임에 가면서도 공산당에 동조할 수 없었나요?

만델라 : 예, 전혀. 나는 그냥 초청을 받은 김에 그 모임을 보고 싶어서 갔을 뿐이에요. 그 모임은 유럽인과 인도인, 혼혈인, 아프리카인을 함께 볼 수 있는 새로운 사회였어요. 내게는 새로운 사회였지요. 내가 전혀 몰랐던 사회. 그래서 관심이 갔어요.

스탱글 : 정치에 관심이 있다기보다는 사회적 관찰자가 되는 것에 관심이 있었군요.

만델라 : 예, 그래요, 나는 정말 정치에 관심이 없었어요. 나는, 맞아요, 공산당 모임의 사회적 측면에 관심이 있었습니다……. 공산당원들에게서 깊은 인상을 받았지요. 피부색을 전혀 의식하지 않는

---

7 부록 「사람과 장소, 사건」 참조.

8 라이어넬(러스티) 번스타인(부록 「사람과 장소, 사건」 참조).

백인들을 보기란 실로 대단한 일이었어요. 그것은…… 내게 새로운 경험이었습니다.

스텡글 : 그래서 공산당 모임이 어떤 점에서는 해방감을 주던가요? 그 모임에 도취되던가요?

만델라 : 그저 흥미로웠지요. 공산당 모임이 해방감을 주었다고는 말하지 않겠어요. 해방감을 주지 않는 그 점 때문에, 내가 처음 정치에 관여하게 되었을 때 공산주의자들을 공격한 겁니다. 나는 마르크스주의가 우리를 해방시켜 준다고 생각하지 않았어요. 오히려 실제로는 우리를 외래 이데올로기에 종속시키려 한다고 생각했어요.

8. 위니 만델라[9]에게 보낸 1979년 6월 20일자 편지에서

정말 "육체의 쇠사슬이 정신에는 날개일 때가 많다오." 그동안에도 줄곧 그랬고, 앞으로도 늘 그럴 테요. 셰익스피어는 「뜻대로 하세요」에서 같은 생각을 조금 다르게 말하지요.

> 역경의 쓰임새는 달콤해,
> 추하고 독이 있는 두꺼비 같지만
> 머리에는 귀중한 보석을 두르네.[10]

---

9 놈자모 위니프레드 마디키젤라 만델라(부록 「사람과 장소, 사건」 참조).

10 윌리엄 셰익스피어 작 「뜻대로 하세요」의 2막 1장에서.

또 “위대한 목적만이 큰 힘을 불러낼 수 있다.”라고 선언한 사람들도 있었소.

그렇지만 폭풍 같았던 지난 26년 동안은 이 단순한 말 뒤에 있는 진짜 뜻에 대한 이해가 피상적이고 불완전하고 조금은 관념적이었던 것 같소. 모든 사회 개혁가들의 삶에는 무엇보다도 자신의 머리에 축적된 소화되지 않은 정보 쪼가리들을 덜어 내려고 연단에서 부르짖는 단계가 있다오. 직접 경험하고 더욱 깊이 연구해야 그 보편적 진리가 분명해지는 원칙과 사상을 차분하고 쉽게 설명하기보다는, 그저 대중을 감동시키려는 것이지. 이 점에서 나도 예외가 아니었소. 그동안 한 번도 아닌 수백 번이나 나는 우리 세대 나약성의 희생자였다오. 내가 초기에 말하고 쓴 것들 가운데 일부를 되돌아보면 그 현학성, 피상성, 그리고 독창성 결여에 질겁하게 되오. 이 사실을 나는 당신에게 숨김없이 말해야만 한다오. 초기에 말하고 쓴 것들에서는 남에게 깊은 인상을 주고 싶고 자신을 광고하고 싶어 하는 나의 욕구가 확실히 두드러지오.

9. 아파르트헤이트 법률에 맞선 1952년 불복종 운동에 관해 리처드 스텡글과 나눈 대화에서

나는 그전에도 감옥에 간 적이 있지만 경미한 위반 때문이었고, 당시 하루 온종일도 아닌 하루에 가까울 정도로만 갇혀 있었어요. 아침에 갇혔다가 저녁에 풀려났으니까. 그때 경찰에 체포된 이유는 내가 법을 무시했기 때문이 아니라, 이른바 백인들만을 위한다는

백인 전용 화장실에 들어가 소변을 본 탓이었어요. 백인 세면장에 손을 씻으러 갔다가 체포되었다고 할 수도 있겠네요, 낄낄. 어쨌든 내 실수였어요. 표지판을 보지 않았으니까. 그래서 경찰서로 붙잡혀 갔고, 하루가 끝날 무렵에 풀려났지요. 그런데 경찰서 감옥에는 원칙 때문에, 불공정하다고 보는 법에 대한 항의 때문에 들어온 사람들이 있었어요. 내 또래 학생들이 국민과 조국을 향한 사랑으로 교실을 떠나 저항하다가 붙들려 온 것이었어요. 감옥에서 그들을 만난 것이 내게 엄청난 영향을 끼쳤지요.

10. 리처드 스텡글과 나눈 대화에서

[나는]…… 내게 부탁하지 않으면 다른 사람들 일에 끼어들지 않아요. 부탁을 받더라도 나는 항상 사람들이 함께하도록 하는 데 관심을 기울입니다. 변호사로서도…… 남편이나 아내가 찾아와 이혼의 법적 절차를 밟아 달라고 하면, 나는 늘 "이 문제를 해결하기 위해 할 수 있는 일은 다했습니까?" 하고 물었어요……. 어떤 사람들은 나의 이 말을 기꺼이 받아들여서, 실제로 문제 해결을 위한 최선을 다하여 이혼 위기에서 벗어나기도 했어요. 물론 내 말에 화를 내는 사람들도 있었어요. 남편과 싸워서, 분해서 변호사를 찾아온 아내한테 대고 "당신 남편에게 전화해도 될까요?"라고 말하면 그 아내 기분이 어떻겠어요? 아, 그럼 속이 막 뒤집어지지요. 그 순간부터는 법정에 가서도 변호사가 자기 남편 보는 것도 싫어해요……. 아내는 변호사가 자기와 똑같은 입장을 취해 주기를 바라는 겁니다. 그

러면 문제 해결이 아주 어려워져요. 어쨌든 요점은 난 언제나 사람들을 화해시키려고 했다는 거예요……. 그러나 늘 성공한 것은 아니에요.

11. 위니 만델라에게 보낸 1984년 12월 27일자 편지에서 K. D. 마탄지마[11]에게 쓴 편지 내용을 인용한 부분

귀하와 정부가 나와 나의 동료 일부를 석방해 음타타[12]로 보낼 생각인 듯합니다. 그렇다면 아마도 1977년에 귀하가 처음 우리를 면회하고 싶어 했을 때, 반투스탄[13]에 대한 우리의 입장 때문에 나와 나의 동료들이 귀하의 요청을 받아들일 수 없다는 결정을 내린 사실을 상기시킬 필요가 있겠군요. 올해 2월에 귀하가 다시 와서 우리의 석방 문제를 논의하고 싶어 했을 때에도, 우리는 우리의 입장을 거듭 천명하고 귀하의 요청에 응하지 않았지요. 전에도 지적했듯이 우리는 우리의 석방을 반투스탄과 연결시키는 것을 도저히 받아들일 수가 없습니다. 귀하가 정치범들의 감금 문제에 관심을 기울이는 것에는 감사하지만, 우리가 반대 의사를 분명히 밝혔는데도 계

11 카이저 달리원가(K. D.) 마탄지마(부록 「사람과 장소, 사건」 참조).

12 만델라는 '움타타'(Umtata : 식민지 시대의 표기)와 '음타타'(Mthatha : 아파르트헤이트 이후의 표기)를 모두 썼다.

13 아파르트헤이트 정부는 1951년 반투 당국법에 따라 '홈랜드homelands' 또는 '반투스탄Bantustans'이라고 하는 흑인 자치 지역을 만들었다.

22/84. 46 (54)

NELSON MANDELA 27. 12. 84

Mum,

...s of the letter to Daliwonga, which I handed in this morning for dispatch ... Umtata, were summarised in the front page of today's Die Burger with the following headline: Matanzima doen aanbod (Matanzima makes an offer) Mandela verwerp vrylating (Mandela rejects release). This is the letter:

"Ngubengcuka,

Nobandla has informed me that you have pardoned my nephews, and I am grateful for the gesture. I am more particularly touched when I think of my sister's feeling about the matter and I thank you once more for your kind consideration.

Nobandla also informs me that you have now been able to persuade the Government to release political prisoners, and that you have also consulted with the other "homeland" leaders who have given you their full support in the matter. It appears from what she tells me that you and the Government intend that I and some of my colleagues should be released to Umtata.

I perhaps need to remind you that when you first wanted to visit us in 1977 my colleagues and I decided that, because of your position in the implementation of the Bantustan Scheme, we could not accede to your request.

Again in February this year when you wanted to come and discuss the question of our release, we reiterated our stand and your request was not acceded to.

In particular, we pointed out that the idea of our release being linked to a Bantustan was totally and utterly unacceptable to us.

While we appreciate your concern over the incarceration of political prisoners, we must point out that your persistence in linking our release with the Bantustans, despite our strong and clearly expressed opposition to the scheme, is highly disturbing, if not provocative, and we urge you not to continue pursuing a course which will inevitably result in an unpleasant confrontation between you and ourselves.

We will, under no circumstances, accept being released to the Transkei or any other Bantustan. You know ~~very well~~ fully well that we have spent the better part of our lives in prison exactly because we are opposed to the idea of separate development, which makes us foreigners in our

위니 만델라에게 보낸 1984년 12월 27일자 편지에서 K. D. 마탄지마에게 쓴 편지 내용을 인용한 부분속 우리의 석방 문제를 반투스탄과 연결 지으려는 것이 우리에게는 도발적이지는 않아도 무척 거슬리는 일임을 지적하지 않을 수 없습니다. 촉구하노니, 제발 계속 그런 식으로 일을 추진하지 마십시오. 그러면 귀하와 우리 사이에 불쾌한 대립이 일어날 수밖에 없습니다. 우리는 어떤 상황에서도 트란스케이는 물론 어떤 반투스탄으로 석방되는 것도 받아들이지 않을 것입니다. 귀하도 충분히 알듯이, 우리가 감옥에서 인생의 후반을 보내는 것은 다름 아닌 '분리 발전'이라는 것에 반대하기 때문입니다. 분리 발전은 우리나라에서 우리를 외국인으로 만드는, 정부가 바로 오늘까지도 우리를 억압할 수 있게 만드는 정책입니다. 따라서 우리는 이 폭발성을 지닌 계획의 중단을 요청하며, 이 일로 우리를 성가시게 하는 것이 이번이 마지막이기를 진심으로 바랍니다.

12. 리처드 스텡글과 나눈 대화

스텡글 : 1955년 9월에 당신의 금지령[14]이 만료되어 떠난 여행에 관하여 지난번 이야기하다가 말았는데, 당신은 그 여행에 관해 회고록에서, 원고에서, 아주 자세히 많이 이야기해요. 그 여행이 당신에게 중요했던 까닭은 당신이 자유를 누린 마지막 순간이었기 때문인가요?

---

14 정부가 개인이나 단체에 금지령을 내려 여러 가지 제약을 가할 수 있었다.

만델라 : 음, 나는 1952년 9월, 아니 12월부터 금지령을 받았어요. 그것이 내가 소요 집회 단속법으로 처음 받은 금지령이고, 기간은 1년이었어요. 또 한 번은 2년이었고요. 그러나 공산주의 활동 금지법에 따라 금지령을 받았을 때에는 5년 동안 요하네스버그에서 벗어날 수 없었습니다. 그러는 동안 여행을 다닐 수 없었기에 금지령이 만료되었을 때에는 내 삶에서 새로운 장이 열리는 것 같았어요. 내가 정치적으로 활발하게 활동하는 한 이후에도 특정한 지역에 갇히게 되는 금지령이 계속 생기리라는 것을 알았기 때문에, 나는 여행을 이 나라를 보는 기회로 삼았어요. 그것이 사실은 내가 1955년 9월의 금지령 만료 후 떠난 여행을 중요하게 생각하는 이유입니다.

13. 리처드 스텡글과 나눈 대화

스텡글 : 인터내셔널 클럽은 어떤 것이었어요?

만델라 : ……요하네스버그 인터내셔널 클럽은 다양한 국적의 사람들을 만날 수 있게 해주는 곳이었어요……. 도심에 위치한 그 클럽에서 사람들이 만나 서로 의견을 나눌 수 있었고, 방문객도 맞이할 수 있었어요. 또한 식사도 제공되고 게임, 토론 등도 벌어지고……. 사회적 행사를 위한 곳이었습니다. 한번은 미국인이 왔는데, 미국 배우 둘이었어요. 캐나다 리…… 그리고 지금은 아주 톱스타가 된 시드니 포이티어였지요. 우리는 그 클럽에서 두 사람을 환대했답니다. 다양한 국적의 사람들을 함께 만날 기회가 거의 없었던 시절에 그 클럽은 아주 흥미로운 곳이었어요.

스텡글 : 그 클럽이 여기 도심에 있었다고요? 어디에요?

만델라 : 아, 여기서 좀 더 서쪽에 있었어요…….

스텡글 : 당신이 총무가 되었어요?

만델라 : 예, 내가 총무가 되었어요.

스텡글 : 거기 당신 친구였던 고든 브루스도 있었지요. 당신 다음으로 총무가 되었던.

만델라 : 고든 브루스, 예, 맞아요.

스텡글 : 그렇게 사람들과 어울렸군요.

만델라 : 예, 고든 브루스는 잉글랜드 출신 영국인이었지요. 종교적인 사람이었고, 유대인 여성 우르술라와 결혼했어요.[15] 맹인이었지만 아주 유능한, 정말 유능한 여성이었어요. 지금은 학생들을 가르치고 있지요. 감옥에서 나왔을 때 나는 그들 부부를 만나러 갔어요……. 하루는 고든이 5시에 아내를 데리러 갈 시간이 없다며 내게 그녀를 데려와 달라고 부탁했어요. 그녀는…… 여기 커미셔너가에서 몇 블록 떨어진 곳에서 일하고 있었어요. 거기 가서 그녀를 찾았지요. 앞이 안 보이는 그녀는 (손으로 가리키며) 여기, 팔에 손을 얹었어요. 그러고는 함께 밖으로 나갔습니다. 그러자 백인들이 날 거의 죽일 뻔했어요. 그녀는…… 아름다운 여성인데…… 흑인 남자가 그런 백인 여성을 붙잡고 있는 모습을 그들이 보았으니 어떻겠어요? 아, 그때 정말 나는 하마터면 죽을 뻔했습니다. 하지만 용감

---

15 고든 브루스는 사실 종교적이지 않았다. 그는 불가지론자였다. 그의 아내는 주의 깊은 유대인이었다.

한 척, 세상을 모두 이길 수 있는 척하면서 그 백인들을 그냥 무시했어요. 그러고는 차에 탔지요. [나중에] 지하에 있었을 때에도 브루스 부부와 많은 시간을 보냈어요. 그들이 내 은신처에서 그리 멀지 않은 곳에 살고 있어서 저녁이면 찾아가곤 했지요.

14. 1952년 불복종 운동 재판에서 만델라, 카트라다를 비롯한 19명의 다른 피고들과 거리를 두고 싶어 자기만 따로 변호사를 선임한 제임스 모로카 박사[16]에 관해 아메드 '캐시' 카트라다[17]와 나눈 대화

카트라다 : 아, 그리고 [『자유를 향한 머나먼 길』 초고의] 61~62쪽에 "나는 모로카 박사를 만나러 오렌지 자유 주의 타바 은추에 있는 그의 집으로 갔다. 우리의 만남 초두에 [내가] 그에게 이러한 행동 지침을 둘 다 제시했다. 그러나 그는 관심이 없었고, 오히려 토로하고 싶었던 불만을 몇 가지 말했다. 모로카는 때로 아주 거만했고, ……." 등등.
만델라 : 때로 '아주 거만했고'?
카트라다 : 거만했고.
만델라 : 아냐, 이 사람아……. 나는 모로카에 대해 그렇게 말하고 싶

16 제임스 세베 모로카 박사(부록 「사람과 장소, 사건」 참조).

17 아메드 모하메드(캐시) 카트라다(부록 「사람과 장소, 사건」 참조).

지 않아.

카트라다 : 아.

만델라 : ……처음에 모로카는 전혀 거만하지 않았어. 그리고 나는 자서전에서 남에게 결례가 되는 말은 하고 싶지 않아.

카트라다 : 예.

만델라 : ……나는 우리가 그래야 한다고 생각해. 우리가 "아프리카 민족회의 지도자가 자신의 지도로 채택된 행동과 정책으로부터 자신을 분리시키고 싶어 하는 것을 보니 실망스러웠다."라고 말할 수는 있겠지……. 그러나 나는 우리가 모로카에 대해 거만하고 동지들을 배신한 사람이라고 언급하지 않았으면 좋겠어.

카트라다 : 아.

만델라 : 나는 우리가 그런 언급은 피해야 한다고 생각해……. 그리고…… 있잖아, 모로카의 자식들 말이야. 내가 수감 중에 그들에게 편지를 썼는데, 그들이 답장에서 처음으로 좋은 말을 들었다고 하더군.

카트라다 : 자기들 아버지에 대해서.

만델라 : 아니, 자기들 할아버지.

카트라다 : 아.

만델라 : 지도자들에 관해 말할 때 우리가 그들을 비판할 수도 있겠지. 그래도 모로카를 [유서프] 다두[18]나 [월터] 시술루[19]와 비교하

---

18 유서프 다두 박사(부록 「사람과 장소, 사건」 참조).

19 월터 울리아테 막스 시술루(부록 「사람과 장소, 사건」 참조).

면서, 이들은 운동을 통해 다져진 사람들이라 집단 지도 문화에 완전히 헌신했지만…… 모로카는 다른 부류의 사람이라 한계가 있었다고 말하는 것이 좋지 않을까? 정중하게 말이야.

카트라다 : 아.

만델라 : ……비판은 정중해야 해. 사실에 기반을 두어야 하고 현실적이어야 하고 솔직해야 하지만, 동시에 어떤 테두리 안에서 해야 해. 우리는 건설자니까.

카트라다 : 예, 예.

만델라 : 자네도 말했잖아. 운동권 출신 작가는 그냥 기록만 하는 것이 아니라 건설자이기도 하며, 따라서 조직을 세우고 그 조직에 부여되어야 할 신뢰를 쌓는 데 기여해야 한다고.

15. 비폭력에 관해 리처드 스텡글과 나눈 대화에서

[앨버트 루툴리] 족장[20]은 마하트마 간디의 열렬한 신봉자였고, 기독교인으로서 원칙에 따라 비폭력을 신봉했어요……. 우리 중 상당수는 그러지 않았습니다……. 비폭력을 우리의 원칙으로 삼으면 어떤 상황에 놓이든 언제나 비폭력을 고수해야 하니까……. 우리는 상황이 허락할 때만 비폭력을 취했어요. 상황이 허락하지 않으면, 우리는 자동으로 비폭력을 버리고 상황이 요구하는 방법을 쓸 것이

20 앨버트 존 음붐비 루툴리 족장(부록 「사람과 장소, 사건」 참조).

었어요. 이것이 우리의 접근 방식이었습니다. 우리의 접근 방식은 조직이 효율적으로 운동을 이끌어 나가도록 하는 것이었어요. 그래서 비폭력을 채택하는 것이 조직에 효율성을 주면 비폭력을 추구하겠지만, 비폭력이 효율적이지 않은 상황이면 다른 수단을 쓸 것이었어요.

16. 아메드 카트라다와 나눈 대화

카트라다 : 간디도 읽었어요?

만델라 : 아, 그럼, 그렇고말고.

카트라다 : 그럼 사실이네요?

만델라 : 그러나 실은 네루가 나의 영웅이었어.

카트라다 : ……그것에 대하여 [『자유를 향한 머나먼 길』 초고의] 62쪽에 이렇게 쓰여 있어요. "그는 어린 시절을 든든하게 해준 기독교 신앙을 버리는 것이 무척 가슴 아팠다. 세 번 그리스도를 부인한 성 베드로처럼." 그런데 기독교 신앙을 버렸다고 말하는 게 맞아요?

만델라 : 아니, 전혀.

카트라다 : 맞지 않죠? 그렇죠?

만델라 : ……분명히 말하지만, 전혀 맞지 않는 말이야. 나는 내 기독교 신앙을 버린 적이 없어.

카트라다 : 알았어요.

만델라 : 그렇지만 기독교 신앙이 많은 해를 끼칠 수도 있다고 말하는 게 적절하겠지.

카트라다 : 맞아요.

만델라 : 그래, 많은 해를 끼칠 수도 있어.

17. 리처드 스텡글과 나눈 대화

스텡글 : 루스 퍼스트는 어땠어요?

만델라 : 루스? 루스…… 그녀의 죽음은 남아프리카의 비극이었어요.[21] 진정한 의미로 이 나라에서 가장 빛나는 별 가운데 하나였으니까요. 나는…… 대학생 때부터 루스를 알았습니다. 같은 대학교에 다녔거든요. 루스는 진보적이었어요. 대중과 떨어진 채 방에 함께 있을 때에만 진보적인 그런 부류의 백인이 아니었지요. 만일 학교 복도나 교정 거리에서 만났다면 루스는 아주 편안하게, 아주 차분하게 서서 말할 거예요. 그녀는 눈부셨습니다. 어떤 모임에서나 루스가 있으면 그 자리가 환하게 빛났어요. 그리고…… 루스는 어리석은 짓을 용서하지 않았어요. 어리석음을 참지 못했고, 정력적이며 체계적이고 근면했습니다. 누가 어떤 일을 맡든 다그쳐서 최대한 노력을 기울이게 하여 최선의 결과를 얻으려고 했어요. 두려움이 없어서 누구든 비판할 수 있었고, 때로는 잘못된 방식으로 사람들을 닦달했어요……. 직접적이고 거침이 없었습니다. 그러나 동

---

21 루스 퍼스트는 1982년 8월 17일에 모잠비크에서 자신에게 배달된 소포 폭탄에 의해 피살 당했다.

시에 아량이 넓었어요. 남편 조 [슬로보]처럼. 그들 부부는 젊은 시절 아주 급진적인 공산주의자였을 때에도 자유주의자 친구들이 있었고, 유명한 사업가 친구들도 있었어요. 그 부부의 집은 서로 다른 정치적 신념을 지닌 사람들의 교차로였지요. 루스는 훌륭한 여자였어요. 나는 [그녀를] 아주 많이 사랑하고 존경했습니다. 그녀가 세상을 떠났다는 말을 감옥에서 들었을 때 정말 가슴이 아팠답니다.

스텡글 : 그러니까 그 부부의 집이 일종의 중심이었군요.

만델라 : 그렇지요.

스텡글 : 그래서 그곳에 저녁을 먹으러 가곤 했나요?

만델라 : 예, 자주, 아주 자주 갔어요. 1958년에는…… 내가 루스와 충돌했어요. 내가 변호를 맡은 재판에서 지는 바람에 어떤 여성들이 감옥에 가게 되자, 사건을 다룬 나의 방식에 대해서 그녀가 비판을 했어요. 사실 법을 잘 모르고 하는 비판이었지요. 그것도 전화상으로. 나는 당시 2천 명이 넘는 여성들의 문제를 다루면서 그들의 변호가 이루어지도록 힘쓰느라 진땀 흘리고 있었습니다. 하루 종일 내가 직접 그들을 변호하거나 그들이 누군가의 변호를 받도록 주선하느라 바빴어요. 그런 와중에…… 내가 한 사건을 다루었고, 내가 직접 변호한 재판에서 진 결과 여성 셋이 감옥에 갔던 것입니다. 물론 보석으로 빼냈지만. 그런데 루스가 전화해서는 내가 그 사건을 다룬 방식을 비판하기에 닥치라고 했어요. 그러고는, 하하, 이 사람이 다름 아닌 여성이며 나의 아주 좋은 동료임을 깨달았답니다. 루스의 말이 아무리 틀렸어도 그녀 스스로는 자신의 말을 믿었지요. 결국 일을 마친 뒤 집으로 가지 않고 위니와 함께 루스의 집으로 갔습니다. 루스가 대학 강사 한 명과 같이 있더군요. 그래서 들어가 그

냥 아무 말도 하지 않은 채 그녀를 붙들고 포옹하고 입맞춤하고는 나왔어요. 그냥 그렇게 자리를 떴어요. 하하하, 그들이 앉으라며 뭐라고 하려 했지만, 그냥 걸어 나왔어요. 그랬지만 나는 그녀와 화해를 하려고 한 거예요. 조도 "내가 당신에게 말했잖아. 넬슨은 당신에게 아무런 유감 없다고 말이야."라고 했지요. 나는 그냥 걸어 나왔고, 루스와 나는 그렇게 화해를 했답니다. 나는 우리 사이에 어떤 긴장이나 갈등도 생기는 것을 원치 않았어요. 내가 루스와의 통화 중에 흥분해서 화를 내긴 했지만, 즉시 그녀에게 내 행동이 과도했음을 깨달았어요. 루스는 아주 진실한 동료였기에, 내가 어떤 일에서 실수를 하든 내가 행동하는 방식을 비판할 자격이 있었습니다. 우리는 화해했어요. 정말이지 나는 루스를 존경했어요. 결국 내가 지하에 들어갔을 때에도 그녀는 나의 연락책 가운데 한 사람이었습니다.

18. 아메드 카트라다와 나눈 대화에서

맙소사. 나는 우리가 금지령이 무엇을 뜻하는지 말해야 한다고 생각해……. 집회에 참석하지 못하게 하고, 한 행정구역에 가두어 놓지. 그러니까 그게 처음이었어, 1952년 12월에 소요 집회 단속법에 따라 금지령을 받은 것……. 나는 대중 집회에 참석하는 것이 금지되었고, 요하네스버그라는 행정구역으로 내 활동 범위가 제한되었지. 음, 나에게 그것은 새로운 경험이었고, 내가 요하네스버그에서 벗어날 수 없다는 사실은 당연히 내게 엄청난 영향을 끼쳤어. 그러나 사람들이 나를 피하는 일은 없었어. 우선은 나를 만나는 모든 사람들이 내가 금지령 받은 사람임을 아는 것은 아니었으니까. 하지만 딱 한 번 그런 일이 있었어. 벤저민 조지프라는 친구가 있었는데, 변호사였지. 해리 모쿠나가 그 친구 사무실에서 일했고. 어느 날…… 내가 폭스 가를 따라 걸어가고 있는데 맞은편에서 벤저민이 나를 향해 오고 있었어. 그런데 내가 다가가자 이러는 거야. (속삭이듯이) "넬슨, 내게 말 걸지 마. 제발 그냥 지나가. 내게 말 걸지 마." 이것이 내가 아는 유일한 경우야.

19. 만델라가 감옥에서 쓴 미출간 자서전 원고에서

꼬박 2년 동안 요하네스버그에 갇혀 있었던 데다 나의 법률적 일이나 정치적 일이 무겁게 어깨를 짓눌러 나는 밀실 공포증으로 질식할 것 같았고, 어떻게든 조금이라도 신선한 공기를 마시고 싶었다. 남아프리카의 가장 큰 도시에 처박혀 14년을 살았지만 그 세월도 내 안에 있는 농부를 죽이지 못해서, 저 손짓해 부르는 드넓은 초원과 푸른 산, 푸른 풀과 나무, 굽이치는 언덕, 비옥한 계곡, 급경사면을 가로질러 빠르게 한없는 바다로 흘러가는 강물을 보고 싶은 마음이 간절했다.

20. 만델라가 감옥에서 쓴 미출간 자서전 원고에서

어느 날 밤 나를 환송하려고 두마 노크웨 등이 집에 모였다.[22] 이 젊고 전도유망한 법정 변호사는 여느 때와 다름없이 아주 쾌활했고, 밤이 길어질수록 더욱 의식이 또렷해지고 말이 많아져 우리 사이에 웃음소리가 끊이지 않았다. 가끔 그는 갑자기 러시아 노래나 중국 노래를 부르며 동시에 마치 가상의 성가대를 지휘하듯이 열정적으로 손을 휘저었다. 우리는 거의 자정까지 앉아 있었다. 그들이 집에서 떠나려는데 그때 두 살밖에 안 된 내 딸 마카지웨가 잠에서 깨어 일어나 내게 자기도 나와 함께 가면 안 되느냐고 물었다. 나는 요하네스버그에 갇혀 있으면서도 일에 짓눌려 가족과 보낼 시간이 거의 없었다. 그런데 또 트란스케이로 떠나 가족으로부터 더 멀어지면 그리움이 그들을 얼마나 좀먹을지 헤아리고도 남았다. 죄책감에 잠시 괴로워져, 여행에 대한 흥분이 사라졌다. 나는 딸에게 입맞춤을 하고는 침대에 뉘였고, 딸이 잠들자 떠났다.

---

22 만델라가 1955년에 더반과 트란스케이, 케이프타운으로 워킹 홀리데이를 떠날 참이었다. 필리먼(두마) 노크웨에 대해서는 부록 「사람과 장소, 사건」을 참조하라.

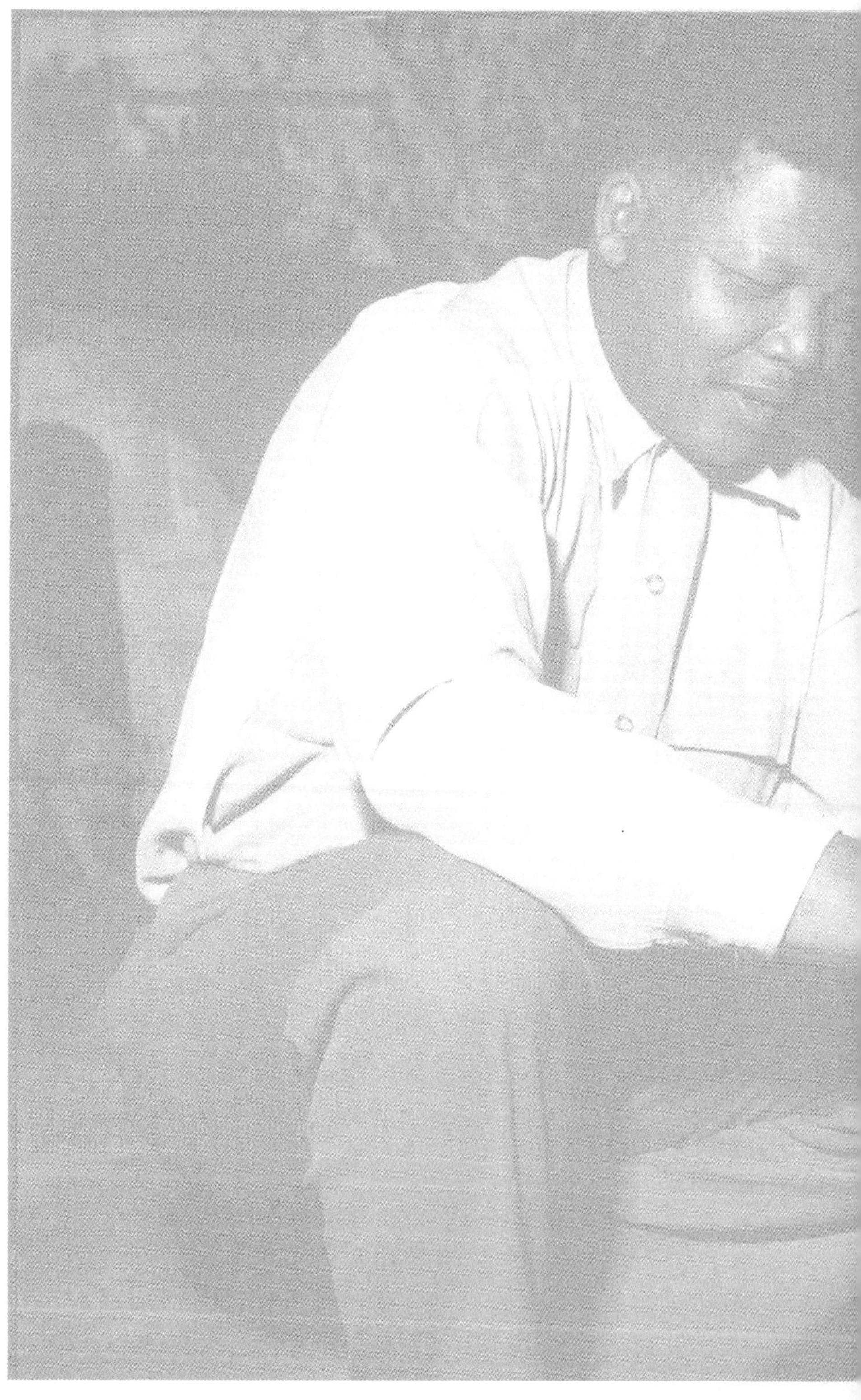

| CHAPTER 4 |

죽일 이유가 없다

"더 폭넓은 이익에 봉사하려는 사람들과
먼 지방에 터를 잡고 사는 사람들에게도
고향은 고향이다.
차를 몰고 중심가인 요크 가로 들어가는데
이루 헤아릴 수 없는 행복감에 사로잡혔다."

만델라가 감옥에서 쓴 미출간 자서전 원고에서

1. 만델라가 감옥에서 쓴 미출간 자서전 원고에서

세 번째 날 저녁에 내 고향 음타타에 도착했다.[1] 더 폭넓은 이익에 봉사하려는 사람들과 먼 지방에 터를 잡고 사는 사람들에게도 고향은 고향이다. 차를 몰고 중심가인 요크 가로 들어가는데 이루 헤아릴 수 없는 행복감에 사로잡혔다. 13년이라는 오랜 세월을 떠나 있었고 나를 환영하는 살찐 송아지와 꽃줄로 장식한 나무는 없었어도 나는…… 성경에 나오는 돌아온 탕자 같은 느낌이 들었고, 어서 빨리 어머니와 보잘것없는 집, 함께 자란 수많은 친구들, 저 매혹적인 초원, 잊을 수 없는 내 어린 시절을 이룬 온갖 것들을 보고 싶었다……. 나는 란드 지역을 떠나면서 비밀경찰의 손에서도 떠났다고 생각해, 그들이 저 멀리 내 고향까지 촉수를 뻗치리라고는 생각지도 못했다. 다음 날 아침 일찍 여관집 안주인이 백인 신사를 데려왔을 때에도 나는 내 방에서 족장 둘과 커피를 마시고 있었다. 그가 예의라고는 하나도 없이 거만하게 물었다. "당신이 넬슨 만델라요?" 내가 되물었다. "그러는 당신은 누구요?" 그는 경사라는 자신의 계급과 이름을 말해 주었다. 그래서 물었다. "영장을 보여 주겠소?" 그는 내가 그의 오만함을 싫어하는 것보다 더 나의 건방진 태도에 분해 했지만, 조금 망설이다가 근거를 내놓았다. 그제야 내가 넬슨 만델라라고 하자, 자기와 함께 경찰서로 가자고 했다. 내가 체포되는

---

1 이 글과 다음에 수록된 두 글에서 만델라는 1955년 금지령이 만료된 뒤에 한 여행에 관해 말하고 있다.

거냐고 묻자 그렇지 않다고 했다. 그럼 가지 않겠다고 했다. 그러자 그가 속사포처럼 질문을 퍼부으며 동시에 내 말을 공책에 적었다. 그는 내가 언제 요하네스버그를 떠났고, 어느 곳을 방문했고, 트란스케이에 얼마나 머물려고 하며, 여기서 떠나면 정확히 어디로 갈 것인지, 내가 트란스케이에 들어가도 좋다는 허락은 받았는지 등을 물었다. 나는 그에게 내가 어디에 머물지를 말하고, 트란스케이는 내 고향이라 굳이 허락을 받고 올 필요는 없었다 말하고서 다른 질문에는 대답하기를 거부했다. 그가 떠나자 족장들이 나의 퉁명스러운 태도를 꾸짖으며, 몇 가지 질문은 대답해도 전혀 위험하지 않았을 거라고 힘주어 말했다. 나는 내가 그런 것에 대해서 그 남자가 오만불손했기 때문이고, 그가 자신의 거만함에 정당한 대가를 치르도록 했을 뿐이라고 말했다. 내가 그들을 설득했다고는 생각하지 않는다……. 어머니 집에 어머니와 함께 있으니 어린애같이 신나고 기뻤다. 그러나 동시에 어머니 혼자서, 가장 가까운 거리에 있는 의사와도 무려 22마일이나 떨어진 곳에 사시는 것에 죄책감이 들지 않을 수 없었다. 여동생들과 나는 저마다 독립해서 살고 있었다. 어머니는 자식들 딴에 금전적으로 풍족하게 해드리려고 했지만, 자식들이 주는 것을 모아 두었다가 필요한 자식이 있으면 내주었다. 그 전에도 몇 번 요하네스버그에 와서 함께 살자고 설득했지만, 어머니는 당신이 평생 산 시골에서 떠나는 것을 결코 받아들일 수 없었다. 나는 다른 사람들의 기회를 위해 싸우면서 자기 가족을 돌보지 않는 것이 정당화될 수 있을까 하는 생각을 종종 했다. 육십이 다 된 어머니를 돌보고, 어머니에게 꿈같은 집을 지어 드리고, 어머니에게 좋은 음식과 좋은 옷, 자신의 사랑을 모두 드리는 것보다 중요한 것이 있을까? 정치 활동은 그런 책임을 회피하기 위한 변명에 불과한 것은 아닐까? 문득문득 그런 질문을 하게 하는 양심을 지니고 사는 것은 쉽지 않다. 많은 경우 나는 어머니의 삶을 조금이라도 안락하게 해드리려고 늘 최선을 다했다며 자신을 다독일 수 있다. 때로 양심의 가책을 느껴 괴롭지만, 그럴 때에도 나는 내가 우리들의 해방에 전적으로 헌신하는 것이 삶에 의미를 주고 내게 민족적 자긍심과 진정한 기쁨을 준다는 것을 인정하지 않을 수 없다. 이런 느낌은 어머니가 돌아가시기 바로 전에 내게 써준 마지막 편지에서 내가 신념을 가지고 신념을 위해 싸우도록 격려해 주셨다는 것을 알고는 백배 배가되었다.

2. 리처드 스텡글과 나눈 대화

만델라 : 그런데 내가 포트엘리자베스에서 차를…… 차를 몰고 나올 때는 이른 아침이었어요. 한 10시쯤 되었을까. 뜨거운 날이었는데, 차를 몰고 가다가 뜻밖에 뱀이 길을 건너는 것을 발견했어요. 포트엘리자베스를 떠난 지 얼마 안 되어 덤불 무성한 지역이 나왔거든요. 야생에 가까운 곳이었어요. 뱀은 이미 몸을 꼬고 있었답니다. 바닥의 열기 때문에 뜨거워서 참을 수가 없었던 거지요. 뱀이 몸을 꼬고 있는데 내가 달리 어떻게 하기에는 너무 가까워, 뭐랄까, 그냥 그 위로 [달렸어요]. 아, 가슴이 쓰라렸어요. 뱀이 죽으면서 펄쩍 뛰어올랐거든요. 나는 아무것도 할 수 없었어요. 그것을 볼 수도 없었어요. 아, 불쌍한 녀석. 내가 그것을 죽여야 할 이유가 하나도 없었는

데…… 그것이 내게 위협도 되지 않았는데…… 그래서 무척이나 슬펐어요.

스텡글 : 당신이 회고록에서 언급하는 뱀 사건이죠. 그런데 당신도 뱀을 치어 죽이면 어떻게 된다는 미신을 믿나요?

만델라 : 아니, 전혀.

스텡글 : 그것이 액운이나 불길한 징조라는?

만델라 : 아니, 전혀. 나는 미신을 믿지 않아요. 그러나 동물을, 아무 죄도 없는 파충류를 죽였다는 것, 그 사실이 나를 괴롭혔지요. 특히 백미러로 보니, 뱀이 살려고 발버둥을 치더군요. 나의 불찰이었어요. 당시 그곳은 아름다운 지역이었습니다……. 포트엘리자베스에서 휴먼스도르프까지. 숲을, 아주 울창한 숲을 가로질렀고, 정말 조용했어요……. 새들이 지저귀는 소리 따위를 빼면, 아주 고요했어요. 정말 아름다운 지역이었어요! 그리고…… 그때는 야생이었어요. 나이스나에 가기 전 개코원숭이와 마주쳤는데, 그것이 길을 건너더니 나무 뒤에 숨어서 나를 계속 훔쳐보았어요. 나는 그런 일들이…… 좋았어요……. 예, 나이스나에…… 신이 다시 땅에 내려온다면 나이스나에 정착할 거라고 생각했어요. 진심으로.

3. 리처드 스텡글과 나눈 대화

내가 저 웨스턴케이프 주 종파 간 성직자회 모임에서 연설을 했어요……. 지금은 정확히 기억하기 힘들지만 내가 말하려고 했던 바는 투쟁에서 교회의 역할이 중요하다는 것, 그리고 아프리카너들이 성직자를 이용해 자기들 견해를 선전하듯이 우리 성직자들도 똑같이 해야 한다는 것이었어요. 그러고는 한 친구가 기도를 했는데, 자프타 목사였지요. 그가 아주 주목할 만한 기도를 했습니다. "신이시여, 우리는 그동안 당신께 우리를 해방시켜 달라고 계속 기도하고 빌고 간청하기만 했습니다. 이제는 우리가 당신께 지시하오니 우리를 해방시키십시오."라고요. 그 기도에는 무언가가 있었고, 나는 그것이 아주 의미 있다고 생각했어요.

4. 만델라가 감옥에서 쓴 미출간 자서전 원고에서

나는 이제 완전히 헌신했고 자유의 전사로서의 삶에 뒤따르는 위험도 어느 정도 알게 되었지만, 흑인들이 펼치는 어떤 주요한 정치투쟁도 본 적이 없고 방법의 문제에 진지하게 관심을 기울인 적도 없었다. 그때까지 내게 요청된 희생은 주로 주말에 가족과 함께하지 못하는 것, 집에 늦게 가는 것, 모임에 연설하러 가는 것, 정부 정책을 비난하는 것에서 더 나아가지 않았다.

5. 만델라가 감옥에서 쓴 미출간 자서전 원고에서

그때 장남 마디바(템비)가 다섯 살이었다. 한번은 그 애가 제 어미에게 내가 어디 사느냐고 물었다. 내가 밤늦게 집에 돌아와 아침 일찍 아이가 깨기도 전에 집에서 나가는 생활을 한 탓이었다. 나는 그 바쁜 나날에도 아이가 몹시 보고 싶었다. 아이들과 놀며 이야기하고, 아이들을 목욕시키고 먹이고 소소한 이야기를 해주며 재우는 것을 좋아했기에 가족과 떨어져 있는 것이 정치 생활을 하는 동안 내내 괴로웠다. 나는 집에서 편히 쉬며 조용히 책을 읽고, 냄비에서 나오는 달콤한 냄새를 맡고, 가족과 함께 식탁에 둘러앉고, 아내와 아이들을 데리고 나가는 것을 좋아한다. 그런 단순한 즐거움을 더 이상 누릴 수 없다면, 이는 어떤 소중한 것을 삶에서 빼앗기는 것이며, 날마다 일하면서도 그런 상실감을 느끼게 된다.

6. 리처드 스텡글과 나눈 대화

스텡글 : 그럼 1944년으로 가지요. 당신이 에벌린[2]과 만난 해요.

만델라 : 아, 그래요.

스텡글 : ……당신은 물론 월터 [시술루]를 통해 그녀를 만났어요. 그녀가 월터의 조카니까.

만델라 : 아, 그럼요.

스텡글 : ……당신이 그녀를 만난 상황에 관해 말해 줄 수 있나요?

만델라 : 음, 나는 그 문제에 들어가고 싶지 않아요. 당신도 알다시피 우리 사람들은 이혼 같은 것에 관해 말하는 것을 불쾌해 해요……. 나는 개의치 않았어요……. 내 삶의 오점을 빼고 말하는 식으로 하

---

2 에벌린 은토코 마세(부록 「사람과 장소, 사건」 참조).

고 싶지 않았는데, 사람들을 납득시킬 수 없었어요. 월터 시술루 같은 사람들도 포함해서. 그 문제에서는 내가 그를 도저히 납득시킬 수 없었어요……. 그들의 견해는 이렇습니다; 당신은 그냥 당신의 이야기를 하는 것이 아니다, 우리는 당신이 본보기가 되기를 바란다, 우리의 조직을 건설할 때 중심이 되는 본보기 말이다. 그런데 만일 여기서 에벌린 이야기를 다룬다면, 왜 우리의 결혼이 깨졌는지 말해야 해요. 정치적 차이로 우리의 결혼이 깨졌으니까. 그러나 이제 와서 그 사실을 불쌍한 여자에게 불리하도록 말하고 싶지 않아요. 누가 그녀의 이야기를 쓰고 그녀의 견해를 말하지 못하겠어요. 그녀가 인터뷰했을 때 실제로 일어난 일을 왜곡했지만 말입니다……. 일단 그녀의 일을 다루기 시작하면 내가 제대로 이야기해야 해요. 전모를 밝혀야 하지요. 그러나 이 문제는 그냥 넘어갔으면 해요.

7. 아메드 카트라다와 나눈 대화

카트라다 : 자, 이것은 에벌린에 관한 부분입니다.

만델라 : 응?

카트라다 : 당신이 이미 바로잡은 부분이에요. "에벌린에 따르면, 만델라가 그녀를 향해 아들에게 돈을 너무 많이 주어 아들을 망치고 있다며 뭐라 하면서 그녀의 목을 잡았다. 그러자 아들이 이웃 사람들에게 갔고, 그들이 와 그녀의 목에서 긁힌 자국을 발견했다고 한다."

만델라 : 끙!

카트라다 : 사실이 아니지요?

만델라 : 사실이 아니지. 정말 궁금해. 만일 내가 그랬다면 어떻게 내가 그 사실을 모를 수 있겠어?

카트라다 : 당신은 이 부분도 바로잡았어요. "에벌린은 독실한 여호와의 증인이 되어 많은 시간을 성경을 읽으며 보냈다. 만델라는 성경이 사람들의 마음을 순하게 길들인다며, 백인들이 아프리카인에게서 땅을 빼앗아 가고 성경을 남겨 놓았다며 반대했다." 당신은 이 내용도 사실이 아니라고 했어요.

만델라 : 그래, 아니고말고.

카트라다 : 그런데 "그녀의 목을 잡았다."라는 것 말이에요.

만델라 : 아냐, 분명히 말하지만, 그것은 모두 사실이 아냐.

카트라다 : 아, 예.

만델라 : 모두 아냐. 그것에 대해서는 의문의 여지가 없어. 전혀. 만일 내가 그 같은 짓을 했다면 그녀가 나를 경찰서로 끌고 갔을 거야. 분명해. 무슨 일이 일어났는지 알아?

카트라다 : 아.

만델라 : 우리는 말다툼을 하고 있었어.

카트라다 : 아.

만델라 : 그런데 그녀가 그것을 준비해 두었어. 나 모르게. 저 난로, 옛날에 쓰던 난로 기억나?

카트라다 : 아.

만델라 : 석탄 난로였지? 거기에 쓰는 쇠가 있었어.

카트라다 : 아, 부지깽이요?

만델라 : 그래 맞아, 부지깽이.

카트라다 : 예.

만델라 : 그러니까 에벌린이 부지깽이를 석탄 난로 속에 넣어 두어 빨갛게 달구어져 있었고, 나와 말다툼이 벌어지자 그녀가 그것을 꺼냈어. 내 얼굴을 지지려고 말이야. 그래서 내가 그녀를 잡고는 손을 비틀었지. 그것을 빼앗으려고.

카트라다 : 부지깽이를 빼앗으려고.

만델라 : 그게 다야.

8. 감자불매운동[3]에 관해 아메드 카트라다와 나눈 대화

카트라다 : 좋아요, [『자유를 향한 머나먼 길』 초고] 30쪽에도 출판사 쪽 질문이 있네요. 아, 여기서 당신이 말하고 있는 것은 "가장 성공적인 운동의 하나도 1959년에 일어났고, 그것은 감자불매운동이었다."

만델라 : 그렇지.

카트라다 : "……트란스발에 있는 백인 농장의 노동조건이 형편없다는 것은 잘 알려져 있었지만, 용감무쌍한 잡지 기자 헨리 은쿠말로[4]가 직접 노동자인 척하고 농장에 들어가 취재하여 기사를 쓰기 전까지는 그 노동조건이 얼마나 형편없는지 아무도 잘 알지 못했다……."

3 1959년 감자불매운동은 흑인 남아프리카 사람들이 감자 농장에서 노예 같은 상황에 시달리고 있는 현실에 대한 관심을 불러일으켰다.

4 1917~1957. 감자 농장에 관한 폭로 기사를 쓴 기자로, 잡지 〈북〉의 편집차장.

자, 그러고는 당신이 한두 단락 정도 감자불매운동에 관해 계속 써요. 그런데 출판사 쪽에서 "당신이 어떤 식으로든 직접 이 일에 관여했나요? 만일 그러지 않았다면 이 내용은 삭제하고 싶습니다."라고 하네요.

만델라 : 아.

카트라다 : 출판사 쪽에서는 그렇게 말하지만, 저는 그 말에 동의하지 않아요. 저는 감자불매운동이 아주 중요한 사건이었다고 생각하니까…….

만델라 : 아, 그럼, 그렇고말고.

카트라다 : ……우리에게.

만델라 : 그럼. 나도…… 그게 1959년이었나?

카트라다 : 그쯤이었을 거예요.

만델라 : 아, 그래. 아니, [19]57년 아니었어?

카트라다 : 아닌데…….

만델라 : 릴리언[5]이 모임에서 감자를 움켜쥐며 "나는 평생 감자를 먹지 않을 거다. 이 감자를 봐라, 꼭 사람처럼 생겼다……."라고 말한 것이 기억나.

카트라다 : 아.

만델라 : 그러면서 "인간의 피와 땀으로 토실토실해지기 때문이다." 했지. 대강 그런 말이었어. 나는 그게 [19]57년이라고 생각하지만, 자네가 옳을지도 몰라. [19]59년이었을지도 몰라……. 불매운동을

---

5 릴리언 마세디바 응고이(부록 「사람과 장소, 사건」 참조).

하고 있을 때 OR(올리버 탐보)[6]이 생선과 감자칩을 사 와서 먹기 시작하자, 아마 [패트릭] 음템부가 이랬을 거야. "ANC 지도자라는 사람이 불매운동을 하기로 해놓고 약속을 어기고 있다."

카트라다 : 하하하.

만델라 : 그러자 OR이 자기가 그런 줄도 모르고 있다가 말했지. "가져가! 가져가!" 그러나 그때는 이미 OR이 감자칩을 다 먹어 치운 뒤였어! 하하하.

9. 앤더슨 쿰마니 가니일레가 전통 약물을 쓰는 것에 관해 아메드 카트라다와 나눈 대화

만델라 : 맙소사, [그] 녀석은 주술사를 믿어. 아, 글쎄, 우리가 그를 레소토로 데려갔을 때, 내가 모폴로에 있는 화이트시티로 그를 데리러 가면서 "이봐, 내가 시간 맞춰 너를 태우러 갈게." 하고 미리 말해 두었어. 그때 내가 반역죄 재판을 하고 있었어. 그래서 아침 일찍 갔는데, 그때가 아마 7시쯤이었을 거야, 그가 옆방에서 나와 "아, 예." 하고는 들어갔어. 아, 그런데 한 30분이 지나도 안 나와서 내가 화가 나 말했지. "저 녀석을 그냥 끌고 나와!" 그런데 그 녀석은 약을 먹느라, 씻느라 바빴던 거야. 그 녀석이 나오자 냄새가 나는데, 뭐랄까, 꼭 긴털족제비 같았어. 약초에 뭐에 온갖 냄새가 났어. 그

6 올리버 레저널드 탐보(부록 「사람과 장소, 사건」 참조).

녀석에게 정말 짜증이 났어.

카트라다 : 아.

만델라 : 녀석 때문에 내가 30분이나 지체했다니까!

카트라다 : 그런데 그동안 그는 이냥가[7]를 하고 있었군요.

만델라 : 그렇다니까.

10. 1960년 비상사태[8]에 관해 아메드 카트라다와 나눈 대화

카트라다 : 그다음, [『자유를 향한 머나먼 길』 초고] 81쪽에서 당신은 이렇게 말하고 있어요. "감옥에 있다가 나오면 작은 것에 감사하게 된다. 언제든지 원할 때 산책하고 길을 건너고 상점에 들어가 신문을 사고 말하고 싶을 때 말하고 말하기 싫으면 말하지 않을 수 있다는 생각에, 자신을 스스로 통제할 수 있는 단순한 행위에. 자유로운 사람은 이런 것에 늘 감사하지 않는다. 사람은 속박을 당한 뒤에야 그런 것을 기쁘게 받아들인다." 그런데 여기서 그들(출판사)이 이렇게 말해요. "이 추상적인 내용을, 무척 달콤했을 듯한 그날에 당신이 무엇을 했는지를 기술하는 것으로 대체할 수 없을까요? 가족과의 재회에 관해서는 좀 더 많이."

---

7 가니일레는 아마 이냥가라는 전통 치료사가 처방해 준, 약초로 만든 약을 복용하고 있었을 것이다.

8 1960년 비상사태는 사람들을 대거 체포하고 만델라를 비롯한 아프리카인 지도자 대부분을 투옥하고 ANC와 PAC에 금지령을 내린 것이 특징이다.

만델라 : 글쎄, 그날 차를 가지고 나갔다가 교통 위반 딱지를 두 장 뗀 것 말고는…….

카트라다 : 속도위반으로?

만델라 : 응?

카트라다 : 속도위반으로 그랬냐고요.

만델라 : 아니, 아니. 주차 위반 등으로…….

카트라다 : 아.

만델라 : 그러자 위니가 이랬어. "이봐요, 이것으로 운전은 마지막이에요."

카트라다 : 아.

만델라 : 그게 다야.

11. 자신의 유죄를 입증할 증거를 리보니아에 있던 릴리스리프 농장에서 치웠는지[9]를 두고 아메드 카트라다와 나눈 대화

카트라다 : 예, 프리토리아에서 당신과 만나 상의하려고 조 [슬로보]와 함께 갔던 것, 다 기억해요.

만델라 : 아, 그래.

카트라다 : 저들이 처음에는 안 된다고 했는데, 조가 "아니, 이 사람은

---

9 만델라는 1962년 8월 5일에 체포되었는데, 경찰이 1963년 7월 11일에 릴리스리프 농장을 급습해 MK 단원들을 체포하고 그의 혐의를 입증하는 문서들을 압수했다.

나를 변호해 줄 증인이라 함께 상의해야 한다."라고 해서 우리가 함께 의논할 수 있었어요. 그때 당신이 리보니아에 있는 당신 물건에 대해 묻자 조가 "걱정 말아요. 모조리 다 치웠으니까." 했죠.

만델라 : 하하하. 그래, 맞아, 맞아!

카트라다 : 하하하. 모조리 다 치웠다고.

만델라 : 그래, 맞아.

(함께 큰소리로 웃는다.)

카트라다 : 그런데 아무것도 치우지 않았죠. 그들이 모두 찾아냈으니.

만델라 : 맞아.

12. 지하에 있는 것에 관해 아메드 카트라다와 나눈 대화

만델라 : 알려지지는 않았지만 도량이 큰 사람들, 아주 중요한 사람들이 운동에 동조해 아낌없이 우리를 지지하고 지원해 주었다고도 말할 수 있어. 서로 구체적인 이름을 밝히지는 않았지만, 우리가 비밀을 지킬 거라는 확신만 들면 사람들이 정말 아낌없이 지원했어. 우리가 방문을 계획하면, 그것은 곧 내가 하부 조직에 있는 사람들을 만난다는 거였어. 이를테면, "오늘 내가 포즈버그에서 열리는 모임에 참석할 거야."라고 계획하면 실제로 그렇게 되었어. 실제로.

카트라다 : 예.

만델라 : 그런데 두 번, 아주 인상적인 경우가 있었어. 내가 포즈버그에서 모임에 참석했을 때였는데, 나는 낮 동안 한 행사에서 [벤] 투록[10] 등을 만났고, 몰비 [카찰리아][11]는 포즈버그에 있는 한 가족을

만나러 갔어.

카트라다 : 프레데도르프에 있는.

만델라 : 프레데도르프. 맞아.

카트라다 : 예.

만델라 : 몰비가 가서 말했지. "오늘밤 누가 여기 와서 머물 텐데, 재워 줄 수 있어요?" 하고. 그들은 기꺼이 그러겠노라고 했어. 몰비를 존경했으니까. 나는 그때 헐렁한 작업복 차림이었고 머리를 빗지 않을 때도 많았지.[12] 그냥 그 집을 알아두려고(몰비가 내게 주소를 알려주어서), 저녁에 다시 오겠다는 말을 하려고 찾아갔어. 그런데 내가 그 집 문을 두드렸더니 어떤 부인이 나와서 "무슨 일이오?" 하고 묻더군. "저, 내가 여기 머물도록 몰비 카찰리아가 주선해주었는데요." 했더니, "당신에게 줄 방 없어요." 하고는 문을 쾅 닫는 거야. 하하하. 야만인 같은 내 몰골을 보고서 말이지.

13. 1962년 8월 5일 체포된 것에 관하여 리처드 스텡글과 나눈 대화에서

호윅에서, 그래요, 차가, 포드 V8이 지나가더니 바로 우리에게 서라

---

10 벤 투록(부록 「사람과 장소, 사건」 참조).

11 이스마일 아마드(몰비) 카찰리아(부록 「사람과 장소, 사건」 참조).

12 지하에 있는 동안 만델라는 다양한 모습으로 변장을 했다.

고 명령했어요. 그들이 위치를 참 잘 골랐어요. 왼쪽에 (몸짓으로) 이렇게 가파른 제방이 있고 그쪽을 향해 내가 앉아 있었으니까……. 그 시절에는 내가 몸이 아주 탄탄해서 어떤 벽도 올라갈 수 있었어요. 그런데 뒤를, 백미러를 보니까 차 두 대가 뒤에 있는 것이 보였어요. 그걸 보니 도망치려고 해봤자 별 수 없겠구나, 그랬다가는 저들이 나를 쏘겠구나 하는 생각이 들더군요. 그래서 차를 세웠더니 한 녀석이, 키가 크고 호리호리하고 사복을 입고 있었는데, 바로 내 옆에 와서 "나는 포스터 경사요." 하고는 영장을 꺼냈어요……. 그는 모든 점에서 예의가 발랐어요. 예, 아주 예의가 바르고 공손했어요. 그가 "이름을 알 수 있을까요?" 해요. 그래서 내가 "나는 데이비드 모차마이요." 했어요. 그랬더니 "아니, 넬슨 만델라 아닌가요?" 하기에 내가 또 "나는 데이비드 모차마이요." 했지요. 그러자 그가 "참 내, 당신은 넬슨 만델라요. 이쪽은 세실 윌리엄스[13]이고. 당신을 체포합니다. 따라서 우리는 차를 돌려 피터마리츠버그로 돌아가야 합니다."라고 해요. 그래서 내가 "좋소." 했더니, 그가 이래요. "총경이 당신들 차에 탈 거요, 뒷자리에. 차를 돌립시다." 그래서 차를 돌렸지요.

그때 나는 면허가 없는 권총을 갖고 있었는데, 그냥 그것을 꺼내 좌석 사이에 집어넣었어요. 자리가, 운전석과 내 자리가 있었지만, 좌석이 떨어져 있으면서도 연결되어 있어서 거기에 거의 보이지 않을 정도로 작은 공간이 있었어요. 그래서 그냥 거기에 집어

13 세실 윌리엄스(1979년에 사망)는 백인 영화감독이고 반아파르트헤이트 활동가였다.

넣었지요. 그리고 노트도 갖고 있었는데, 그것도 꺼내 거기에 집어 넣었어요. 그러면서 계속 뒷자리에 있는 총경과 이야기를 했지요. 한번은 문을 확 열고 굴러떨어질까 하는 생각도 했으나 이 제방이 얼마나 긴지, 그곳에 무엇이 있는지도 알 수가 없었어요. 그 지역 풍경에 익숙지 않아서. 그래서 '아, 이것은 도박이겠다. 그냥 가고 나중에 기회를 보자.' 하는 생각이 들었어요. 그래서 우리는 경찰서에 갔고, 그들이 나를 철창에 가두었어요.

14. 1960년 비상사태로 구금되었을 때 사무실 방문을 허락받은 것에 관해 아메드 카트라다와 나눈 대화

카트라다 : "그래서 나는 밤낮으로 하루 종일 그곳에 머무르곤 했다. 계단으로 1층에 내려가 카페에서 부수적인 것들을 사기도 했다. 그(경찰)는 한두 번 위니가 나를 보러 왔을 때도 고개를 돌리고는 못 본 척했다. 우리 사이에는 일종의 신사협정이 맺어져 있었다. 나는 달아나려 하지 않았고, 그럼으로써 그를 곤경에 빠뜨리려 하지 않았다. 그리하여 만일 내가 그렇게 하지 않았다면 허락받지 못했을 어느 정도의 자유를 그는 나에게 허락했다." 저들(출판사)이 묻습니다. "나중에는 당신이 달아나려고 했다고 합니다. 철학이 변한 것인가요, 아니면 단순히 개인적 신뢰와 원칙 간 대립의 문제일 뿐인가요?"

만델라 : 까다로운 질문이군그래.

카트라다 : 예…….

만델라 : 그러니까 나는 죄수로서는 달아날 기회만 있으면 달아나려고 했지만, 내가 존중하는 특별한 개인을 상대할 때는 그를 곤란하게 하고 싶지 않았어. 그런 입장이었어.
카트라다 : 아.

15. 무장투쟁을 호소한 것에 관해 리처드 스텡글과 나눈 대화

만델라 : 권위 있는 자리에 있는 사람은…… 공개적으로 조직에 자기 의견을 밝혀야 할 단계가 있습니다. 달변인 사람들 속에서 그렇게 공개적으로 의견을 밝히지 않으면, 자기 생각이 있고 그 생각이 옳다는 직감이 있더라도, 영향력이 아주 강한 사람이나 사실을 조합하는 사람이나 조직적인 사람 등을 상대해야 해요. 그리고 그런 사람들이 모두를 휘두를 겁니다. 따라서 행동을 취하고 싶고 옳은 행동에 대한 확신이 든다면 자기 의견을 조직에 공개적으로 밝힌 뒤 일련의 상황에 대처해야 해요. 이는 규율의 문제가 아닙니다. 신중하게 기회를 선택하여 역사가 자기편이 되도록 해야 해요.
스텡글 : 당신이 MK(움콘토 웨 시즈웨)[14]를 결성하기로 결정을 내린 과정 전체에 대한 설명을 듣고 싶어요. 리보니아 재판에서 당신이 그 과정을 개괄적으로 이야기했지요. 결국 1960년 후반에 당신과 몇몇 동료들이 폭력을 피할 수 없을 거라는 결론에 도달했다고 했어요.

14 부록 「사람과 장소, 사건」 참조.

이 모든 과정이 어떻게 일어났나요? 당신이 먼저 사람들과 비밀리에 이야기한 뒤에 운영위원회의 결정이 있었나요? 그런 결정에 도달하기 위한 준비 과정이 있었나요?

만델라 : 아, 어떻게 되었느냐 하면, 내가 월터 [시술루] 동지와 그 문제를 논의했어요. 왜 논의했느냐면 월터 동지가 1953년에 해외에 갈 때 내가 그에게 "중화인민공화국에 가면 꼭 그들에게 우리가 무장투쟁을 시작하고 싶으니 무기를 달라고 해라."라고 말했거든요. 그러고서 나는 소피아타운에서 무장투쟁에 관한 연설을 했어요.[15] 나는 무장투쟁 주장으로 비난받았지만, 여전히 우리에게 옳은 전략이라고 믿었어요. 그리고 내가 지하에 있을 때에도 이 문제를 월터 동지와 논의했고, 우리는 그것을 운영위원회에 의제로 상정하기로 했어요. 하지만 당신에게 말한 대로, 그 문제를 상정했지만 고려할 가치가 없는 것으로 완전히 묵살을 당했지요. [모지스] 코타네,[16] 공산당 서기이고 운영위원회와 전국 집행위원회 위원이었던 그가 아직 그럴 때가 오지 않았다고 주장했거든요. "정부가 취하는 가혹한 조치 때문에 당신은 옛날 방식으로는 계속할 수 없다고 한다. 난관에 봉착하자 무력해져서 지금 혁명적 언어를 쓰며 무장투쟁을 말하고 싶어 하는데, 우리가 지금 쓰는 옛날 방식도 여전히 고려해 볼 여지가 있다. 우리가 충분히 상상력과 결단력을 발휘한다면 말이다. 그러나 당신은 사람들을 적의 대학살에 노출시키고 싶을 뿐이

---

15 이 연설에서 만델라는 수동적 저항을 할 때는 끝났다고 했다.

16 부록 「사람과 장소, 사건」 참조.

다. 당신은 이 점에 대해서는 신중하게 생각해 보지도 않았다."라고. 그는 그렇게 나를 묵살하며 망설임 없이 자기주장을 펼쳤고, 모든 사람이 그를 지지했어요. 그 뒤에 이 문제를 월터와 상의했어요……. 반대가 어찌나 심했던지 월터는 감히 한마디도 하지 못했거든요. 하하하. 그러나 월터는 늘 외교적인 친구이면서도 함께 결정을 내릴 때는 믿음직한 친구였어요. 아주 믿음직했어요. 그래서 우리는 그 문제를 다시 검토했고, 그는 언제나 지략이 있었어요. 그가 이러더군요. "아니, 코타네만 혼자 불러서 둘이 이야기해 봐. 내가 이야기해서 그가 너를 만나러 오도록 주선할게." 그때는 내가 이미 지하에 있었으니까요. 그래서 코타네가 나에게로 찾아왔고, 우리는 하루 종일 함께 보냈어요. 이번에는 내가 아주 솔직하게 말했어요. "당신은 꼭 쿠바 공산당이 했던 대로 하고 있다. 그들은 혁명적 조건이 성숙되지 않았다고 판단했다. 스탈린이 옹호했던 옛날 방식에 따라, 레닌과 스탈린이 혁명적 상황인지를 어떻게 알 수 있는지에 관해 말한 대로. 그러나 여기서는 우리가 우리 상황에 따라 결정을 내려야 한다. 이 나라의 상황은 우리가 혁명을, 무장투쟁을 고려해야 할 때라고 말한다. 사람들이 벌써 폭력적 행위에 나서기 위해 군대를 결성하고 있기 때문이다. 우리가 하지 않으면 그들이 계속 할 것이다. 그렇지만 그들은 무장투쟁 결정을 실행할 자원도 없고, 경험도 없고, 정치 기구도 없다. 그럴 수 있는 조직은 국민 대다수를 통솔하는 아프리카 민족회의밖에 없다. 그래서 당신은 창조적이어야 하고, 당신의 태도를 바꾸어야 한다. 당신의 태도는 사실 우리가 합법적이었을 때 쓰던 옛날 방식으로 운동을 이끄는 사람의 태도다. 지금은 우리가 비합법적 조건에서 움직이고 있는데, 그런

조건에 의거해 사람들을 이끌 생각을 하지 않는 사람의 태도다." 그렇게 나는 직설적으로 말했어요. 그에게 도전하기 위해……. 나는 그에게 도전할 수 있었어요. 그가 말하더군요. "나는 아무것도 약속하지 않겠다. 그러나 무장투쟁을 운영위원회 의제로 다시 상정해라." 그래서 내가 의제 상정을 하니 그가 이랬어요. "글쎄, 나는 아직 확신이 서지 않지만, 넬슨 만델라에게 기회를 줍시다. 그가 이 안을 집행위원회에 의제로 상정하도록 우리가 도와줍시다." 운영위원회의 모든 사람이 동의했고, 우리는 더반에 내려가 ANC 전국 집행위원회 회의에 참석했어요. 그런데 [앨버트 루툴리] 족장과 옝와[17] 등이 무력투쟁에 아주 강력하게 반대했어요. 우리는 물론 족장이 어떤 태도로 나올지 알았어요. 그는 비폭력을 원칙으로서 신봉했으니까. 반면에 우리는 비폭력을 하나의 전술로 생각했고. 법정에서는 우리가 그렇게 말할 수 없었지만……. 법정에서는, 그게 반역죄 재판 중이었는데, 우리가 비폭력을 원칙으로서 신봉한다고 했어요. 우리가 그것을 전술로 생각한다고 했다가는 정부에, 국가에 빌미를 줄 수 있으니까. 언제든지 우리는 폭력이 우리에게 맞으면 폭력을 쓸 거라고, 사실은 그것이 지금껏 우리가 해온 것이라고 말했다가는……. 그래서 그렇게 말하는 것을 피했지만, 오로지 빌미 제공을 피하기 위해서 그랬을 뿐이에요. 우리는 언제나 비폭력을 전술로 생각했어요. 상황이 우리에게 비폭력을 써야 한다고 하면 그럴 것

---

17 마사발랄라 보니(M. B.) 옝와(1923~1987). 반아파르트헤이트 활동가이며 성직자. ANC 회원.

(6)

1

I was one of those who formed MK, and my instructions from the NEC of the ANC was to attend the Pafmecsa Conference in Addis Ababa in February 1962; to visit the independent African States, and to ask them to give military training to our people, and to raise funds for the struggle.

I had lived underground for almost 10 months, and it was exciting indeed to look forward to free and unfettered movement in day time, without fear of arrest.

I looked forward to visiting new countries and meeting famous freedom fighters, who were dominating the liberation movement in various parts of the Continent.

Above all, I looked forward to meeting Comrade Tambo and ~~other~~ his capable team which was mobilising international support for our struggle. They had done impressive spade work and helped to put our struggle on the map. Emergence of MK had boosted their efforts. but socio-economic problems were frightening.

만델라가 ANC 군사조직 움콘토 웨 시즈웨(MK)의 결성에 관여하면서 지하로 들어간 것을 기록한 노트.

이고, 상황이 우리에게 비폭력에서 벗어나야 한다고 하면 그럴 것이었어요. 그래서 우리는 족장이…… 무력투쟁에 반대하리라는 것을 알았고, 실제로도 아주 강력하게 반대했지만, 설득했지요…….

16. MK의 결성에 관해 리처드 스텡글과 나눈 대화에서

그러자 족장을 비롯한 집행위원회원들이 말했어요. "좋다. 당신의 의견을 잘 들었다. 우리는 이제 당신의 계획을 정식으로 허가한다. 가서 계획을 실행할 조직을 만들어라. 그러니까 만델라, 당신은 가서 조직을 만들 수 있고…… 다른 사람들과 손을 잡을 수 있다. 다른 사람들과 손을 잡고, 다른 사람들과 협력해라. 그러나 우리, ANC로서의 우리는 비폭력 정책을 추진하기 위해 결성되었고, 우리의 이번 결정은 전국 회의에서만 바꿀 수 있다. 우리는 ANC의 옛 정책을 고수할 것이다." 결국 그들의 결정은 잘한 일이었어요. 우리가 재판에 회부되었을 때…… 그런 결정의 내용을 담은 집행위원회 회의록을 국가에서 보았는데…… 회의록이 우리의 폭력 반역 혐의를 전혀 뒷받침해 주지 않았으니까. ANC가 비폭력 정책을 고수하기로 결정한 내용이었으니까. 회의록에서는 루툴리 족장, 모지스 코타네, 남아프리카 인도인 회의 의장이던 몬티 나이커[18] 같은 사람들이 모두 "폭력으로 나아가지 맙시다. 계속 비폭력으로 합시다."라고 말하

---

18 강가투라 모함브리(몬티) 나이커(부록 「사람과 장소, 사건」 참조).

고 있었어요. 내가 집행위원회에서 무력투쟁을 주장한 데 대해 저항할 수 없게 되어서도 위원회원들은 비폭력을 고수했지요. "가서 그런 조직을 만들어라. 우리는 당신을 징계하지 않겠다. 당신이 어떤 상황에서 그런 노선을 택했는지 이해하니까. 그러나 우리는 끌어들이지 마라. 우리는 계속 비폭력으로 하겠다." 재판에서 우리가 비폭력을 원칙으로 신봉한다고 주장한 것을 그 회의록이 모두 입증해 준다는 사실을 발견하고 국가는 회의록을 증거로 제출하지 않았어요. 피고인 우리가 그 회의록을 증거로 제출하며 "우리의 견해를 뒷받침해 주는 것이 이것이다."라고 했지요. 어쨌거나 MK는 그렇게 결성된 거예요.

17. 아메드 카트라다와 나눈 대화

만델라 : MK의 인원수는 지역마다 그곳의 상황에 따라 결정되었다는 것만 말하면 돼. 정해진 수는 없었고, 사람들은 대부분 외국에서 훈련을 받았지. 얼마 뒤에는 작전을 벌일 지역에서 훈련하는 것이 유익하겠다는 생각이 들었지만, 그러기가 어려웠다는 점을 이해해야 해. 우리는 강한 정부, 강한 적을 상대하고 있었으니까……. 돌아다닐 수 있는 장비가 있어 지상에서 무슨 일이 벌어지고 있는지 탐지할 수 있는 적을. 그런 상황에서는 우리가 소수밖에 훈련시킬 수 없었어.

카트라다 : 예. 좋아요, 다음, [『자유를 향한 머나먼 길』 초고] 135쪽에서 당신은 이렇게 말하고 있어요. "MK 최고사령부의 명령으로

12월 16일 이른 아침에 요버그(요하네스버그)와 PE(포트엘리자베스), 더반에 있는 발전소와 정부 청사에서 사제 폭탄을 터뜨렸다. 우리 단원 가운데 하나가 부주의로 목숨을 잃었다. 임무 중에 죽은 첫 번째 MK 병사였다.

만델라 : 그게 [페트러스] 몰레페[19]였지?

카트라다 : 예. 그런데 출판사에서 "이것이 MK와 관련해 처음 발생한 죽음입니까? 당신은 책임감을 느꼈나요?" 하고 물어요.

만델라 : 음, 우리는 그렇게 말하지. 그가 바로 첫 번째라고.

카트라다 : 예.

만델라 : 그리고 당연히 우리는 책임감을 느꼈어. 그가 우리의 병사, 우리의 간부였고, 그의 죽음이…… 우리가 사람들을 충분히 훈련시키지 않았다는 것을 말해 주었으니까. 그것은 참으로 곤혹스러운 일이었어. 그러나 우리는 그것을 뛰어넘었어. 사상자는 우리가 새로운 방식의 정치 활동을 시작하는 한 피할 수 없는 것이었으니까.

18. 리처드 스텡글과 나눈 대화

스텡글 : 그러나 [앨버트 루틀리] 족장이 당신에게 왜 MK 결성에 관해 자기와 상의하지 않았느냐고 물은 이야기, 그것은 이 여행 중이

---

19 페트러스 몰레페는 1961년 12월 16일에 그가 장치한 폭탄이 예상보다 일찍 터지는 바람에 목숨을 잃었다.

었나요, 아니면 당신이 아프리카에서 돌아왔을 때였나요?

만델라 : 아니, 아니. 우리가 여행을 하기 전이었어요……. 그런데 족장이 잊은 거예요. 왜냐하면 내가 당신에게 말했듯이, 우리가 ANC 전국 집행위원회 회의를 하고 거기서 무기를 드는 문제를 논의했으니까. 그가 반대 의견을 제시했지만, 뒤에 결국 우리는 합의했어요. 그런데 우리가 ANC와 남아프리카 인도인 회의, 남아프리카 노동조합 회의, [남]아프리카 여성 연합 연석회의에 갔을 때 족장이 이렇게 말했어요. "동지들, 우리가 이제부터 폭력을 써야 하고 군대를 만들어야 한다는 결정을 받아들이기는 했지만, 나는 여러분에게 호소하고 싶습니다. 우리의 원래 입장을 취하자고." 우리에게 그렇게 부탁했어요. 마치 ANC에서 아무런 결정도 내리지 않은 것처럼. 그러나 우리는 밤새도록 한숨도 자지 않고, MK를 결성하는 문제를, 이제부터 폭력을 쓰는 문제를 논의하여 그러한 합의에 이른 것이었어요. 따라서 족장이 우리가 자기와 상의하지 않았다고 말하는 것은 단지 그가 아파서 아주 잘 잊기 때문이에요……. MK 결성 문제, 폭력 노선 문제는 철저하게 논의되었습니다.

19. 야생동물에 관해 아메드 카트라다와 나눈 대화

카트라다 : 동물원에 가본 적 있어요? 요하네스버그에 있는?

만델라 : 아, 그럼, 그렇고말고. 나는 동물을 대부분 동물원에서 보았는걸.

카트라다 : 그러나 그때는 크루거 국립공원에 가본 적이 없었지요?

만델라 : 응. 그 뒤에야 갔지.

카트라다 : 돌아온 뒤에야.

만델라 : ……감옥에서 돌아온 뒤에야.

카트라다 : 예.

만델라 : 자네는 가봤어?

카트라다 : 예. 갔지요, 지난 12월에도. 올해 12월이 아니라 작년 12월에.

만델라 : 그래서 봤어?

카트라다 : ……처음에는 맙소사, 아무것도 보지 못했어요.

만델라 : 아.

카트라다 : 무슨 일이냐 하면 그때 비가 왔거든요.

만델라 : 아, 그랬구나.

카트라다 : 그리고 라디오에서 말하기를, 비가 오면 동물들이 평소에 물을 먹는 곳에 찾아오지 않아서 가도 소용없다고 하더라고요.

만델라 : 그래, 맞아. 맞는 말이야.

카트라다 : 그래서 우리는 거의 아무 동물도 보지 못했어요.

만델라 : 음. 그런데 임팔라를 사냥하는 것은 자살 행위나 마찬가지야. 그것은 살해야.

카트라다 : 예.

만델라 : 임팔라는 정말 믿음직스럽잖아. 방문객에 익숙해져서 다가와 그냥 바라봐. 도망가지 않고.

카트라다 : 예.

만델라 : 자네도 그럴 수 없겠지만, 나는 한 번도 그것들을 쏠 용기가 안 났어.

20. 리처드 스텡글과 나눈 대화

스텡글 : 그 전이나 후에 그런 비유를 해본 적 있나요? 그리스도와 환전상을 가지고 했던 거요.

만델라 : 예, 그래요. 틀림없이 그랬거나 어쩌면 그랬을 거예요. 내가 비유를 아주 잘 하니까…….

스텡글 : 그럼 그것을 제게 설명해 주시겠어요? 그러한 비유로 어떻게 폭력 투쟁 문제를 말했는지…….

만델라 : ……평화적인 방법을 써야 하느냐 폭력적인 방법을 써야 하느냐는…… 순전히 상황에 따라 결정돼요……. 그리스도가 폭력을 쓴 것은 그 상황에서는 그것이 그가 쓸 수 있는 유일한 언어였기 때문이에요. 그리고…… 따라서 폭력을 써서는 안 된다는 원칙은 없어요. 그것은 상황에 달려 있어요. 그게 내가 그 문제에 접근하는 방식이에요.

스텡글 : 그럼 그런 상황에서는 그리스도도 폭력에 호소해야 했으니 기독교도도 폭력을 쓸 수 있다?

만델라 : 그럼요, 누구나. 전진하고 문제를 해결하는 유일한 길이 폭력을 쓰는 것일 때, 평화적인 방법이 부적절해졌을 때는. 이는 역사의 교훈이에요. 몇 세기에 걸쳐서 내려온…… 세계의 모든 곳에서.

| CHAPTER 5 |

폭발하는 세계

1962년에 만델라가 아프리카를 두루 여행하고 영국 런던에 갔을 때 쓴 일기들의 일부.

1. 1962년에 만델라가 아프리카를 두루 여행하고 영국 런던에 갔을 때 쓴 일기에서 발췌한 것들

1962년 1월 17일

출입국 관리자가 나를 다시 보더니, 내가 SAP(남아프리카 경찰)에게 납치당할지도 모르니 무슨 일이 있어도 제발 돌아다니지 말라고 간청하다. 나의 안전을 진심으로 걱정하는 한편으로 내가 BP(베추아날란드 보호령)에서 사람들을 만났으면 하고 바라는 듯한 인상을 받다.

1962년 1월 29일

에티오피아 대사관에 비자를 신청하다. 도중에 우리가 컨퍼런스 홀을 지나자, 콜린 레굼[1]이 나를 사람들이 알아볼지도 모르니 몸을 숨기고 눈길을 피하라고 하다.

1962년 4월 15일

호텔에서 조용히 책을 읽으며 하루를 보내다.

1962년 4월 19일

프리타운에서 몬로비아로 날아가다. 로버츠필드 비행장은 이 도시에서 48킬로미터 떨어져 있다. 몬로비아 시티 호텔에 투숙하다.

---

1 1919~2003. 저술가, 언론인, 반아파르트헤이트 활동가.

1962년 4월 20일

책을 읽으며 하루를 보내다.

1962년 4월 23일

조용히 호텔에서 책을 읽으며 보내다.

1962년 4월 25일

오후 2시. 대통령[2]을 만나다. 그가 내게 라이베리아 국민이 민족자결을 위해 싸우는 우리 국민을 돕기 위해 할 수 있는 일은 다 할 거라고 하다. [앨버트 루툴리] 족장에게 그의 안부를 전하다.

1962년 4월 26일

아크라 가는 비행기를 놓쳐서 다음 날 오전 9시로 예약하다.

1962년 5월 5일

OR(올리버 탐보)이 전화해 5월 7일에 도착할 거라고 말하다. 그가 스톡홀름에서 전화하다.

1962년 5월 7일

OR이 점심시간에 도착하다. 우리가 오후 7시 30분에 아프리카 사절단 단장을 만나 담소하다.

---

2 윌리엄 바카나라트 샤드라크 터브먼 대통령(1895~1971). 1944~71년에 라이베리아 대통령으로 재임.

1962년 5월 27일

우리가 코나크리로 가는 길에 팬암 항공으로 라고스를 떠나 몬로비아로 향하다. 비행기가 아크라에서 45분 동안 머물렀다가 정오에 몬로비아에 도착하다. 우리가 차를 운전해 몬로비아 시티 호텔로 가다.

1962년 6월 1일

우리가 다카르로 날아가 드라페 호텔에 투숙하다.

1962년 6월 7일

우리가 BOAC 항공에서 런던으로 날아가다.

1962년 6월 15일

〈옵저버〉지 편집자인 데이비드 애스터[3]를 만나다. 마이클 스콧[4]과 콜린 레굼도 참석하다. 내가 SA(남아프리카)의 상황을 설명하다. 논의는 화기애애했고, 서로 기분 좋게 용기를 북돋워 주는 말을 하다.

1962년 6월 16일

남아프리카에서 자미와 제니, 진드지, 곰포[5] 등을 찍은 영상을 보다.

---

3 1912~2001. 영국 신문 발행인이며 편집인.

4 1907~1983. 성직자이며 영화제작자, 반아파르트헤이트 활동가.

5 자미는 위니, 제니와 진드지는 두 딸을 가리킨다. 곰포는 가족이 기르던 개이다.

1962년 6월 18일

OR과 내가 BOAC에서 하르툼으로 날아가다. 오후 6시쯤 알프스를 넘고, 오후 7시쯤 로마에 도착하다.

1962년 6월 26일

오전 7시 20분에 아디스아바바로 날아가니, 라스 호텔로 우리를 태워 가다.

1962년 6월 29일

첫 번째 폭파 수업이 시작되다. 교관은 베페카두 중위.

1962년 6월 30일

내가 폭파 실습을 하다.

1962년 7월 1일

메모해 둔 것을 정리해 기록하며 하루를 보내다.

1962년 7월 7일

베페카두 중위가 이 나라 음식을 하는 식당에 데려가다.

1962년 7월 8일

타데세 대령과 베페카두 중위, 내가 시내에 있는 작은 식당에서 저녁을 먹은 뒤 극장에 가다.

2. 1962년 아프리카 여행에 관해 아메드 카트라다와 나눈 대화

카트라다 : 그다음 "비행기가 준비되었고, 우리의 첫 번째 목적지는 보츠나와, 즉 베추아날란드 북부에 있는 카사네라는 작은 도시였다."

만델라 : 응.

카트라다 : "……그것은 전략적으로 아프리카 남부에 있는 거의 모든 나라가 만나는 지점에, 당시 앙골라와 북로디지아, 남로디지아, 남서아프리카로 알려진 나라들이 만나는 지점에 자리 잡고 있었다." 그런데 이것이 당신의 첫 번째 비행기 여행이지 않았느냐고 묻는데요.

만델라 : 그랬지.

카트라다 : 첫 번째라고요?

만델라 : 아, 아니다. 1952년 불복종운동 때 내가 두세 번 비행기를 타고 갔어.

카트라다 : 예.

만델라 : 포트엘리자베스에.

카트라다 : "만일 그것이 당신의 첫 번째 비행이었다면 불안했나요, 설레었나요? 그것은 어떤 종류의 비행기였나요? 사소해 보일지 몰라도, 독자들이 관심을 가질 만한 인간적인 순간을 말해 주는 것이라서요. 당신의 중요한 임무와 당신의 첫 번째 외국 여행이라는 기묘한 결합이 말이죠."

만델라 : ……그래, 그것은 첫 번째 비행은 아니었어. 하지만 그래도 좀 겁나는 순간이 있었지……. 폭풍우를 만나는 바람에 한바탕 소란스러웠고, 카사네에 있는 호텔에 도착하니 가설 활주로가 물에

잠겨 있었고, 활주로에서 코끼리와 얼룩말들이 풀을 뜯고 있어서 착륙할 수가 없었어……. 낮게 나는 비행기에 동물들이 겁을 먹을 테니까……. 그래서 다른 곳에 착륙하려고 가다가 호텔을 지나쳤지……. 숙소를 지나쳐 버려서 호텔 주인에게 손짓으로 우리가 도착했다는 것을 알리고, 우리가 어디에 착륙할지도 가리켜 보였어. 호텔에서 한참 멀리 떨어진 곳이었지……. 그(호텔 주인)가 늦게 와서…… 오는 길에 코끼리를 만났는데…… 그것들이 한참 동안이나 움직이지를 않아서, 그곳에 서서 그것들이 움직이기를 기다려야 했다고 했어.

카트라다 : 아.

만델라 : 날은 이미 어둑어둑해졌고, 돌아가는 길에는 도로에서 자는 암사자도 보았어……. 도로라기보다는 그냥 난 길이었지만.

카트라다 : 예.

만델라 : ……사실 나는 그때 처음 덤불숲을 경험했어. 밤중에 사자들이 으르렁거리는데, 꼭 그것들이 론다벨(지붕이 뾰족한 원형 초가집 – 옮긴이) 바로 바깥에 있는 것 같았어. [사자들이] 으르렁거리면 창문 유리가 가늘게 떨렸거든. 밖으로 나가기가 겁 났다니까.

3. 에티오피아 황제 하일레 셀라시에와의 만남에 관해 리처드 스텡글과 나눈 대화

스텡글 : 그럼 하일레 셀라시에 황제에 관해 말해 주세요. 황제를 만났지요.

만델라 : 그분은 아주 인상적인 사람이었어요. 아주 인상적이었지요. 그때 나는 처음…… 국가원수가 격식을 갖추어 행동하는 것을 보았어요……. 격식을 갖춘 의례적 몸짓을. 그분은 제복을 입고 와서 인사를 했어요. 그러나 그것은 인사가 아닌 인사였어요. 똑바로 서서 머리만 숙였어요……. 그러고는 자리에 앉아 우리에게 [암하라 말로] 말을 걸었지요……. 회의가 끝나자 그가 우리 사절단을 하나하나 보았고…… 그러자 올리버 탐보가 내게 우리 사절단을 대표해서 그에게 말을 해달라기에, 그에게 아주 간단하게 남아프리카에서 무슨 일이 일어나고 있는지 설명해 주었어요……. 그는 의자에 앉아 통나무처럼 들었어요……. 고개도 끄덕이지 않고, 마치 조각상처럼 부동의 자세로. ……다음번에 내가 그를 본 것은 우리가 군대 열병식에 참석했을 때였어요. 아주 인상적이었어요. (휘파람 소리를 내며) 정말 인상적이었어요. 그가 거기서 군인들에게…… 상을 주었고, 졸업한 사람들이 모두 수료증을 받았어요……. 아주 멋진 예식이었고, 아주 위엄 있는 분이었어요. 그는 메달도 주었어요. 미국 군사고문들[과]…… 여러 나라에서 온 군사고문들이 있었어요……. 이 사람들에게도 메달을 주었어요. 백인들이 흑인 황제에게 가서 허리를 굽혀 인사를 하는 것을 보는 것도 무척 흥미로웠어요.

4. 자신이 받은 군사훈련에 관해 아메드 카트라다와 나눈 대화

카트라다 : 그다음, 같은 [『자유를 향한 머나먼 길』 초고] 66쪽에서 "권총에 능숙해지던가요? 우지다(모로코 우지다 주의 주도 – 옮긴이)에

서 군사훈련을 더 받았나요?" 하고 묻네요.

만델라 : 아 그래, 우지다에서, 그랬지. 그러나 숙달된 것은 에티오피아에서였어. 거기서 두 달을 지내며 다양한 총으로 다양한 표적을 쏘는 법을 배웠으니까……. 그리고 다양한 거리에서 움직이지 않는 표적과 움직이는 표적을 쏘는 법도……. 움직이는 것들은 뭐랄까, 쑥 올라왔다가 사라지고 갑자기 나타났다가…… 사라졌어. 그것이 막 달아나면 나도 달려가면서 쏘아야 했어. 그렇게 그 모든 것이 숙달된 것은…… 에티오피아에서였어. 그러고는 아주 고된 행군…… 그럴 때는 아주 무거운 배낭을 메고 허리에 총탄을 둘러. 그리고 작은 배낭과 아주 많은 식량을 짊어지고, 물병과 총을 차고…… 산을 넘어. 조금…… 고되지.

5. 사격에 관해 아메드 카트라다와 나눈 대화

카트라다 : 그다음…… 이것은 당신이 받은 훈련에 관한 것인데요. "나는 그전에 한 번도 총을 쏜 적이 없었지만, 손안의 그것이 편하게 느껴졌다. 겨냥을 하고 방아쇠를 당기니, 어느 순간 총알이 바위에서 약간의 먼지를 일으켰다. 나의 교관들이 아랍어로 뭐라고 큰 소리로 말하더니 나의 사격 솜씨를 칭찬했다. 그러나 알고 보니 운이 좋았을 뿐이었다. 몇 번 더 시도를 했지만, 다시는 바위를 맞히지 못했다."

만델라 : 사실은 아냐. 처음에도 나는 바위를 맞히지 못했어.

카트라다 : 오.

만델라 : 바위 옆에 맞았어.

카트라다 : 아.

만델라 : 그러나 거리를 감안해야 해. 우리 사이에 강이 있었으니까. 계곡, 아주 긴 계곡과 강이 있고 표적은 바로 강 건너에 있었는데, 내가 표적인 그 바위의 옆을 맞힌 거야.

카트라다 : 아.

만델라 : 따라서 처음 총을 잡아 본 사람치고는 표적에 아주 가깝게 맞힌 거였어. 자네에게 교관이 나를 어떻게 가르쳤는지 말한 것 같은데, 그는 영어를 할 줄 몰랐어.

카트라다 : 예.

만델라 : 아랍어를 했지.

카트라다 : 계속하세요.

만델라 : 그래, 내가 보여 준 것 같은데, 내가 자네에게 보여 주었는지는 모르지만, 그는 영어를 할 줄 몰라서 그냥 총을 잡고는, 그게 무거운 모제르총이었는데, 그것을 잡고는 (빠르게 탁 치는 소리를 내며) 이렇게 했어.

카트라다 : 아.

만델라 : 총을 단단히 잡으라는 뜻이었어. 그다음에는 땅에 발을 단단히 딛고 서야 한다고 했어. (발을 한 번 구르는 소리를 내며) 이러면서.

카트라다 : 아.

만델라 : (또 한 번 발을 구르는 소리를 내며) 알겠지?

카트라다 : 아, 예.

만델라 : 그는 아주 좋은 교관이었어. [영어로] 말할 줄 몰랐지만…….

카트라다 : 아하.

만델라 : 그러나 정말 좋은 친구였어. 그런데 나는 그 바위를 맞히지 못했어.

카트라다 : 아하.

만델라 : 그 옆을 맞혔어.

카트라다 : 그 옆을.

만델라 : 응.

6. 만델라가 감옥에서 쓴 미출간 자서전 원고에서

식민주의자들의 약탈에도 불구하고 이집트는 여전히 고대 예술과 문화가 놀라울 정도로 풍부한 나라다. 나는 언제나 피라미드와 스핑크스, 아마도 이 나라를 통치했던 가장 강력한 파라오 가운데 하나일 람세스 2세의 미라를 보고 싶었다. 나는 오전 내내 박물관에서 자세히 메모를 하며 보냈고, 나중에 올리버 [탐보]가 기자에 데려가 정사각형 토대가 땅에 단단히 놓여 있고 경사진 측면들이 꼭대기에서 만나는 거대한 석조 건축물을 보았다. 그것은 모두 모르타르와 거대한 돌덩어리로만 이루어졌고, 이 기념비적 구조물을 쌓아 올린 거대한 돌덩어리들은 자신의 무게로 제자리를 잡고 있었다.

올리버가 나를 데리고 나일 강에 있는 섬 주위를 도는 배를 타러 갔다. 그런데 아홉 살쯤 된 남자아이가 우리가 탈 배를 능숙하게 조종하자, 다른 때 같으면 겁도 없고 차분한 나의 전우가 눈을 크게 뜨며 의심스러운 눈초리로 그 모든 것을 보며 말했다. "우리를 이 꼬마가 태우고 다닐 거라고? 오, 안 돼." 그러면서 뒷걸음치더니 안전한 거리를 두고 섰다. 그러나 나이 지긋한 남자가 조종대를 잡아 우리는 안심했고, 나는 아프리카에서 가장 긴 강에서 한 시간 동안 뱃놀이를 만끽했다.

나의 주요 관심사는 저 멀리 기원전 5천 년에 나일 강 유역에서 번창한, 이 고도로 발달한 고대 문명을 건설한 사람들이 어떤 사람들인가 하는 것이었다. 그것은 단순한 고고학적 관심사가 아니었다. 무엇보다도 문명이 유럽에서 시작되었고 아프리카인은 유럽의 문명에 견줄 만한 풍부한 과거가 없다고 선전하는 백인들의 주장이 허구임을 폭로해 줄 과학적 증거를 모으는 데 관심이 있는 아프리카 사상가들에게 아주 중요한 문제였다. 나는 이 문제를 박물관에 있는 한 큐레이터와 논의했지만 그는 극도로 조심스러워 하면서 내가 이 문제에 관한 여러 가지 설에 관심을 기울이도록 했다. 그것이 무척 고맙기는 했어도, 내가 박물관에 들어가기 전보다 그 문제에서 조금도 현명해지지 않았다.

7. 알제리 자유의 투사들에 관해 리처드 스텡글과 나눈 대화

만델라 : 무스테페? 아, 그래요. 그는 모로코에 파견된 알제리 사절단 단장이었어요.

스텡글 : 맞아요. 그런데 그가 당신과 아주 폭넓은 대화를 나누지 않았나요?

만델라 : 예, 그래요. 며칠 동안이나.

스텡글 : 맞아요.

만델라 : 알제리 혁명을 되돌아보면서요. 아, 그것은 걸작이었어요. 나는 당신에게 말할 수 있어요. 무스테페 박사가 간추려 설명해 준 그것만큼 나를 감동시킨 것은 거의 없었다고.

스텡글 : 정말요? 아니, 어떻게? 왜요?

만델라 : ……그는 내게 알제리 혁명의 역사를 되새겨 주었어요. 알제리 혁명군이 가졌던 문제. 그들이 어떻게 시작했는지. 그들은 베트남에서 일어난 일에 고무되어 자기들이 전장에서 프랑스를 물리칠 수 있을 거라고 생각하기 시작했어요……. 디엔비엔푸 전투. 그것에 고무되어, 프랑스를 이길 수 있다고 생각한 거예요……. 그래서 군복도, 장비도 프랑스군을 물리칠 군대에 맞게 디자인했어요. 그렇지만 그럴 수 없다는 것을 깨달았어요. 그들은 게릴라전을 해야 했고, 그래서 군복까지 바꾸었지요. 이제는 군이 공격하거나 재빨리 퇴각하면서 계속 움직여야 하니까. 그들은 이를테면 밑으로 갈수록 좁아지는 바지와 한층 가벼운 신발을 신었어요. 가장 흥미로운 얘기는, 그들이 프랑스군을 계속 이동시킨 것이에요. 그들이 튀니지 쪽에서 공격하면, 그쪽에서 공세를 취하면 프랑스군은 서쪽으로부터, 모로코와의 국경 지대로부터 이동해야 했어요. 왜냐하면 알제리군이 튀니지 쪽과 모로코 쪽에서 공격해 왔으니까. 알제리군은 국내에서 움직이는 부대도 있었지만 주력 부대는 이 두 지역, 두 나라에서 싸우고 있었어요……. 그들이 튀니지 국경 쪽에서 공격을 시작해 알제리로 깊숙이 들어오면, 프랑스군은 이 공격을 막으려고 군을 서쪽으로, 모로코 국경 지대로 이동해야 했고, 그들이 모로코 국경 쪽에서 공격을 하기 시작하면 프랑스군은 다시 모로코 쪽에서 빠져나가야 했어요. 이런 식으로 알제리군은 프랑스군을 계속 이동

시켰어요. 그 모든 것이 아주 흥미로웠어요. 정말, 말도 할 수 없을 정도로.

스텡글 : 그것이 MK(움콘토 웨 시즈웨)가 남아프리카에서 움직일 때 본보기가 될 수도 있겠다는 생각을 했나요?

만델라 : 음, 그러한 정보를 바탕으로 우리의 전술을 생각해 낼 수 있었어요.

8. 모로코에서 알제리 민족 해방 전선과 함께 훈련한 것에 관하여 쓴 1962년 노트에서

마로크[6]

3/18

R[7]과 내가 [라바트를] 떠나 우지다라는 국경 마을로 갔다. 마로크에 있는 ALN(알제리 민족 해방 전선) 본부다. 우리는 기차로 떠나 3/19 오전 8시에 도착했다.

3/19

장교가 역에서 우리를 맞이해 차에 태워 [본부로] 데려갔다. ALN

6 Maroc. 모로코의 프랑스어 표기.–옮긴이

7 로버트 레샤(부록 「사람과 장소, 사건」 참조).

정치 부문 수장인 압델라미드[8]가 우리를 맞아 주었다.

시 자말, 아베라만, 라르비, 누르딘 드주디가 참석했다. SA(남아프리카) 상황에 대한 전반적인 논의가 이어지고, 그와 관련된 날카로운 질문들이 우리에게 쏟아졌다. 도중에 토론이 중단되어 훈련장과 전선에서 일어나는 일들을 볼 수 있었다.

오후 4시에 드주디, 또 한 장교와 함께 차를 타고 스페인령 모로코로 알려진 곳에 자리 잡은 세간간이라는 훈련 기지에 갔다. 그곳에 오후 6시에 도착하니 기지 사령관 시 자말이 우리를 맞아 주었다. 그가 ALN의 무기와 군사 장비를 모아 놓은 군사 박물관을 보여 주었다. 1954년 11월 1일 봉기 때 쓰던 것부터 최신 것까지 있었다. 흥미로웠다.

저녁 식사 후 병사들의 극장을 방문해 음악을 듣고 촌극을 보았다. 촌극 두 편에는 프랑스의 알제리 지배를 고발하는 훌륭한 선전이 들어 있었다. 공연을 본 뒤 우리 숙소로 돌아와 잠을 잤다.

3/21

ALN 인쇄소와 방송 본부를 방문한 뒤 두 장교와 함께 불레커로 이동했다. 우리는 먼저 북부 지구에 있는 대대본부를 방문했다. 대대본부답게 아주 전략적인 지역에 자리 잡고 있고 경비가 삼엄하다. 우리는 거기서 토끼 고기와 신선한 빵으로 점심 식사를 했다.

그 뒤에 바로 알제리 국경 지대에 있는 대대들 가운데 하나

---

8 압델라미드 브라이미(1936~). 훗날 알제리 수상(1984~88년)을 지냈다.

의 본부로 이동했다. 참호를 보고 들어갔다. 기지 주변에는 난민들이 많았고, 그들의 외모는 측은하기 짝이 없었다. 나중에 우지다로 돌아와 토론했다.

토론이 오후 6:30에 시작되어 9:45에 라바트로 떠날 수 있었다. 9:30에 다음 날 차로 라바트를 향해 떠나기로 결정했다. 우리가 일을 4분의 1도 처리하지 못한 탓이었다.

9. 1962년에 쓴 노트에서

또 하나…… 라비 대위는 인민대중이 아무리 가난하고 문맹이더라도 그들이 나라에서 가장 중요한 투자 대상이라는 것을 엘리트들이 깨닫도록 해야 한다고 주장했다. 모든 활동과 작전에서 인텔리겐치아와 인민대중—농민, 노동자, 도시 근로자 등—의 철저한 융합이 있어야 한다.

셋째, 파업과 불매운동 같은 시위의 성격을 띤 인민대중의 정치적 행동들이 효과가 없었던 것은 그들 자신이 방관한 탓임을 깨닫도록 해야 한다. 행동을 무엇보다도 가장 필요한, 가장 기본적인 형태의 정치 활동으로 받아들여야 한다.

10. 1962년에 쓴 노트에서

군을 결성하고 대중의 지지를 모으려면 반드시 정치의식이 필요하지만, 현실적인 문제도 놓쳐서는 안 된다. 예를 들면, 정치적으로 발달되지 않은 여성도 남자 친구나 남편, 또는 아들이 군에 있다는 이유만으로 혁명에 큰 도움을 줄 수 있다. 마을도 마찬가지다. 마을도 개별적으로 주도적인 모습을 보일 수 있어, 그러도록 용기를 북돋워야 한다.

한 마을이 ALN에서 지시하지 않았는데도 프랑스군 초소를 공격한 경우도 있다. 또 어느 마을에서는 사람들이 독자적으로 지하 터널을 팠다.

또한 알려진 대로 어떤 단계에서 ALN은 병사들의 결혼을 금지했다. 그러나 나중에는 이것을 바꾸어 누구나 결혼할 수 있도록 했다. 이제 ALN의 병사와 결혼한 여자들은 곧바로 ALN과 혁명의 지지자가 되었고, 그들의 가족도 마찬가지였다.

11. 1962년에 쓴 노트에서

혁명군을 양성할 때 명심해야 할 중요한 문제들이 있다.

사람들이 우방에서 훈련받도록 하는 것도 중요하지만…… 이것은 계획의 일부여야 한다. 반드시 놓쳐서는 안 될 점은 나라 안이나 국경 지대에 직접 학교를 세우고 훈련소를 만들어야 한다는 것이다.

전투 중에 많은 사람을 잃을 테니 계획을 짜서 대체 병력을 마련해야 한다. 필요한 준비를 하지 않으면 혁명을 망치게 될 것이고, 적에게 자신감도 줄 것이다. 따라서 그와는 반대로 처음부터 우리의 힘이 점차 강해질 거라는 것을 적에게 보여 주어야 한다.

유연하고 독창적이어야 한다. 그렇지 않으면 적이 우리 군을 박살 낼 것이다.

전쟁이 길어질수록 학살도 늘어 사람들이 지친다는 사실도 염두에 두어야 한다.

12. 1962년에 쓴 노트에서

혁명가들의 눈부신 공격이 성공을 거둠으로써 알제리 사람들은 자존감을 회복할 수 있었다. 알제리에서는 특수한 기능을 하는 지역 특공대를 창설했다. 그들의 활동은 경제적 이익은 없지만 사람들의 사기를 높이는 데 아주 큰 도움이 된다. 그러나 그런 행동이 실패해서는 안 된다. 특공대 작전의 대표적 예는 도시에 있는 프랑스군에 대한 지상 공격, 영화관 폭파에 있다.

싸울 준비가 되어 있다고 장담하는 예비 신병들의 말을 곧이곧대로 믿어서는 안 된다. 그들을 시험해 보아야 한다. 한 마을에서는 200명이 ALN에 합류할 준비가 되어 있다고 장담했다. 그런데 다음 날 적에 대한 공격이 있을 거라고 했더니, 지원병을 요청했을 때 세 명만 나섰다. 또 한 번은 신병들에게 밤에 어떤 지점까지 행군하면 거기서 무기를 주겠다고 약속했다. 그런데 그들이 한밤중에 그곳에 도착하니, 무기를 갖다 주기로 한 사람이 아직 오지 않아 다음 날 밤에 다시 오면 좋겠다고 했다. 결국 불평을 하는 사람들은 상황이 어려워지면 신뢰할 수 없는 것으로 드러났다.

13. 1962년에 쓴 노트에서

도시 지역의 게릴라 활동과 농촌 지역의 게릴라 활동이 적절히 조화를 이루어야 한다.

14. 1962년에 쓴 노트에서

혁명을 시작할 때 반드시 고려해야 할 것들.

혁명에 성공하려면 반드시 필요한 예비 조치들을 취해야 한다. 즉, 조직이 아주 중요하다. 무엇보다도 전국에 걸친 네트워크가 있어야 한다……. 실패한 혁명을 포함해 모든 혁명을 철저하게 연구해야 한다. 반드시 좋은 조직이 필요하다. 윌라야 [지방]에서는 제대로 된 조직을 건설하는 데 1년이 걸렸다.

국지적 봉기는 피해야 한다. 모든 사람이 혁명 사상을 공유하지 않은 탓에 많은 봉기가 실패했다.

봉기를 준비할 때는 반드시 그것의 지속성이 보장되도록 해야 한다.

15. 1962년에 쓴 노트에서

혁명을 준비하는 사람들은 인민대중이 군사훈련을 받지 않았다고 지나치게 걱정할 필요가 없다. ALN(알제리 민족 해방 전선)에서 가장 훌륭한 사령관과 전략가는 대부분 그전까지 군사적 경험이 없던 사람들이었다. 군사적인 것과 전투적인 것은 다르다. 알제리에서는 여자들이 총도 쏘고 라이플 총을 분해했다가 조립할 수도 있다.

16. 1962년에 쓴 노트에서

혁명이 성공할 거라는 절대적 확신이 있을 때 행동 개시일을 선택해야 하고, 그것은 다른 요인들과도 관계가 있다. 예를 들면, 프랑스 국방 장관이 튀니지와 모로코를 순방한 뒤 알제리는 평화롭다는 발표를 했다. 그런데 다음 날 봉기가 일어났다. 그러자 이번에는 그가 봉기는 어떤 지역에서만 일어났지 전국에서 일어난 것이 아니라고 발표했다. 그런데 그로부터 얼마 되지 않아 봉기가 전국으로 확산되었다. 날짜를 선택하는 것은 심리적 기회에도 영향을 받는다.

17. 1962년에 쓴 공책에서

우리는 용기를 가지고 주민들에 대한 보복이 있으리라는 사실을 받아들여야 한다. 그러나 표적을 신중하게 골라 주민들에 대한 보복을 피해야 한다. 주민과 가까운 표적보다는 그들과 먼 표적을 공격하는 것이 좋다. 표적이 적에게는 되도록 가까워야 한다. 국민들에게나 세계에는 봉기가 대중적인 혁명운동의 성격을 띠어야 한다. 그러나 적에게는 소수만의 봉기로 보여야 한다.

우리는 온 국민의 지지를 받으려 해야 하고, 사회 계급들이 완벽한 균형을 이루어야 한다. 우리의 지지 기반은 가난하고 문맹인 평범한 사람들 속에 있겠지만, 지식인들도 끌어들여야 한다.

마지막으로, 대외적으로 혁명운동을 대표하는 사람들과 최고사령부가 완벽한 조화를 이루어야 한다. 둘 다 서로 비슷하고 똑같이 발달된 사람들로 이루어져야 한다.

18. 1962년에 쓴 공책에서

1962. 3. 14. 무스테페 박사.

알제리 혁명의 원래 목표는 인도차이나반도에서처럼 무력 행동으로 프랑스를 무찌르는 것이었다. 협상을 통한 해결은 상상도 하지 않았다.

처음 시작할 때 어떤 투쟁을 구상하느냐에 따라 혁명의 성패가 결정된다.

전반적 계획에 있어, 그것이 우리의 모든 일상적 작전을 통제해야 한다. 전반적 상황을 다루는 전반적 계획에 더해, 이를테면 다음 3개월 동안의 계획도 있어야 한다. 행동을 위한 행동을 해서는 안 된다. 모든 개별 행동은 다음과 같은 전략적 목적을 수행하기 위해 행해져야 한다.

1) 군사적 목적

2) 정치적 목적

3) 심리적 목적

이것은 일정한 시간 동안의 전략적 목적이다. 전략적 목적이 새로운 상황을 낳아 전반적 계획을 수정할 필요가 있을 수도 있다. 전술적 계획은 전략에 의해 결정된다. 전술은 군사 작전에만 써서는 안 되고 인민대중의 정치의식, 국제사회에서 동맹 세력을 결집하는 일 같은 것에도 써야 한다. 우리의 목적은 정부의 합법성을 무너뜨리고 인민의 합법성을 세우는 것이어야 한다. 사법과 행정, 군수에 서로 비슷한 권위가 있어야 한다.

정치조직은 민중과 그들의 활동을 완벽하게 제어해야 한다. 물고기가 물에서 살듯이 병사들도 사람들 속에서 살아야 한다.

우리의 세력은 성장 발전하고 적의 세력은 와해되는 것이 목적이어야 한다.

혁명을 시작하기는 쉽지만 혁명을 지속하기란 무척 어렵다. 사령관은 시작하기 전에 상황을 철저히 분석할 의무가 있다.

19. 1962년의 런던행에 관하여 아메드 카트라다와 나눈 대화

만델라 : 응, 사실 영국 사람들이 공항에서 나를 힘들게 했어. 무례하지는 않았지만, 아주 교묘했어.

카트라다 : 아.

만델라 : ……여권을 보여 주어야 했는데, 처음에 올리버 [탐보]가 그래. "저 테이블로 가세요. 나는 이 테이블로 갈 테니." 그래서 우리가 헤어져 내가 여권 검사자에게 여권을 주었더니, 그것을 보고 아주 정중하게 맞이하며 "영국에 뭐 하러 오셨나요?" 하고 물어. 그래

서 "도서관에, 박물관에 가려고요. 책을 쓰고 있거든요." 했더니, "무슨 책이요?" 해서 "음, 주제가 아프리카의 정치사상 발달 과정입니다."라고 했어. 그랬더니 "오, 훌륭해요, 훌륭한 제목이에요. 얼마나 머물고 싶으세요?" 해. 그래서 "그냥 2주만 있었으면 좋겠습니다."라고 했더니 "아니, 2주를 요청하지 말고 한 달을 요청하세요." 하는 거야. 그래서 생각하기를…… 아주 멋진 시간을 보낼 수 있겠구나 싶어서 "그럼 한 달을 주세요." 했지. 그러니까 "그런데 저…… 왕복표가 있나요?" 하는 거야.

카트라다 : 아.

만델라 : 흠, 내가 이 말에 흔들렸어. 그래서 "아니요, 그렇지만 돈이 있습니다."라고 했지. 사실 그때 한 20랜드쯤 있었을 거야. 하하. 그래서 "돈이 있습니다." 하고는 손을 주머니로 가져가는데, 그가 "아니, 아니, 됐어요. 괜찮아요."라고 해. 그런데 알고 보니…… 내가 돈이 있다는 것을 알았어. 그래서 그러지 말라고 한 거야. 그들은 아주 교묘해.

카트라다 : 예.

만델라 : "아니, 아니, 됐어요. 괜찮아요." 하고 그가 말하고 있을 때, 저쪽 카운터에 있던 녀석이 그를, 그러니까 (손짓으로)…… 올리버를 가리키고 있었어. 달리 말해, 그가 "이 사람은 이른바 블랙리스트에 있는 사람이다."라고 했던 거야.

카트라다 : 아하.

만델라 : 그래서 그가 이 친구에게 귀띔을 해주니까 그가 아주 미묘한 질문을 하다가 앗 뜨거워라 한 거야.

카트라다 : 아.

만델라 : 그래서 결국은 [그가] "한 달 머물 수 있는 무슨 무슨 서류를 주겠습니다."라며 행운을 빌어 주었어. 그러니까 그동안 그들이 작당을 하다가…… 우리가 자유의 투사라는 것을 발견한 거지. 그러나 영국 정치가들을 만나니, 그들이 나를 아주 따뜻하게 환영해 주어서 정말 좋은 시간을 보냈어. 내가 노동당의 데니스 힐리[9]도 보고, 휴 게이츠컬[10]도 보았어……. 그들은 내가 맥밀런[11] [수상]도 만났으면 했지만…… 우리가 어리석었어. 우리 계획이 너무 빡빡했어, 데이비드 애스터나 앤서니[12]…… 같은 사람들을 만나기에는…….

카트라다 : 샘슨.

만델라 : 앤서니 샘슨 등을 만나기에는…….

카트라다 : 애스터와 함께 머물지 않았나요?

만델라 : 그럼. 나는 올리버와 함께 머물렀어.

카트라다 : 예.

만델라 : ……물론 영국과 한때는…… 강력했던 대영제국의 수도에 있으니 설레었어. 나는 그 느낌을 즐겼고, 그들의 서점 등에 가서 게릴라전에 관한 문헌도 얻고 좋았어.

9 1917~ . 영국 노동당 정치가.

10 1906~1963. 영국 노동당 정치가. 1955~63년에 노동당 당수.

11 해럴드 맥밀런(1894~1986). 1957~63년에 영국 수상.

12 앤서니 샘슨(부록 「사람과 장소, 사건」 참조).

20. 게릴라전에 관해 리처드 스텡글과 나눈 대화

만델라 : 중국 혁명은 일품이었어요. 진짜 일품. 그들이 어떻게 싸워 그런 혁명을 했는지를 읽으면, 불가능한 것을 믿게 돼요. 그것은 진짜 기적이었어요. 『중국의 붉은 별』을 쓴 미국 사람이 누구더라?

스텡글 : 아, 예.

만델라 : 이름이 뭐더라. 유명한 사람인데.

스텡글 : 스노.

만델라 : 에드거 스노.

스텡글 : 맞아요.

만델라 : 그것이 내가 중국에 관해 처음 읽은 책이었어요.

스텡글 : 오, 정말요?

만델라 : 예. 『중국의 붉은 별』…… 에드거 스노…… 『중국의 붉은 별』…… 에드거 스노. 잘 썼어요. 복잡하지도 않고 어렵지도 않게, 공감하며. 그러나 그는 공산주의자는 아니었지요. 공산주의자가 아니었고, 그것이…… 장점이었어요. 비판도 할 수 있었으니까. 그 책은 건설적인 저작이었고, 거기서 그는 중국 동남부에서 처음 어떻게 혁명이 시작되었는지, 장제스 등이 어떻게 그 지역을 둥글게 포위해서 압박해 들어가며 혁명을 압살하려고 했는지, 그들이 그것에 대항해 어떻게 싸웠는지를 기술했지요. 그들은 결국 거기 그대로 있다가는 궤멸될 것이 분명해지자 그 강철 벽을 뚫고 나가기로 결정하고, 중국 남부로 내려갔다가 다시 소련과의 국경 지대까지 올라가 거기서 공세에 들어갔지요.

스텡글 : 맞아요, 대장정이었지요.

만델라 : 예, 정말 대장정이었어요. 그것은 그야말로 기적이었어요. 몇몇 사건들만 보아도 그들이 탈출한 것은 꼭 마법 같았어요.

스탱글 : 그럼 그것을 읽고 얻은 교훈 가운데 MK에 적용했으면 한 것은 무엇인가요? 당신은 실패한 운동에 관해서도 읽었으니까요. 그리고 그것을 읽고 배운 것 가운데 MK가 실패하는 것을 막기 위해 피하고 싶었던 것은?

만델라 : 음, 교훈 중 적용했으면 한 것 첫째는, 혁명을 시작할 때 기본 원칙으로 삼아야 할 것은 무엇인가를 발견하는 것이어요. 무장 혁명, 무장 투쟁이지요. 그래서 내가 클라우제비츠를 읽은 거예요. 그것은 게릴라전을 다루지 않고 전쟁의 법칙, 전쟁의 원리를 다루고 있으니까……. 아, 그건 그렇고, 나는 메나헴 베긴의 『반란』도 읽었어요.

스탱글 : 오.

만델라 : 예, 메나헴 베긴의 『반란』도. 그것은 내게 아주 큰 용기를 주었어요. 여기에는 산이 없는 나라의 운동이 있었으니까……. 그들의 기지는 이스라엘 안에 있었어요……. 영국군이 위에서 아래까지, 이쪽 국경에서 저쪽 국경까지 차지하고 있는 이스라엘 안에. 그러나 그들은 아주 강력하게 투쟁을 했고, 그것은 정말 흥미로웠어요. 나는 프랑스 빨치산과 미테랑, 북유럽의 빨치산에 관해서도 읽었어요. 그러고 보니 내가 읽는 책이 다 그런 종류의 책이네요.

21. 리처드 스텡글과 나눈 대화

만델라 : 저 지하에 있던 시절에…… 클라우제비츠를 읽고, 데니스 라이츠의 『특공대』를 읽었어요. 그리고…… 말레이시아에 관한 책을…… 두 권 읽고……, 필리핀의 후크발라하프(필리핀의 항일 인민 의용군 – 옮긴이)에 관한 책, 루이스 타룩의 『인민의 삶』을 읽었어요. 그리고 마오쩌둥의 저작도 읽었어요. 그러나 거기(에티오피아)에서는 총을 쓰는 법만 배웠어요.

스텡글 : 그렇군요. 실용적인 훈련이었군요.

만델라 : 예, 실용적이었어요.

스텡글 : 아, 그래서 거기서 사격장 두 곳에 갔지요? 맞나요? 당신이 그곳에 간 것이?

만델라 : 예, 맞아요. 모든 병사들을 위한 사격장이 있었고, 그것은 기지에서 좀 멀리 떨어져 있었어요. 그리고 또 하나가 있었는데…… 황제의 근위대, 의장병을 위한 것이었어요. 그것은 좀 더 가까운 곳에 있었지요. 그 두 군데에 갔어요.

스텡글 : 당신은 어떤 사격수였나요?

만델라 : 음, 저…… 내 말은, 괜찮았어요. 나는 괜찮은 사격수였어요. 모로코에서 처음 총을 다루어 본 것치고는. 모로코 사람들은 그냥 총을 다루는 법과 총의 메커니즘만 가르쳐 주었어요. 그들이 총을 분해해서 여러 가지 부분을 알았고, 그들이 총을 조립하고는 몇 번이고 되풀이해서 완벽해질 때까지 조립을 해보라고 했어요.

22. 무장투쟁에 관해 아메드 카트라다와 나눈 대화에서

음…… 우리가 MK를 창설할 때 논란이 있었던 문제 가운데 하나가…… 통제였어. 우리는 군국주의는 피하고 싶었어. 중앙 정치조직 밑에 있는 군대, 정치조직의 지시를 받는 군대를 만들고 싶었고, 그런 원칙을 토대로 MK를 창설했지……. 우리는 군사훈련과 정치교육이 병행되어야 한다는 점을 강조했어. 그들은 왜 자기들이 무기를 들고 싸우는지를 알아야 해. 그들에게 혁명은 방아쇠를 당겨서 쏘는 문제만이 아니라는 것을 가르쳐야 해. 그것은 정치권력을 탈취하도록 되어 있는 조직이었으니까. 우리는 그것을 강조했지.

Daily
impernel' w
DELA
Model-
wins
fight
to wa
again

| CHAPTER 6 |

쇠사슬에 묶인 몸

"……나의 현재 상황에서는
과거에 관해 생각하는 것이
현재를 성찰하고 미래의 일을 예측하는 것보다
훨씬 힘들 수도 있답니다.
나는 감옥에 갇히기 전까지는 한 번도
기억할 수 있는 능력에,
끊임없이 이어지는 정보를 머리에 지닐 수 있음에
충분히 고마워 한 적이 없어요."

힐다 번스타인에서 보낸 1985년 7월 8일자 편지에서

1. 리처드 스텡글과 나눈 대화에서

「안티고네」 같은 희곡…… 그런 그리스 희곡은 정말 읽을 가치가 있어요. 그것은 고전, 그러니까 톨스토이 같은 사람들의 작품 같아요. 그런 작품을…… 읽고 나면, 늘 아주 고양된 느낌이 들고, 같은 인간에 대한 감성이 한층 깊어진 느낌이 드니까요. 그것은 일종의 아주 위대한 경험이지요……. 그리스 비극과 그리스 문학 전반을 읽어야 해요.

2. 배신을 당했는지를 놓고 아메드 카트라다와 나눈 대화

카트라다 : 물론, 저들이 월터 [시술루]에게 전화해 제가 당신을 넘겼다고 말한 것, 알지요?[1]

만델라 : 언론……에서?

카트라다 : 아니요, 이름 모르는 사람이 전화해서…… 월터에게 "내가 당신에게 귀띔해 주는데, 만델라를 넘긴 사람은 카트라다야." 하고 말한 거요.

만델라 : 엉!

카트라다 : 하하하.

만델라 : 세상에! ……그래도 다행이야. 그런 일이 사건들에 묻혀서.

---

1 카트라다는 1962년 8월 5일에 만델라가 어떻게 체포되었는가에 관해 말하고 있다.

카트라다 : 예, 저들이 알버티나[2]를 비난한 것도 생생하게 기억나요.

만델라 : 그래, 맞아. 저들이 알버티나와 월터를 비난한 것은 나도 알아.

카트라다 : 예.

만델라 : 내 귀에 들렸어. 자네 일은 몰랐지만.

카트라다 : 예.

만델라 : 그러나 월터 일은 알았지. 사실은 월터가 감옥에 있는 나를 보러 왔을 때, 월터 같지 않았어. 그런 비난에 흔들렸던 모양이야.

카트라다 : 아마 언론에서 알버티나와 위니 [만델라]가 그것 때문에, 월터와 알버티나가 당신을 넘겼다는 그런 비난 때문에 싸웠다는 보도도 했을걸요…….

만델라 : 응, 나도 알아. 무슨 일이 일어났는지. 나도 신문을 읽고 있어서, 이 월터 문제가 언급된 것을 보았으니까.

카트라다 : 예.

만델라 : 그래서 내가 월터와 그 문제를 놓고 의논해야 했어. "이봐요. 저는 당신을 완전히 믿어요……. 그것에 대해 걱정도 마세요."라고 했지. 그는 사람들이 그 문제를 이용할까 봐 걱정했어.

3. 체포된 것에 관해 아메드 카트라다와 나눈 대화

카트라다 : 출판사에서 "다 끝났다는 것을 깨달았을 때…… 감정에

---

2 논치켈렐로(음치키) 알버티나 시술루(부록 「사람과 장소, 사건」 참조).

대해 좀 더 써주세요. 혹시라도 총을 쏠까 봐 겁이 났나요?"라고 물어요.[3]

만델라 : 아니, 그렇게 겁나지 않았어. 경찰이 탄 차가 지나가며 우리 차에 신호를 보내자마자 내가 선택할 수 있는 방안들을 생각해 봤지. 백미러로 보니 그들이 아주 전략적인 지점을 택했더라고. 내 왼쪽에 높은 제방이 있어 달아날 수 없었거든. 그래서 다 끝났다는 판단을 내렸지. 산을, 제소토 산을 볼 수 있었지만…… 그쪽으로 달아나는 것은 위험할 거라는 판단을 내리고 그냥 있기로 했어. 일단 달아나지 않기로 마음먹으니 총을 쏠지도 모른다는 두려움도 들지 않더라고.

4. 리보니아 재판에 관해 힐다 번스타인[4]에게 쓴 1985년 7월 8일자 편지에서

당신의 기억력은 어떻습니까? 어쩌면 당신은 기억력이 더 이상 필요 없을지도 모르겠군요. 주위에 신문과 양서, 기록 보관소, 도서관, 라디오, 텔레비전, 비디오, 컴퓨터 등 현대의 온갖 편리한 것들이 있으니 말입니다. 나의 현재 상황에서는 과거에 관해 생각하는 것이 현재를 성찰하고 미래의 일을 예측하는 것보다 훨씬 힘들 수도 있

---

3 주 1 참조.

4 러스티 번스타인의 아내(부록 「사람과 장소, 사건」 참조).

답니다. 나는 감옥에 갇히기 전까지는 한 번도 기억할 수 있는 능력에, 끊임없이 이어지는 정보를 머리에 지닐 수 있음에 충분히 고마워 한 적이 없어요.

나는 지금도 프리토리아에서 러스티 [(같은 피고인이었던) 번스타인]이 [퍼시] 유타 [검사]의 맹공격을 막아 내느라 바쁠 때 당신이 내 뒤에 앉아 있던 날이 기억납니다. 거의 공방이 시작되자마자 상황을 지휘하는 것은 유타가 아니라 어브저버토리 출신의 남자라는 인상을 받았답니다. 내 눈에는 증인이 유타가 던질 수 있는 모든 패를 가볍게 묵사발 내는 모습에 쿼터스 드 베트 판사도 넋을 잃지는 않았어도 무장해제되는 것처럼 보였습니다.

휴정했을 때 나는 당신에게 증인이 잘한다고 말하지 않을 수 없었습니다. 그런데 번스타인 부인, 당신이 어떻게 응수했는지 기억나십니까? "잘한다니 무슨 말이지요? 그는 나무랄 데 없이 훌륭해요!" 하고 쏘아붙였지요. 정말로 그는 그랬습니다. 만일 그도 우리처럼 서툴렀다면 감옥에서 고생했을 것이고, 토니의 결혼식에도 참석하지 못했을 것이며, 어쩌면 가족의 화합에 문제가 생겼겠지요. 키스와 프랜시스, 패트릭, 토니(번스타인의 아이들)와 당신에게 그가 돌아온 날[5]은 결코 잊을 수 없는 날이었을 겁니다.

나는 프리토리아에서 처음 재판을 받던 날, 당신이 나와 동료들이 카키색 옷을 입은 모습에 우려를 표시했던 것도 기억납니다. 그러나 당신의 남편을 격려한 뒤에 우리의 모습에 대해서도 좋

5 러스티 번스타인은 리보니아 재판에서 무죄로 석방되었다.

은 말을 해주었지요. 러스티가 풀려난 날 내가 당신과 이야기를 나눌 수 있었는지는 더 이상 기억이 나지 않습니다. 지금 기억할 수 있는 것이라고는 로벤 섬의 쓰레기장에 있던 신문에서 러스티가 잠비아에 있다[6]는 기사를 읽은 것뿐입니다.

5. PAC(범아프리카 회의) 지도자 로버트 소부퀘[7]에 관해 아메드 카트라다와 나눈 대화

카트라다 : 그리고 소부퀘는 범죄자들과 함께 옆방에 갇혀 있었어요.

만델라 : 맞아.

카트라다 : 우리는 가까스로 그와 이야기를 나눌 수 있었어요.

만델라 : 그래.

카트라다 : 물론, 그는 형편없는 대우를 받고 있었어요.

만델라 : 그래.

카트라다 : 짧은 바지에 신발도 신지 않았으니까.

만델라 : 그래, 맞아.

카트라다 : 우리가 가까스로 그와 이야기를 할 수 있게 되어서 그에게 도울 일이 없겠느냐고 물었더니, 그가 담배와 숟가락을 구해 달라고 했어요. 그런데 거기에는 이런 작은 구멍이 있었어요.

---

6 재판을 받은 뒤 번스타인 가족은 남아프리카를 떠나 망명을 갔다.

7 로버트 망갈리소 소부퀘(부록 「사람과 장소, 사건」 참조).

만델라 : 아, 맞아.

카트라다 : 그래서 우리가 그를 위해 담배를 몰래 들여왔고, 숟가락과 아마 음식도 좀 들여온 것 같은데 정확하게 기억이 나지 않아요. 그가 무엇보다도 간절히 부탁한 것이 담배였다는 것은 기억이 나요.

만델라 : 그래, 맞아. 아마 그것이 그를 죽인 요인 중 하나였을 거야.

카트라다 : 아, 예. 폐암.

만델라 : 음. 그래. 그가 TB(폐결핵)에 걸렸으니까.

카트라다 : 예.

6. 아메드 카트라다와 나눈 대화

카트라다 : 그리고 [『자유를 향한 머나먼 길』 초고] 15쪽에서 당신은 방문…… 포트에서 위니의 첫 방문을 받은 것에 대해 이야기해요. 아, 그리고 말해요. 옷가지 등을 가져온 것에 대해 "그녀에게 감사한다."라고. "나는 그녀에게 감사하며, 우리는 시간이 많지 않았지만 서둘러 가족 문제를 상의하고, 그녀에게 우리의 주의 · 주장이 지닌 힘과 우리 친구들의 충성심과 무슨 일이 일어나더라도 내가 끝까지 견디도록 해줄 것은 그녀의 사랑과 헌신임을 분명히 말해 주었다."

만델라 : 그런데 위니가 무슨 실크 파자마와 잠옷을 가져온 것 알아?

카트라다 : 예.

만델라 : 그래서 내가 이랬지. "아니라오……."

카트라다 : 하하하.

만델라 : "……이것은 여기에 어울리는 옷이 아니라오."라고. 껄껄.

7. 리처드 스텡글과 나눈 대화

스텡글 : 당신이 의식을 잃고 쓰러졌을 때에 관해 말해 주세요.

만델라 : 아, 그래요. 참! 예, [로버트] 소부퀘와 함께 병원에 갔어요……. 병원에, 말하자면 교도소 병원에요. 그냥 쓰러졌어요. 뭐가 잘못되었는지 알 수가 없었고, 얼굴 옆에는 타박상도 입고 어딘가에는 구멍도 생겼어요. 그렇지만 그게 다예요. 그냥 쓰러졌다가 일어났어요. 오, 그런데 바깥에서 돈 소식은, 이 사람이 많이 아프다는 것이었어요. "그가 많이 아프단다." 그러나 나는 아무런 느낌도 없었어요. 왜 쓰러졌는지 모르겠어요. 분명히 어지럽기는 했는데, 그 뒤에는 아무 일도 없었어요. 그때 무슨 일이 일어났는지 모르겠어요.

8. 로버트 소부퀘에 관해 아메드 카트라다와 나눈 대화

만델라 : 나는 소부퀘와 한 번도 대립하지 않았어. 기억하겠지만, 소부퀘는 나의 고객이었어. 나는 그의 변호사였고, 우리는 서로 아주 많이 존중했어. 소부퀘, 그 사람이 아주 유쾌한 사람이었거든.

카트라다 : 예.

만델라 : 그리고 신사라서 어떤 대립도 없었지, 감옥에서 나는 그와 아주 잘 지냈어.

9. 비인종주의에 관해 리처드 스텡글과 나눈 대화에서

우리는 정말 다인종주의를 받아들인 적이 없어요. 우리가 요구하는 것은 인종차별이 없는, 비인종적 사회예요. 왜냐하면 다인종주의를 말하면 인종의 수만 늘어나니까. 그것은 이 나라에 아주 많은 인종이 있다고 말하는 바니까요. 다인종주의는 어떤 의미에서 '인종'이라는 개념을 영속화하는 것이고, 따라서 우리는 비인종적 사회를 원한다고 말해요.

……우리는 정확히 우리가 무엇을 말하려 하는지를 논의하고 말했어요. 말하려는 바는 우리가 다인종주의자가 아닌 비인종주의자라는 거예요. 우리는 사람들이 더는 피부색을 기준으로 생각하지 않는 사회를 만들기 위해서 싸워요……. 그것은 인종의 문제가 아니에요. 생각의 문제예요.

10. 그들의 사건과 관련해 체포되었던 네 명의 동지[8]가 탈주하도록 도와준 경찰, 요하네스 그리프에 관해 아메드 카트라다와 나눈 대화

카트라다 : 그러니까, 우리 동지들이 그리프에게 2천 파운드를 주겠

8 네 명의 동지는 압둘라이 야사트와 모사(모시) 물라, 해럴드 월프, 아서 골드리치였다. 이들은 요하네스 그리프를 매수해, 1963년 8월 11일에 요하네스버그에 있는 마셜스퀘어 경찰서에서 달아났다.

다 약속하고 돈을 랄루 [치바][9]에게 전달했어요.

만델라 : 그렇군.

카트라다 : 그래서 랄루가 이제…… 이미 조치해 놓은 대로 일을 계속 진행시키려고 했어요. 내가 기억하는 한, 이 뇌물을 주는 문제에서 주역은, 랄루를 설득한 것은 모시 [물라][10]였어요.

만델라 : 그렇군.

카트라다 : 하지만 사실 어느 정도는 집단적 일이었을 거예요.

만델라 : 그래, 그랬겠지.

카트라다 : 그런데…… 랄루가 그리프에게 돈을 주도록 되어 있어서 그 돈이 랄루의 집으로 갔고, 그리프가 돈을 받도록 되어 있어서 랄루 편에 동지들이 전달하려고 했을 때 그가 경찰들과 함께 있어서 주지 못했어요.

만델라 : 오!

카트라다 : 예.

만델라 : 맙소사!

카트라다 : 그렇게 그리프는 체포되어 6년 형을 받았어요…….

만델라 : 오!

카트라다 : ……그리고 3년인가 뒤에 풀려났어요. 어쨌거나 그가 징역을 산 거예요.

만델라 : 그랬어?

---

9 이수(랄루) 치바(부록 「사람과 장소, 사건」 참조).

10 모사 모하메드(모시) 물라(부록 「사람과 장소, 사건」 참조).

카트라다 : 그리고 내가 당신에게 해럴드[11]가 말하는 이 신문 기사 오린 것을 주려고 하는데, 그것을 보면 당신이 우리가 그 빚을 갚아야 한다고 말한 것으로 되어 있어요.

만델라 : 그럼 그래야지. 전후 사정이 그렇다면, 젊은 친구가 감옥살이를 했다면.

카트라다 : 그런데 그래요. 그가 6년 형 가운데 적어도 3년은 살았어요. 저번에 우리가 이것에 관해 말할 때 내가 조얼에게도 언급한 적이 있는데, 그때 2천 파운드가 지금은 얼마나 되는지 아세요?

만델라 : 알지.

카트라다 : 그것의 몇 곱이죠.

만델라 : 그렇지, 음.

카트라다 : 그래서 저는 이 ANC 차들 가운데 하나를 그에게 주어야 하지 않을까 하는 생각을 했어요. 그러면 따로 비용도 안 들고, 어차피 이 많은 차들도 고물이 될 테니까.

만델라 : 일단 그 사람에 대해 기록을 해놓아, 기록을.

카트라다 : 음, 제가 그리프에 관해 기록은 이미 해놓았는데, 해럴드에게서 그 신문 기사 오린 것을 받는 대로 당신과 의논해 볼 참이었어요. 그 기사를 보면 당신이 우리가 그 빚을 갚아야 한다고 말한 것으로 되어 있으니까…….

만델라 : 그거야 물론 그렇지, 그렇고말고.

카트라다 : ……그런데 그것이…….

---

11 해럴드 월프(1929~1996). 경제학자이며 작가, 반아파르트헤이트 활동가. SACP 당원.

만델라 : ……알았어. 우리가 그 빚을 갚아야 한다고 내가 강력히 촉구할게.

카트라다 : 예. 그러면 우리가 좋은 평판도 얻을 수 있을 거예요.

만델라 : 그래, 그래.

카트라다 : 이 친구가 지금은 케이프 주에 살고 있어요.

만델라 : 그리프가?

카트라다 : 예.

만델라 : 그럼 지금은 뭘 하지?

카트라다 : 아마 농사를 지을 거예요.

만델라 : 쯧쯧, 그럼 경제적으로 곤란할지도 모르겠군. 내 말하는데, 농사는 쉬운 일이 아니야.

카트라다 : 그래서 저는 우리가…….

만델라 : 알았어, 알았어. 그것에 대해 논의해 보자고, 논의해 봐.

11. 리보니아 재판에서 무죄를 주장한 것에 관해 아메드 카트라다와 나눈 대화

만델라 : 우리는 리보니아 재판에서 절대 유죄를 인정하지 않았어. 무죄를 주장했어. 기억나지?

카트라다 : 예.

만델라 : 우리는 범죄자는……

카트라다 : 맞아요.

만델라 : ……정부라고 했어.

카트라다 : 맞아요. 정부에서 착각하고 있다고…….

만델라 : 그래.

카트라다 : ……당신은 피고석에서 진술하면서……

만델라 : 그래.

카트라다 : ……많은 것을……

만델라 : 그래.

카트라다 : ……인정했어요.

만델라 : 맞아.

카트라다 : 그러나 유죄를 인정하는 것은 아니었어요.

만델라 : 그럼, 그렇고말고.

카트라다 : 절대.

만델라 : 맞아.

12. 리보니아 재판 시 1964년 4월 20일에 만델라가 한 진술의 말미에서

평생 이러한 아프리카 사람들의 투쟁에 헌신했습니다. 백인 지배에 맞서 싸웠고, 흑인 지배에 맞서 싸웠습니다. 모든 사람이 조화롭게 동등한 기회를 누리며 함께 사는 민주적이고 자유로운 사회라는 이상을 품었습니다. 나는 그러한 이상을 위해 살고 그러한 이상을 실현하고 싶습니다. 그러나 필요하다면, 그것을 위해 죽을 준비도 되어 있습니다.

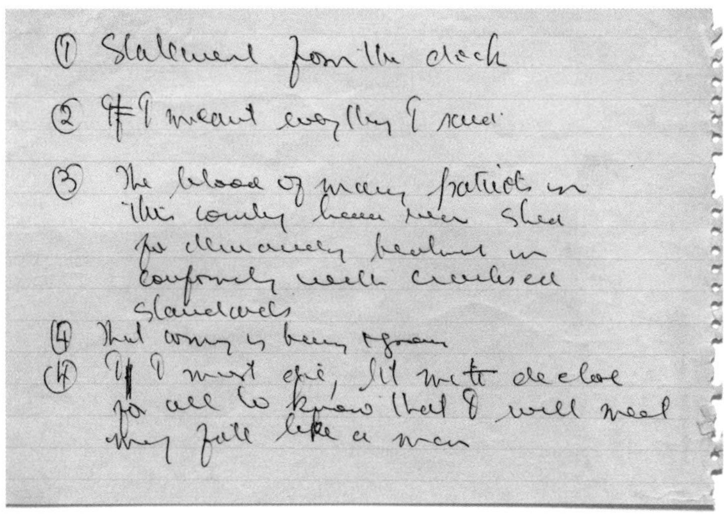

① Statement from the dock
② I meant everything I said
③ The blood of many patriots in this country have been shed for demanding treatment in conformity with civilised standards
④ That army is beginning to grow
⑤ If I must die, let me declare for all to know that I will meet my fate like a man

만델라가 리보니아 재판에서 1964년 6월 12일에 내려질 판결에 대비해 적은 다섯 가지 사항.
1. 피고석에서 진술.
2. 내가 말한 것은 모두 진심이었다.
3. 문명사회의 기준에 맞는 처우를 요구하기 위해 이 나라의 많은 애국자들이 피를 흘렸다.
4. 그 군대는 성장하기 시작할 것이다.
5. 내가 죽어야 한다면 남자답게 나의 운명을 맞이하겠다는 것을 만천하에 선포하도록 해달라.

13. 사형 선고를 받을 가능성에 관해 아메드 카트라다와 나눈 대화에서

우리는 사형 선고 가능성에 관해 논의하고, 그런 상황에 있는 우리의 입장에서만 생각할 것이 아니라 투쟁 전체와 관련해서도 생각해야 한다고 말했지. 우리는 명예롭게 사라져야 한다고, 그로써 반격을 해야 한다고. 그것이 우리가 우리 조직과 우리 국민에게 할 수 있는 봉사라고. 물론 감방에 홀로 있을 때는 자신의 입장에서 생각하고 우리가 살지 못할 수도 있다는 사실도 생각했지만, 그것은…… 너무도 인간적인 것이지. 그러나 집단적으로는 우리가 그러한 결정을 내렸고, 그것이 우리 국민과 우리 조직에 할 수 있는 우리의 마지막 봉사라는 생각에 행복하기도 했어.

14. 리보니아 재판에서 판결이 나던 날에 관해 아메드 카트라다와 나눈 대화

카트라다 : "나는 그 첫날에 위니 [만델라]가 참석할 수 없다는 것을 알고 심란했다. 위니는 금지령을 받아 요하네스버그에서 벗어날 수 없었기 때문에 법정에 오려면 허락을 받을 필요가 있었다. 그래서 허락해 달라고 했지만 거절당했다. 거의 동시에 나는 최근 우리 집이 급습을 당했고 경찰이 우리 집에 머물고 있던 위니의 어린 친척을 잡아갔다는 것도 알게 되었다. 괴롭힘을 당한 피고의 아내는 위니뿐이 아니었다. 알버티나 시술루, 캐롤라인,[12] ……." 자, [『자유를 향한 머나먼 길』 초고] 93쪽에서 출판사가 알고 싶은 것은 "아이들의 안전은 걱정되지 않았나요?"이네요.

만델라 : 아, 물론 당연히. 굳이 물어볼 필요도 없잖아?

12 캐롤라인 모초알레디. 일라이어스(모코니) 모초알레디(부록 「사람과 장소, 사건」 참조)의 아내.

15. 세프턴 부텔라[13]에게 보낸 1969년 7월 28일자 편지에서

가치 있는 대의를 위해 싸우는 단련된 헌신적인 동지로서 우리는 역사가 우리에게 부여하는 어떤 임무도 맡을 준비가 되어 있어야 하지. 치러야 할 대가가 아무리 크더라도 말일세. 이것이 우리 정치 인생의 지침이었고, 우리가 다양한 단계의 시련을 겪을 때도 그것은 변함이 없었지. 하지만 고백하건대, 다른 사람은 몰라도 나는 죽음 앞에 서자 순교자가 되고 싶은 마음이 들지 않았다네. 나는 그래야 한다면 그럴 준비가 되어 있었어. 그러나 늘 어떻게든 살고 싶은 마음을 완전히 떨칠 수는 없었다네. 그러나 익숙해지면 끔찍한 죽음의 손길도 개의치 않게 된다네. 어쩔 줄 모르는 위태로운 단계는 몇 시간밖에 지속되지 않아. 리보니아를 급습했다는 말을 들은 날에는 내가 걱정하다 지친 사람으로 잠자리에 들었지만 아침에 일어났을 때는 최악의 순간이 지나, 우리 모두 열렬히 주장한 것을 실현하기 위해 내가 달리 할 수 있는 일이 없다면 나를 위협하는 끔찍한 결과도 넓게 보면 쓸모가 있을지도 모른다는 합리적 사고를 할 만큼 힘과 용기를 낼 수 있었다네. 이러한 믿음은 재판 마지막 날까지 낼 수 있는 용기가 별로 없는 나를 북돋워 주고 바닥난 용기를 다시 채워 주었지. 우리의 주장이 정당하다는 확신, 그리고 우리가 피부색을 가르는 선의 양쪽에서 영향력 있는 단체와 개인들에게 받은 폭넓은 지지는 그러한 믿음을 더욱 강하게 했어. 그러나 결정적 순

---

13 세프턴 시피우 부텔라. 위니의 여동생 낸시 마디키젤라와 결혼했다.

간에 용기가 나를 저버렸다면 재판 과정에서 우리와, 우리가 잘되기를 바라는 사람들의 온갖 나팔 소리, 호산나도 쓸모 없었을 걸세.

16. 리보니아 재판에서 판결을 받기 전 생각한 것들에 관해 아메드 카트라다와 나눈 대화

만델라 : 물론 지금은 개의치 않았다고 말하기 쉽지만, 우리는 당연히 사형 선고를 내릴 거라고 생각했어. 사실 아침에 판사가 판결을, 선고를 내리기 전에도 그랬지. 판사가 이미 우리를 유죄라고 보는 것을 알았으니까. 그런데 그가 선고를 하기 전에…… 초조해 보였던 것…… 기억하지. 그래서 우리가 "음, 보나마나 분명해. 판사가 사형 선고를 내릴 거야."라고 했지.

카트라다 : 예.

만델라 : 우리는 당연히 사형 선고를 내릴 거라고 생각하고 체념했지. 물론 힘든 경험이었어. 누가 나를 향해 "이제 당신은 끝장이야."라고 말하리라는 느낌을 받는 것은. 그것은 결코 단순한 문제가 아니었어. 그럼에도 불구하고 우리는 말 그대로 비극인 이런 만일의 사태에 대비해 마음을 단단히 먹으려고 했지.

카트라다 : 예.

만델라 : 그리고 나는 용감한 동료들과 함께 있었어. 그들은 나보다 훨씬 용감해 보였어. 나는 그것을 기록하고 싶어.

카트라다 : 예. 자, 그럼 이것으로 대충 이 장은 끝나는 것 같은데요.

만델라 : 좋아.

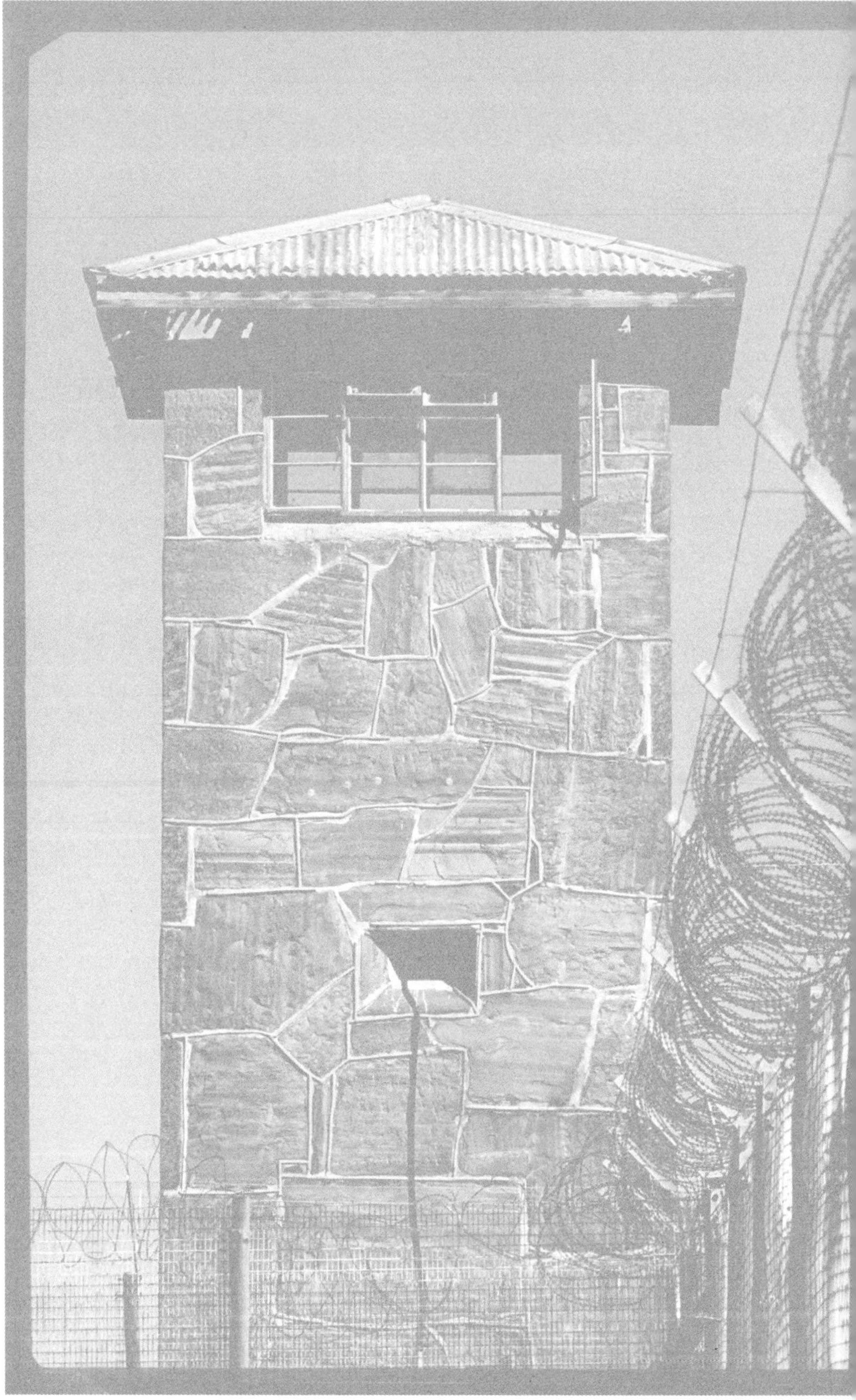

PART

3

*

서사시

현재의 관점에서 보면, 넬슨 만델라의 삶 전체가 전설의 에너지와 서사시적 이야기의 무게를 지녔던 것 같다. 그의 이야기는 남아프리카가 식민지 시대로부터 아파르트헤이트 시대를 거쳐 민주주의에 이르기까지 걸어온 긴 여정과 맞물려 있다. 만델라가 걸은 머나먼 길 없이는 이 나라가 자유를 향해 걸어온 머나먼 길을 상상할 수 없다. 그러나 그의 삶이 서사시적 규모를 지닌 것은 그가 27년 넘게 감옥에 있었을 때다. 만델라는 전 세계에서 정의를 위한 투쟁을 상징하는 인물이 되었다. 그는 의심할 여지 없이 세계에서 가장 유명한 죄수였다. 1990년에 석방되자 국제무대로 성큼 걸어 나갈 준비가 되어 있던 죄수.

처음 몇 년 동안 로벤 섬의 상황은 아주 열악했다. 음식도 형편없고, 일은 고되었으며, 여름은 덥고, 겨울은 무척 춥고, 간수들은 무자비했다. 처음에는 6개월마다 한 번씩 짧은 편지 한 통과 짧은 면회 한 번이 허락되었을 뿐이다. 육체적으로도 무척 고통스러웠지만, 심리적 고통은 더했다. 당국의 편협함은 수그러들 줄 몰랐다. 면회실의 유리 칸막이는 모욕적이었다. 감시의 눈길이 사방에 미쳤다. 사랑하는 사람에게 아주 사적인 일에 관하여 쓰는 편지도 매번 제3자인 검열관이 읽으리라는 것을 알고서 썼다.

그러나 세월이 흐르면서 만델라도 상황에 적응했고, 교도소 당국도 (원칙의 문제를 놓고 교도소 체제와 가차 없이 싸운 정치범들의 압력에 의해) 나름대로 상황에 적응했다. 1982년에 폴스무어 교도소로 이감된 뒤에는 만델라가 누리는 특권도 늘어났고, 당국과 밀고 당기기를 할 수 있는 역량도 늘어났다. 특히 1985년에 그가 아파르트헤이트 정권과의 회담을 시작하면서 그랬다. 1988년 12월에 빅터버스터 교도소로 이감되어 자기만의 널찍한 방갈로 하우스를 차지하게 되었을 때는, 누구든지 만나고 싶은 사람이 있으면 만나고 이야기하고 싶은 사람이 있으면 이야기할 수 있었다. 그는 교도소 밖으로도 자주 나가 수뇌 회담에도 참석했고, 때로는 회담을 그냥 지켜보기도 했다. 그는 이미 다음 차례를 기다리는 대통령이었다.

| CHAPTER 7 |

적응되지 않은 남자

"자미와 제가 같은 날 밤에
파티에서 부인을 만났는데,
금방 가시더군요.
그로부터 며칠 뒤
저는 자미와 아이들에게
작별 인사를 했고, 지금 저는
바다 너머에 사는 시민입니다."

아미나 카찰리아에게 보낸 1969년 4월 8일자 편지에서

1. 아치 구메데[1]에게 보낸 1985년 7월 8일자 편지에서

마지막으로, JHB(요하네스버그) 일간지에서 빅토리아 여왕에게 반역죄로 사형 선고를 받은 아홉 남자의 경우를 다룬 기사에 당신의 관심을 돌리고 싶습니다. 전 세계에서 항의한 결과, 그들은 결국 국외로 추방되었습니다. 그런데 먼 훗날 여왕은 이들 가운데 첫 번째는 오스트레일리아의 PM(총리)에 선출되고, 두 번째는 USA군에서 준장에 임명되고, 세 번째는 오스트레일리아에서 법무 장관이 되고, 네 번째는 세 번째의 뒤를 이어 법무 장관이 되고, 다섯 번째는 캐나다의 농무 장관이 되고, 여섯 번째는 USA에서 준장이 되고, 일곱 번째는 몬태나 주지사에 임명되고, 여덟 번째는 저명한 뉴욕 정치가가 되고, 마지막으로 아홉 번째는 뉴펀들랜드 주지사에 임명되었다는 것을 알았답니다.

2. 반역죄 재판이 끝난 날에 관해 아미나 카찰리아[2]에게 쓴 1969년 4월 8일자 편지에서

자미와 제가 같은 날 밤에 파티에서 부인을 만났는데, 금방 가시더군요. 그로부터 며칠 뒤 저는 자미와 아이들에게 작별 인사를 했고,

---

1 아치볼드 구메데(1914~1988). 변호사이며 반아파르트헤이트 활동가. ANC 회원. UDF(민주 연합 전선) 공동 창립자이며 의장.

2 부록 「사람과 장소, 사건」 참조.

지금 저는 바다 너머에 사는 시민입니다.

그것은 내리기 쉬운 결정이 아니었습니다. 저는 저의 부재로 그들이 어렵고 고통스럽고 수치스러운 처지에 노출되리라는 것을 알았습니다. 그들을 생각하며 걱정하는 순간들을 보냈어도 자미의 용기와 결단력은 한 번도 의심하지 않았습니다. 그러나 그녀의 편지를 받는 것조차 두려운 때가 있습니다. 그녀가 내려올 때마다, 폭풍우 같았던 지난 8년 동안의 일로 그녀의 건강이 많이 상한 것을 제 눈으로 직접 보니까요.

3. 처음 로벤 섬에 보내졌을 때[3]와 관련해 만델라가 감옥에서 쓴 미출간 자서전 원고에서

1963년 5월 말경 어느 날 밤, 개인 소지품을 챙기라는 명령을 받았다. 접견실에 가니 다른 정치범이 셋 있었다……. 당시 프리토리아 지방 교도소 소장이던 아우캄프 대령이 말해 주어 우리가 로벤 섬으로 이감된다는 것을 알았다. 나는 이 교도소에서 저 교도소로 옮겨지는 것이 싫었다. 많은 불편함이 따르고 대우도 나빠지기 때문이다. 수갑을 차고 때로는 족쇄까지 차야 하며, 대개는 도중에 다른 교도소에 들를 때마다 수치스러운 죄수복을 입은 상태로 교도관들

---

3 만델라는 로벤 섬에 두 번 수감되었다. 첫 번째는 1963년인데, 당시 로벤 섬에 2주간 머물면서 파업을 선동하고 여권 없이 출국한 죄로 로벤 섬에서 5년 형을 살았다.

과 일반인들에게 노출된다. 그러나 어렸을 때부터 말로만 듣던 곳, 우리 코사족 사람들이 에스쿼티니('그 섬에'라는 뜻)라고 불렀던 로벤 섬을 볼 수 있을 거라는 생각에 흥분되었다.

이 섬은 이른바 제4차 코사족 전쟁[4]에서 코사족 군사령관이었던, 은셀레라고도 불리는 마카나가 유배되었던 곳으로, 그는 헤엄쳐서 본토로 탈출하려다가 그만 물에 빠져 죽었다. 그 뒤로 코사족들 사이에 널리 알려졌다. 그의 죽음은 코사족의 희망에 슬픈 타격을 주었고, 그 타격의 기억이 사람들의 언어에도 아로새겨져, 사람들은 '헛된 희망'을 가리킬 때 "우쿠자 쿠카 은셀레"라고 한다. 그러나 마카나가 로벤 섬에 유배된 최초의 흑인 영웅은 아니었다.

그러한 영광은 백인 역사가들에게 해리 드 스트랜드로퍼로 알려진 아우추마요에게 돌아간다. 아우추마요는 코이코이족과 네덜란드인 사이에서 일어난 1658년 전쟁 뒤에 [얀] 판 리베크에게 유배를 당했다. 그러한 영광이 한층 어울리는 것은 아우추마요가 최초이자 지금까지는 유일하게 이 섬에서 탈출한 사람이기도 하기 때문이다. 몇 차례에 걸친 시도 끝에 그는 마침내 구멍이 숭숭 뚫려 도무지 물 위에 뜰 것 같지 않은 낡은 배를 타고 탈출 하는 데 성공했다.

로벤 섬에는 많은 애국자들과 자유의 투사들이 몇 차례나 감금되었다. 1834년의 이른바 제5차 코사족 전쟁[5]에서 사령관이었

4 만델라가 언급하고 있는 것은 사실 제5차 코사족 전쟁(1818~1819)이다.

5 만델라가 언급하고 있는 것은 사실 제6차 코사족 전쟁(1834~1836)이다.

던 마코마 [족장]과 1873년에 나탈에서 열린 특별 법정에서 대역죄 선고를 받은 흘루비족 족장 랑갈리발렐레, 자바에서 정치적 이유로 유배된 셰이크 압둘 라만 만투라[6] 같은 영웅들이 이 섬의 역사를 이루고 있다. 포르투갈 식민주의자들이 수많은 아프리카 애국자들을 가두어 페르난도 포 섬을 역사적 명소로 만들고, 영국 사람들이 안다만 제도에 인도 애국자들을 가두고, 마찬가지로 프랑스 사람들이 [액스] 섬에 벤 벨라[7]를 가두었듯이, 남아프리카 통치자들도 로벤 섬을 우리 민족의 기억에 살아 있도록 했다. 한때는 나환자 수용소였고, 제2차 세계대전 때는 케이프타운 항구로 들어가는 입구를 지키는 해군 요새였던 로벤 섬, 그 황량하고 강한 바람이 휘몰아치며 차가운 벵겔라 해류의 너울에 사로잡힌 작은 석회암 노두, 이것의 역사에는 우리 민족의 속박의 역사가 서려 있다. 나의 새로운 집.

4. 프리토리아로 다시 보낸 것에 관해 만델라가 감옥에서 쓴 미출간 자서전 원고에서

왜 2주 만에 로벤 섬에서 다시 프리토리아로 보냈는지는 도무지 알 수가 없었다. 그러나 교정 당국에서 섬에 있는 PAC(범아프리카 회의)

---

6 18세기에 로벤 섬에 수감된 이슬람교 성직자.

7 아메드 벤 벨라(1918~). 1963~65년에 알제리 대통령으로 재임.

출신 죄수들이 나를 해치려고 해서 나의 안전을 위해 내보냈다고 주장한 것은 안다. 이것은 새빨간 거짓말이었다. 내가 섬에서 접촉한 PAC 출신 죄수들은 내 조카와 그의 친구들뿐이었고, 나는 그들과 가장 사이좋게 지냈기 때문이다. 그 뒤에도 다양한 PAC 회원들을 만났고, 그들과의 만남으로 나는 당국에서 이 이야기를 지어냈다는 것을 확신할 수 있었다. 아마도 자기들 속셈을 숨기려고 그랬을 것이며, 교도소 안에서나 밖에서나 PAC 회원들과 ANC 회원들 사이에 적대감을 조성하고 부채질하려는 술책이었을 것이다. 그 이감이 내가 나중에 리보니아 재판에서 추궁을 당한 사실과는 관계가 없다는 것은 확실하다. 그 재판의 원인이 된 일로 내가 체포된 것은 1963년 7월 11일이었고, 이때는 나를 섬에서 내보낸 지 거의 한 달이 된 시점이었기 때문이다.

5. 간수들에 관해 아메드 카트라다와 나눈 대화

카트라다 : 아, 그런데 당신이 "간수들은 예외 없이 백인이고 아프리칸스어를 썼다."라고 말하고 있어요. 이것은 별로 정확하지 않은데요.

만델라 : 그래?

카트라다 : 거기에 서더비도 있었으니까.

만델라 : 아하.

카트라다 : 거기에 만도 있었고, 영어를 쓰는 사람도 몇 있었어요.

만델라 : 그래, 그럼 "대부분"이라고 하지.

카트라다 : 대부분이 아프리칸스어를 썼다, 예. 그렇지만 이 '바스'[8]에 관한 것은…….

만델라 : 하하하. 저 서더비 기억나지?

카트라다 : 예.

만델라 : 엄청난 배불뚝이였어, 응?

카트라다 : 예, 그랬지요, 서더비…….

만델라 : 그가 뭐랬지?

카트라다 : 음랑게니[9]가 그의 배를 툭 치면서 이랬지요.

만델라 : 하하하.

카트라다 : "대장, 당신은 이 커다란 배를 어디서 구했어요?"

만델라 : 맙소사!

카트라다 : 기억 안 나요? 음랑게니가 그런 거.

만델라 : 응, 기억나는 것 같아.

카트라다 : 하하하. 그랬다니까요.

만델라 : 그런데 서더비가 내게도 뭐라고 한 거 알아? 그는 정말 말재간이 뛰어난 친구였어. 내가 자신의 중요성을 과장한다는 뜻의 말이었는데, 아주 재치 있고 날카로운 표현이었어.

카트라다 : 아, 맞아요. 뭔가 기억이 나는 것 같아요.

만델라 : 나는 기억이 안 나. 전혀.

카트라다 : 아, 나도 기억이 안 나네요. 자, 그건 그렇고, "우리는 '바

---

8 아파르트헤이트 체제의 남아프리카에서는 흑인이 백인을 "바스baas"라고 부르게 되어 있었다. 바스는 영어의 "보스boss"를 뜻하는 아프리칸스어다.

9 앤드류 모케테 음랑게니(부록 「사람과 장소, 사건」 참조).

스'라고 부르라는 명령을 받았지만 절대 그러지 않았다."

만델라 : 맞아.

6. 로벤 섬에서 선글라스가 필요했던 것에 관해 아메드 카트라다와 나눈 대화

카트라다 : 그다음, 당신은 선글라스에 관해 말하면서, "채석장에서 선글라스를 써도 좋다는 허락을 받았을 때에도 우리는 그것을 사야 했다."라고 해요.[10]

만델라 : 그랬지.

카트라다 : 그들은 우리에게 선글라스를 주지 않았어요.

만델라 : 그래. 그런데 그들이 값싼 선글라스를 주기는 한 것 기억나지. 하지만…….

카트라다 : 쓸모가 없었지요.

7. 채석장에서 일하는 것에 관해 아메드 카트라다와 나눈 대화

카트라다 : 그다음, 당신은 채석장에서의 점심시간에 관해 말하면서

---

10 로벤 섬에서는 죄수들을 석회암 채석장에 보내 일하도록 했다. 만델라를 포함해 많은 사람이 하얀 돌에 반사되는 햇빛이 너무 눈부셔 눈이 상했다.

우리가 땅바닥에 앉았다고 말하고 있어요. 사실은 그러지 않았어요. 벽돌이 있어서 거기에 나무를, 나무판자를 대고 앉은 것 기억나지 않아요?

만델라 : 아, 그래, 맞아.

카트라다 : 우리는 땅바닥에 앉지 않았어요.

만델라 : 맞아, 맞아.

카트라다 : 다음, [『자유를 향한 머나먼 길』 초고] 49쪽. 여기서 당신이 눈에 문제가 생겼다고 하는 것도…… 석회암과 관계가 있지 않나요?

만델라 : 아, 그래. 그 전문의도 그렇게 말했어…….

카트라다 : 아.

만델라 : 아모일스는…… 사실 [마거릿] 대처 여사의 눈도 돌본 최고의 전문의야.

카트라다 : 아.

만델라 : 그리고 그는 하버드 대학교에서 상도 받았어. 아니, 그가 나를 아주 주의 깊게 검사하고는 그래. 내 눈에 구멍이 생겼는데 그것이 채석장에서, 석회암 채석장에서 생긴 거라고. 그는 스티브[11]도 치료하는데, 그도 나와 똑같은 상황이래.

카트라다 : 그래요?

만델라 : 응. 그러니까 그게 눈부신 모래 같은 것을 봐서 생긴 거래.

카트라다 : 오…… 그럼 우리가 그것도 덧붙여야겠네요.

---

11 스티브 부킬레 츠웨테(부록 「사람과 장소, 사건」 참조).

만델라 : 그럼, 그렇고말고.

카트라다 : 이것은 중요한 문제예요.

만델라 : 그럼. 그도 그렇게 말했어.

카트라다 : 우리가 그것을 문제 삼으려고 했는데…….

만델라 : 그래.

카트라다 : 저 의사들이 무시했잖아요.

만델라 : 그래, 맞아.

8. 로벤 섬의 일반 사범에 관해 아메드 카트라다와 나눈 대화

카트라다 : 당신은 범죄자들을 로벤 섬에 데려오는 것에 관해 말하면서, 우리에게 일하는 법을 가르치려고 데려온 것이기도 하다고 말해요.

만델라 : 우리는 그들을 범죄자라고 부르면 안 돼.

카트라다 : 예, 알아요. 우리는 '비'정치범, 즉 '일반 사범'이라고 부르지요.

만델라 : 일반 사범…….

카트라다 : 일반 사범을 데려온 것은 우리를 가르치기 위해서이기도 했어요. 그런데 기억날지 모르지만, 이렇게 뚱뚱한 친구도 있었고…….

만델라 : 아, 그래 생각나!

카트라다 : 가끔 우리에게 이발도 해주곤 하던 티가라고 하는 친구도 있었지요.

만델라 : 그래, 그래.

카트라다 : 그런데 사실 그들을 데려온 것은 그들 가운데 일부에게 우리를 염탐시키려는 속셈이었어요.

만델라 : 하하하. 분명히 그랬을 거야.

카트라다 : 우리에게 일하는 법을 가르치려는 속셈도 있었지만.

만델라 : 그래, 그 말이 맞아.

카트라다 : 예. 그들은 우리가 더욱 열심히 일하도록 곡괭이와 삽을 들고 시범을 보이려고 했지요.

9. 은행 강도에 관해 아메드 카트라다와 나눈 대화

카트라다 : [『자유를 향한 머나먼 길』 초고] 51쪽. "우리 중에는 예를 들면 은행 강도도 있었는데, 그의 이름은 조 마이 베이비였다."

만델라 : 아, 그래. 그의 성은 실라바네였어……. 그가 권투할 때 쓴 이름이 무엇이었는지는 모르겠어. 그런데 설사 그가 은행 강도였어도, 나는 우리가 그렇게 말하면 안 된다고 생각해.

카트라다 : 아.

만델라 : 왜냐하면 그는 책임이 막중한 일을 하고 있었잖아.

카트라다 : 그래요.

만델라 : 우리의 가장 좋은 친구들 가운데 하나였어.

카트라다 : 참 좋은 친구였어요, 예.

만델라 : 아주 좋은 친구였지…….

카트라다 : 퍼피스와 그가 했던 일, 기억나요?

만델라 : 응? 아, 맞아.

카트라다 : 퍼피스와 그였어요.

만델라 : 그래, 그래.

카트라다 : 자기들끼리 결정해서 죄수들을 돌보기로 했죠. 그래서 정치범들을 책임진 그가 우리에게 필요한 것을 밀반입해 주기로 하고, 퍼피스는 세 끼[12]를 받은 일반 사범들을 돌보기로 했어요.

만델라 : 아, 그렇군.

카트라다 : 그래서 그들이 음식을 밀반입해 주곤 했잖아요.

만델라 : 아, 그래, 그래, 그래.

카트라다 : 처벌을 받은 사람들에게.

만델라 : 음.

카트라다 : 둘 다 아주 괜찮은 친구예요.

만델라 : 아주 좋은 사람들이지.

카트라다 : 퍼피스는 사실 차량 전문 절도범이었어요.

만델라 : 그런 것 같았어.

카트라다 : 물론 그는 뒷문으로 들어온 것을 인도 사람들에게 팔기도 했어요. (둘이 하하 웃으며) 그러고는 내게 그들의 이름을 말해 주었어요. 그 인도 사람들이 누구인지를. 그래서 그들이 누군지 다 알았어요.

만델라 : 그랬어?

카트라다 : 퍼피스가 그들에게 물건을 공급해 주곤 했어요.

---

12 여기서 "세 끼"는 하루 동안 세 끼니를 주지 않고 독방에 가두는 벌이다.

만델라 : 그래, 그는 정말 대단한 친구였어. 그런데 죽다니, 안됐어.

카트라다 : 그가 죽었어요?

만델라 : 응. 총에 맞았어.

카트라다 : 퍼피스가?

만델라 : 응.

카트라다 : 오.

만델라 : 출소해서 얼마 안 되어 총에 맞았어.

카트라다 : 아, 그랬구나.

만델라 : 매도랜즈에서.

카트라다 : 아, 아주 똑똑한 친구였는데.

만델라 : 아주 똑똑했지.

카트라다 : 자기 의견을 분명히 말할 줄 아는 친구였어요.

만델라 : 음.

10. 감옥에서 노래하는 것에 관해 리처드 스텡글과 나눈 대화

스텡글 : 노래하는 것이 금지되어 있었나요?

만델라 : 예, 그럼요. 처음에는 그랬어요. 교도소에서는 어디서나, 특히 일할 때는……. 그들은 우리를 채석장에 데려가 석회암을 캐도록 했어요. 그런데 그게 아주 어려운 작업이에요. 곡괭이를 쓰니까. 석회암은 암석층들 사이에 있어요. 암석층을 발견하면…… 석회암을 캐기 위해서 암석층을 부수어야 해요……. 그들이 우리를 채석장에 데려가 일을 시킨 것은 우리에게 감옥살이가 결코 쉬운 일이

아니라는 것을 보여 주기 위해서였지요. 소풍이 아니니까 절대로 다시는 오지 말라는 뜻이지요. 그들은 우리의 의지를 꺾고 싶어 했어요. 그래서 우리는 일하면서 자유의 노래를 불렀고, 노래를 부름으로써 모든 사람이 힘과 용기를 얻었어요. 높은 사기로…… 고된 일을 이겨 냈어요. 물론 노랫소리에 맞추어 춤도 추었어요. 그러자 당국에서 깨달았습니다……. 이 친구들이 너무 전투적이구나, 아주 기세등등하구나, 하고는 "일하면서 노래를 부르지 말라."라고 명했어요. 일이 얼마나 어렵고 힘든지를 그대로 느끼라는 것이지요……. 물론 그들의 징계 규칙에는 노래하는 것을 금지하는 규정이 있었습니다. 그 규정을 시행한 셈이지요. 우리는 금지 명령을 듣기는 했지만…… 감방에 돌아오면, 특히 크리스마스이브와 새해에는 음악회를 열고 노래를 불렀어요. 그래서 결국 그들도 익숙해졌지요.

11. 1966년 9월 6일에 H. F. 페르부르트[13] 총리가 암살된 것에 관해 리처드 스텡글과 나눈 대화에서

음, 그 어떤 사람의 죽음 또는 암살도 결코 유쾌한 일이 아니지요. 우리는 암살 같은 방법을 쓰지 말고 공동체에서 페르부르트 총리의 정책에 찬성하지 않는다는 뜻을 전달해야 한다는 쪽이었어요. 그런

13 헨드릭 프렌스 페르부르트 박사(부록 「사람과 장소, 사건」 참조).

일은 몇 세대가 지나도 지우기 힘든 상처를 남길 수 있으니까. 오늘날 이 나라에서, 1899년부터 1902년까지 싸운 앵글로 보어 전쟁에 관해 아프리칸스어를 쓰는 사람들과 영어를 쓰는 사람들이 하는 말을 들으면…… 여전히 전쟁이 벌어지고 있구나 하는 생각이 들어요. 과거의 상처 때문이지요. 지금 내각도 온통 아프리칸스어를 쓰는 사람 일색이에요. 영어를 쓰는 사람도 두셋 있지만, 내각 전체가 아프리칸스어를 쓰는 사람들로 이루어졌고, 이는 그들이 평화적인 방법을 써서 그들의 문제를 해결하지 못했기 때문이에요……. 페르부르트는 이 나라에서 가장 무감각한 총리 가운데 하나였어요……. 아프리카 사람들을 동물로 여겼고, 짐승만도 못한 존재로 여긴 적도 많아요. 하지만 그래도 그가 암살되었다고 기분이 좋지는 않았어요. 그보다 더 기분이 좋지 않은 것은 마치 우리가 그의 암살에 책임이라도 있는 양 교도소 당국이 우리에게 앙갚음을 한 방식이에요. 그들이 다른 교도소에서 판 렌스뷔르흐 교도관을 데려왔고…… 그는 아주 악랄했어요. 아주 지저분한 버릇을 가진 녀석이었지요. 한 가지 예를 들면, 우리가 채석장에서 일하고 있을 때 그는 어디서 있다가 오줌이 마려우면, 그냥 그 자리에서 오줌을 누었어요. 다른 데로 가서 우리 몰래 오줌을 누지 않고, 그냥 서 있는 자리에서 누었어요. 사실 우리는 아주 강력히 항의했어요. 어느 날 우리가 접시에 음식을 담는 탁자 옆에 서 있었는데 때가 되자, 오줌을 눌 때가 되자 그가 그냥 서 있는 자리에서 오줌을 누었거든요. 그가 탁자에 오줌을 눈 것은 아니지만, 탁자의 다리 바로 옆이었고…… 그래서 우리가 아주 강력하게 항의했어요……. 그는 그렇게 지저분한 습관을 가진 사람이었고, 게다가 인정머리도 없었습니다. 그 녀석은 우리가 아침에 일하러 [가기] 전에 자기네 교도관들끼리 짜고 그날 아무개와 아무개를 처벌하기로 결정했어요. 그렇게 한번 결정을 내리면 지목된 몇몇 사람은 그날 아침에 아무리 열심히 일해도 소용없었어요. 어쨌든 벌을 받았으니까.

12. 로벤 섬에서 날조된 죄로 고소당한 것[14]에 관해 리처드 스텡글과 나눈 대화

스텡글 : 그렇다면 변호사를 고용할 필요가 있지 않았나요?

만델라 : 있었지요……. 우리는 그 모든 고소에 대해 변호사를 세웠어요……. 하지만 그래도 유죄 판결을 받았어요……. 격리 수용을 당하고 먹을 것도 제대로 공급받지 못했지요……. 멀건 쌀죽, 그게 다였어요. 때로 형이 길면 금식도 당해요. 그게 이틀 동안이었는지 지금은 확실하지 않지만, 그렇게 금식을 당한 다음 먹을 것을 조금 받아 먹고, 다음 날 또 금식을 당하고, 닷새째 되는 날 다시 먹을 것을 받아 먹어요.

스텡글 : 당신은 배고픔을 어떻게 견뎌요?

만델라 : 비교적 쉬워요. 첫째 날에는 배고픔을 느끼지만, 둘째 날에는 익숙해져요. 셋째 날에는 완전히 익숙해져서 힘이 없는 것을 빼

14 관리들은 걸핏하면 재소자들에게 있지도 않은 죄를 뒤집어씌워 그들을 처벌하는 빌미로 삼았다.

고는 아무런 느낌이 없어요. 놀랍지요…… 익숙해진다는 것이. 인간의 몸은 엄청난 적응력을 발휘해요. 특히 생각을 조정할 수 있으면, 육체적인 것에 대해 정신적으로 접근하는 방법을 완전히 통제할 수 있으면. 그리고 옳은 일을 하고 있다는 확신이 있으면, 자신의 권리를 지킬 수 있고 반격할 수 있음을 당국에 보여 주는 것이라는 확신이 있으면, 아무것도 느껴지지 않아요.

13. 법무 장관에게 보낸 1969년 4월 22일자 편지에서

동료들의 요청에 따라 당신에게 편지를 써 우리의 석방을 요청하며, 당신이 이 문제에 대해 결정을 내리는 동안 우리에게 정치범에 걸맞은 대우를 해달라는 요청도 합니다. 그렇지만 먼저 지적해 두고 싶습니다. 우리의 이런 요청은 자비를 구하는 것이 아니라, 정치적 신념 때문에 구속된 사람이면 당연히 누릴 수 있는 권리를 행사하는 것입니다……. 우리가 유죄 판결을 받고 감옥에 갇혀 있지만, 그에 앞서 우리는 정치적 인종 박해에 맞서 싸우고 이 나라의 아프리카인과 혼혈인, 인도인에게 완전한 정치적 권리를 달라고 요구한 유명 조직의 일원입니다. 우리는 모든 형태의 백인 지배를, 더 구체적으로는 분리 발전 정책을 거부하고, 피부색에 따른 억압이라는 폐해가 없는 남아프리카, 모든 남아프리카 사람이 인종과 신념에 관계없이 평등에 기초하여 평화롭고 조화롭게 함께 사는 나라를 요구했습니다.

우리는 모두 예외 없이 문명 세계 전체에서 누구에게도 양

도할 수 없는, 모든 인간의 타고난 권리로서 인정하는 민족 자결권을 쟁취하기 위한 투쟁의 일환으로서 행한 정치 활동 때문에 유죄 판결을 받았습니다. 이런 활동을 고무한 것은 인권과 기본적인 자유가 민주 정부의 토대라는 원칙에 어긋나는 인종차별 정책, 부당한 법에 저항하고자 하는 마음입니다.

과거에는 남아프리카 정부가 이런 성격의 위법 행위로 유죄 판결을 받은 사람들을 정치범으로 대우하고, 어떤 경우에는 형을 마치기도 전에 일찌감치 석방하기도 했습니다. 이와 관련해 1914년 반란 대역죄로 기소된 크리스티안 드 베트와 JCG 켐프 등의 경우를 보십시오. 그들의 경우는 모든 측면에서 우리의 경우보다 심했습니다. 반란자 1만 2천 명이 무기를 들었고, 사상자가 200명 이상 발생했습니다. 도시들이 점거되고, 정부 시설이 상당한 피해를 입었으며, 개인 재산에 대한 손해배상 청구액도 50만 랜드나 되었습니다. 그런데 이런 폭력 행위를 저지른 그들은 온전한 정치적 권리를 누리고 있던 백인들이었습니다. 그들은 합법적인 정당에 속해 있었고, 자기들 의견을 널리 알릴 수 있는 신문도 있었습니다. 자유롭게 이 나라를 돌아다니며 자기들 주장을 옹호하고 자기들 생각에 대한 지지를 모을 수도 있었습니다. 그들은 폭력에 호소할 만한 어떤 정당한 이유도 없었습니다. 그런데도 오렌지 자유국 반란자들의 지도자 드 베트는 6년 형에 벌금 4천 랜드를 선고받았습니다. 켐프는 7년 형과 벌금 2천 랜드를 선고받았습니다. 나머지도 비교적 가벼운 형을 받았습니다.

그들은 중대한 위법 행위를 저질렀는데도 드 베트는 유죄 판결을 받고서 6개월도 안 되어 석방되고 나머지도 1년 안에 풀려났습니다. 지금으로부터 반세기 전이었던 당시 정부는 그들을 정치범으로 대우해 훨씬 타협적인 입장을 보였습니다. 그로부터 54년이 지난 현재의 정부는 폭력에 호소할 만한 정당한 이유가 1914년 반란자들보다 훨씬 더 많은 우리 흑인 정치가들에게 타협적인 입장을 보이지 않았습니다. 현 정부는 우리의 열망을 처음부터 끝까지 일축하며, 우리의 정치 조직을 탄압하고 알려진 활동가들과 현장 운동가들에게 극심한 제약을 가했습니다.

현 정부는 정치 활동 외에는 아무 죄도 없는 사람들을 수백 명이나 감옥에 집어넣음으로써 가족생활을 힘들게 하고 파탄 냈습니다. 마지막으로, 현 정부는 이 나라 역사에서 유례없는 테러 정치를 함으로써 합법적 투쟁을 할 수 있는 모든 통로를 봉쇄했습니다. 그런 상황에서 소신에 따라 행동하는 용기 있는 자유의 투사들에게 폭력에의 호소는 피할 수 없는 대안이었습니다. 원칙과 소신이 있는 사람이라면 달리 어떻게 할 수 없었을 겁니다. 그런 상황에서 무기를 접는 것은 정부의 소수 권력층에 항복하는 행위, 자신의 주의 주장을 배신하는 행위였을 겁니다. 세계 역사는, 그리고 남아프리카의 역사는 어떤 경우 폭력에 호소하는 것이 완전히 정당한 것일 수도 있음을 가르쳐 줍니다.

보타 스뫼츠 정부는 유죄 판결을 받은 반란자들을 얼마 안 되어 석방함으로써 이런 중요한 사실을 인정했습니다. 우리 또한 그 반란자들과 결코 다르지 않다고 굳게 믿으며, 따라서 우리도 그들과 같은 특권을 누릴 수 있도록 해주십시오. 위에서 지적한 대로, 1914년 반란에서는 사상자가 322명이었습니다. 이와는 대조적으로 우리는 사보타주 행위를 하면서 인명 손실을 피하려고 특별한 예방 조치를 취했습니다. 이는 리보니아 재판에서 판사와 검사 모두 인정한 사실입니다.

첨부한 일정표를 보면 알겠지만, 드 베트의 경우를 기준으로 삼는다면 우리는 지금 모두 석방되었어야 합니다. 그런데 우리 23명 가운데 8명이 무기징역을 살고 있고, 10명이 10년 형에서 20년 형을, 5명이 2년 형에서 10년 형을 살고 있습니다……. 재난을 피하는 유일한 방법은 죄 없는 사람들을 감옥에 가두지 말고, 이제 당신의 도발적 행위를 중단하며, 분별 있는 계몽된 정책을 추구하는 것입니다. 이 나라에 지독한 갈등과 유혈 사태가 일어나고 일어나지 않고는 온전히 정부에 달려 있습니다. 계속 우리의 열망을 누르고 강압 통치에 의존한다면 우리는 더욱 폭력으로 치달을 것입니다. 그럴 경우 분쟁이 끝났을 때 이 나라가 어떤 대가를 치러야 할지는 당신도 나도 예측할 수 없습니다. 누가 봐도 분명한 해결책은 우리를 석방하고 원탁회의를 열어 원만한 해결책을 찾는 것입니다.

우리의 주된 요청은 우리를 석방하고, 당신의 결정을 기다리는 동안 우리를 정치범으로 대우해 달라는 것입니다. 이는 곧 우리에게 좋은 식사와 제대로 된 의복, 침대와 침상, 라디오, 영화를 제공하고 우리가 가족이나 국내외의 친구들과 더욱 나은 환경에서 더욱 밀접한 접촉을 할 수 있도록 해야 한다는 말입니다. 정치범으로 대우하는 것에는, 금지되지 않은 읽을거리를 모두 읽고 책을 써서 출판할 수 있는 자유도 포함됩니다. 우리는 원하는 일을 선택할 수 있는 권리와 배우고 싶은 일을 스스로 결정할 수 있는 권리도 당연히 누릴 수 있기를 기대합니다……. 그런데 이런 상황에서 정부는 교도소를 사회 복귀 시설이 아니라 징벌의 도구로 여깁니다. 우리가 석방되었을 때 남부끄럽지 않은 근면한 삶을 살 수 있도록 준비해 사회의 가치 있는 일원으로서 제 역할을 할 수 있도록 하지 않고, 우리를 처벌하며 불구로 만들어 다시는 우리의 이상을 추구할 힘과 용기를 갖지 못하도록 하려고 합니다. 이것이 우리가 피부색의 전횡에 맞서 목소리를 높였다고 받는 벌입니다. 저항의 목소리를 높였다는 것, 그것이 우리가 교도소에서 나쁜 대우를 받는 진짜 이유입니다. 지난 5년 동안 삽과 곡괭이를 들고 쉴 새 없이 일하며, 형편없는 식사를 하고, 최소한의 문화적 혜택도 거부당하고, 감옥 밖에 있는 세상과 단절된 이유입니다. 살인과 강간, 사기 관련 재소자들조차 모두 누리는 특권을 우리 정치범에게는 주지 않는 이유입니다……. 결론적으로 분명히 밝히는 바, 우리는 이 섬에서 힘든 세월을 보냈습니다. 우리 모두는 비백인 재소자들이 겪는 이런저런 어려움을 고스란히 겪고 있습니다. 이런 어려움은 우리 문제에 대한 당국의 무관심 탓이기도 하지만, 명백한 탄압의 결과이기도 합니다. 사정이 조금은 나아졌어도 우리는 더 좋은 날이 오기를 희망합니다. 우리가 덧붙이고 싶은 바는, 당신이 우리의 요청을 고려할 때 다음과 같은 점들을 명심하리라 믿어 의심치 않는다는 것뿐입니다. 우리를 고무한 이념, 그리고 우리의 활동에 형태와 방향을 부여한 확신은 우리나라의 문제를 해결할 유일한 방책입니다. 이는 인간은 모두 가족이라는 계몽된 개념과도 일치합니다.

14. 고립시키는 것[15]에 관해 리처드 스텡글과 나눈 대화에서

감옥에서 혼자 있는 것은 힘들어요. 그것은 정말 할 짓이 못 돼요. 그래서 그때 그들이 한 것이 나를 고립시키되 사실상 처벌은 하지 않는 것이었어요. 식사를 주지 않은 것은 아니니까. 그러나 그들은 내가 재소자의 얼굴을 보지 못하게 했어요. 나는 하루 종일 간수밖에 보지 못했고, 식사까지 간수가 날라다 주었어요. 껄껄. 그러고는 오전에 30분, 오후에 30분 밖으로 나가게 해주었는데, 그때 다른 재소자들은 감방에 갇혀 있었어요.

15. 교도소의 용변 시설에 관해 리처드 스텡글과 나눈 대화

만델라 : 예, 감방에 변기통이 있었어요……. 우리는 감방마다 수세식 하수 시설이 없었어요. 큰 감방에는 수세식 하수 시설이 있었지만, 사실상 독방이나 다름없는 방에는 없었어요. 밤에 쓰는 이 변기통밖에 없었어요.

스텡글 : 그게 누구였는지는 기억나지 않지만, 섬에 새로 온 사람이었는데, 그가 말하기를, 당신이 한번은 자기 변기통을 비워주었다고 하더라고요. 아주 깔끔한 사람이었는데, 자기는 그것을 치우고

---

15 만델라는 지금 1962년에 재판을 기다리는 동안 프리토리아 지방 교도소에서 독방에 갇혔던 것을 말하고 있다.

싶지 않았대요.

만델라 : 글쎄, 잘 기억이……. 우리 동료들 중 움콘토 웨 시즈웨에서 훈련을 받은 사람이 하나 있었어요. 그가 케이프타운으로 가게 되었는데…… 그러면 아주 일찍 떠나곤 했어요. 때로는 5시경에…… 감방 문이 열려 우리가 변기통을 비우러 가기 전에. 그래서 그가 맞은편 방에 있는 친구에게 변기통을 비워 달라고 부탁하며 떠났어요. 그 친구가 내 옆방에 있었어요. 아, 그러고 보니 그 친구가 생각나요. 아무개가 자기 변기통을 치워 달라고 했다면서 자기는 그럴 준비가 되어 있지 않다고, 자기는 하지 않겠다고, 자기는 다른 사람 변기통은 치우지 않겠다고 했어요. 그래서 대신 내가 치웠어요. 내게는 그 일이 아무것도 아니었거든요. 나도 매일 내 변기통을 치우는지라 (껄껄 웃으며) 내게는 다른 사람 변기통을 치우는 것이 문제가 안 되었어요. 그래서 그렇게 된 거예요. 자기 친구에게 부탁했는데 거절당한 사람을 도와준 것뿐이에요.

16. 프리다 매튜스[16]에게 보낸 1987년 2월 25일자 편지에서

면회에는 언제나 말로 표현하기 어려운 의미가 있답니다. 거의 세계 어느 나라에서나 교도소에서는 일상이 최고의 법이고, 하루하루

---

16 결혼 전 성은 보퀘. Z. K.(자카리아 케오디렐랑) 매튜스 교수와 결혼했다(Z. K. 매튜스에 관해서는 부록 「사람과 장소, 사건」 참조).

가 늘 그 전날과 같지요. 늘 같은 환경, 같은 얼굴, 같은 대화, 같은 냄새이고, 늘 담장은 하늘 높이 솟아 있고, 늘 교도소 문밖에는 우리가 접근할 수 없는 신나는 세상이 있다고 생각하지요. 그래서 사랑하는 사람이나 친구의 방문은 언제나 잊을 수 없는 일이 되고, 심지어 낯모르는 사람의 방문도 마찬가지랍니다. 그럴 때면 저 좌절감을 불러일으키는 단조로움이 깨지며 온 세상이 말 그대로 감방으로 들어오지요.

17. 교도소 면회에 관해 리처드 스텡글과 나눈 대화

스텡글 : 면회 시간은 얼마나 되었나요?

만델라 : 처음에는 30분. 6개월을 기다려야 겨우 30분 이야기할 수 있었어요. 나중에 시간을 늘려 한 시간이 되었지만 저들이 30분은 권리로, 30분은 특권으로 만들어 놓았어요. 그래서 자기들 마음대로 30분을 안 줄 수도 있었어요. 예를 들어, 한 시간을 줄 때는 누가 면회 오면 누가 면회 왔다고 미리 말해 주곤 했어요. 그런데 어느 날은 그냥 면회 왔다고만 해요. 그래서 "누가 왔느냐?" 하고 물으니 자기들은 모른대요. 거기다 대고 그럼 소장에게 물어보라, 아니면 내가 직접 소장에게 물어보겠다고 했죠. 소장이 왔기에 그에게 "대뜸 면회 왔다고 전하기에 누가 왔느냐고 간수에게 물었더니 모른다고 한다." 했더니, 그럼 자기가 알아보겠노라 하고는 돌아오지 않았어요. 그래서 누가 면회 왔는지도 모른 채 면회실에 가보니 갑자기 파티마 미어 교수가 들어와요. 결국은 그들이 내게 말해 주고 싶지

않았던 거예요. 파티마 미어가 이미 찍혀서 블랙리스트에, 그들의 블랙리스트에 들어 있었던 거지요. 그래서 내게 미리 말해 주고 싶지 않았지만, 그녀가 나를 보러 오는 것을 불허할 수는 없었어요. 그래서 한 시간이겠거니 했는데, 30분 뒤에 그들이 "면회 끝!" 해요. 내게 한 시간을 주도록 되어 있지 않느냐고 따졌더니, "아니오. 30분은 권리가 있지만 30분은 재량이오, 우리의 재량. 면회는 끝났소!" 해요. 그러면서 아주 냉정하고 퉁명스럽게 굴었지요. 처음에도 그랬지만…… 나중에도 그 한 시간은 절대 넘지 못하게 했어요. 내가 빅터버스터[17]로 가기 전까지는 계속……. 빅터버스터에 가두어 놓았을 때는 내가 죄수와 자유인 사이에 있었어요. 나를 압류에 있는 작은 집에 가두고, 그 집에 혼자 머물게 했어요. 그러나 문을 잠그지 않아 한밤중까지 밖에 머물 수 있었어요. 내게 식사를 차려 주는 간수도 제공되었어요. 그러나 그것은 좀 뒤의 이야기예요.

18. 만델라가 감옥에서 쓴 미출간 자서전 원고에서

어느 나라에서나 수상의 자리에 오르는 사람은 능력이 있고 개성이 강하고 공직 생활을 똑바로 하는 사람일 것이다. (d) 저 모든 배후 조종과 대대적인 캠페인을 벌이고 영향력 있는 사람들의 지지를 얻어 내기에 충분한 자금, 선전 기관들을 감안하더라도 나는 B. J. 포

---

17 만델라는 1988년에 빅터버스터 교도소로 이감되었다(부록 「사람과 장소, 사건」 참조).

르스터[18] [수상]이 백인 보수 정치와 관련해서는 최고의 영예를 누릴 만한 사람이라고 믿는다. 그는 제2차 세계대전 때 반역죄에 해당하는 활동을 벌이다가 수감되어 강한 신념을 가진 사람, 자신이 소수 집단일 때에도 신념을 위해 싸울 준비가 되어 있고 그에 대한 처벌도 달게 받을 준비가 되어 있는 사람으로 주목을 받았다. (f) 모든 국민이 참정권을 누리는 민주적인 남아프리카에서는 인격에서나 견해에서나 그보다 월등히 나은 사람들이 많을 것이다. 그럼에도 불구하고 현재 선출된 백인 지도자들 중에서는 그가 가장 두드러져 보인다.

19. 위니 만델라에게 보낸 1969년 4월 2일자 편지에서

드디어 가족사진이라니! "정말 걸작이오!" 카토[19]와 딸아이들도 아주 멋지고, 어머니의 사진을 보니 이루 말할 수 없이 기뻤다오. 당신의 작은 사진에는 거의 난리가 났다오. "아잉고 노반들라 로!" "이 사람은 당신 여동생 아니오!" "마디바[20]가 감옥에 오래 있다 보니 처제도 몰라보네." 이런 말들이 사방에서 내게 쏟아졌다오.

나는 사진을 보니 복잡한 느낌이 들었다오. 당신은 슬퍼 보

---

18 발타자르 요하네스 포르스터(부록 「사람과 장소, 사건」 참조).

19 마카토(카토) 만델라(부록 「사람과 장소, 사건」 참조).

20 마디바는 만델라의 출신 부족 이름이다.

2.4.69.

Darling,

I was taken completely by surprise to learn that you had been very unwell as I did not have even the slightest hint that you suffered from blackouts. I have known of your heart condition & pleurisy attacks. I am however happy to hear that the specialists have diagnosed the particular condition you suffer from & that the blackouts have now disappeared. I should like to be given details of the doctors' diagnosis. I am pleased to know that our family doctor has been wonderful as usual & I wish you speedy ~~recovery~~ & complete recovery Ngutyana & all that is best in life. "The Power of Positive Thinking" & "The Results of Positive Thinking", both written by the American psychologist, Norman Vincent Peale, may be rewarding to read. The municipal library should stock them. I attach no importance to the metaphysical aspects of his arguments, but I consider his ~~theories~~ views on physical & psychological issues valuable. He makes the basic point that it is not so much the disability one suffers from that matters but one's attitude to it. The man who says: I will conquer this illness & live a happy life, is already half-way through to victory. Of the talents you possess, the one that attracts me most is your courage & determination. This makes you stand head & shoulders above the average & will in the end, bring you the triumph of high achievement. Do consciously keep this constantly in mind.

Last Nov. I wrote to Chief Buthelezi, cousin of the late King Cyprian & asked him to convey our sympathies to the Royal family. I received an interesting reply plus a letter of condolence for Ma's death. The Dec. letters went to Nali & Kgatho; Jan. to Wonga, & in Feb. I wrote to Maki, & Zeni & Zindzi. Lily & Gibson should by now have received the March letters. Advise me whether they were all received. On 17/3 I wrote a special letter to Mthetho & am glad to note that the family rift has been settled. Sabata has not replied 2 letters I wrote him. The relative to whom funds could be sent was mentioned in Kgatho's letter. On 8/3 I was due for a visit that did not come off. Who was it? Why did he not come? ~~for me~~ Funds have run out. Have received the American journal. Have you had from Mary & Paul about Sweet & Maxwell. I hear that my brother Reggie is experiencing difficulties with the kids & that Malome is ill. Can you elaborate? Fondest regards to our friends Messrs Maud.

[In Dec. 1966 I was obliged to ask you to warn Mamncitu. She paid no heed whatsoever & persisted in cultivating associations which have caused widespread indignation. This has deepened & hardened differences between herself & the Chief, differences which threaten frightful repercussions on domestic & wider questions. It is difficult to understand why she has chosen just this particular moment in history to pursue a course that

위니 만델라에게 보낸 1969년 4월 2일자 편지.

이고 넋이 나간 듯하고 건강도 좋지 않아 보이지만, 동시에 늘 그렇듯이 사랑스럽소. 큰 사진은 내가 아는 당신의 모든 것을 보여 주는 훌륭한 사진이오. 폭풍우가 몰아친 지난 10년 동안의 결혼 생활도 지우지 못한 매혹적인 아름다움과 매력을 말이오. 나는 당신이 이 사진으로 말로는 표현할 수 없는 특별한 메시지를 전달하려고 하지 않았나 하는 생각이 드오. 내가 그것을 알아들었으니 안심하시오. 내가 지금 말하고 싶은 것은 그 사진이 내 안에 있는 부드러운 감정을 모두 불러일으켜 사방에서 엄습하는 암울함을 부드럽게 녹였다는 것뿐이오. 그것을 보니 당신과 달콤하고 평화로운 우리 집에 대한 그리움이 더욱 사무쳤다오.

요즘에는 이런저런 생각의 나래를 펼쳐, 한 친구가 파란색 밴에 뛰어들어 약혼녀가 약혼자에게 하도록 되어 있는 온갖 굳은 맹세를 하고는 곧바로 길을 건너 블록의 맞은편 끝에 있는 올즈모빌 자동차로 달려가 역시 용기를 북돋워 주는 달콤한 맹세를 하던 한스 거리, 그녀가 챈슬러 하우스[21]에서 하던 저녁 '공부'를 교묘히 조정해 새 친구들이 권투 연습장으로 가자마자 옛 친구들을 받아들여 대접하던 솜씨를 떠올렸다오. 당신의 사진을 보니 이 모든 것이 계속 떠올랐다오.

---

21 만델라와 올리버 탐보가 1952년에 법률 회사 '만델라와 탐보'를 차려서 변호사 활동을 하기 시작한 건물.—옮긴이

| CHAPTER 8 |

나무가 잘려 쓰러지고

"지난해 9월 9일에 어머니를
마지막으로 보았습니다.
어머니가 면회를 마치고
당신을 본토로 데려갈 배를 향하여
걸어가시는 것을 볼 수 있었는데,
웬일인지 문득 다시는 내 눈으로
어머니를 보지 못할 거라는
생각이 들었습니다."

K. D. 마탄지마에게 보낸 1968년 10월 14일자 편지에서

1. K. D. 마탄지마에게 어머니의 죽음[1]에 관해서 쓴 1968년 10월 14일자 편지에서

지난해 9월 9일에 어머니를 마지막으로 보았습니다. 어머니가 면회를 마치고 당신을 본토로 데려갈 배를 향하여 걸어가시는 것을 볼 수 있었는데, 웬일인지 문득 다시는 내 눈으로 어머니를 보지 못할 거라는 생각이 들었습니다. 어머니의 면회는 늘 나를 들뜨게 했기에, 어머니가 돌아가셨다는 소식에 큰 타격을 받았습니다. 외로우면서도 속이 텅 빈 듯한 느낌이 들었습니다. 그러나 늘 연민과 애정으로 내게 힘을 주는 여기 친구들이 슬픔을 달래고 기운을 차리도록 도와주었습니다. 장례식 소식은 더욱 내게 용기를 주었습니다. 친척들과 친구들이 장례식에 아주 많이 참석해 장례식을 성대하게 치르고, 마지막 작별을 고하는 자리에 당신도 기꺼이 참여할 수 있도록 했다는 소식을 듣고 무척 기뻤습니다.

2. P. K. 마디키젤라[2]에게 보낸 1969년 5월 4일자 편지에서

제가 어머니를 묻어 드리지 못할 줄은 꿈에도 몰랐습니다. 오히려 어머니의 노년을 제가 보살펴 드리고 마지막 순간에 어머니의 임종

1 만델라의 어머니 노세케니 파니 만델라는 1968년 9월 26일에 심장마비로 세상을 떠났다.

2 노피켈라 마디키젤라. 위니의 의붓어머니.

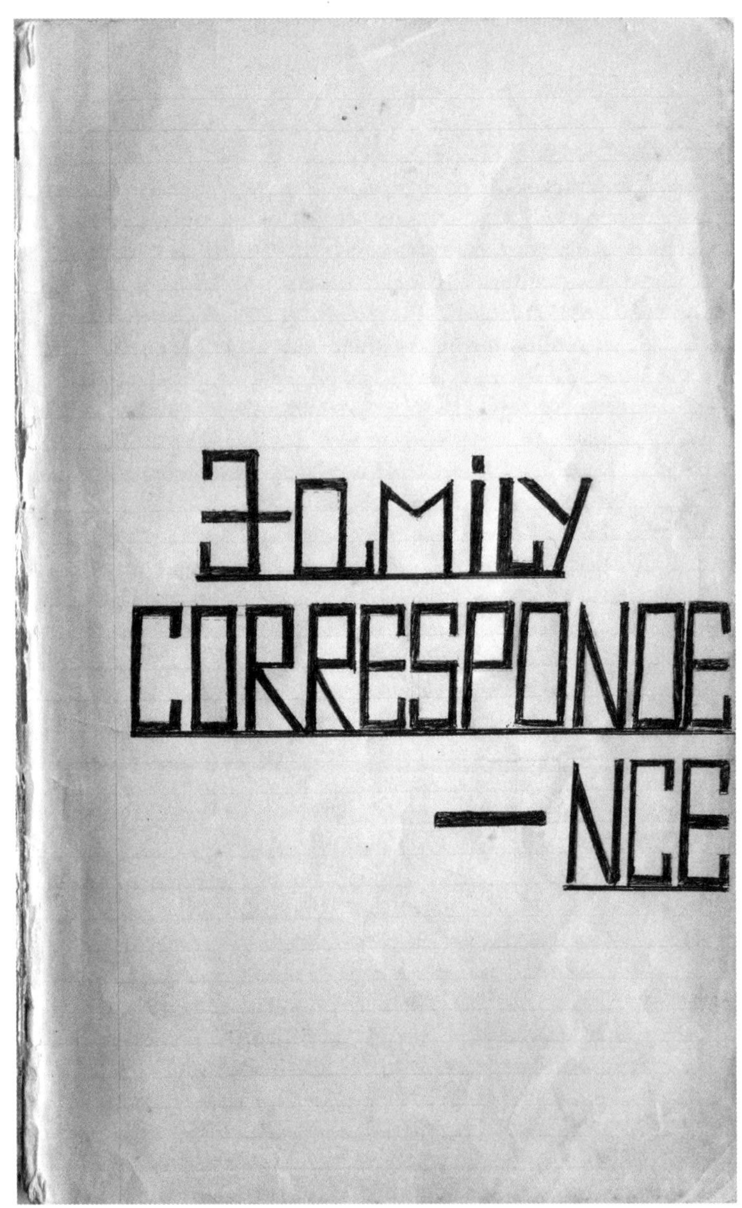

만델라가 감옥에서 쓴 서신 일지 가운데 하나의 첫 페이지.

을 지키는 영광을 누릴 수 있으리라는 희망을 품고 있었습니다. 자미와 저는 어머니를 설득해 요하네스버그에 오셔서 저희와 함께 사시도록 하려고 무지 애를 썼습니다. 그러면 바라과나스 병원도 가까워 정기적으로 제대로 된 치료도 받으실 수 있고, 리프로 오시면 자미가 늘 곁에서 제대로 잘 보살펴 드릴 수 있을 거라면서요. 어머니께서 [19]66년 3월 6일과 67년 9월 9일에 면회 오셨을 때에도 그 문제를 상의했습니다. 그러나 어머니는 평생 압류에 사셔서 그곳의 들판과 언덕에, 그곳에 사는 좋은 사람들과 단순한 생활 방식에 정이 들었어요. 몇 년 요하네스버그에서 지내시기도 했지만, 고향과 선산을 떠나기가 매우 어렵다는 것을 아셨어요. 어머니의 생각과 느낌을 충분히 헤아렸지만, 저는 여전히 언젠가는 어머니를 설득해 올라오시도록 할 수 있을 거라는 희망을 가지고 있었습니다.

3. 당시에 아홉 살, 열 살이던 딸 제니와 진드지 만델라에게 보낸 1969년 6월 23일자 편지에서

또다시 사랑하는 엄마가 붙잡혀 가 이제는 엄마와 아빠가 모두 멀리 감옥에 있구나. 엄마가 멀리 떨어진 어느 경찰서 유치장에 앉아 있을 생각을 하면 가슴이 아프다. 아마도 혼자서, 이야기할 사람도 읽을거리도 없이, 온종일 어린 자식들을 그리워하며 말이다.[3] 너희

3 위니가 1969년에 구금되어 17개월 동안 독방에 수감되었다.

들이 다시 엄마를 보려면 몇 달, 아니 몇 년이 걸릴지도 모른다. 오랫동안 너희들이 집도 없고 부모도 없이 고아처럼 살지도 모른다. 그동안 엄마가 너희들에게 주었던 당연한 사랑과 보살핌, 보호도 받지 못하며 말이다. 이제는 생일이나 크리스마스 파티, 선물이나 새 옷, 구두나 장난감도 없을 거다. 저녁에 따뜻한 물에 목욕하고 엄마와 식탁에 앉아 엄마가 만들어준 간단한 음식을 즐기던 날들도 사라졌다. 엄마가 마련해 주던 편안한 침대와 따뜻한 이불, 깨끗한 이불보도 이제는 없다. 엄마가 너희들을 영화관이나 음악회, 연극 공연장에 데려갈 친구들을 마련해 주지도 못할 것이다. 저녁에 재미있는 이야기를 해주거나 너희들이 어려운 책을 읽을 수 있도록 돕거나 너희들이 묻는 질문에 대답해 주지도 못할 것이다. 너희들이 자라면서 새로운 문제에 부딪힐 때마다 받아야 할 도움과 지도도 주지 못할 것이다. 어쩌면 엄마와 아빠가 다시는 올랜도 이스트 8115번지에 있는 집에서 너희들과 함께 살 수 없을지도 모른다. 우리에게는 세상에서 가장 소중한 곳에서 말이다.

엄마가 감옥에 간 건 이번이 처음은 아니란다. 1958년 10월에, 우리가 결혼한 지 겨우 4개월밖에 안 되었을 때에도, 요하네스버그에서 통행증 반대 시위를 하다가 다른 여성 2천 명과 함께 체포되어 2주일 동안 감옥에 있었단다. 그러고는 지난해에도 나흘을 살았는데 이번에 또 가게 되어, 이번에는 얼마나 있을지 너희들에게 말해 줄 수가 없구나. 너희들이 늘 명심했으면 하는 것은 우리에게는 온 마음으로 자신의 민족을 사랑하는 용감하고 단호한 엄마가 있다는 것뿐이다. 엄마는 나라와 민족에 대한 깊은 사랑 탓에 즐겁고 편안한 것을 포기하고 대신 힘들고 고된 삶을 택했단다. 너희들

23. 6. 69

My darlings,

Once again our beloved Mummy has been arrested and now she and Daddy are away in jail. My heart bleeds as I think of her sitting in some police ~~Station~~ cell far away from home, perhaps alone and without anybody to talk to, and with nothing to read. Twenty-four hours of the day longing for her little ones. It may be many months or even years before you see her again. For long you may live like orphans without your own home and parents, without the natural love, affection and protection Mummy used to give you. Now you will get no birthday or Christmas parties, no presents or new dresses, no shoes or toys. Gone are the days when, after having a warm bath in the evening, you would sit at table with Mummy and enjoy her good and simple food. Gone are the comfortable beds, the warm blankets and clean linen she used to provide. She will not be there to arrange for friends to take you to bioscopes, concerts and plays, or to tell you nice stories in the evening, help you read difficult books and to answer the many questions you would like to ask. She will be unable to give you the help and guidance you need as you grow older and as new problems arise. Perhaps never again will Mummy and Daddy join you in House no. 8115 Orlando West, the one place in the whole world that is so dear to our hearts.

This is not the first time Mummy goes to jail. In October 1958, only four months after our wedding, she was arrested with 2000 other women when they protested against passes in Johannesburg and spent two weeks in jail. Last year she served four days, but now she has gone back again and I cannot tell you how long she will be away this time. All that I wish you always to bear in mind is that we have a brave and determined Mummy who loves her people with all her heart. She gave up pleasure and comfort in return for a life full of hardship and misery because of the deep love she has for her people and country. When you become adults and think carefully of the unpleasant experiences Mummy has gone through, and the stubborness with which she has held to her beliefs, you will begin to realise the importance of her contribution in the battle for truth and justice and the extent to which she has sacrificed her own personal interests and happiness.

Mummy comes from a rich and respected family. She is a qualified Social

딸 제니와 진드지 만델라에게 보낸 1969년 6월 23일자 편지.

이 어른이 되어 엄마가 겪은 힘든 일들과 어떤 상황에서도 자신의 신념을 저버리지 않은 엄마의 강인함을 깊이 생각해 보면, 엄마가 진리와 정의를 위한 투쟁에 얼마나 중요한 기여를 했고 얼마나 자신의 이익과 행복을 희생했는지 깨닫게 될 거다……. 그때부터 엄마는 고된 삶을 살며 고정 수입도 없이 집안을 꾸려나가야 했단다. 그렇지만 엄마는 어떻게든 너희들에게 먹을 것과 입을 것을 사주고, 너희들 수업료도 내고, 집세도 내고, 내게 정기적으로 돈도 보내주었단다. 내가 1961년 4월에 집을 떠났을 때는 제니가 두 살이고 진드지는 세 달밖에 안 되었단다. 1962년 1월 초에는 내가 아프리카를 두루 돌아다니고 런던도 10일 동안 방문한 뒤 같은 해 7월 말경에 남아프리카로 돌아왔단다. 나는 그때 엄마를 만나고 큰 충격을 받았단다. 내가 떠날 때는 엄마가 건강이 좋아 살집도 있고 피부색도 좋았단다. 그런데 갑자기 몸무게가 줄어 그때는 옛 모습을 거의 찾아볼 수가 없었어. 나는 바로 내가 없는 탓에 엄마가 정말 마음고생이 심했다는 것을 깨달았단다. 나는 언젠가 엄마에게 나의 여행에 관해, 내가 방문한 나라들과 만난 사람들에 관해 말해 줄 수 있기를 고대했단다. 그러나 8월 5일에 내가 체포되는 바람에 그런 꿈은 물거품이 되었지. 엄마가 1958년에 체포되었을 때 나는 날마다 엄마에게 면회를 가 음식과 과일을 가져다주었단다……. 엄마는 내게 말했단다. 자유를 위해 싸우는 정치가라면 누구나 그렇듯이 자기도 체포되어 감옥에 갈 가능성이 많지만, 그래도 자기는 이 나라에 남아 우리나라 사람들과 고통을 함께하겠다고(1962년에 만델라가 구금되었을 때 위니가 면회를 하며 했던 말). 우리가 얼마나 용감한 엄마를 가졌는지 이제 알겠니?

4. 아들 템비의 죽음을 맞아 위니 만델라에게 보낸 1969년 7월 16일자 '특별 편지'[4]에서

오늘 오후에 소장이 멘들 레빈 변호사에게 다음과 같은 전보를 받았소.

> 넬슨 만델라에게 아들 템베킬레가 이달 13일에 케이프타운에서 자동차 사고로 세상을 떠났다고 알려 주기 바람.

템비를 다시 볼 수 없다니 도저히 믿을 수가 없소. 올해 2월 23일에 템비가 스물네 살이 되었는데 말이오. 1962년 7월 말경에 외국 여행에서 돌아와 며칠 안 되었을 때 템비를 본 적이 있소. 그때 템비는 절대 죽음과는 연결시킬 수 없는, 혈기왕성한 열일곱 살짜리 사내아이였지. 그런데 아이가 저에게는 좀 크고 길다 싶은 바지를 입고 있었소. 이 일은 중요한 의미가 있어 생각에 잠기지 않을 수 없었다오. 당신도 알다시피 템비는 옷이 많고 옷에 특별히 관심이 많아 별다른 이유 없이 내 옷을 입었을 것이오. 그러나 그러한 행동 밑에 어떤 감정적 요소가 있는지가 분명하기에 가슴이 뭉클했다오. 그 뒤로 며칠 동안 내가 집에 없는 것이 아이들에게 얼마나 심적 부담을 주었는지를 깨닫고 마음이 편치 않았다오. 나는 1956년

4 '특별 편지'는 정해진 양과는 별개로 가외로 보낸 편지를 말한다. 대개 누가 죽었을 때나 공부와 관련해 편지를 보낼 때 특별 편지를 쓸 수 있는 허가를 받을 수 있었다.

12월에 일어난 일이 떠올랐다오. 그때 나는 요하네스버그 포트에서 미결수로 재판을 기다리는 중이었다오. 그때 카토는 여섯 살이었고, 올랜도 이스트에 살고 있었지. 그런데 이 아이가 내가 감옥에 있는 줄 잘 알면서도 올랜도 웨스트에 가 어머니께 내가 그립다고 했다는구려. 그날 밤 아이는 내 침대에서 잤다오.

다시 내가 템비와 만난 이야기로 돌아가면, 아이가 기숙학교에 가는 길에 내게 작별 인사를 하러 온 적도 있다오. 아이는 도착하자 아주 따뜻한 인사를 건네고는 내 손을 꼭 쥐고 한참 동안 있었다오. 그런 뒤 우리는 함께 앉아 이야기를 나누었소. 어찌어찌해서 이야기가 아이의 공부 쪽으로 흘러갔는데, 그때 이 아이가 제 나이에 비추어 보면 내가 무척 즐겼던 셰익스피어의 「율리우스 카이사르」에 대한 흥미로운 감상쯤으로 보이는 것을 들려주었다오.

1960년 12월에는 내가 차로 좀 멀리 가서 아이를 만났다오. 이때는 내가 줄곧 템비를 어린아이로 여기고 그런 시각에서 아이에게 접근했었소. 그런데 1962년 4월에는 이야기를 나누면서 내가 더 이상 아이가 아니라 삶에 대한 태도가 정해지기 시작한 사람과 이야기하고 있다는 것을 깨달았다오. 아이가 갑자기 아들에서 친구로 격상되었다오. 우리가 결국 헤어질 때 나는 사실 조금 슬펐다오. 나는 아이를 버스 정류장에 데려다 줄 수도 없고 정거장에서 작별 인사를 할 수도 없었다오. 당시 내가 도망자라서 부모로서 해야 할 중요한 의무마저 포기할 준비가 되어 있어야 했으니까. 그래서 내 아들, 아니 내 친구가 우리가 어쩌다 몰래 만날 수밖에 없는 세상으로 홀로 걸어 나가야 했다오. 나는 당신이 아이에게 옷도 사주고 돈도 얼마 주었다는 것을 알았지만, 그래도 내 호주머니를 털어 동전과 은화를 모두 주었고, 가련한 도망자는 아이에게 그것밖에 줄 수 없었다오.

리보니아 재판 때는 어느 날 아이가 내 뒤에 앉았다오. 나는 계속 뒤돌아보며 고개를 끄덕이고 아이에게 밝게 웃어 주었다오. 그때는 일반적으로 우리가 분명 극형을 받을 거라고 믿고 있었는데, 아이의 얼굴에도 그렇게 분명하게 씌어 있었다오. 내가 고개를 끄덕일 때마다 녀석도 고개를 끄덕여 주었지만, 한 번도 웃어 주지는 않았다오. 나는 내가 그 녀석을 다시는 보지 못하리라고는 꿈에도 생각하지 못했다오. 그게 5년 전이었지……. 현재 이 순간만큼 당신이 그리운 적이 없소. 이 불행하고 비통하기 짝이 없는 오늘, 이것을 기억하다니 다행이오. 작가 P. J. 쇼맨은 한 아프리카 최고사령관이 훌륭한 흑인 전사들을 이끌고 사냥을 하러 나간 이야기를 해 주오. 이들은 사냥감을 추적하다가 사령관의 아들이 암사자에게 죽음을 당하고 사령관도 짐승에게 할퀴어 큰 부상을 입었다오. 그래서 붉게 달군 창으로 상처를 살균하고 치료를 받는데, 어찌나 아프던지 사령관은 고통에 휩싸였다오. 그런데 나중에 쇼맨이 어땠느냐고 물으니, 사령관은 보이는 상처보다 보이지 않는 상처가 훨씬 고통스러웠다고 대답했다오. 나도 이제 그 말뜻을 알겠소.

5. 템비의 죽음에 관해 에벌린 만델라에게 쓴 1969년 7월 16일자 편지에서

오늘 오후에 소장이 요하네스버그의 멘들 레빈 변호사에게서 템비

Special letter to Zami 16. 7. 69

My darling,

This afternoon the Commanding Officer received the following telegram from attorney, Mendel Levin:

"Please advise Nelson Mandela his Thembekile passed away 13th instant result motor accident in Cape Town."

I find it difficult to believe that I will never see Thembi again. On February 23 this year he turned 24. I had ~~last~~ seen him towards the end of July 1962 a few days after I had returned from the trip abroad. Then he was a lusty lad of 17 that I could never associate with death. He wore one of my trousers which was a shade too big & long for him. The incident was significant & set me thinking. As you know he had a lot of clothing, was particular about his dress & had no reason whatsoever for using my clothes. I was deeply touched for the emotional factors underlying his action were too obvious. For days thereafter my mind & feelings were agitated to realise the psychological strains & stresses my absence from home had imposed on the children. I recalled an incident in December 1956 when I was an awaiting-trial prisoner at the Johannesburg Fort. At that time Kgatho was 6 & lived in Orlando East. Although he well knew that I was in jail he went over to Orlando West & told Ma that he longed for me. That night he slept in my bed.

But let me return to my meeting with Thembi. He had come to bid me farewell on his way to a boarding school. On his arrival he greeted me very warmly, holding my hand firmly & for some time. Thereafter we sat down & conversed. Somehow the conversation drifted to his studies, & he gave me what I considered, in the light of his age at the time, to be an interesting appreciation of Shakespeare's Julius Caesar which I very much enjoyed. We had been corresponding regularly ever since he went to school at Matatiele & when he later changed to Wodehouse. In December 1960 I travelled some distance by car to meet him. Throughout this period I regarded him as a child & I approached him mainly from this angle. But our conversation in July 1962 reminded me I was no longer speaking to a child, but to one who was beginning to have a settled attitude in life. He had suddenly raised himself from a son to friend. I was indeed a bit sad when we ultimately parted. I

템비의 죽음에 관해 위니 만델라에게 쓴 1969년 7월 16일자 편지.

가 케이프타운에서 7월 13일에 자동차 사고로 죽었다는 소식을 알리는 전보를 받았다고 했소.

이 편지를 통해 당신과 카토, 마키[5]에게 마음 깊이 조의를 표하오. 나는 오늘을 사는 그 누구보다도 당신에게 이 일이 얼마나 억장 무너지는 것인지 잘 아오. 템비가 당신이 낳은 첫 번째 아들이자 두 번째로 잃은 자식 아니오. 나는 당신이 이 아이를 얼마나 끔찍이 사랑했고, 이 아이가 복잡한 현대 산업사회에서 제 역할을 할 수 있도록 교육하고 준비시키려 얼마나 노력했는지도 아오. 카토와 마키가 템비를 얼마나 좋아하고 존경했는지, 그 아이들이 케이프타운에서 템비와 보낸 휴일들과 좋은 시간들도.

1967년 10월에 쓴 당신의 편지를 통해 마키가 내게 말하기로는, 템비가 당신을 도와 아이들에게 필요한 것을 모두 사주었다지. 돌아가신 어머니도 섬에 면회 오셨을 때 템비가 당신을 얼마나 따뜻하게 환대했는지 자세히 말씀해 주셨다오. 올해 3월까지 지난 5년 동안 노반들라도 내게 템비의 가족을 향한 사랑과 헌신, 그리고 모든 친척에게 기울인 관심에 대해 흥미로운 이야기들을 들려주었다오. 내가 5년 전 리보니아 재판 때 템비를 마지막으로 보고는 늘 이런 이야기들을 기다렸다오. 그 이야기들이 템비에 관해 무언가를 들을 수 있는 주된 통로였으니까.

이 충격적 소식은 내게도 역시 통탄스러운 일이었소. 내가

---

5 그의 첫 번째 부인 에벌린에게서 낳은 둘째 딸, 마카지웨(마키) 만델라(부록 「사람과 장소, 사건」 참조).

60개월 이상 템비를 보지 못한 데다 결혼식도 못해 주고 마지막 순간에 영면에 들게 해주지도 못했으니 말이오. 1967년에 이 아이에게 긴 편지를 써, 금방 아이의 관심을 사로잡을 것 같은 몇 가지 문제에 관심을 기울이도록 했소. 그 뒤로 편지도 더 주고받고 싶고 돌아가면 아이와 아이의 가족도 만날 수 있기를 고대했소. 그런데 이 모든 기대가 물거품이 되고 말았구려. 스물네 살밖에 안 된 어린 나이에 세상을 떠나 우리가 다시는 볼 수 없으니 말이오. 그러나 이 아이에게 좋은 친구들이 많아 우리와 함께 그의 죽음을 애도했다는 사실에 우리 모두 위안을 받아야 할 것이오. 템비는 부모인 우리에게 할 도리를 다하고 우리에게 모든 부모가 자랑스러워하는 유산을 남겼소. 매력적인 몰로카자나와 사랑스러운 두 아이[6] 말이오.

다시 한번 당신과 카토, 마키에게 마음 깊이 조의를 표하며, 당신이 이 고통스러운 비극을 견뎌 낼 수 있는 힘과 용기를 낼 거라고 믿어 의심치 않소.

6. 로벤 섬 교도소 소장에게 보낸 1969년 7월 22일자 편지에서

나의 장남 마디바 템베킬레가 자동차 사고로 부상을 당한 결과 1969년 7월 13일에 케이프타운에서 스물네 살의 나이로 세상을 떠났습니다.

---

6 템비의 아내 토코, 그리고 두 딸 은덜레카와 난디.

나는 내가 비용을 들여서라도 장례식에 참석해 고인에게 마지막 작별을 고하고 싶습니다. 나는 정보가 없어 고인이 어디에 묻힐지 모르지만, 짐작건대 아마 케이프타운이나 요하네스버그, 아니면 움타타에 묻힐 것입니다. 그래서 이와 관련하여 당신이 내게 그가 영면할 곳으로 곧바로 갈 수 있도록 허락해 준다면 기쁘겠습니다. 호위가 있어도 좋고 없어도 좋습니다. 만일 당신이 이 신청을 받았을 때 이미 그가 묻혔다면 그의 무덤에 가서 '돌이라도 놓을 수 있게' 허락해 주시기 바랍니다. 그것은 실제로 묻어 줄 기회를 놓친 사람들이 하는 전통 의식입니다.

당신이 이번에는 나의 요청에 한층 인간적으로 응할 수 있기를 진심으로 바랍니다. 거의 10개월 전인 1968년 9월에 내가 어머니의 장례식에 참석하려고 비슷한 신청을 한 데 대해 조치했을 때보다 말입니다. 만일 그때 내 요청을 받아들였다면 당신 입장에서는 정말 너그러운 조치였을 것이며, 그 조치는 내게 깊은 인상을 남겼을 것입니다. 그런 인도주의적인 조치는 감옥에서 어머니를 잃은 사람이 받을 엄청난 충격과 고통을 더는 데 큰 도움이 되었을 것이며, 내게 무덤 옆에 있을 수 있는 기회도 주었을 것입니다. 덧붙이면, 내가 고인이 된 아들을 본 지가 5년이 조금 넘었고, 따라서 내가 얼마나 장례식에 참석하기를 학수고대하는지 당신도 충분히 헤아릴 수 있을 것입니다.

마지막으로, 정부가 이런 성격의 신청을 호의적으로 고려한 선례가 존재한다는 것을 지적하고 싶습니다.

7. 놀루사포 아이리니 음콰이[7]에게 보낸 1969년 9월 29일자 편지에서

10개월 전에 어머니가 돌아가셨을 때에도 비슷한 신청을 했답니다. 그렇지만 당국은 아무리 생각해도 합당한 요청을 받아들이지 않는 강경 노선을 채택했습니다. 그래도 이번에는 얼마 안 되는 사이에 가족이 두 명이나 잇따라 세상을 떠났으니, 어쩌면 당국이 이승에서 템비에게 마지막 경의를 표할 기회를 한 번 줄지도 모른다는 희망을 희미하게라도 갖고 있었습니다……. 나의 희망은 간단히 무시되었고, 그러한 사실을 통보해 주는 호의조차 받지 못했습니다. 게다가 그 사망 사고에 대한 언론 보도를 보게 해달라는 요청마저 거절당해, 지금까지 템비가 어떻게 죽었는지를 말해 주는 정확한 정보도 하나 얻지 못했습니다……. 그뿐만 아니라 내 장남이자 친구이며 내 마음속 자랑거리인 템비를 마지막으로 볼 기회조차 박탈당해, 그와 그의 사고사에 관련된 모든 것이 계속 암흑 속에 있답니다.

8. 아이리니 부텔레지[8]에게 보낸 1969년 8월 3일자 편지에서

나의 족장 망고수투[9]가 가족을 대표해 보낸 전보를 7월 18일(내 생

7 윌튼 지마실레 음콰이의 아내(윌튼 지마실레 음콰이에 관해서는 부록 「사람과 장소, 사건」 참조).

8 망고수투 부텔레지의 아내.

일)에 받았습니다. 그 안에 담긴 위로의 메시지에 감동했고 깊이 감사한다는 것을 알려 드리고 싶습니다.

1968년과 1969년은 제게 견디기 힘든 시련의 세월이었습니다. 불과 10개월 전에 어머니를 잃었습니다. 5월 12일에는 아내가 테러 방지법으로 무기한 구금되어 어린 우리 아이들이 고아나 다름없는 처지가 되었습니다. 그런데 또 저희 장남이 영원히 돌아올 수 없는 곳으로 가버렸습니다. 죽음의 원인이 무엇이고 죽음을 당한 이의 나이가 얼마든 상관없이 끔찍한 참사입니다. 일상적인 병의 경우처럼 점차 다가올 때는 가족과 친지들이 미리 준비라도 할 수 있어, 마침내 죽음이 닥쳐도 그렇게 큰 충격은 받지 않을지도 모릅니다. 그러나 인생의 황금기에 있는 건장한 청년에게 죽음이 닥친 것을 알게 되면, 죽음이 얼마나 사람을 무력하게 할 수 있는지를 깨닫는 경험을 해야 합니다. 이것이 7월 16일에 처음 아들의 죽음을 전해 들었을 때 내가 겪은 일입니다. 완전히 무너져, 잠시 어떡해야 할지 도무지 알 수가 없었습니다. 나는 더 준비가 되어 있었어야 했습니다. 템비가 내가 처음 잃은 자식은 아니니까요. 지난 40년대에 아홉 달밖에 안 된 딸아이[10]를 잃었습니다. 병원에 입원을 시켜 차도가 있었는데, 갑자기 중태에 빠져 같은 날 세상을 떠나고 말았습니다. 나는 이 아이가 연약한 몸 안에서 희미해져 가는 생명의 마지막 불꽃을 놓지 않으려고 사투를 벌이는 마지막 순간을 가까스

9 망고수투 부텔레지(부록 「사람과 장소, 사건」 참조).

10 마카지웨 만델라(부록 「사람과 장소, 사건」 참조).

로 지켜보았습니다. 그동안은 그 고통스러운 장면을 목격한 것이 행인지 불행인지 알지 못했습니다. 그 장면은 이후에도 오랫동안 떠올랐고, 지금도 고통스러운 기억을 불러옵니다. 그러나 그 장면을 목격한 것은 비슷한 불행에 대비해 나를 더욱 강하게 만들었어야 했습니다. 그런데 9월 26일(아내의 생일)에 어머니가 돌아가셨다는 소식을 들었습니다. 나는 지난 9월에 마지막으로 어머니를 뵈었습니다. 그때 어머니는 일흔여섯이라는 고령의 몸으로 혼자 움타타에서 이 먼 섬까지 오셔서는 나를 면회하셨습니다. 어머니의 모습에 고통스러웠습니다. 수척한 어머니는 명랑하고 유쾌해 보였지만 한편으로 편찮고 지치신 듯했습니다. 면회를 마치고 어머니가 당신을 본토로 데려다 줄 배를 향해 느리게 걸어가는 모습을 지켜볼 수 있었는데, 문득 웬일인지 어머니를 보는 게 이번이 마지막인 것만 같은 느낌이 들었습니다. 그러나 몇 달이 지나자 어머니의 마지막 모습이 점차 희미해졌고, 그 뒤에 당신의 건강이 좋다는 것을 증명하는 유쾌한 편지를 쓰셔서 걱정을 모두 떨쳤습니다. 그런데 결국 9월 26일에 운명의 시간이 왔고, 이번에도 나는 도무지 준비가 안 되어, 며칠 동안이나 감방에서 결코 기억하고 싶지 않은 순간들을 보냈습니다. 그러나 내가 40년대 말에 겪은 일이나 지난해 9월에 겪은 일도 내가 7월 16일에 겪은 일에는 비할 수가 없었습니다. 오후 2시 반에 그 소식을 들었습니다. 갑자기 심장의 박동이 멈추고 지난 51년간 자유롭게 흐르던 피가 얼어붙는 것 같았습니다. 한동안 생각도 말도 할 수 없었고, 힘이 쭉 빠져나가는 것 같았습니다. 결국 어깨에 무거운 짐을 지고 감방에 돌아왔지만, 그곳은 비탄에 빠진 사람이 있어서는 안 될 곳이었습니다. 그러나 여느 때와 마찬가지로 여기 있는 친구들이 마음을 써서 도와주었고, 내가 기운을 차리도록 최선을 다했습니다.

9. 놀루사포 아이리니 음콰이에게 보낸 1969년 11월 19일자 편지에서

어머니가 돌아가셨을 때와 마찬가지로 이번에도 장례식에 참석해 템비에게 마지막 작별을 고하고 싶은 마음이 간절했습니다. 성공할 수 있을 거라는 희망은 없었지만, 그래도 묘지에 갈 수 없다는 것을 알았을 때는 가슴이 찢어졌습니다. 부모라면 마땅히 있어야 하는 순간인데 말입니다. 많은 사람이 일반 재소자의 문제를 생각할 때 살아야 할 긴 형기, 하지 않을 수 없는 고된 노동, 거칠고 맛없는 식사, 모든 재소자에게 엄습하는 지루함, 날마다 똑같은 삶이 반복될 때 인간이 겪는 좌절감에 더 관심을 기울이는 경향이 있습니다. 그러나 우리 가운데 일부는 이보다 훨씬 고통스러운 경험들을 했습니다. 그 경험들은 존재를, 영혼을 너무 깊숙이 갉아먹습니다.

10. 아들 마카토에게 보낸 1969년 7월 28일자 편지에서

카토야. 나는 자식들에게도 잔소리 늘어놓는 것을 싫어하고, 누구와도 완전히 평등한 상태에서 토론하는 것을 좋아한다. 내 의견을 조언으로 제시하면 조언을 받는 사람이 자유롭게 조언을 받아들일

수도 있고 받아들이지 않을 수도 있는 그런 토론 말이다. 그러나 템비의 죽음으로 네가 무거운 짐을 지게 되었음을 지적하지 않는다면, 그것은 자식에 대한 책임을 다하지 않는 일일 게다. 이제는 네가 장남이고, 따라서 가족이 늘 함께하도록 하고 네 여동생들에게도 좋은 본보기가 되어 부모에게나 친척 모두에게 네가 자랑스러운 존재가 되는 것이 너의 의무다. 이는 곧 네가 공부를 더 열심히 하고, 어려운 일이 닥치거나 일에 차질이 생기더라도 절대 낙담하지 말고 가장 어두운 시간에도 투쟁을 포기해서는 안 된다는 말이다. 우리가 과학의 업적이 눈부신 새로운 시대에 살고 있다는 것을 명심해라. 그 가운데 가장 믿기 어려운 것이 최근에 인간이 달에 착륙한 것이다. 그것은 우주에 대한 인간의 지식을 더욱 풍부하게 하고, 어쩌면 많은 학문에서 당연시하는 많은 기본 전제들이 바뀌거나 수정되어야 할지도 모를 만큼 엄청난 사건이다. 젊은 세대는 스스로 실력을 기르고 준비해 우주의 영역에서 일어난 발전이 미칠 광범위한 영향을 쉽게 파악할 수 있어야 한다. 지금은 아주 경쟁이 치열한 시대, 가장 철저하게 실력을 닦아 각 분야에서 가장 높은 학문적 자격을 얻은 사람이 가장 풍부한 보상을 받는 시대다. 오늘날 인류를 뒤흔드는 문제들은 실력을 닦은 사람들을 요청하고, 실력을 닦지 않은 사람들은 나라와 민족을 위해 일할 수 있는 도구와 장비가 없는 탓에 무능력할 수밖에 없다. 질서와 규율이 있는 삶을 영위하고, 평범한 소년들을 유혹하는 겉만 번지르르한 쾌락을 포기하고, 1년 내내 열심히 노력해 체계적으로 공부하면 결국에는 탐나는 상과 많은 개인적 행복을 얻을 수 있단다. 그러면 네 여동생들도 용기를 얻어 사랑하는 오빠를 본보기로 따를 것이고 그 아이들이 너의 과학적 지식과 풍부한 경험, 근면과 성취를 통해 많은 혜택을 볼 것이다. 게다가 인간은 근면하고 절제할 줄 아는 성공한 부류와 어울리기를 좋아해서 이런 자질을 잘 기르면 친구도 많이 얻을 수 있단다.

11. 성에 관해 리처드 스텡글과 나눈 대화

스텡글 : 당신이 아내에게 보낸 편지들을 읽은 적이 있는데…… 편지들이 아주, 정말 열정적이고 참 보기 드문 조합이에요. 왜냐하면 편지들은 아주 열정적인데 당신은 늘 자신을 잘 다스렸잖아요. 당신은 그것을 어떻게 설명해요?

만델라 : 음, 그것은 설명하기 어렵지만, 내게는 감옥에 갈 때 4년 동안 결혼 생활을 한 여자가 있었고, 그녀는 아주 어리고, 경험이 없는 사람이었어요. 그런데 그녀에게는 자식이 둘 있었고, 경찰의 괴롭힘과 박해로 아이들을 제대로 키울 수 없었어요.

스텡글 : 그런데 그것이 당신의 편지에서 보이는 열정을 어떻게 설명하지요?

만델라 : 음, 나는 물론 날마다 그녀를 생각했고, 또한 그녀에게 용기를 주고 싶었어요. 어딘가에 자신을 염려하는 사람이 있다는 것을 알게 하고 싶었어요.

스텡글 : 그래요. 당신의 편지를 보면 그런 게 분명해요. 그런데 이건 어때요. 당신의 아내가…… 그러니까 당신은 종신형을 받아 아주 오랫동안 함께하지 못했어요. 그러나 그녀는 바깥에 삶이 있어서 다른 남자들을 만나요……. 그것은 틀림없이 생각하기 힘들겠지만,

어쩌면 그녀가 다른 남자를 만나 그 사람을 좋아할 수도 있고, 그 사람이 당신의 자리를 잠시나마 차지할 수도 있어요. 그렇다면 어쩌겠어요. 당신은 그런 문제를 어떻게 해결했나요?

만델라 : 음, 그런 것은 마음에서 지워야 할 문제였어요. 당신은 내가 감옥에 가기 전에 거의 2년 동안 지하에 있었다는 것을 기억해야 해요. 나는 의도적으로 지하에 들어가기로 결정했어요……. 달리 말하면…… 그런 문제는 내게 중요한 문제가 아니었고, 그렇다면 인간적인 문제, 인간적인 사실, 사람에게는 긴장을 풀고 느긋하게 쉬고 싶을 때가 있다는 사실을 받아들여야 했고, 그런 문제는 너무 알려고 해서는 안 돼요. 이 사람이 내게 충실하고 나를 지지하고 내게 면회를 오고 내게 편지를 쓰는 여자라는 것으로 충분해요. 그것으로 충분해요.

스텡글 : 그럼 다른 모든 것은…… 그것으로 충분하면 다른 것은 마음에 두지 않나요?

만델라 : 그럼요.

스텡글 : 그런 것은 중요하지 않으니까.

만델라 : 예.

스텡글 : 그리고 그것이 당신과 그녀의 관계를 바꾸어 놓지 않는다.

만델라 : 그렇지요.

스텡글 : 그럼 같은 맥락에서 당신이 평생 감옥에 있을지도 모른다고 생각한다면, 다시는 여자와 사랑을 나눌 수 없을지도 모른다면, 당신의 성 기능이 퇴화한다면 어떨까요? 감옥에서는 이런 문제를 어떻게 해결하죠?

만델라 : ……아, 음, 그런 것에 익숙해져서, 자신을 다스리기가 그렇

게 어렵지 않아요. 그러니까 내 말은…… 나는 고등학교에서, 기숙학교에서 자랐어요. 그곳에서 거의 6개월 동안 여자 없이 지냈고, 자신을 제어하는 자제력을 발휘했어요. 그래서 감옥에 갔을 때 나는 성적 표현을 할 기회가 없다는 사실을 그냥 묵묵히 받아들였고, 그래서 그 문제를 해결할 수 있었어요.

12. 위니 만델라에게 보낸 1969년 6월 23일자 편지에서

우선 첫째로, 혼이 없고 민족적 자존심이 없고 쟁취해야 할 이상이 없는 사람들은 창피를 당할 일도 없고 패배를 당할 일도 없다오. 그렇지만 그런 사람들은 대대로 물려줄 민족의 유산도 남기지 못하고, 어떤 신성한 사명감도 없으며, 어떤 순교자나 국민적 영웅도 낳을 수 없소. 새로운 세상은 거리를 두고서 팔짱을 끼고 있는 사람들이 아니라 각축이 벌어지는 무대에 있는 사람들, 폭풍우에 옷이 찢기고 서로 다투는 과정에서 몸이 상하기도 하는 사람들이 쟁취할 것이오. 영광은 앞날이 어둡고 암울해 보일 때에도 결코 진실을 저버리지 않는 사람들, 그래도 계속 또다시 노력하는 사람들, 상처를 입고 창피를 당하고 패배를 당해도 결코 용기를 잃지 않는 사람들의 것이오. 역사가 시작되었을 때부터 인류는 용감하고 정직한 사람들을 존경하고 공경했소. 대부분의 지도에서 거의 볼 수 없는 시골 마을에서 자란 평범한 여자, 농민들의 기준으로 보더라도 가장 보잘것없는 촌락에서 자란 남자의 아내인 사랑하는 당신 같은 여자들과 남자들을 말이오.

당신에 대한 나의 헌신과 사랑이 많은 손을 거칠 게 틀림없는 이 편지에서 이미 말한 것보다 더 많은 말을 공개적으로 하지 못하게 막는구려. 언젠가는 우리가 지난 8년 동안 우리 가슴속에 묻어 둔 다정한 말과 생각들을 함께 나눌 수 있는 날이 올 것이오.

13. 애들레이드 탐보[11]에게 보낸 1970년 1월 31일자 편지에서

그때는 자미를 무한정 보지 못하면, 자미와 아이들에게 편지를 받거나 소식을 듣지 못하면 견디기가 힘들 것 같았습니다. 그러나 인간의 몸과 마음은 무한한 적응력이 있어, 인간이 얼마나 무감각해질 수 있고, 한때는 비교적 중요하지 않다고 치부했던 개념들이 어떻게 갑자기 중요하고 의미 있는 것이 되는지를 보면 놀라울 정도입니다.

나는 시간과 희망이 지금처럼 많은 것을 의미하리라고는 생각지도 못했습니다. 한 중요한 인물이 템비와 어머니의 죽음, 자미의 구금에 관해 말하면서 "당신에게는 불행이 한꺼번에 오는군요." 라고 하더군요. 사실 그때는 나도 그렇게 생각했답니다. 그러나 우리가 받은 수많은 위로와 연대의 메시지는 우리에게 많은 용기를 주어, 당신이 언제나 알고 있듯이 우리의 사기는 높답니다.

---

11 애들레이드 프랜시스 탐보(부록 「사람과 장소, 사건」 참조). 교도소 검열관이 이 편지에 쓴 메모를 보면 이것이 '애들레이드 탐보에게 쓴 편지'였음을 알 수 있다. 만델라는 가명을 썼다. 이것은 아마 발송되지 않았을 것이다.

희망은 다른 것이 아무것도 남아 있지 않을 때에도 강력한 무기입니다.

가장 암울한 순간에도 나를 지탱해 준 것은 내가 많은 어려움을 이겨 낸 가족, 많은 시련을 거쳐 단련된 가족의 일원이라는 것입니다. 그렇게 크고 광범위한 가족에서는 거의 모든 일에서 다양한 선택 방안이 나올 수 있지만, 우리는 언제나 함께 문제를 해결해 여전히 앞으로 나아가는 데 성공했습니다. 이런 사실은 나의 기상에 강력한 날개를 달아 줍니다.

14. 어머니에 관해 리처드 스텡글과 나눈 대화

스텡글 : 당신의 어머니는 당신의 투쟁과 신념, 희생에 대해 이해하셨나요?

만델라 : 예, 그럼요. 그러나 처음에는 전혀 이해하지 못하셨어요. 왜냐하면 어느 날 내가 일을 마치고 집에 돌아오니 나를 기다리고 계시다가 그러셨어요. "얘야, 너는 트란스케이로 돌아가야 해. 어떤 백인 둘이 있는데 그들이 와서 아주 유창한 코사어로, '이봐, 당신 아들은 시간을 낭비하고 있어. 그는 변호사야. 그런데 그냥 말썽만 일으키고 싶어 하는 사람들과 함께 있어. [월터] 시술루처럼 직업도 없는 사람들과. 당신 아들을 구하는 게 좋을 거야. 당신 아들은 트란스케이로 돌아가야 해.'라고 하더라." 그러고는 "아니, 함께 돌아가자꾸나, 우리 트란스케이로 돌아가자."라고 하셨어요. 그래서 깨달았지요. 내가 일을 제대로 하지 않았다는 것을. 어머니에게 먼저 설교

March 1, 1971.

My Darling,

Friday the 5th February this year was your 12th birthday and in January I sent you a card containing my congratulations and good wishes. Did you get it? Again I say: many happy returns.

It is not easy for me to believe that our Zeni, who was only a baby when I last saw her, is now a big girl doing Standard V at a Boarding School, and doing subjects I never learnt at school, like French, Physical Science and Maths. I still remember clearly the night when you were born in 1959. On February 4th that year I returned home very late and found Mummy highly restless. I rushed for the late Aunt Phyllis Mzaidume, and the two of us drove Mummy to Baragwanath Hospital. There was a remarkable coincidence. Aunt Phyllis was herself born on the 5th February and on our way to Bara. She hoped that you would be born on the same date, and that is exactly what happened. When she had of the news of your arrival, she was as happy as if she had created you.

Your birth was a great relief to us. Only three months before this, Mummy had spent fifteen days in jail under circumstances that were dangerous for a person in her condition. We did not know what harm might have been done to you and to her health, and were happy indeed to be blessed with a healthy and lovely daughter. Do you understand that you were nearly born in prison? Not many people have had your experience of having been in jail before they were born. You were only 25 months old when I left home and, though I met you frequently thereafter until January 1962 when I left the country for a short period, we never lived together again.

You will probably not remember an incident that moved me very much at the time and about which I never like to think. Towards the end of 1961 you were brought to the house of a friend and I was already waiting when you came. I was wearing no jacket or hat. I took you in to my arms and for about ten minutes we hugged, and kissed and talked. Then suddenly you seemed to have remembered something. You pushed me aside and began searching the room. In a corner you found the rest of my clothing. After collecting it, you gave it to me and asked me to go home. You held my hand for quite some time, pulling desperately and begging me to return. It was a difficult moment for both of us. You felt I had deserted you and Mummy and your request was a reasonable one. It was similar to the note that you added to Mummy's letter of the 3rd December 1965 where you said: "Will you come home next year. My mother will fetch you with her car." Your age in 1961 made it difficult for me to explain my conduct to you, and the worried expression that I saw in your face

제니 만델라의 스무 번째 생일에 즈음하여 그녀에게 쓴 1971년 3월 1일자 편지.

를 해야 하는데, 나는 대중에게 설교를 하고 있었어요. 여기서 시작해야 하는데. 그래서 어머니께 내가 왜 정치에 몸을 담았는지 설명하기 시작했어요. 그랬더니 나중에는 "네가 다른 아이들도 정치에 몸담게 하지 않으면, 네 상속권을 박탈하겠다!" 하셨어요. 그래요. 그러나 어머니가 그렇게 말할 수 있기까지 시간이 꽤 걸렸죠. 음.

15. 가족을 떠나는 것에 관해 리처드 스텡글과 나눈 대화

만델라 : 그리고 물론 사바타 왕…… 현재 왕의 아버지. 그가 내 조카이고, 그가 우리 어머니를 아주 잘 돌봐 주었고, 어머니를 묻어 준 것도 그 사람이에요. 예……. 그런데 내가 감옥에 있을 때 그가 죽어서 애석했어요.

스텡글 : 그 일이 당신에게는 아주 힘들었군요? 당신이 가장인데 감옥에 있어 [가장 노릇을] 할 수 없는 것이…….

만델라 : 예, 꽤, 그래요. 그것이 힘들었어요. 그래서 때로는 내가 한 일이 옳은가 하는 반성도 했어요. 어머니뿐만 아니라 여동생들도 힘겹게 살고 있었거든요. 여동생 가운데 둘은 결혼했지만, 가족들이 살기 힘드니……. 내가 대중을 돕겠다고 부모와 가족을 그런 어려움에 처하게 하는 것이 과연 옳은 일인가 하는 생각이 들었어요. 그러나 매번 결국은 "그래, 이것은 올바른 결정이었어."라고 말하곤 했지요.

스텡글 : 그러나 가족에 대한 개인적 의무와 사회에 대한 더 큰 의무 사이에 갈등이 있었군요.

만델라 : 예, 그럼요, 꽤.

스텡글 : 그래서 그것이 당신이…….

만델라 : 예, 꽤, 그럼요. 내가 올바른 결정을 내렸을까? 가족이 지금처럼 고통을 겪어야 하는 결정이라면 그것이 올바른 결정일 수 있을까? 그리고 어머니가 나를 힘겹게 학교에 보냈고, 내가 나중에는 씨족의 일원으로 받아들여졌지만…… 사바타 대신 일을 보았던, 사바타의 섭정이었던 욘긴타바 달린디에보 족장[12], 그가 나를 길렀고, 내게 아주 잘해 주었어요. 마치 자식처럼. 그와 그 아내의 보살핌을 받았을 때 나는 그에게 전혀 불만이 없었어요……. 그러나 나는 가장 노릇을 할 수 있게 되면 바로 어머니와 여동생들을 돌볼 의무가 있었는데, 그러지 못했어요, 결정적 순간에.

스텡글 : 도덕철학에서는 우리의 첫 번째 의무가 바로 주변 사람들에 대한 의무라고 말할 수 있는 사람들도 있으니까요.

만델라 : 가족, 음.

스텡글 : 그래서 그게 힘들었군요, 그렇죠?

만델라 : 예, 정말 많이 힘들었어요. 그러나 견뎌야 했어요. 가만히 앉아서 생각해 보면 "그래, 그래도 내가 올바른 결정을 내렸어." 하고 말하게 되니까. 가족만 힘겹게 사는 게 아니니까. 우리나라에서 수백 명, 아니 수백만 명이 힘겹게 살고 있으니까, 내가 올바른 결정을 내렸다고 생각했지요.

---

12 부록 「사람과 장소, 사건」 참조.

16. 제니와 진드지 만델라에게 보낸 1970년 6월 1일자 편지에서

이제 내가 너희들을 마지막으로 본 지도 8년이 넘고, 엄마를 갑자기 너희들에게서 빼앗아 간 지도 열두 달이 넘었구나.

지난해에 내가 너희들에게 편지를 두 통 썼단다. 6월 23일에 하나, 8월 3일에 하나. 그런데 너희들이 그것을 하나도 받지 못했다는 것을 이제야 알았다. 너희 둘 다 아직 [열여섯 살이] 안 되었고, 그 나이가 되어야 내게 면회를 올 수 있으니, 편지를 쓰는 것이 내가 너희들과 계속 접촉해 너희들 건강 상태와 학업, 학습 진도에 관해 전반적으로 들을 수 있는 유일한 길이란다. 그런데 이 소중한 편지들이 가닿지 않지. 그래도 나는 가능하면 언제나 편지를 써서 너희들과 연락이 닿도록 노력할 것이다. 나는 특히 방학 때 누가 너희들을 돌보는지, 그때는 어디서 지내는지, 누가 너희들을 먹이고 입히는지, 누가 수업료와 기숙사비를 내는지, 너희들 학습 진도는 어떤지를 분명하게 직접 말해 주는 정보를 1년 넘게 얻지 못해 걱정스럽다. 그래도 계속 써야 어느 날 우리에게 행운이 찾아와 너희들이 이 편지들을 받아 볼 가능성이라도 있겠지. 그러나 한편으로는 내 생각을 쓰고 내 감정을 표현하는 것만으로도 나는 조금은 기쁘고 행복하단다. 그것이 나의 가장 따뜻한 사랑과 행복 기원을 너희들에게 보내는 길이고, 그래서 편지를 쓰면 너희들을 생각할 때마다 가슴을 찌르는 고통이 진정되곤 한단다.

17. 스와질란드 상원 의원 더글러스 루켈레[13]에게 보낸 1970년 8월 1일자 편지에서

내가 보내는 편지는 거의 목적지에 도달하지 않고, 내게 보내는 편지도 나을 게 없답니다. 그래도 나는 줄기차게 나의 서신 왕래를 방해하고 결정적 순간에 나를 가족과 떼어 놓은 무자비한 운명이 나의 지조와 정직을 헤아려 이 편지만은 목적지에 도달하도록 했으면 좋겠습니다. 내가 알기로는 이것이 당신 손에 닿는 순간 아마도 나의 고난도 사실상 끝날 것입니다.

당신도 알듯이, 나는 많은 동시대인들과 마찬가지로 본질적으로는 시골뜨기입니다. 신선한 공기가 풍부하고 탁 트인 벌판과 멋진 풍경이 펼쳐진 시골 마을에서 자란 시골뜨기 말입니다. 8년 전에 체포되어 유죄 판결을 받기 전 거의 20년 동안 도시 사람으로 살았지만, 나는 결코 시골뜨기라는 내 배경을 털어 내지 못하고 이따금 어릴 적 행복했던 순간들을 떠올릴 양으로 고향에서 몇 주를 보내곤 했답니다. 감옥에 갇혀 있는 동안에도 내 마음과 영혼은 언제나 이곳 너머에 있는 저 먼 어딘가에, 초원과 수풀에 있었답니다. 나는 파도가 넘실거리는 저 바다 너머에서 지난 반세기 동안 축적한 그 모든 기억, 경험과 함께 살고 있답니다. 내가 가축을 돌보고 사냥을 하며 놀던 땅, 내가 전통적인 성인식 학교에 들어가는 특권

---

13 변호사. 스와질란드의 상원 의원이며 법무 장관. 그는 만델라와 탐보 법률 회사에서 수습 사원을 지냈다.

을 누렸던 곳에 대한 기억들과 말입니다. 나는 내가 40년대 초에 리프에 들어가, 아프리카 젊은이들이 더욱 자각하도록 만든 급진 사상의 소용돌이에 휘말리는 것을 봅니다…….

내가 법률 회사에서 수습사원으로 일하던 때가 기억납니다. 우표를 핥아서 붙이고, 날마다 온갖 종류의 심부름을 하며 뛰어다녔지요. 백인 여자들에게 샴푸와 화장품 따위도 사다 주었으니까. 그리고 챈슬러 하우스![14] 거기서 OR(올리버 탐보)과 나는 대학 친구였을 때나 [청년] 동맹에 있을 때보다 한층 더 친밀해졌지요. 우리를 둘러싸고 새로운 알찬 교우 관계들이 생겨났고요. 우리의 첫 타이피스트들이었던 메인디, 주베이다 파텔, 위니 만들레니, 그리고 갑자기 요절해 우리를 큰 슬픔에 빠트린 고故 메리 앤, 루스, 메이비스, 갓프리, 권투를 한 프레디, 마이마이[15]에 하루도 빠지지 않고 갔던 곧고 정직한 관리인이자 청소부였던 찰리. OR과 내가 반역죄 재판으로 꼼짝 못하게 되었을 때는 한동안 당신이 거의 혼자서 회사를 지탱하며 가공할 어려움과 전투를 벌였지요.[16]

1960년 12월에 당신이 올랜도 웨스트에 있는 우리 집으로 자미와 나를 방문했을 때 일어난 이상한 일도 생각납니다. 당신이 대문에 다가오자 갑자기 엄청난 힘으로 번개가 내리쳐 그때 열 살

---

14 만델라와 올리버 탐보가 1952년에 법률 회사 '만델라와 탐보'를 차려서 변호사 활동을 하기 시작한 건물의 이름.

15 요하네스버그에서 가장 오래되고 가장 유명한 전통 의약품 시장이다.

16 만델라와 올리버 탐보는 1956년에 체포되어 반역죄로 기소당한 회의 동맹 회원 156명 가운데 하나였다(부록 「사람과 장소, 사건」 참조).

밖에 안 되었던 제니가 바닥에 내동댕이쳐져서 몇 초 동안 꼼짝도 하지 못했지요. 다행히 제니가 정신이 돌아와 큰소리로 울기 시작했지만, 정말 아찔했어요……. 정신적 무기는 엄청난 힘을 발휘할 수 있어, 어떤 상황에서 실제로 경험해 보지 않으면 충분히 알기 어려운 큰 영향을 끼칠 때도 많답니다. 어떤 점에서는 그것이 죄수를 자유인으로 만들고, 평민을 군주로 만들고, 먼지를 순금으로 만듭니다. 정말 솔직히 말하면, 더기, 이 단단한 벽 뒤에 갇혀 있는 것은 내 살과 뼈뿐이랍니다. 내 살과 뼈는 갇혀 있어도 나는 여전히 세계주의적 시각을 가지고 전 세계를 내다보며, 생각은 송골매만큼이나 자유롭습니다.

내 모든 꿈의 정신적 지주는 인류 전체의 집단적 지혜입니다. 나는 과거 어느 때보다도 사회적 평등만이 인류 행복의 토대라는 신념의 영향하에 있습니다……. 이런 문제들을 중심으로 내 생각은 돌아갑니다. 내 생각의 중심에는 인간이 있고 인간이 실현하려는 이념이 있고 새롭게 나타날 세상이 있고 모든 형태의 잔인함에, 소수의 경제적 특권을 떠받치며 인구의 대다수에게는 빈곤·질병·문맹 그리고 계급사회에서 나타나기 마련인 온갖 폐해를 가져다주는 모든 사회질서에 전면전을 선포하는 새로운 세대가 있습니다.

18. 당시 프리토리아 중앙 교도소에 있던 위니 만델라에게 보낸 1970년 8월 1일자 편지에서

우리가 비통하기 짝이 없었던 지난 15개월 동안 겪은 수많은 고통

은 쉽게 마음에서 사라지지 않을 것이오. 나는 내가 완전히 울분에 젖어 있는 것 같소. 나의 모든 부분이, 살과 피, 뼈와 혼이. 완전히 무력해 견디기 힘든 지독한 시련을 겪고 있는 당신을 전혀 도울 수 없다는 게 어찌나 원통하고 분한지 말이오. 우리가 만날 수만 있다면, 내가 당신 곁에서 당신을 으스러지게 안을 수만 있다면, 우리를 갈라놓을 수밖에 없는 두꺼운 철망을 통해서라도 당신의 모습을 어렴풋하게나마 볼 수 있다면, 당신의 나빠지는 건강과 떨어지는 기운, 도저히 떨쳐 버릴 수 없는 나의 불안감과 압박감도 한순간에 사라질 텐데.

물리적 고통은 남자와 여자를 결합하는 결혼 제도와 가족의 근간이 되는 다정한 애정의 결합을 짓밟는 것에 비하면 아무것도 아니오. 우리 삶에서 지금은 정말 끔찍한 순간이오. 소중한 믿음도 도전을 받고, 굳은 다짐도 시험을 당하고 있소. 그러나 내가 여전히 당신과 의사소통할 수 있는 특권을 누리는 한, 그것이 내게는 그저 형식으로만 존재할지라도, 그것을 드러내 놓고 빼앗아 갈 때까지는, 이 기록들이 내가 매달 편지를 써서 당신에게 가닿으려고 진정으로 열심히 노력했다는 것을 증언해 줄 것이오. 나는 당신에게 당연히 그럴 의무가 있으며, 어떤 일도 내가 그러는 것을 막지 못할 것이오. 아마 이러한 편지가 언젠가는 큰 보상을 해줄지도 모르오. 세상에는, 모든 나라에는, 여기 우리나라에도, 언제나 좋은 사람들이 있을 테니까. 어쩌면 어느 날 우리가 곧고 바른 고관의 진정하고 확고한 지지를 받을지도 모르오. 지금 우리나라에서 벌어지고 있는 이념 전쟁에서 자신의 매서운 적이 되어 싸우는 사람이라도 그런 사람의 권리와 특권을 보호하는 의무를 게을리하는 것은 부당하다고 보고, 우리가 오늘날 법이 허락하는 권리와 특권을 누릴 수 있게 해줄 정도로 공정하고 정의로운 마음을 가지고 있을 뿐만 아니라 그런 권리와 특권을 은근슬쩍 빼앗아 간 데 대한 보상도 해주는 관리의 지지를 말이오.

지금까지 일어난 모든 일에도 불구하고 나는 운명의 파고가 높았던 지난 15개월 동안 희망과 기대 속에서 살았다오. 때로는 이런 느낌이 나의 일부라는 믿음까지 생긴다오. 그것이 꼭 내 존재 속에 들어와 있는 느낌이 든다오. 내 심장이 계속 몸 구석구석으로 희망을 펌프질해 피를 따뜻하게 하고 내 몸에 생기를 불어넣는 것 같다오. 확신하건대, 아무리 개인적 불행이 파도처럼 밀려와도 단호한 혁명가는 익사시킬 수 없으며, 비극과 함께 오는 엄청난 고통도 그를 질식시킬 수 없다오. 자유의 투사에게 희망은 수영하는 사람에게 구명대와 같은 것이오. 물속에 가라앉지 않도록 해주고 위험에 빠지지 않게 해주는 것이오. 여보, 만일 부를 당신이 가슴에 품고 있는 희망과 순수한 용기의 무게로 잴 수 있다면, 당신은 분명 백만장자일 거요. 늘 이것을 명심하시오.

19. 위니 만델라에게 보낸 1970년 8월 31일자 편지에서

만일 간절히 간직하고 싶은 편지가 있다면, 그래서 혼자 내 감방에서 몇 번이고 조용히 읽고 싶은 편지가 있다면, 그것이 바로 그 편지였소. 그것은 당신의 체포로 내가 빼앗긴 소중한 것들(크리스마스와 결혼기념일, 생일 카드)에 대한 보상이었소. 소소한 것들이지만 당신

이라면 결코 잊지 않을 것들 말이오. 그런데 그것을 그 자리에서 바로 읽으라고 하더니, 내가 마지막 줄에 이르자마자 낚아채 가버렸소.

아우캄프 대령은 이런 독단적 절차를 정당화하려고 하면서, 편지에서 당신이 당신 주소로 당신이 있는 교도소가 아니라 그의 이름을 썼다는 말도 안 되는 핑계를 늘어놓았소. 그러면서 설명하기를, 내가 당신에게 보내는 편지도 정확히 똑같은 방식으로 처리되어 당신도 내가 보낸 편지를 간직할 수 없다고 했소. 내가 왜 그래야 하는지 설명해 달라고 압박했지만, 그는 얼버무렸소. 그래서 나는 여기에, 재판을 기다리는 미결수로서 편지를 주고받을 수 있는 당신의 권리를 심각하게 침해하고 내가 편지를 주고받을 수 있는 권리 또한 제한할 필요가 있는 중요한 문제가 걸려 있다는 것을 깨달았소. 우리의 편지는 특별한 검열을 받고 있다오. 진실은 당국에서 당신이 내가 당신에게 쓰는 편지의 내용을 거기 있는 동료들과 공유하는 것을 원치 않고, 그 반대도 마찬가지라는 것이오. 이것을 막으려고 그들이 온갖 수단을 쓰고 있소. 정당하고 정당하지 않고를 떠나서 말이오. 따라서 우리 사이의 의사소통을 더욱 줄일 가능성도 있소. 적어도 재판이 진행되는 동안은 말이오. 당신도 알다시피, 당신이 체포되면서 내가 매달 친구나 친지들과 일상적으로 편지를 주고받을 수 있는 특권이 사실상 사라졌소. 나는 지난 1월부터 마틀랄라와 연락을 하려고 했고, 11월부터는 놀루사포와도 연락을 하려고 했다오.

그런데 6월 19일에 아우캄프 대령이 다른 부서에서 자기에게 이 편지들을 전달하지 말라는 지시를 내렸다 설명했고, 동시에 자기는 그런 지시를 내린 이유를 내게 말해 줄 수 있는 위치에 있지 않지만 그런 지시가 편지의 내용에 영향을 받은 것은 아니라고 했소. 이 새로운 사실로 인해 내가 지난 15개월 동안 쓴 편지 대부분이 이상하게 사라진 그 수수께끼가 풀렸소. 그렇다면 이것에는 더 심각한 문제가 따르오. 나는 관리들이 내게 말하는 것을 늘 신뢰할 수 있는 위치에 있고 싶지만, 바람을 경험과 일치시키기가 갈수록 어렵다는 것을 발견하고 있소. 7월에 한 번, 이달 초에 한 번, 이렇게 두 번 당신의 편지가 오지 않았다는 통보를 받았소. 나는 이제 편지가 오지 않았다는 말을 들을 때 사실은 그와는 반대로 편지가 여기 있다는 확신을 갖게 되었소.

20. 노냐니소 마디키젤라[17]에게 보낸 1970년 11월 1일자 편지에서

그래도 자미가 평정을 유지하며 신중하게 계산해야 할 때, 생각하고 생각하고 또 생각해야 할 때가 있었다면, 지금이 바로 그런 때입니다. 자미에게 조심하라고 하세요. 자미가 자유로운 것을 보고 싶지 않은 사람들과 무슨 꼬투리를 잡아서라도 그녀를 덮치려는 사람들이 있으니까요.

자미는 그녀의 모든 결점이 열거되었을 때에도 여전히 아주 큰 능력과 야망이 있는 여자로 드러났고, 내가 가진 적 있는 그 어

---

17 위니의 언니.

떤 것보다도 월등히 나은 자질을 가지고 태어나서 나는 그녀를 가장 높이 평가합니다. 그녀는 격려와 지지를 받을 자격이 있습니다. 내가 가장 안타까운 것 하나는 그녀를 보호할 수 없다는 것입니다. 내가 지식과 경험, 조언의 형태로 구사하는 모든 것에 대해 우선권을 가진 여자를 말입니다. 용기와 헌신에서 그녀는 둘째가라면 서러울 정도입니다. 그러나 아무리 다른 위대한 여성들을 움직인 이상理想에 많은 영향을 받았다 하더라도, 그녀는 여기 대지에 살고 있습니다. 그녀도 먹고 자식을 기르고 나를 돌보고 그럴듯한 집도 있어야 합니다. 내가 가장 열렬히 바라는 것 가운데 하나가, 한때는 내가 이 모든 것을 그녀에게 주는 것이었습니다. 그녀가 자유롭게 어느 정도 독립성을 가지고 자신이 열망하는 것을 실현하려고 노력하도록 말입니다. 그러나 그런 기회는 오지 않았고, 나는 한 번도 그녀와 아이들을 부양하는 데 성공하지 못했습니다. 그녀의 수많은 제약 탓에 아무도 그녀를 고용할 준비가 되어 있지 않아, 지금 그녀는 생계를 꾸리는 데 어려움을 겪고 있습니다. 서른다섯밖에 안 된 젊은 여자에게 이 무슨 재앙입니까? 나는 내가 61년에 내린 결정[18]에 대해 결코 후회하지 않겠지만, 언젠가는 양심의 가책을 느끼지 않고 마음을 놓을 수 있었으면 좋겠습니다. 그녀를 도와주세요, 냐냐. 내가 당신께 내가 흠모하는 여성을, 그녀가 입은 좋은 옷과 그녀를 널리 알린 매력적인 요소들 뒤에 있는 인간을 살짝 보여 주었습니다.

---

18 만델라가 말하는 "결정"이란 1961년에 지하로 들어가 MK를 결성하기로 한 것이다.

21. 위니 만델라에게 보낸 1970년 11월 16일자 편지에서

당신이 예상보다는 훨씬 좋아 보였지만, 우리가 68년 12월에 마지막으로 보았을 때의 당신과는 거리가 멀어 보였소. 수많은 압박이 쌓이고 쌓인 결과를 뚜렷이 볼 수 있었소. 면회를 마치고 감옥으로 돌아가다가 이제 당신이 밤에 12시간 동안 혼자 살아야 하는데 외로움과 불안감으로 당신의 상태가 더 나빠질지도 모른다는 두려움에 사로잡혔소. 그런 두려움이 아직도 가시지 않소.

덧붙이면, 11월 7일 면회실로 내려가는 길에 용케 당신이 타고 오는 배가 우아하게 항구로 들어오는 것을 보았다오. 밝은 색깔이 아름다웠소. 그것은 멀리서도 진짜 죄수의 친구 같았고, 나는 그것이 다가올수록 더욱 속이 탔다오. 당신도 알지, 왜 그랬는지! 나는 배가 본토로 돌아가는 것도 보았다오. 그런데 이번에는 그림이 완전히 달랐다오. 여전히 밝았지만, 내가 불과 몇 시간 전에 보았던 아름다움이 사라지고 없었소. 이번에는 그것이 괴기스럽고 아주 쌀쌀맞아 보였소. 그것이 서서히 당신과 함께 멀어지자, 나는 세상에 완전히 혼자 있는 것 같았고, 내 감방을 가득 채운 책들도, 요 몇 년 동안 늘 내 곁에 있던 책들도 말없이 묵묵부답인 것 같았다오. 내가 당신을 마지막으로 본 것은 아닐까, 하는 물음이 계속 떠올랐다오.

22. 진드지 만델라에게 보낸 1970년 12월 1일자 편지에서

바로 이번 같은 경우에 나는 내가 하는 거의 모든 일에서 엄마에게

완전히 의지하고 있다는 것을 완전히 깨닫게 된단다. 엄마와 엄마 친구들이 석방되었다는 말을 들은 뒤로 나는 곧 엄마를 볼 수 있다는 희망 속에서 살았고, 네가 아이스크림 아저씨의 종소리를 듣거나 엄마가 짧은 원피스를 사주면 신나듯이 나도 아주 신났단다.

나는 카토가 뜻밖에도 고통스러운 소식을 전했을 때 평정을 유지하려고 무지 애썼단다. 아마 내가 법이나 정치가 아닌 무대에 섰더라면 훨씬 잘되었을 것이다. 나는 틀림없이 연기를 잘했을 거야. 내 친구들 가운데 하나가 엄마가 오지 못했어도 그게 내게 영향을 미치지 않았다고 믿도록 하는 데 성공했으니 말이다. 그가 알았으면 좋으련만! 사실은 내 겉모습과 내 감정 상태는 전혀 관계가 없었단다. 나는 큰 상처를 받고 많이 흔들렸단다.

너와 제니, 어쩌면 엄마까지도 치안판사가 감정도 없이 우리에게 옹졸하게 군 것 같아 그가 잔인한 사람이라고 생각하는 것도 당연할 것이다. 그렇지만 그도 아마 나처럼 아내와 자식이 있을 테니, 엄마와 아빠를 그렇게 오랫동안 강제로 떼어 놓고 우리가 서로 만나는 즐거움을 주지 않으면 얼마나 힘든지 분명히 알 것이다. 내가 알기로는 그가 한 개인으로서는 결코 잔인한 사람이 아니란다. 그와는 반대로, 우리나라에서 받아들이게 된 어떤 전통의 테두리 안에서는 그도 인정 많고 예의 바른 사람이며, 나는 진정으로 그가 신사라고 본단다. 내가 변호사로 활동하던 9년 동안 자주 그의 앞에 섰고, 내가 공평하고도 공정하다고 보는 사람 앞에서 논쟁하는 것이 정말 즐거웠단다.

그러나 남아프리카에서 가장 큰 도시이고 아프리카에서 가장 부유한 도시인 막강한 요하네스버그의 치안판사장 같은 사람도 손발이 묶여 있단다. 그런 사람도 자기가 하고 싶은 대로 할 수 없단다. 그가 공직자로서 해야 할 의무가 그의 개인적 본성은 끔찍이 싫어하는 일을 그에게 하도록 강요할 수도 있단다. 심지어는 다른 부서에 있는 하위 공직자들이 그보다 더 많은 권력을 휘두르고, 그가 공직자로서 해야 할 의무 가운데 일부에 관해 최종 결정권을 쥐고 있을 수도 있단다.

따라서 이런 종류의 일에서는 어떤 개인을 지목해서 그들을 비난하는 것은 결코 현명하지 않단다. 그런 개인들도 그들이 내린 결정에 책임이 없을 수도 있단다. 그들이 그저 더 권력 있는 사람이 휘두르는 수단에 불과할지도 모른단다. 그런 문제에서는 좋은 사람이라고 신뢰하는 것도 일을 그르칠 수 있단다. 그 사람이 아무리 높은 자리에 있더라도 말이다. 체제가 관련된 경우에는 개인의 좋고 나쁨은 아무런 의미가 없는 경우가 아주 많단다.

하지만 너와 제니, 마키, 카토, 음푼도, 모초비세, 바잘라, 품라, 타미에, 안딜레, 놈베코, 음포, 타보[19] 같은 젊은이들이 공동의 이념에 따라 하나가 되어 공동의 계획을 따른다면 이야기가 달라진단다. 그러면 낡은 체제를 밀어내고 새로운 체제를 세울 수 있단다. 체제 전체가 바뀌어야 한단다. 그래야 좋은 사람들이 국민에게 제대로 충분히 봉사할 수 있는 기회를 얻을 수 있단다. 그러면 엄마도 아빠를 보러 멀리 케이프타운까지 오지 않아도 될 거다. 나도 집에

---

19 놈푼도 (음푼도) 만델라, 마초 (모초비세) 비야나와 바잘라 비야나, 타미에 사바와 안딜레 사바는 만델라의 조카들이다. 놈베코 음굴와는 먼 친척이다. 음포 응가카네와 타보 응가카네는 가족끼리 친한 친구의 아이들이다.

있게 될 거다. 우리 집이 어디에 있든 말이다. 그러면 우리가 모두 함께 불가에 둘러앉아 따뜻하고 즐겁게 이야기를 나눌 수 있겠지. 우리가 그 치안판사를 저녁에 초대할 수도 있을지 모른다. 내가 저녁을 차릴 돈을 어디서 구할지는 모르지만 말이다. 내가 돌아가면 법에 관해서는 거의 모두 잊었을 테니 생계를 위해 다른 일을 해야 할 것이다. 어쩌면 도로를 파거나 배수관을 치우거나 곡괭이와 삽을 들고 탄갱으로 내려가야 할지도 모른다.

23. 조이스 시카카네[20]에게 보낸 1971년 1월 1일자 편지에서

자네와 존에게 레 로바 마초호![21] 그게 정말이야? 자네들 둘, 정말 내게 이럴 수 있는 거야? 내게 귀띔도 안 해주고 그런 중대한 결정을 내리다니. 그렇다면 내가 약혼식 파티에 차려진 푸짐한 고기와 푸딩을 놓쳤겠군. 자네들 결혼식에는 내가 지금 모습 그대로 받아들여졌을 텐데, 프록코트와 풀 먹인 빳빳한 셔츠, 실크 모자를 쓰지 않았어도 말이지. 내게 더욱 중요한 것은 자네들 결혼식이 내가 마침내 빛날 수도 있었던 행사였을 거라는 거야. 내가 날마다 페니 휘슬을 연습하거든. 그것은 2랜드밖에 안 하지만, 여기 있는 사람들은 모두 그것을 그렇게 부른다네. 나는 아직 감방 무대에만 서지만, 더

20 조이스 시카카네(부록 「사람과 장소, 사건」 참조).

21 '레 로바 마초호'는 츠와나어로 축하하는 말이다.

more powerful forces operate. On such questions it would be equally misleading to place your trust on good men, no matter how highly placed they may be. Where systems are involved, the goodness of individuals is very often irrelevant. It is, however, a different story when you, Zeni, Maki, Kgatho, Mfundo, Ntsobise, Bazala, Rumla, Thamie and Anente, Nombeko, Mpho and Thabo and other young people become united by common ideas and when you follow up common plans. The old systems will be pushed aside and new ones arise (The system as a whole must change). Only then will good men have the opportunity to serve their countrymen fully and well. Then Mummy will not have to travel to Cape Town to see Daddy. I will be at home, wherever home will be. Together we shall sit around the fire and chat warmly and gaily. We may even invite the magistrate for dinner. *

Till then, please look after Mummy, you and Zeni. She is a brave person, but these are difficult times for her. She needs no pity, not even from you or me. But she deserves our full support, warm friendship and all our love. Look after her, my darlings. See to it that she sees the specialists regularly, takes things easy and keeps her mind pleasantly occupied.

I have not forgotten that on the 23rd of this month you will be 10. In fact, that is the main reason for writing this letter, to give you my love and special wishes. I hope Mummy will be able to arrange a party which will be as bright as a song, where your friends will gather and shout, as I shall also do, and say: "Happy Birthday". I wish I could have written you a much shorter letter than this, not more than the 52 word letter that you wrote me; a letter wherein I would talk only of birthdays, food, nice dresses and ... But a letter to you is also meant for Zeni and Mummy, for the whole family – a family faced with many problems; without regular income, enough food; that cannot afford payment of rent and a host of other things required by modern standards of living. These letters are the only means we have of keeping together, of affirming the ideals that inspire us and of reminding one another that lidueluma lidlula.

(Give Mummy, Zeni and Nyandya a big hug and warm kiss for me.) Make sure that you personally see Maki and Kgatho and tell them to answer my letter.

Tons and tons of love and a million kisses.

Affectionately,
Tata.

* I don't know where we shall get the money to arrange the dinner. When I return I shall have forgotten almost everything about law and will have to do something else for a living; perhaps dig roads, clean drains or go down the coal pits with pick and shovel.

* I expect a letter from Zeni giving me a report on your school progress, your health and hobbies, where you intend spending your holidays and on Mummy's condition.

진드지 만델라에게 보낸 1970년 12월 1일자 편지.

연습했으면 그 근사한 날에 거기서 헨델의 메시아를 시도해 볼 수도 있었을 텐데.

24. 리처드 스텡글과 나눈 대화

스텡글 : 로벤 섬에서 있을 때 악몽에 시달렸나요?

만델라 : 아니, 전혀. 전혀 그렇지 않았어요.

스텡글 : 아, 그래요.

만델라 : 예, 나는 한 번도 악몽을 꾼 적이 없어요.

스텡글 : 좋아요. 그렇다면 로벤 섬에서 최악의 순간은 언제였다고 하겠어요? 가장 기운이 떨어졌을 때는?

만델라 : 글쎄요, 어렵군요……. 어떤 특정한 순간을 딱 집어 나의 최악의 순간이었다고 말하기는 참 어렵지만, 아내가 경찰에 괴롭힘을 당하거나 핍박을 당하고 때로는 공격까지 받았는데 내가 곁에서 보호해 줄 수 없었을 때를 꼽을 수 있겠지요. 그것이 내게는 아주 힘든 순간이었어요. 그리고 경찰이 따라다니며 괴롭히는 바람에 아내가 이 직장에서 쫓겨나고 저 직장에서 쫓겨나는 것을 보았을 때. 경찰이 고용주에게 가서 "이 여자를 계속 여기에 두면 곤란한 일이 생길 거야."라고 했거든요.

스텡글 : 그럴 때는 기분이 어땠어요? 내 말은, 무력감을 느꼈나요? 화가 났나요?

만델라 : 당연히 화나는 구석이 있었지만 침착하게 대응하려고 했고, 이것이 내가 투쟁에 헌신하는 대신 치러야 할 대가임을 기억했어

요. 그렇지만 무척 불안할 수밖에 없었고, 좌절감과 무력감도 느꼈지요. 그것에 대해 내가 아무것도 할 수 없었으니까.

스탱글 : 이것은 어땠나요……. 전에 당신이 하루 일과를 마치고 감방에 돌아오면 저들이 기사 오린 것을 놓아두곤 했다는 것을 읽은 적이 있는데…….

만델라 : 예, 맞아요. 그랬지요.

스탱글 : 정기적으로 그랬나요?

만델라 : 음, 가끔 그랬어요. 가족에 대한 어떤 나쁜 소식이 있을 때마다 기사를 오려 내 탁자에 놓아두곤 했지요. 참 비열하지요.

스탱글 : 그럼 그것도 당신을 화나게 했겠네요, 그렇죠?

만델라 : 예. 그러나 저들이 쓰는 수법에 익숙해졌고, 냉정을 잃지 말아야겠다고 마음먹었어요. 그러나 물론 화나는 구석이 있었지만, 나중에는 이런 일에도 침착하게 대응할 줄 알게 돼요.

스탱글 : 그렇군요. 음, 여기 맥 마하라지[22]가 한 말이 있는데, 그가 당신에 관해 말했어요. 당신이 "교도소에서 살다 보면 체제에 대한 분노와 미움은 커지는데, 그러한 분노의 표출은 갈수록 눈에 띄지 않게 된다."라고 한 것과 관련이 있어요. 그 말이 사실인가요?

만델라 : 음, 그것은 어떤 의미에서 분명히 맞는 말이에요. 내가 지금 나를 감옥에 넣고 아내를 핍박하고 우리 아이들이 이 학교에서 저 학교로 쫓겨 다니게 한 사람들과 일하고 있으니까……. 나도 '과거는 잊고 현재를 생각하자'고 말한 사람들 가운데 하나니까.

---

22 사티안드라나스(맥) 마하라지(부록 「사람과 장소, 사건」 참조).

25. 교도소에서 다른 구역에 있는 사람들과는 어떻게 의사소통 했는지에 관해 리처드 스텡글과 나눈 대화

스텡글 : 다른 구역에 있는 사람들과는 어떻게 의사소통을 했나요?

만델라 : 음, 우리는 몰래 편지를 주고받았고…… 카트라다, 아메드 카트라다가 그 일을 담당했어요. 그러나 당혹스러운 상황도 있었어요. 어느 날 내가 간수와 함께 서 있는데 부엌에서 온 친구들이 음식을, 통을 가지고 들어왔어요. 그들은 우리 구역에 들어오지 못하고 문을 통해 통만 건네줄 수 있었어요. 그것이 그날 마지막 배식이었어요. 저녁때, 해질 무렵이었으니까. 그런데 부엌에서 온 이들 중 한 젊은이가…… 그가 어떻게든 편지를 전하려고, 내가 거기 서서 음식을 받고 있는데 그냥 편지를 꺼내 내게 주는 거예요. 음…… 그때는 물론 간수들이 나를 존경했고, 그래서 내가 아주 작아지는 느낌이었어요. 어떻게 해야 할지 몰라 당황스러웠어요. 처벌 때문이 아니라 그것이 이 간수에게 미칠 영향 때문에. 특히 간수가 나보다 비교적 젊었고, 나는 그가 나를 존경하는 것을 이용하고 싶지 않았거든요……. 정말 고문당하는 것 같았고, 그래서 그냥 간수에게서 걸어 나와 편지를 카트라다에게 건네주었는데, 그 간수를 쳐다볼 수가 없었어요.

스펭글 : 간수가 봐서요?

만델라 : 그가 틀림없이 보았을 거예요……. 우리가 함께 서 있었고, 부엌에서 온 이 젊은 친구가 통을 건네자마자 바로 편지를 꺼내 내게 주었으니까. 왜냐하면 그가 어떻게든 전달해야 했거든요. 급히 전해야 할 메시지라서.

스텡글 : 그런데 간수가 이것을 목격해서 부끄러웠군요?

만델라 : 음, 부끄러웠어요. 그것은 직무 태만이었어요. 왜냐하면 간수가 그 젊은 친구에게, 그리고 물론 나에게도 불리한 행동을 했어야 하거든요. 그가 그 편지를 압수했어야 하는데, 존경한다는 이유로 아무것도 보지 않은 척하고, 아무것도 하지 않았어요. 그래서 정말 부끄러웠어요. 그런 식으로 신뢰를 이용하다니. 그렇지만 부엌에서 온 그 젊은이에게 편지를 내게 주지 말고 도로 가져가라 할 수도 없었어요. 그랬다면 간수가 그를 처벌했을 테니까요. 그를 고발했을 테니까요. 그러나 우리는 몰래 주고받을 수 있었어요. 아무 일 없이.

26. 팀 마하라지[23]에게 보낸 1971년 2월 1일자 편지에서

중요한 것은 어떤 사람에게 어떤 일이 일어나느냐가 아니라 그 사람이 그것을 어떻게 받아들이느냐라는 말은 천 번도 넘게 들었을 겁니다. 내가 쓸데없이 당신에게 뻔히 아는 말을 해 바보같이 들릴지도 모르겠습니다. 그렇지만 내가 어떤 불운의 희생자가 될 때마다 나는 그렇게 간단한 것을 잊고는 큰 혼란을 겪는답니다.

23 맥 마하라지의 첫 번째 아내(맥 마하라지에 관해서는 부록 「사람과 장소, 사건」 참조).

27. 1977년 1월 교도소에서 더반에 있는 변호사들에게 몰래 보낸 편지에서

더반에 있는 시다트와 필레이 법률 회사 앞.
나는 CPD(케이프 지방법원)에서 교정국을 상대로 권리를 선언하고 교도소 당국이 권한을 남용해 나와 동료 재소자들에게 정치적 박해를 가하는 등의 불법행위를 하지 못하도록 막는 금지명령을 얻기 위해 소송을 하려고 합니다.

이와 관련하여 여러분이 우리를 대신해 요하네스버그 변호사단의 G. 비조스[24] 변호사나 그가 추천하는 어떤 법정 변호사에게나 사건 내용을 알려 주면 고맙겠습니다. 그리고 이 소송 사유의 기반이 되는 사실들이 모두 여러분에게 제출이 되면 되도록 빨리 여러분이 편리한 시간에 여러분의 회사에 있는 변호사나 변호인단과 함께 상담을 할 수 있도록 해주실 수 있기 바랍니다.

여러분의 회사에서 어떤 이유에서든 상담을 하러 내려올 수 없다고 하더라도 나는 여전히 여러분의 서비스를 계속 받고 싶지만, 여러분이 어떤 다른 사람을 보내도 그와 기꺼이 면담을 하겠습니다. 여러분의 수고비와 소송비용은 여러분이나 여러분의 대리자와 상담을 하는 즉시 지불이 되도록 조치할 것입니다.

1976년 10월 7일에 교도소장 룰로프스 대령에게 편지를 써서 내 변호사들에게 소송을 하도록 지시할 수 있게 해달라고 했습

24 조지 비조스(부록 「사람과 장소, 사건」 참조).

니다. 그러나 요청을 거부당했고, 그래서 이 편지를 교도소에서 몰래 보낼 수밖에 없었습니다.

1976년 7월 12일에 교정국장에게 22쪽에 이르는 편지를 써서 교도소장과 그의 직원들이 권한을 남용해 정치적 박해를 하는 등 불법을 저지르는 것에 대해 분명하게 주의를 기울이도록 했습니다. 이 편지의 사본은 지금도 내가 가지고 있으며, 적절한 때에 그것을 여러분에게 직접 전달하고 싶습니다. 그동안은 여러분이 그에게 부탁하여 이 문서를 포함해 계획하는 소송과 관련된 서류를 모두 내가 계속 보관할 수 있는 권리를 박탈하지 않도록 해주었으면 합니다.

그 편지의 내용을 요약하면 이렇습니다.

권한의 남용. 교도소장인 룰로프스 대령이나 프린스 중위나 모두 계획적으로 내가 사는 독방 구역에서 다양한 인구 집단으로 이루어진 재소자들에게 인종차별을 설교해 우리들 사이에 적대감을 조성하려고 했습니다.

사회적 관계에 대한 부당한 간섭. 이러한 주장을 뒷받침하는 사실들을 제시한 뒤에 "나는 지금 지역 관리들이 우리가 주고받는 편지에 대해, 편지 내용이나 편지를 쓰는 사람에 대해 이의를 제기하면서 그것에 대해 계속 정직하지 못한 해명을 하는 것을 우리가 가족 친지나 친구들과 좋은 관계를 유지할 수 있는 권리를 박탈하려는 수작으로 보고 있다."라고 덧붙였습니다.

밖으로 보내는 우편물에 대한 검열. 과거에도 자주 일어난 일이지만, 내가 75년 12월에 딸에게 보낸 생일 카드를 딸이 받지 못했습니다. 지난 2월에 아내에게 편지를 써서 그러한 사실에 대해 유감을 표시했습니다. 딸이 내게 몇 번이나 반복해서 보낸 사진이 흔적도 없이 사라졌다는 말도 했습니다. 교도소장은 이 단락에 이의를 제기했습니다. 내 딸이 럭비를 해서, 또 다른 편지에서는 딸에게 식사에 신경을 쓰라고 조언했습니다. 그런데 이 구절을 삭제해 달라고 했습니다. 내 조카딸이 법학사 과정을 공부하고 싶어해서, 내가 JHB(요하네스버그) 변호사단의 F. 켄트리지 여사에게 편지를 써 조카딸에게 여성의 전문직으로서 법에 대해 조언을 해달라고 했습니다. 프린스 중위가 처음에는 이 특정한 구절을 제거해 달라고 하더니, 몇 주 뒤에 그 부분을 수정해 건넸더니 이번에는 그것을 보내지 않을 거라며, 당국에서 지금 그녀의 인격에 대해 이의를 제기하기 때문이라고 했습니다. 그래서 나는 '내가 아내에게 딸에게 생일 카드를 보냈는데 가지 않았다는 것과 내가 늘 딸을 생각한다는 것, 딸이 내게 보낸 사진들이 사라졌다는 것을 말하지 못하게 하는 것은 부당하며, 그것은 보안에 대한 고려에서 나온 것도 아니고 질서와 규율을 잡으려는 데서 나온 것도 아니며 나의 안녕을 도모하기 위해서 그런 것도 아니다. 이것은 켄트리지 여사에게 보낸 편지도 마찬가지다…….'라는 결론을 내렸습니다.

안으로 들어오는 우편물에 대한 검열. 그러나 편지에 대한 검열과 관련해 가장 심한 권한 남용은 안으로 들어오는 우편물에 대해 저질러지며, 이에 관해서는 교도소장과 직원들이 완전히 제멋대로입니다. 검열이 악의적이고 보복적이며, 역시 보안과 규율에 대한 고려나 우리의 안녕을 도모하려는 마음에서 그러는 것이 아닙니다.

M/s Seedat, Pillay & Co, Durban // I intend 1
instituting legal proceedings in the CPD against the
Cmsr of Prisons for a declaration of rights & for an
interdict restraining the prison authorities from
abusing their authority & subjecting me & my fellow
prisoners to political persecution & from committing
other irregularities // In this connection I should be
pleased if you would act for me & brief adv. G Bizos
of the JHB Bar or any other barrister he recommends.
I hope you will be able to arrange a consultation at
your earliest possible convenience either with a
member of your firm or with counsel when the
full facts on which the cause of action is founded
will be placed before you // If your firm is for any
reason unable to come down for consultation, I
would still like to retain your services but would be
happy to have an interview with any other person
you might send. Arrangement for payment of your
fees & disbursements will be made directly with
you or your representative at the consultation // On Oct.
7, 1976 I wrote & asked the Commanding Officer, Col.
Roelofse, for permission to instruct my lawyers to
institute these proceedings. The request was refused &
I had no option but to smuggle this letter out of
prison // On July 12, 1976 I wrote a 22 page letter to the
Commissioner of Prisons & expressly drew his attention
to the abuse of authority, political persecution & other
irregularities committed by the C.O. & his staff. A
copy of this letter is still in my possession & I hope
to hand it directly to you in due course. Meantime
I would suggest that you ask him not to remove the
document & other papers relevant to the contemplated
proceedings from my custody // Here is a summary of
the letter: Abuse of authority. Both Col Roelofse & Lt Prins,
Head of Prison, have been systematically preaching
racialism to fellow prisoners of different population

1977년 1월 교도소에서 더반에 있는 변호사들에게 몰래 보낸 편지.

나는 그것을 계획적인 정치적 박해 공작의 일환으로 보고, 우리가 교도소 밖에서 일어나는 일에 관해, 심지어는 가족의 일에 관해서도, 전혀 모르게 하려는 시도로 봅니다. 교도소장이 하려는 것은 우리가 갇혀 있던 지난 14년 동안 면회와 편지, 카드, 전보의 형태로 끊임없이 흘러 들어온 선의와 지지의 도도한 흐름으로부터 우리를 차단하는 것입니다. 나아가 우리의 가족과 친구들에게 우리가 편지를 받고도 편지를 받았다 하지 않고 편지에서 그들이 언급한 문제를 해결하지도 않는 무책임한 사람으로 보이게 함으로써 우리의 신임을 떨어뜨리는 것입니다.

게다가 편지를 검열할 때 이중 잣대를 쓰는 것은 비겁한 행위로, 일반 대중에게 우리가 밖으로 보내는 편지를 검열하지 않는다는 거짓된 인상을 주려는 수작입니다. 밖으로 보내는 편지의 경우에 교도소 당국에서 받아들일 수 없는 문제가 있을 때마다 고쳐 쓰게 함으로써 자기들이 검열을 심하게 했다는 증거를 없애려고 합니다. 안으로 들어오는 편지도 검열관 멋대로 자르고 붙이기 일쑤입니다. 당신이 교도소에서 직접 조사하는 것보다 안으로 들어오는 편지들이 얼마나 손상이 되는지를 잘 전달해 주는 것은 없을 겁니다. 아내가 보내는 편지 가운데 많은 것은 앞뒤가 맞지 않는 정보의 조각들[25]로 이루어져 함께 철해 두기도 어려울 지경입니다.

아내도 여러 번 감옥에 있어서 관련된 교도소 규칙도 잘 알

25 교도소 검열관들이 자기들 눈에 공격적으로 보이는 말이나 문장, 단락을 편지에서 잘라내는 일이 많았다.

고, 지역의 관리들이 받아들일 수 없는 문제로 여기는 것들에 아주 민감하다는 것도 잘 압니다. 그래서 의식적으로 가족의 일만 이야기하려고 노력하는데, 그래도 아내가 보낸 편지 가운데 가위질을 당하지 않은 것이 거의 하나도 없을 정도입니다.

1975년 11월 24일에 아내가 내게 다섯 쪽짜리 편지를 썼는데, 결국 내게 온 것은 두 쪽밖에 안 되었습니다. 여기서 채택하는 검열 정책은 다른 감옥에 있는 관리들도 따르지 않습니다. 여러분도 알다시피, 최근에 아내가 크루언스타트에서 6개월형을 살았습니다.[26] 아내가 쓴 편지의 일부를 그 교도소 소장이 보냈지만, 그것들도 결국은 검열을 심하게 받았습니다.

그러나 내가 정말 질색하는 것은 우리에게 명백한 거짓말에 근거한 일을 함께 하도록 강요하는 것입니다. 교도소장이 우리의 가족과 친구에게서 온 편지를 파기하거나 주지도 않으면서 동시에 자기가 하는 짓을 그들에게 말하지도 못하게 막는 것은 부도덕한 일입니다. 나는 우리 가족과 친구들이 편지와 카드를 보내도 우리에게 주지 않을 거면서 계속 편지와 카드를 보내도록 내버려 둠으로써 그들의 돈과 시간, 에너지, 선의, 사랑을 낭비하도록 하는 것은 철면피한 짓이라고 생각합니다……. 당신은 공식 발표를 해서 당신 부서의 정책이 정확히 어떤 것이고, 당신이 받아들일 수 없다고 보는 것은 무엇이며, 우리에게 선의의 메시지를 쓰거나 보내서는 안

26 위니는 금지령이 내려진 사람과 동행함으로써 자신에게 내려진 금지령을 어긴 죄로 유죄 판결을 받았다.

될 사람들의 범주가 어떻게 되는지를 더 구체적으로 밝혀야 합니다.

편지가 배달 중 사라지는 것. 배달 중 사라지는 편지의 수가 어찌나 많은지 우편국의 무능, 또는 우리가 편지를 등기로 보낼 수 있게 해달라는데도 교도소장이 부당하게 계속 요청을 거부하는 것으로도 설명할 수 없을 지경입니다. 나는 배달 중 편지가 사라지는 것이 우연이 아니라는 추론을 하지 않을 수 없습니다.

면회. 여기서도 교도소장이 재소자와 면회자의 대화를 감독하면서 취하는 조치가 보안에 필요한 수준을 넘어서고 있습니다. 면회자 하나에 간수를 네 명, 때로는 여섯 명까지 두고 위협적으로 숨을 쉬거나 빤히 바라보는 것은 노골적인 위협이라고 하지 않을 수 없습니다.

또한 동료 재소자들 사이에 이렇게 면회할 때 도청 장치가 있어 남편과 아내 사이의 은밀한 문제까지 모든 대화를 녹음한다는 믿음이 널리 퍼져 있다는 것을 말하지 않을 수 없습니다. 만일 이것이 사실이라면, 지금 그런 면회 시에 일반적으로 드러내는 힘의 과시를 정당화할 이유가 거의 없습니다.

검열관의 언어 능력. 우편물과 잡지의 검열을 직접 담당하는 사람은 스티언캄프 W/O(준위)입니다. 그는 전에도 이 부문을 담당했습니다. 그런데 그가 대학 입학시험에서 영어 시험에 합격했는지는 모르겠지만, 내가 아프리칸스어에 능숙한 것보다도 영어에 능숙하지가 않습니다. 푸리에 병장도 그보다 나은지 의문입니다.

심지어는 교도소장도 영어로 의사 표현을 쉽게 하지 못합니다. 사실 지난 14년 동안 감옥에 있으면서 룰로프스 대령만큼 영어를 못하는 사람도 처음 보았습니다. 그런데 그가 교도소를 지휘하고 있습니다……. 재소자의 압도적 다수가 영어를 쓰고 아프리칸스어는 모르는 곳에서 말입니다.

정치적 지지자들과의 서신 왕래 금지. 프린스 중위가 이제는 내게 편지의 내용에 상관없이 당국에 우리의 정치적 동료로 알려져 있는 사람과는 누구와도 서신 교환을 할 수 없으며 다른 재소자의 친지들과도 마찬가지라고 말했습니다.

전보와 부활절 카드. 우리 앞으로 온 전보를 우리가 직접 볼 수 없게 하는 새로운 관행을 교도소장이 만들었습니다. 그래서 지금은 전보를 보내서 받을 때 날짜는 물론 반드시 알아야 할 다른 중요한 정보들도 없이 메시지만 종이에 휘갈겨 써서 줍니다. 그래서 현재 우리는 이들 전보를 먼저 비밀경찰에 맡겨 정밀 검사를 한 뒤에 수신자에게 전달하고 그로 인해 생기는 지체를 위장하기 위해 교도소장이 이런 관행을 만들었다고 믿고 있습니다. 이런 전보를 보내는 사람들은 메시지의 신속한 전달을 위해 돈을 더 지불하는데, 정부 부처에서 고의로 시민들이 특별 요금을 내는 공공 서비스의 원활한 작동을 가로막는다면 이것은 사회문제가 아닐 수 없습니다.

재소자들을 위해 받는 돈. 교도소장과 비밀경찰이 우리의 돈으로 부정한 돈벌이를 하고 있다는 것이 재소자들의 일반적 느낌입니다. 1976년 5월 31일에 프린스 중위가 1975년 11월 5일에 마틀라쿠 부부에게 30랜드의 돈을 받았다는 취지의 메시지를 보냈습니다. 그런데 왜 그해에는 내게 몇 번이나 돈을 받지 않았다고 했는지, 또 왜 회계 부서에서 내게 제공한 서류에는 그 돈이 내 계좌에 입금된 것으로 나타나 있지 않은지에 대한 설명은 없었습니다.

나는 내가 항의한 내용들에 대한 조사를 게을리한 것이나,

본질적으로 위탁금이 얼마인가 하는 아주 단순한 정보를 얻어 내는 데 긴 지체가 있었던 것은 되도록 빨리 조사하여, 적어도 이 문제에서만큼은 당신 부서의 명성을 회복할 필요가 있다고 말하지 않을 수 없습니다.

교도소 위원회에서의 정치적 토론. 교도소 위원회가 열리면 위원들이 재소자들도 정치 토론에 참여하도록 하는 것이 지난 몇 년 동안의 관행이었습니다. 그런데 이런 토론을 위원회에서 분리 발전 정책에 반대하는 사람들을 부당하게 괴롭힐 목적으로 이용하고 있습니다.

교정국장이 로벤 섬에 있는 정치범들에게 찾아오지 않는 것. 당신이 섬에 찾아와 우리가 위에서 말한 권한 남용 사례들을 당신과 직접 논의할 수 있는 기회를 주면 좋으련만, 그러지 않으니 이런 문제들이 더욱 악화되고 있습니다. 상부 기관에 있는 다른 관리의 방문은 아무리 직위가 높은 사람이 오더라도 부서의 장이 직접 방문하는 것을 대신할 수 없습니다.

여기서 이런 마찰이 일어나는 주요 원인 가운데 하나는 이 부서와 비밀경찰의 밀접한 관계에 있으며, 따라서 우리의 불만을 처리하는 과정에서 가장 먼저 시도해야 할 것 가운데 하나는 그 연결 고리를 완전히 끊는 것입니다. 많은 재소자들은 우리와 관련된 이 모든 문제에서 교정국장은 명목상의 최고위자일 뿐이고 진짜 상사는 비밀경찰 국장이라고, 그가 교정국장에게 무엇을 하고 어떻게 할 것인지를 명령한다고 믿고 있습니다.

나는 비윤리적이라고 보는 일에, 그리고 어찌나 축소되었는지 이제는 사실상 아무런 가치도 없는 것이 되어 버린 권리와 특권을 내가 여전히 누리고 있다는 인상을 주는 일에 계속 가담해야 하는지 알 수가 없었습니다. 그러나 나는 여전히 당신이 부서의 장으로서 장군 계급의 사람이라면 이런 부정직한 방법을 허락하거나 용납하지 않을 거라고 믿으며, 이 문제에 대한 당신의 실제적인 결정으로 결국 내가 틀렸다는 것이 증명될 때까지 계속 당신이 이 교도소에서 무슨 일이 일어나고 있는지 모른다고 믿고 행동하겠습니다.

어떤 형태로든 박해를 해서 우리의 견해를 바꿀 수 있을 거라고 생각한다면 오산입니다. 당신의 정부와 부서는 흑인, 특히 아프리카인을 증오하고 경멸하고 박해하는 것으로 악명 높은 기록을 가지고 있으며, 증오와 경멸이 이 나라 법의 기본 원리를 이루고 있습니다. 재소자들에게 남들 앞에서 발가벗고 항문을 내보여 관리에게 검사를 받게 하는 '타우자'라는 추잡한 짓을 하고, 역시 추잡하게 간수가 손가락으로 재소자의 항문을 찌르고 날마다 이유 없이 재소자들에게 무자비한 폭행을 가했던 이 부서의 잔인함은 그것이 전국을 강타한 추문이 되면서 정부에서는 결국 제약을 가했지요.

그러나 일반적인 남아프리카 간수들의 비인간성은 여전히 사라지지 않았습니다. 그것이 이제는 다른 통로로 방향을 바꾸어 심리적 박해라는 미묘한 형태를 취하고 있을 뿐이며, 당신의 지역 관리들 가운데 일부는 지금 이 분야에서 전문가가 되려고 애쓰고 있습니다. 나는 당신과 같은 계급과 경험을 가진 사람이라면 즉각 이런 위험한 관행의 심각성을 깨닫고 적절한 조치를 취해 그것을 멈추도록 할 거라는 희망을 가지고 있습니다.

혹시라도 우리 사람들이 우리를 잊을 거라고 생각한다면, 그것은 터무니없는 일이고 이 나라의 역사적 경험과도 어긋납니다.

백정의 목Slachter's Nek이 처형된 지 160년이 지나고, 앵글로-보어 전쟁의 포로수용소가 있은 지 74년이 지나고, 조피 푸리에가 마지막 연설을 한 지가 61년이 지났습니다.

설사 당신이 이제는 아프리카너 영웅들을, 다름 아닌 자신의 희생으로 여러분이 영국 제국주의에서 벗어나 이 나라를 통치하게 해주고 특히 당신이 이 부서의 장이 되도록 도와준 사람들을 잊었다고 해도 나는 그 말을 절대 믿지 않을 것입니다. 사람들이 우리 생전에, 자유로운 남아프리카를 위한 투쟁이 최고조에 이르렀을 때, 그들에게는 민족의 영웅인 우리를 잊을 거라고 누구라도 기대한다면, 그것은 그야말로 터무니없는 기대입니다. 당신네 사람들은 한 세기 하고도 반세기 전이 아니라 바로 지금 우리 사람들을 학살하고 있습니다. 인종차별과 억압을 하고, 재판 없이 구금하고, 고문하고, 무자비한 형벌을 내리는 나라가 현재의 남아프리카이며 강제수용소의 위협이 저 먼 과거의 일이 아니라 당장 내일의 일입니다. 그런데 우리 사람들이 우리를 어떻게 잊겠습니까. 우리가 그 모든 악으로부터 그들을 구하려고 싸우고 있는데 말입니다.

다른 많은 나라에서와 마찬가지로 남아프리카에서도 다양한 문제가 재소자들과 관리들을 분리시킵니다. 나는 당신이 우두머리로 있는 부서의 정책에 동의하지 않습니다. 백인 우월주의도 혐오해서 내 손에 있는 모든 무기를 가지고 그것과 싸울 것입니다. 그러나 당신과 나의 충돌이 가장 극단적 형태를 띨 때도 나는 우리가 개인적 미움 없이 우리의 원칙과 이념만을 놓고 싸웠으면 합니다. 그래서 싸움이 끝났을 때 어떤 결과가 나오든, 내가 모든 결투의 예법과 품위를 지킨 곧고 훌륭한 적과 싸웠다는 생각에 당신과 자랑스럽게 악수를 나눌 수 있었으면 합니다. 그러나 당신의 부하들이 계속 부정한 방법을 쓴다면, 진짜 분하고 억울한 마음과 경멸하는 마음을 억누를 수 없을 것입니다.

편지는 여기서 끝납니다. 그러나 이것은 편지를 요약한 것일 뿐이고, 몇 가지 중요한 사실도 빠져 있습니다. 서신 왕래와 관련해 당연히 이 부서는 편지의 실제 내용에만 이의를 제기할 수 있지, 편지를 쓰는 사람 자체에 대해서는 이의를 제기할 권한이 없습니다. 그러나 나는 교도소에 관한 법률과 규정, 규칙에 완전히 접근할 수 없고 교정 관리 체계에는 전혀 접근할 수 없습니다. 어쩌면 여러분이 이 문제를 조사하고 싶을지도 모르겠습니다.

하마터면 잊을 뻔했는데, 지난 9월 9일에 교도소장이 내게 말하기를, 교정국장이 보낸 8월 26일자 편지를 받았는데 거기서 교정국장이 이 섬의 관리자들이 일을 제대로 잘하고 있어 만족스러우며 자기는 이 나라의 교도소에 감금된 개인들의 불만 사항은 조사할 수 없다고 하더랍니다. 이 답장으로 교정국장은 7월 12일자 내 편지에서 언급한 권한의 남용과 체계적 박해, 기타 불법행위를 정식으로 승인한 것입니다.

마지막으로, 나는 여러분이 만일 내가 이 지시를 취소한다면 나의 직접 서명이나 여러분 회사 대표와의 면담을 통해 직접 취소할 것이라는 것을 알았으면 합니다.

1977년 1월

N. R. 만델라 466/64

9

in the country's prisons. With this reply the CoP
has given his official blessing to the abuse of
authority, systematic persecution & other irregula-
rities mentioned in my letter of July 12 // Finally,
I should like you to know that these instructions
will only be cancelled by me either in writing
under my signature or directly through an

10

interview with a representative of your
firm.

Yours sincerely
NRMandela 466/64.
January 1977.

1977년 1월 교도소에서 더반에 있는 변호사들에게 몰래 보낸 편지(266쪽 참조).

| CHAPTER 9 |

적응된 남자

"늙고 유명한 말들이
앞서 간 많은 말들처럼 쓰러져,
일부는 영원히 잊히고
일부는 학자들이나 관심을 갖는
역사적 연구 대상으로만 기억된다."

아치 구메데에게 보낸 1975년 1월 1일자 편지에서

1. 아치 구메데에게 보낸 1975년 1월 1일자 편지에서

늙고 유명한 말들이 앞서 간 많은 말들처럼 쓰러져, 일부는 영원히 잊히고 일부는 학자들이나 관심을 갖는 역사적 연구 대상으로만 기억된다.

2. 만델라가 감옥에서 쓴 미출간 자서전 원고에서

(1) 한 사람의 삶의 이야기는 정치적 동료들을 다룰 때, 그들의 인간성과 견해를 다룰 때 솔직해야 한다. 독자는 저자가 어떤 종류의 사람인지, 다른 사람들과의 관계는 어떤지 알고 싶어 한다. 그런데 이런 것들이 사실 자체에서 드러나야지 쓰는 호칭이나 형용사에서 드러나서는 안 된다. (2) 그러나 자유투사의 자서전에서는 어떤 사실을 드러낼 때 아무리 그것이 사실일지라도 그러는 것이 투쟁의 진전에 도움이 되는가 안 되는가 하는 문제에 영향을 받을 수밖에 없다. 만일 그런 사실을 밝힘으로써 우리가 문제를 분명히 볼 수 있어 우리의 목표에 더 가까이 갈 수 있다면, 우리는 당연히 그래야 할 것이다. 그러나 솔직한 것이 쓸데없는 긴장과 분열을 가져와 적이 이용할 수 있고 투쟁 전체가 지체될 수 있다면, 그것은 위험하고, 반드시 피해야 한다. (3) 자서전을 감옥에서 몰래 쓸 때는, 역시 힘들고 긴장되는 감옥살이를 하며 재소자를 박해하는 재미로 사는 관리들과 날마다 부딪히는 정치적 동료들을 다룰 때는, 특히 조심할 필요가 있다. 그런 상황에서 쓸 때는 동료 재소자들에게 그들의 희

생이 헛되지 않았다는 느낌이 들게 하는 것, 그들이 처한 암울한 상황을 잠시나마 잊고 행복하고 희망에 찬 느낌이 들게 하는 것만 쓰고 싶은 마음이 강하게 들 수 있다. 그래서 조심하면서도 공정을 기하려면, 반드시 자신이 동료들에 관해 말하려는 것을 동료들과 최대한 폭넓게 상의할 수 있는 조치를 취할 필요가 있다. 원고를 돌려보아 논쟁의 여지가 있는 모든 문제에 대해 그들의 견해를 말할 수 있는 기회를 줌으로써 사실 자체에 관련된 모든 사람의 관점이 정확히 반영되도록 하는 것이 필요하다. 저자가 그런 사실에 대해 어떤 논평을 하든 말이다. 그러나 안타깝게도 내가 이 이야기를 쓴 상황에서는, 특히 보안 문제를 고려해, 얼마 안 되는 친구들과만 상의를 할 수 있었다.[1]

3. 만델라가 감옥에서 쓴 미출간 자서전 원고에서

(15) 조명이 우리들 가운데 월튼 음콰이와 빌리 네어[2], 레이먼드 음라바, 아메드 카트라다, 고반 음베키, 월터 시술루처럼 널리 알려진, 얼마 안 되는 사람들에게 집중되었다. 그러나 이것은 당연하다. 그들이 이 나라에서 우리의 지도자로 손꼽히는 사람들이고, 대단한

---

1 만델라는 이 자서전을 몰래 썼고, 아메드 카트라다와 월터 시술루가 사실의 정확성을 점검했다. 그러면 맥 마하라지와 랄루 치바가 그것을 아주 얇은 종이에 아주 작은 글씨로 옮겨 썼다.

2 부록 「사람과 장소, 사건」 참조.

용기와 헌신으로 국내외에서 수많은 사람들에게 존경을 받았으니까. 그들은 모두 쾌활하고 낙관적이며, 우리 동료 재소자들에게 희망과 용기의 원천이었다. 그들은 감옥에서도 우리들이 회의 운동[3]과 관련한 전통을 늘 잊지 않도록 도와준 사람들이다. 그러나 이것은 이야기의 일부에 불과하다. 우리 사람들은 한 사람 한 사람이 우리의 조직을 이루는 벽돌과 같고, 우리가 여기서 다루는 사람들은 20명 정도밖에 안 되어도 교도소 본관에는 각계각층에서 온 수백만 명에게 영향을 끼치는 한층 크고 한층 미묘한 문제들을 다뤘던 사람들이고, 그들은 대다수가 면회도 없고 편지도 없고 공부할 자금도 없고 읽고 쓸 수도 없을 뿐만 아니라 감옥 생활의 온갖 무자비함을 끊임없이 겪고 있다.

4. 만델라가 감옥에서 쓴 미출간 자서전 원고에서

월터 [시술루]와 캐시 [카트라다]는 한 가지 공통된 특징이 있다. 우리의 우정에 없어서는 안 될 부분이고 내가 아주 높이 평가하는 그것은, 내가 잘못하면 주저 없이 비판해 내가 정치 생활을 하는 동안 줄곧 내가 내 자신을 볼 수 있게 거울 역할을 한 것이다. 나는 나와 함께 굴욕을 당하면서도 당당하고 결단력 있게 행동하는 용감한 동료들에 관해 여러분에게 좀 더 많이 말해줄 수 있었으면 좋겠다.

3 아파르트헤이트에 반대하는 조직들의 연합체. ANC와 SAIC, COD, CPC로 이루어졌다.

그들의 대화와 농담, 동료 재소자들이 어떤 개인적 문제를 겪든 기꺼이 나서서 도우려는 자세에 관해 자세히 이야기할 수 있었으면 좋겠다. 유색인에 대한 증오라는 사악한 재단에 자신의 삶을 바치고 있는 사람들의 자질과 역량을 여러분 스스로 판단할 수 있도록 말이다.

5. 크루언스타트 교도소에 있는 위니 만델라에게 보낸 1975년 2월 1일자 편지에서

그런데 당신은 감옥이 자신을 알고 깨우치기에, 자신의 마음과 감정의 흐름을 냉철하게 규칙적으로 살펴보기에 이상적인 곳임을 발견할지도 모르오. 우리는 자신이 개인으로서 얼마나 진보했는지를 판단할 때 사회적 지위와 영향력, 인기, 부, 교육 수준 같은 외적 요소들에 집중하는 경향이 있소. 물론 이런 것들도 물질적 문제에서 자신의 성공 여부를 평가할 때는 중요하고, 많은 사람이 주로 이 모든 것을 성취하려고 애쓰는 것도 충분히 이해할 수 있는 일이오. 그러나 자신이 인간으로서 얼마나 발전했는지를 평가할 때는 내적 요소들이 더 중요할지도 모르오. 정직하고 성실하고 소박하고 겸손하며 순수하게 너그럽고 허영심이 없고 남을 위해 기꺼이 일하는 것, 이 모두는 누구나 얻기 쉬운 것들이지만 우리의 정신적 삶의 바탕을 이루는 자질들이오. 그런데 이런 성질의 문제에서 성장과 발전은 진지한 자기 성찰 없이는, 자신을 알지 못하고는, 자신의 약점과 잘못을 모르고는 상상할 수도 없다오. 감옥은 다른 것은 몰라도 날

마다 자신의 행동을 낱낱이 들여다볼 수 있는, 나쁜 것은 극복하고 좋은 것은 무엇이든 발전시킬 수 있는 기회를 준다오. 이 점에서 날마다 잠자리에 들기 전에 15분 정도 규칙적으로 명상을 하면 아주 알찬 결과를 얻을 수 있소. 처음에는 자신의 삶에서 부정적인 것들을 정확히 집어내기가 어려울지 몰라도, 계속 시도하다 보면 열 번째에는 알찬 보상을 얻을 수 있다오. 성인은 계속 노력하는 죄인이라는 것을 잊지 마시오.

6. D. B. 앨리그잰더 부인에게 보낸 1976년 3월 1일자 편지에서

내가 좋아하는 취미 가운데 하나가 지난해에 받은 카드를 모두 다시 한 번 보는 것인데, 바로 며칠 전에 지난 12월에 당신이 내게 보낸 것을 보았습니다. 인쇄된 단어는 네 개뿐인데 거기에 당신이 굵고 뚜렷한 글씨로 세 단어를 덧붙였더군요. 그렇게 말을 아끼는 것이 명절에 내가 당신에게서 받은 모든 메시지의 특징이지만, 그것들은 따뜻함과 영감을 주는 것들로 가득 차서, 받을 때마다 내가 손자인 레오보다 더 어린 느낌이 든답니다.

7. 자밀라 아요브에게 보낸 1987년 6월 30일자 편지에서

70년대 초에 한번은 자미에게 편지를 썼는데, 나는 그것이 사랑하는 아내를 흠모하고 숭배하는 남자가 보내는 낭만적인 편지라고 생

각했답니다. 그런데 그 편지를 쓰면서 내가 제니와 진드지가 아름답게 자랐다면서 그 아이들과 이야기하는 것이 정말 기쁘고 즐겁다고 했는데, 사랑하는 아내가 격노해서, 그녀가 보낸 편지의 마지막 줄에 이르러서는 내가 물리적으로 아주 멀리 떨어져 있는 게 아주 다행이라는 느낌이 들었답니다. 그렇지 않았다면 목숨이 위태로웠을 테니까요. 나는 내가 꼭 반역죄를 저지른 것 같았답니다. 그녀가 내게 "당신이 아니라 내가 이 아이들을 키웠는데, 이제 와서 당신이 나보다 아이들을 더 좋아하다니!" 하고 일침을 놓았거든요. 정말 간담이 서늘했답니다.

8. 『자유를 향한 머나먼 길』의 속편으로 쓴 미완성 원고에서

남아프리카에서 가장 큰 도시인 요하네스버그에서 변호사로 훈련받고 활동하며 겪은 일들로 말미암아 정치 생활 초기에 이 나라 권력의 회랑에서 일어나는 일에 예민하게 촉각을 세우게 됐다. 이러한 초기 경험은 로벤 섬에 수감되어 있는 동안 한층 강화되었다.

그때는 교도소 간수들이 결코 공동체에서 가장 교육을 잘 받은 사람들이 아니었다. 대다수가 우리의 열망에 적대적이었고, 모든 흑인 재소자를 인간 이하로 여겼다. 그들은 지독한 인종차별주의자였고, 우리를 아주 잔인하고 거칠게 다루었다.

그러나 그들 중에도 주목할 만한 예외가 있었다. 그들은 끈질기게 자기 동료들에게 세계의 다른 지역에서는 해방운동이 억압자들과 싸워 이겨 그들이 통치자가 되는 일도 많다고 경고했다. 이 진보적인 간수들은 재소자들을 규정에 따라 잘 대우해야 한다고 설득했다. 그래야 언젠가 이들이 이겨 정부가 되더라도 백인들에게 잘할 거라고 했다.

ANC(아프리카 민족회의)는 언제나 우리가 싸우는 대상은 백인 자체가 아니라 백인 우월주의임을 강조했다. 그러한 정책은 전국 규모의 조직과 정부는 물론 주와 지역 단위의 조직과 정부의 주요 구조가 지닌 인종차별적 구성에 그대로 반영되어 있었다.

동료 재소자들이 그때 모두 정부 부처의 일에 정통할 기회가 있었던 것은 아니다. 우리 가운데 가장 영향력 있는 사람들도 일부는 아파르트헤이트 정부와의 대화가 과연 실현 가능한 방안일까 하는 의심을 많이 했다.

9. 교도소에서 만델라의 등급[4]이 올라간 것을 놓고 리처드 스텡글과 나눈 대화

스텡글 : 그럼 왜 당신은 일등급이었나요?

만델라 : 음, 그것은 그냥 당국과의 좋은 관계 문제였어요……. 그들이 우리와 싸웠지만, 나는 좋은 관계를 유지했어요. [그들에게] 가서…… 문제를 논의할 수 있기를 바랐으니까. 사람들 때문에 걱정

4 재소자들은 A에서 D까지 네 등급으로 분류되었다. A등급 재소자들은 가장 많은 특권을 누렸다. 처음 교도소에 들어오면 정치범들은 D등급인데, 이는 6개월에 한 번밖에 편지를 주고받을 수 없고 6개월에 한 번밖에 면회를 할 수 없다는 말이었다.

스러웠거든요. 전혀 접촉이 없는 본관 사람들이나 우리 집단, 우리 구역에 있는 사람들이나 모두 온갖 문제로 걱정을 하게 만들었어요. 어떤 문제들은 아주 심각해서 당장 해결을 해야 했어요. 정책과 관행 같은 전반적인 문제와는 좀 동떨어진 문제였어도……. 그래서 나는 그들과 좋은 관계를 유지했어요. 심지어는 교정국장인 스테인 장군은 물론 아우캄프와도……. 그러나 원칙의 문제로 싸울 때는, 그들이 뭔가를 잘못했을 때는 그들과 싸웠어요.

10. 간수들에 관해 리처드 스텡글과 나눈 대화에서

나는 우리가 간수들은 모두 동물이고 악한이라는 인상을 만들어 내지 않았으면 해요. 처음부터 우리가 올바로 대우를 받아야 한다고 생각하는 간수들이 있었어요……. 그들은 으스대지 않고 아무렇지도 않게 내게 와서 이야기를 했어요. 특히 주말이나 저녁에……. 그들 가운데 일부는 정말 좋은 사람이었어요. 우리가 받는 대우에 대해 타협하지 않고 단호하게 자기 의견을 표출했어요. 그래서 간수들과 장교들을 알게 되면서, 간수들 사이에 심각한 논쟁이 있다는 것도 알게 되었지요. 한쪽에서 "우리는 사람을 이렇게 대할 수 없어. 우리는 그들에게 관대해야 해. 그들에게 신문도 주고, 라디오도 주어야 해." 하고 말하면, 한쪽에서 "아니야. 너희들이 그러면 저들의 사기가 올라가. 그러지 마." 하고, 그러면 또 "그래도 그들은 여전히 섬에 있어." 하는 식으로 논쟁이 이어졌어요. 그래서…… 간수들 사이에 이런 분열이 있는 것을 보고, 얼마 뒤에 우리가 태업을 하기로 했어요……. 거의 아침 한나절 꼬박 걸려서야 한 짐을 싣곤 했어요……. 그들이 온갖 수단을 다 썼지만, 우리는 꿈쩍도 하지 않았어요. 오페르만 병장이라는 친구가 있었는데, 이 친구는 우리를 모두 불러 "여러분, 지난밤에 비가 와서 길이 쓸려 내려갔습니다. 길을 보수하게 석회가 있었으면 합니다. 오늘은 다섯 짐을 했으면 합니다. 대형 트럭 다섯 대 분량입니다. 나를 도와주시겠습니까?" 하고 말하곤 했어요. 그러니, 이 친구가 우리를 모두 불러 우리에게 여러분이라고 한 사실에 우리는 이 사람을 도와야겠다는 생각이 들었고, 그래서 거의 한 시간 만에 트럭 다섯 대를 모두 채웠어요. 하지만 이 사람이 가면 다시 태업에 들어갔어요.

그런데…… 이 친구는 예의만 바른 것이 아니라, 그가 부엌 담당일 때는 우리에게 정량을 주었어요……. 부엌에는 몰래 빼 가는 일이 많았어요. 우리의 고기와 우리의 설탕 등을 훔쳐 갔지요. 그런데 이 병장은 우리가 정량을 받을 수 있게 했어요. 그래서 우리가 그를 존경했지요. 그렇지만 우리에게 비인간적으로 접근하는 간수들이 많았어요. 그래서 아주 힘든 일이 많았지만, 일부 간수들이 우리를 인간으로 대하는 밝은 순간들도 있었답니다.

11. 리처드 스텡글과 나눈 대화

스텡글 : 간수들 가운데 일부가 당신과의 정치 토론에 참여했나요?

만델라 : 아 예, 그럼요. 아주 많이. 대개는 몇몇 날카로운 친구들이 있어, 그들이 토론에 참여했어요. 그리고 그런 토론 결과 그들이 우

리에게 대단히 우호적으로 변했어요. 아주 우호적으로. 그들 가운데 일부는 지금도 나와 친해요.

스텡글 : 그런데 그들이 어떻게 참여하기 시작했나요? 그들이 듣고 있다가 자기들도 의견을 말하기 시작했나요?

만델라 : 음, 그들이 우리에게 질문을 했어요. 내 경우만 말하면, 나는 한 번도 내가 먼저 간수와 정치 토론을 한 적이 없어요. 나는 그들의 말을 들었어요. 질문하고 싶어 하는 사람에게 대답해 주는 편이 훨씬 효과적이에요. 쓸데없이 나서 정보를 주면 불쾌해 하는 사람들도 있어서 효과적이지 않아요. 거리를 두는 게 나아요. 그렇지만 누가 "당신들이 원하는 게 정확히 뭐냐?" 하고 물으면, 왜냐하면 그들은 대개 "내게 말해 봐, 원하는 게 뭐야?" 하고 물으니까, 그때 설명해요. "왜 먹을 것도 충분한데 이런 것을 걱정하느냐? 왜 나라를 그렇게 어렵게 하고 고통스럽게 하느냐? 무고한 사람들을 공격하고 살해하면서."라고 하면, 이제 그들은 설명할 기회를 얻어서 "아니다, 당신은 당신들 역사도 모른다. 당신들이 영국에 억압받았을 때 당신들도 우리와 똑같이 했다. 그리고 그것이 역사의 교훈이다."라고 말하지요.

12. 리처드 스텡글과 나눈 대화

스텡글 : ……맥 마하라지가 당신이…… 감옥에서…… 다른 죄수들을 대변했다고 했는데, 그것은 규정 위반이었나요?

만델라 : 예, 그럼요.

스텡글 : 그런데 결국 그들이 그것을 허락했나요?

만델라 : 예.

스텡글 : 어떻게 된 일이지요?

만델라 : 음, 계속 끈질기게 주장해서 그렇게 되었어요. 그들이 받아들여야 했어요. 사람이 싸우면 적도 존중하거든요. 특히 이성적으로 싸우면……. 내가 "이것은 잘못되었다. 내가 보았다. 어떻게 할 거냐? 내가 다른 재소자들을 대변할 권리가 있든 없든 범죄가, 위법 행위가 저질러졌는데 어떻게 할 거냐? 당신은 장교다. 당신은 그것에 대해 뭔가를 해야 한다. 좋다. 당신이 그러고 싶지 않다면, 내가 당신의 상부에 편지를 쓰게 해달라. 당신의 상부에서 나를 돕지 않으면 법무 장관에게 편지를 쓰겠다. 법무 장관이 나를 돕지 않으면, 그때는 교도소 체계 안에서 항의할 수 있는 수단은 모두 쓴 셈이니, 그 밖으로 나가겠다." 했어요. 그랬더니 그들이 무서워 했어요……. 내가 끈질겼고, 일을 결국 법무 장관에게까지 가져간 경우도 있어요. 그래도 개선이 되지 않으면 밖으로 몰래 편지를 내보내 언론에서 보도하도록 했어요. 내가 그들에게 가서 "당신들이 이것을 처리하지 않으면, 나는 어떻게 해야 하는지 안다." 하면…… 이전의 경험 때문에 무서워했어요. 그래서 결국 그들이 내가 다른 죄수들을 대변하는 것을 허락했지요.

13. 리처드 스텡글과 나눈 대화

스텡글 : 그래도 당신 세대 사람들에게 아직도 백인을 공경하는 태도

같은 것이 있다고 생각하나요? 그런 것이 젊은 세대에는 존재하지 않겠지만 말입니다. 예를 들면, 당신에게도 그런 게 조금이라도 남아 있나요?

만델라 : 백인에 대한 열등감이요?

스텡글 : 예.

만델라 : 아니요, 난 그렇게 생각하지 않아요……. 특히 해방운동에 오랫동안 몸담아 감옥에 들어갔다가 나왔다면……. 1952년 불복종 운동의 목적 가운데 하나가…… 이런 억압에 대한 저항 정신을 고취하는 것이었어요. 백인과 경찰, 그들의 감옥과 법정을 두려워하지 않도록 하는 것……. 그때 8천 500명이 일부러 감옥에 들어갔어요. 우리에게 굴욕감을 주어 서로 뭉치지 못하게 함으로써 백인들에게 어떤 특권을 주려는 법을 어겨서. 우리는 그런 법을 어겨 감옥에 들어갔고, 그런 성격의 운동을 벌인 결과 사람들이 이제는 억압을 두려워하지 않게 되었어요. 그것에 도전할 준비가 되었어요.

누가 법에 도전해 감옥에 갔다 올 수 있다면, 그 사람이 감옥살이에 겁먹을 가능성은 별로 없어요. 일반적으로 말해 그래요. 따라서 우리 세대에도 열등감은 없어요. 오히려 우리가 문제를 더 성숙하게 다룬다고 할 수 있을지언정. 우리는 접촉이 누군가를 설득하는 가장 좋은 방법이라는 것을 알아요. 이 친구들은 대부분 계몽이 안 되어서 문제를 올바로 인식할 수 있는 깊이가 없어요. 그래서 논쟁할 때 아주 조용히, 목소리를 높이지 않고 맞서면, [그들의] 자존감과 성실성을 문제 삼는 것처럼 안 보여요. 긴장을 풀고 안심하게 하면, 우리가 주장하는 것을 이해하게 할 수 있어요. 감옥에서 가장 완고한 간수들도 차분하게 앉아서 이야기하면 어김없이 무너져요, 처참하게…….

분자이어 병장이라는 친구가 있었는데, 아주 흥미로운 친구였어요……. 어느 날 우리가 논쟁이 붙었는데, 내가 다른 재소자들 앞에서 그에게 몇 가지 불쾌한 말을 했어요. 그런데 나중에 생각해 보니 내가 그에게 너무 심하게 했더라고요. 그 친구가 비교적 젊은 친구였거든요. 20대였어요. 그러나 아주 강인하고 고고하고 냉정한 친구였는데, 이 친구가 누가 봐도 명백히 실수를 했어요. 그래도 내 말이 너무 심했다는 생각이 들어서 다음 날 사무실로 다시 가서 "이봐요, 내가 그렇게 말해서 미안해요. 적절한 언사가 아니었어요. 당신이 틀리기는 했어도 그렇게 말해서 미안해요." 하고 사과했어요. 그랬더니 그가 그래요. "당신이 다시 왔지만, 당신은 친구를 만났을 때 말하듯이 내게 말해요. 내게 그렇게 말해 놓고는 이제 와서 몰래 와 굽실거리며…… 하하, 용서를 구해요. 그 친구들을 불러서 당신이 그들 앞에서 내게 욕을 했다고 말해요." 그래서 내가 그들을 불러서 "그가 좋은 지적을 했어요. 내가 여러분 앞에서 그를 비난했으니 말입니다. 그래서 내가 혼자 그에게 사과를 하러 갔는데, 그가 사과를 받아들이지 않았어요."라고 말해야 했어요. 그랬더니 그가 그래요. "음, 그럼 이제 사과를 받아들이겠어요." 그러나 그러고도…… 내게 감사하는 마음이, 고마워하는 마음이 없는 거 있죠……. 그는 여전히 거만했어요. 하하하.

간수들이 두려워하는 것 가운데 하나는…… 그들보다 계급이 높은 상사가 우리 구역에 올 때예요. 그들은 상사가 오면 가서 그들을 맞이하고 싶어 해요……. 그런데 내가 멀리서 어떤 장교가 오는 것을 보고, 그에게 귀띔해 줘야지 하고는 "분자이어 씨, 분자이

2.

I wrote to the children just after your detention consoling them not to be worried about your absence from home. I also reminded them that you are experienced in facing difficulties at the same time wishing them good luck and success in the examinations. Although encouraging them, Iam always concerned about your health, spending speelless nights rhinking about the children who are left alone the damage of property in the house, thinking of friends and the loss of such a good paying job, the loss of money paid for examinations and the anxiety of not knowing when we shall meet again. The firls told me that they visited you several times and that you seemed to be in good health. Such messages gives one courage.

This year I received two letters from ZINDZI and none from ZENI. I did not want to ask her about that when they were here for fear that she would be ashamed. Although I wrote to them in September I will do so again next month. It sounds well that ZEIN and BAHLE are still in good terms. ZINDZI said she parted with FIDZA. Her new friend is MAFUTHA OUPA. She said you will explain all about that for she could take the whole day and night to do that. I hope you will write about that. I always think of a place where they can spend the holiday since you are not at home.

Although I am still without proof whether you received the letters of Sept. 1 and Oct. 1, as for the one of Aug. 1 I will always be expecting an answer to hear if you do receive my letters. In spite of what the contents of those letters might be, their main point love, sympathy, remembrance, respect and all that might be relevant to all that I had written therein. My main problem since I left home is my sleeping without you next to me and my waking up without you close to me, the passing of the day without my having seen you with that audible voice of yours. The letters I write to you and those you write to me are an ointment to the wounds of our separation.

As I am writing, the book of that famous author about the desert country is not far from me. The spiritual draught has vanished and substituted by the rain that fell as I completed it. Your letter dated 19/9 is just arriving now. As I am speaking, all the springs of life are running. The tributaries are full of clean water, the lakes are full and all the grandeur of nature has returned to normal. At this minute all my thoughts are beyond the Vaal in Johannesburg in the room where you are my sister.

With love,

DALIBUNGA.

Mrs. Nobandla MANDELA, Female Section, Johannesburg Prison,
P.O. Box 1133, Johannesburg (2000).

TRANSLATED FROM Xhosa to English by B/D/Sgt. RAPHADU.

CAPE TOWN.
1.11.1976.

위니 만델라에게 보낸 1976년 10월 26일자 편지. 이것은 원래 만델라가 코사어로 직접 써서 보냈는데, 위니가 투옥된 여자 감옥의 관리가 영어로 서툴게 번역하여 타이핑을 했다.

어 씨, 대령이 오고 있어요." 하고 말했어요. 그랬더니 그래요. "그래서요? 그래서 어쩌라고요? 그도 이곳을 알아요. 그도 혼자 걸어서 올 수 있어요. 그를 맞이하러 가지 않을 거예요." 하하……. 아주 독립적이었어요. 분자이어 병장은 고아였어요. 그가 내게 자기 이야기를 했고, 그래서 내가 그렇게 말한 것이 부끄러웠던 거예요……. 그는 고아원에서 자랐고, 자기들은 고아라는 게 싫어서 아침 먹을 때, 아니 어떤 식사 때라도 서로 말을 하지 않는다는 이야기도 한 적이 있어요. 부모가 없어 부모의 사랑을 못 받아 비통했을 거고, 그래서 그가 그랬다고 나는 생각해요. 나는 이 친구를 아주 존경했어요. 자수성가한 친구였거든요. 그래서 독립적이었고, 공부를 하고 있었어요. 그는 전혀 두려움이 없었어요……. 나는 그가 떠났을 거라고, 교도소를 떠났을 거라고 생각해요. 그래서 내가 이렇게 터놓고 이야기하는 거예요. 만일 그렇지 않았다면, 그에게 영향을 끼칠 테니 그렇게 말하지 않았을 거예요.

14. 위니 만델라에게 보낸 1976년 10월 26일자 편지에서

내가 누린 기회들뿐만 아니라 즐거웠던 때를 생각하며 혼자 웃는 행복한 때가 있다오. 그러나 중요한 일로 바쁠 때보다 명상을 하는 시간이 많다오. 관심을 끄는 일들이 많구려. 친구들과 수다를 떨기, 여러 가지 책 읽기, 기분 전환을 해주는 것들, 가족과 친구에게 편지 쓰기, 밖에서 오는 편지 다시 보기 등. 생각은 느긋하게 쉴 때만 찾아와 한 사람을, 내가 아주 잘 아는 영원한 친구들을 둘러싼다오. 양

심은 찢어지고, 존경과 사랑은 배가된다오. 그것이 내가 가진 유일한 재산이라오.

15. 펄리시티 켄트리지 변호사에게 보낸 1976년 5월 9일자 편지에서

이제 활동을 못한 지가 16년이나 되어 내 견해가 시대에 뒤떨어진 낡은 것이 되었을지도 모릅니다. 그러나 여자가 어떤 점에서 남자보다 못하다고 생각해 본 적이 없습니다.

16. 위니 만델라에게 보낸 1979년 9월 2일자 편지에서

당신이 79년을 여성의 해로 보는 것이 옳을 것이오. 여성들은 사회가 남녀평등을 설교하지만 말고 실천해야 한다고 요구하는 것 같소. 프랑스 여성 시몬 베유가 끔찍한 일들을 겪어 내고 유럽의회 의장이 되었고, 마리아 핀타실고가 포르투갈에서 채찍을 휘두르고 있소. 보도를 보면 누가 카터 가족을 이끄는지도 모르겠소. 카터의 로절린[5]이 바지를 입고 있는 것 같을 때가 있소. 마거릿 대처의 이름은 거의 거론할 필요도 없을 것이오. 영국은 전 세계에 펼쳐져 있던 제국

---

5 로절린 카터(1927년~). 지미 카터 대통령과 결혼했다.

이 무너지고 제2차 세계대전 후 삼등국이 되었지만, 여전히 많은 점에서 세계의 중심에 있소. 그곳의 일은 전 세계의 이목을 집중시키오.

인디라 [간디]는 당연히 이 점에서는 유럽이 아시아를 본받고 있다는 것을 일깨워 줄 것이오. 아시아에서는 지난 20년 동안 여자 수상이 적어도 두 명 이상 나왔잖소. 정말…… 지난 수세기 동안 많은 여성 통치자들이 있었소. 에스파냐의 이사벨라와 잉글랜드의 엘리자베스 1세, 러시아의 예카테리나 여제(나는 그녀가 얼마나 위대한지 모르겠소), 바틀로콰족 여왕 만타티시[6] 등등. 그러나 이들은 모두 자신과 상관없이 일인자가 되었소. 상속을 통해서 말이오. 그러나 오늘날에는 자력으로 입신한 여성들에게 관심이 집중되오.

17. 아미나 카찰리아에게 보낸 1980년 4월 27일자 편지에서

저 비둘기 요리를 떠올리게 해 나를 고문하다니 너무합니다. 그것은 불난 집에 부채질하는 격입니다. 28년이 지났건만 나는 지금도 향수에 젖어 그 잊지 못할 날을 생각합니다. 예, 당신이 옳아요! 이제 또 한 번 먹을 때예요. 언제 어디서? 그것은 이제 중요하지 않습니다. 당신이 여전히 그것에 대해 생각하고 그런 적절한 질문을 하는 것만으로도 충분히 좋습니다. JHB(요하네스버그)에는 파리에 있는 식당에서 자주 식사를 주문해 먹는 사람들도 있다는데, 당신이

6 1780~1826년. 1813~26년에 바틀로콰족의 섭정을 지냈다.

라고 왜 천 마일 떨어진 곳으로 음식을 날려 보내지 못하겠습니까? 물론 그것은 희망 사항일 뿐이고, 당신과 나는 식사가 결코 대서양을 건너지 못한다는 것을 압니다. 지난 12월에 우리 친구 아예샤[7]가 CT(케이프타운)에서 내게 군주에게나 어울리는 크리스마스 요리를 보냈답니다. 이 부서에는 그런 행위에 대한 규정이 없다는 사실을 모르고서 말입니다. 집에서 갓 요리한 진짜 카레를 맛보았다면 정말 특별한 선물이었을 겁니다. 그러나 음식 꾸러미를 그녀에게 돌려보냈을 뿐만 아니라 음식을 담은 그릇도 일부 박살이 났답니다. 많은 선의와 애정에서 시작된 일이 결국 좌절감만 안겨 주게 되어 더욱 씁쓸합니다. 그래서 그녀에게 위로의 편지를 썼는데, 그것을 받고 기분이 좀 나아지기를 바랄 뿐입니다. 그러나 이렇게 몇 자 서둘러 쓰면서도 마음과 몸이, 피와 뇌가 서로 싸웁니다. 하나는 우리가 삶에서 놓치는 그 모든 좋은 것들을 떠올리며 비통해하고, 머리는 저항하며 우리가 사는 구체적 현실에 따라 움직입니다.

18. 리처드 스텡글과 나눈 대화

만델라 : 나는 [C. J.] 랑엔호펜의 작품이 몇 개 있었어요……. 『나사렛의 그리스도』(『나사렛의 그림자』)인가 하고, 또 하나는 『룰루라이』

---

7 아예샤 아널드 박사(1987년에 사망)는 케이프타운에 사는 친구였다. 제니와 진드지가 만델라를 면회하러 왔을 때 그 집에 머물렀다.

였어요……. 그것은 아주 기발한 책이었어요……. 20년대에 쓴 것인데…… 거기서 한 지구 남자가 달로 날아가요……. 그러고는 달의 환경과 지구의 환경을 비교해요. 그런데 사실은 그가 달에서 지구로 날아온 사람이었고, 그래서 지구에서 사는 삶과 달에서 사는 삶이 얼마나 다른지, 달에는 길이 어떻게 금 따위로 포장되어 있는지, 자신이 어떻게 자기 나라로 다시 날아가게 되었는지를 이야기해요.

스텡글 : 아, 그럼 당신이 랑엔호펜을 좋아한 이유는? 당신은 왜 그를 좋아했나요?

만델라 : 음, 첫째, 그는 아주 평이하게 썼어요. 둘째, 아주 익살스러운 작가였고, 물론 그의 글의 일부는 아프리카너들이 영국인을 닮고 싶은 마음에서 벗어나게 하려고 했어요. 그는 [아프리카너들] 사이에 민족적 자부심을 고취하려 했고, 그래서 그를 무척 좋아했어요. 예……. 그리고 시의 관점에서는 [D. J.] 오페르만…… 그의 시는 정말 정치적 성격을 띤 어떤 특정한 이념에도 경도되지 않았어요. 그것은 그냥 문학, 순수문학의 문제였고 그래서 오히려 아주 좋았어요.

19. 아우캄프 준장을 통해 위니 만델라에게 보낸 1970년 1월 1일자 편지에서

[C. J.] 랑엔호펜의 소설 『나사렛의 그림자Skaduwees van Nasaret』는 이스라엘이 로마의 속국이고 빌라도가 그곳의 군정 장관이었을 때 그리스도가 빌라도에게 받은 재판을 그리고 있소. 나는 이 소설을

1964년에 읽었고, 그래서 지금 순전히 기억에 의존해서 이야기하오. 책에서 말하는 이야기는 약 2천 년 전에 일어났어도, 그 이야기에는 누구의 진리가 보편적인가, 어느 쪽이 로마제국의 전성기 때만큼이나 오늘날에도 신선하고 의미가 있는가 하는 교훈이 담겨 있다오. 재판 뒤에 빌라도는 로마에 있는 친구에게 편지를 써 아주 주목할 만한 고백을 하오. 이것은 간단히 말해 그가 한 이야기인데, 편의상 그것을 일인칭으로 쓰겠소.

로마 속국의 총독으로서 그동안 온갖 종류의 반란자와 관련된 재판을 했지만, 이 그리스도에 대한 재판은 결코 잊을 수 없을 걸세! 어느 날 유대인 사제들과 신도들이 대거 떼 지어 몰려와 말 그대로 분노와 흥분에 떨며 나의 궁전 바로 바깥에서 그리스도를 유대인의 왕이라고 주장한 죄로 십자가형에 처해 달라고 했다네. 무거운 쇠사슬에 팔과 다리가 묶여 있는 사람을 가리키며 말일세. 그래서 그 죄인을 보았는데, 우리의 눈이 마주쳤다네. 그런데 그 모든 흥분과 소란 속에서도 그는 한 치의 흔들림도 없이 차분하고 조용했고 자신감이 있었다네. 마치 자기 곁에 수백 명의 지원군이라도 있는 듯이 말일세. 내가 사제들에게 이 죄인은 유대의 법을 어겼지 로마의 법을 어긴 것이 아니므로 그를 재판할 사람은 바로 유대인이라고 했다네. 그러나 내 설명에도 아랑곳없이 그들은 계속 고집스럽게 그를 십자가형에 처해 달라고 했고, 그래서 금방 그들이 어떤 딜레마에 빠져 있는지 알았다네. 그리스도는 이 땅에서 막강한 세력이 되어, 수많은 대중이 그를 전폭적으로 지지했다네. 상황이 이러자 사제들은 무력감을 느꼈고, 그래서 그에게 형벌을 내리는 책임을 지고 싶지 않았던 걸세. 그들의 유일한 해결책은 제국인 로마가 자기들이 할 수 없는 것을 하도록 유도하는 것이었네.

축제 때는 늘 죄인들을 몇 명 풀어 주는 관행이 있어, 마침 축제가 곧 있을 예정이라 내가 이 죄인을 풀어 주면 어떻겠느냐고 물었다네. 그러나 사제들은 대신 악명 높은 죄인 바라바를 풀어 주고 그리스도는 처형해 달라고 했다네. 이 단계에서 내가 재판정에 들어가 죄인을 데려오라고 명령했다네. 내 아내와 다른 로마 관리의 아내들이 따로 마련된 구역에 있는 귀빈석에 앉았다네. 그런데 죄인이 걸어 들어오자 내 아내와 그녀의 동반자들이 본능적으로 자리에서 일어났다네. 그리스도에 대한 존경의 표시로 말일세. 그러나 금방 이 사람이 유대인이고 죄인이라는 것을 깨닫고는 다시 자리에 앉았지. 나는 살면서 처음으로 나를 꿰뚫어 보는 듯한 눈을 가진 사람과 마주했다네. 그렇지만 나는 그의 의중을 헤아릴 수 없었네. 그의 얼굴 전체에 사랑과 희망의 빛이 희미하게 빛났다네. 그러나 동시에 그는 인류 전체의 어리석음과 고통을 무척 가슴 아파 하는 사람의 표정도 띠고 있었다네. 그가 위를 응시하자, 그의 눈이 천장을 뚫고 별보다도 먼 곳을 바라보는 것 같았다네. 그 재판정에서 권위는 재판관인 내가 아니라 저 아래 피고석에 있는 죄인에게 있다는 것이 분명해졌다네.

아내가 내게 쪽지를 건네 지난밤에 내가 무고한 사람에게 형벌을 내리는 꿈을 꾸었다고 했다네. 자기 민족의 구세주라는 죄밖에는 없는 사람에게 말일세. "그런데 빌라도, 바로 당신 앞에 있는 사람이 내가 지난밤 꿈속에서 본 사람이랍니다. 공정한 판결이 나도록 하세요!" 나는 아내의 말이 사실임을 알았지만, 나의 직무는

466/64 Nelson Mandela

January 1, 1970

Dade Wethu,

A novel by Langenhoven, "Skaduwees van Nasaret" [Shadows of Nazareth] depicts the trial of Christ by Pontius Pilate when Israel was a Roman dependancy & when Pilate was its military governor. I read the novel in 1964 & now speak purely from memory. Yet though the incident described in the book occurred about 2000 years ago, the story contains a moral whose truth is universal & which is as fresh & meaningful today as it was at the height of the Roman Empire. After the trial, Pilate writes to a friend in Rome to whom he makes remarkable confessions. Briefly this is the story as told by him &, for convenience, I have put it in the first person:

As governor of a Roman province I have tried many cases involving all types of rebels. But this trial of Christ I shall never forget! One day a huge crowd of Jewish priests & followers, literally shivering with rage & excitement, assembled just outside my palace, & demanded that I crucify Christ for claiming to be King of the Jews, at the same time pointing to a man whose arms & feet were heavily chained. I looked at the prisoner & our eyes met. In the midst of all the excitement & noise, he remained perfectly calm, quiet & confident as if he had millions of people on his side. I told the priests that the prisoner had broken Jewish, & not Roman law & that they were the rightful people to try him. But in spite of my explanation they stubbornly persisted in demanding his crucifixion. I immediately realised their dilemma. Christ had become a mighty force in the land & the masses of the people were fully behind him. In this situation the priests felt powerless & did not want to take the responsibility of sentencing & condemning him. Their only solution was to induce Imperial Rome to do what they were unable to do.

At festival time it has always been the practice to release some prisoner & as the festival was then due, I suggested that this prisoner be set free. But instead, the priests asked that Barabas, a notorious prisoner, be released & that Christ be executed. At this stage I went into Court & ordered the prisoner to be brought in. My wife & those of other Roman officials occupied seats in the bay reserved for distinguished guests. As the prisoner walked in my wife & her companions instinctively got up as a mark of respect for Christ, but soon realised that this man was a Jew & a prisoner, & whereupon they resumed their seats. For the first time in my experience, I faced a man whose eyes appeared to see right through me, whereas I was unable to fathom him. Written across his face was a gleam of love & hope, but at the same time he bore the expression of one who was deeply pained by the folly & suffering of mankind as a whole. He gazed upwards & his eyes seemed to pierce through the roof & to see right beyond the stars. It became clear that in that courtroom authority was not in me as judge, but was down below in the dock where the prisoner was.

My wife passed me a note in which she informed me that the previous night she had dreamt that I had sentenced an innocent man whose only crime was that of messiah to his

위니 만델라에게 보낸 1970년 1월 1일자 편지.

이 사람에게 그의 결백에 상관없이 형벌을 내리도록 요구했다네. 나는 쪽지를 호주머니에 넣고 재판을 계속했다네. 내가 죄인에게 자신이 어떤 혐의로 재판에 회부되었는지를 알려 주고 자신이 유죄인지 무죄인지를 말해 달라고 했다네. 그러나 몇 번이나 내 말을 완전히 무시해 그가 이러한 절차를 괜한 호들갑으로 여긴다는 게 분명했네. 내가 이미 형벌을 내릴지 말지를 결정했으니 말일세. 그래서 내가 다시 질문하며, 그에게 그의 목숨을 구할 수도 있는 권한이 내게 있다는 것을 분명히 말해 주었네. 그러나 죄인에게서 빛나던 희미한 빛이 미소 속으로 사라지면서 그가 처음으로 말을 했다네. 그는 고발된 대로 자신이 왕이라고 했고, 그 간단한 대답 하나로 나를 완전히 무너뜨렸다네. 나는 당연히 그도 다른 죄인들처럼 자신의 죄를 부인할 거라고 생각했는데, 그의 인정으로 상황이 어쩔 수 없게 되었다네.

친구여, 자네도 알다시피, 로마에서 로마 재판관이 재판을 할 때는 오로지 기소된 내용과 법, 법정에 제출된 증거에만 따르고, 오로지 이런 요소들에 의거해서만 판결을 내린다네. 그러나 로마에서 멀리 떨어진 이 속주에서는 우리가 전쟁을 하고 있다네. 전장에 있는 사람은 오로지 결과에만, 승리에만 관심이 있지 정의에는 관심이 없어서 재판관도 시험에 든다네. 그래서 나는 이 사람이 죄가 없다는 것을 익히 알았지만, 나의 직무는 내가 그에게 사형 선고를 내려야 한다고 했고, 그래서 그랬다네. 내가 마지막으로 그를 보았을 때 그는 조롱과 모욕, 구타 속에서 골고다 언덕을 향해 힘겹게 나아갔다네. 자신이 죽게 될 무거운 십자가의 무게에 짓눌려서 말일세. 내가 자네에게 이런 개인적인 편지를 쓰기로 한 것은 친구에게 이렇게 고백하면 내 불편한 양심을 조금이라도 달랠 수 있지 않을까 생각했기 때문이라네.

이것은 간단히 말해 예수의 이야기이고, 따라서 뭐라 달리 말할 필요도 없을 것이오. 랑엔호펜은 이 이야기를 써서…… 그의 민족이 누리는 형식적 독립에도 불구하고 사법부를 포함해 모든 정부 기관을 영국인들이 독점하고 있던 남아프리카에서, 자기 민족의 정치의식을 일깨우려고 했다는 것 말고는 말이오. 아프리카너들에게는 이 이야기가 유쾌하지 않은 경험을 일깨우고 오래된 상처를 들추는 일이 될지도 모르나, 그것은 이미 지난 단계의 일이오. 그렇지만 당신과 나에게는 그것이 현재의 성격을 띤 문제들을 제기하오. 당신에게 이 이야기가 의미 있고 유익했으면 좋겠소. 만일 그렇다면 그것이 당신에게 약간이나마 행복을 가져다줄 거라고 믿소.

20. 위니 만델라에게 보낸 1976년 10월 26일자 편지[8]에서

방금 우리의 유명한 작가가 카루 고원과 몇몇 다른 곳에 관해서 쓴 책을 읽었소. 내가 비행기와 철도, 도로로 그곳들을 지났을 때가 떠올랐소. 나는 아프리카에서 돌아오는 길에 보츠와나를 지나면서 그곳들을 다시 보았소. 그러나 모든 사막 가운데 사하라 사막만큼 무

---

8 요하네스버그에 있는 여자 감옥에서 교도소 관리가 코사어 원문을 영어로 번역했다.

서운 곳도 없다고 생각하오. 사하라 사막에는 공중에서도 볼 수 있을 정도로 아주 거대한 모래언덕이 여기 저기 펼쳐져 있다오. 나는 나무 한 그루 풀 한 포기도 볼 수 없었다오.

그 사막은 어찌나 건조한지 나의 갈증을 풀어 줄 물 한 방울 없었다오. 당신과 가족에게서 오는 편지는 이슬 같고, 여름비 같고, 전국의 모든 아름다운 것들 같다오. 생기를 주고 자신감을 느끼게 해준다오. 그러나 당신이 구금된 뒤로 당신에게서 8월 22일자 편지 한 통밖에 받지 못했소. 지금까지 나는 집안일에 관해, 집에 있는 사람들에 관해 아무것도 모른다오. 집세와 전화비는 어떻게 내고, 아이들 생활비와 경비는 어떻게 대고, 당신이 석방되면 원상 복직을 할 수 있는지도 말이오……. 지금 이렇게 편지를 쓰는 동안에도 그 유명한 저자가 사막 국가에 관해서 쓴 책이 내게서 멀리 있지 않소. 그것을 모두 읽자 정신적 [가뭄이] 가시고 비가 내리기 시작했다오. 당신의 9월 19일자 편지가 지금 막 도착한 거요. 내가 말하는 동안에도 모든 생명의 샘물이 흐르고 있소. 지류들도 깨끗한 물로 가득 차고, 호수도 가득 차, 모든 자연의 장엄함이 정상으로 돌아갔다오.

21. 진드지 만델라에게 보낸 1980년 2월 10일자 편지에서

며칠 전 『나는 흑인이지만』[9]에 메모해 놓은 것을 살펴보았다. 안타

9 진드지가 열여섯 살 때 출판한 시집이다. 진드지는 이 시집을 부모에게 바쳤다.

깝게도 이제는 그 책을 소지할 수 없어서, 지금은 그 모음집을 좀 더 주의 깊게 읽을 수 있는데도 시를 연구할 때 시마다 딸린 사진의 도움을 받는 이점을 누릴 수가 없구나. 그래도 내가 처음 시집을 보았을 때 특정한 시를 다룰 때마다 관련된 사진을 기억하는 데 도움이 되도록 필요한 조치를 해놓았단다.

나무가 잘려 쓰러지고

진드지 만델라

나무가 잘려 쓰러지고
열매가 흩어져
울었다
가족을 잃은 탓에
줄기를, 아버지를
가지를, 그의 지지를
소중한
열매, 그에게 아주 많은 것을 의미했던
아내와 아이들
당연히 달콤하고
사랑스러운
그런데 지상에서
뿌리를, 행복을
그에게서 모두 잘라 냈다.

「나무가 잘려 쓰러지고」를 읽었을 때, 지금도 그 시구절 위에 있던 마른 나무가 내 마음에 뚜렷이 남아 있다만, 그 나무와 배경에 있는 오두막과 산들을 보고서, 시에서도 분명히 드러나는 대조의 상징성에 금세 매료되었단다. 아마도 삶의 거의 모든 측면에도 이런 종류의 모순이 내재해 있겠지. 자연에서나 사회에서나 모든 현상의 중심에 이런 모순이 있어서, 진지하게 생각하도록 하고 진정한 진보를 향해 나아가도록 할 수 있겠지.

만일 아래 시구절이 없었다면, 나무는 평범하다 못해 거의 눈에 띄지도 않았을 거다. 그것은 마치 석기시대에 벼락에 맞았거나 수많은 뱀파이어가 수액을 모두 빨아먹은 것처럼 보인다. 만일 무생물도 유령이 될 수 있다면, 그 나무도 틀림없이 유령이 되었을 거다.

나이나 질병에 쓰러져서 그것은 이제 태양의 에너지도 받을 수 없고, 땅에서 생명의 물을 빨아올릴 수도 없다. 한때는 자연을 사랑하는 사람들의 눈을 사로잡고 온갖 짐승과 새들을 꾀였던 가지와 잎, 아름다움과 품위도 모두 사라져서 뿌리 위에 있는 땔감에 지나지 않다. 철광석처럼 메말라서, 그것도 한때는 열매를 맺을 수 있었다고는 도저히 믿을 수 없을 정도다.

그런데 은유가 그 죽은 듯이 보이는 것을 엄청난 의미가 있는 생물체로 바꾸어 놓았다. 비옥하고 물도 잘 드는 계곡에 있는 젊고 건강한 나무보다도 큰 의미가 있고, 성경에 나오는 유명한 다윗의 새총보다도 넓은 의미가 있는 것으로 말이다. 자연에 저 가련해 보이는 나무만큼 생기가 없고 따분한 것도 없을 거다. 그러나 시에서는 그것이 시골에 있는 무의미한 것이기를 멈추고 가정의 부가 되어, 많은 나라 독자들에게 정신적으로 필요한 것을 제공하는 데 도움이 되는 세계 예술의 하나가 된다. 은유를 교묘히 사용해 나무가 사회 자체만큼이나 오래된 갈등의 중심이 된다. 두 세계가, 과거의 세계와 현재의 세계가 만나는 지점이, 지상에 세운 꿈의 집을 상징하는 것이, 우리가 살아가는 구체적 현실에 박살난 희망을 상징하는 것이 된다.

좋은 예술은 언제나 보편적이고 시간을 초월해, 네 시집을 읽는 사람들이 그 시구절에서 자신의 열망과 경험을 볼지도 모른다. 나는 그 시집이 네 엄마의 생각과 감정에 어떤 갈등을 불러일으켰는지도 궁금하다. 아마 행복감과 자부심도 느꼈을 거다. 그러나 너의 펜이 엄마의 몸에서 가장 연약한 부분을 할퀴어 끔찍한 고통과 불안에 떨게 함으로써 더욱 울화가 치밀게 하는 순간도 있을 거다.

나무가 쓰러지고 열매가 흩어지는 것에 엄마는 우리의 침실 창문 옆에 서 있던 아름다운 배나무와 맛있는 배를 따던 때를 떠올릴 거다. 엄마의 꿈에는 틀림없이 자연이 창조한 것을 망쳐 놓고도 나무가 쓰러지고 가지가 부러지고 열매가 흩어지는 것을 애통해하는 소리에 전혀 가슴 아파하지 않는 나무꾼의 모습이 자주 출몰했을 거다.

지상에 있으나 가 닿을 수 없는 아이들! 그 구절을 읽으니 곧바로 죽은 템비와, 템비 다음에 태어나 지난 30년 동안 크로이소스 공동묘지에 잠들어 있는 아기 마카지웨가 생각난다. 너희들이 모두 비참한 상황에 있는 것도. 너희들이 모두 자라고 지금도 살아내야 할 그런 비참한 상황도. 그러나 엄마가 너희들에게 태어나기도 전에 죽은 네 오빠 이야기를 해주었는지 모르겠구나. 그 아이는 내가 너를 떠날 때 네 주먹 크기만큼밖에 안 되었을 정도로 아주 작았단다. 그 아이 때문에 엄마도 거의 죽을 뻔했지.

지금도 어느 일요일 해가 지고 있었을 때가 기억난다. 엄마가 침대에서 일어나 화장실에 가는 것을 내가 도와주었단다. 엄마는 그때 스물다섯 살밖에 안 되어, 분홍색 실크 가운에 덮인 젊고 매끄러운 몸이 아주 사랑스럽고 매혹적이었단다. 그런데 우리가 침실로 돌아오는데, 엄마가 갑자기 기우뚱하더니 거의 쓰러질 뻔했단다. 나는 엄마가 땀도 비 오듯이 흘리는 것을 보고 보기보다 많이 아프다는 것을 알았단다. 그래서 엄마를 데리고 급히 가정의에게 갔더니 의사가 엄마를 코로네이션 병원으로 보내 그곳에 며칠 동안이나 있었단다. 그것은 엄마가 아내로서 처음 겪은 무서운 경험이었고, 4년 넘게 계속된 반역죄 재판이 우리에게 가져온 극심한 긴장의 결과였단다. 「나무가 잘려 쓰러지고」가 내게 이 모든 가혹한 경험들을 떠올리게 하는구나.

그러나 좋은 펜은 우리가 살면서 행복했던 순간들도 떠올리고, 우리의 은신처와 우리의 피, 우리의 영혼에 고귀한 생각도 가져올 수도 있단다. 그것은 비극을 희망과 승리로 바꿀 수도 있단다.

22. 위니 만델라에게 보낸 1981년 4월 26일자 편지에서

계속 꿈을 꾸오. 기분 좋은 꿈도 있지만, 그렇지 않은 꿈도 있소. 성금요일 전날 밤에는 당신과 내가 언덕 위에 있는 오두막에 있었소. 큰 강이 숲 가장자리를 따라 흐르는, 깊은 계곡이 내려다보이는 곳

이었소. 내가 당신이 언덕길을 따라 내려가는 것을 보는데, 평소처럼 꼿꼿한 자세가 아니고 발걸음에 예전보다 자신감이 없었소. 당신은 걸어가는 내내 고개를 숙이고 몇 걸음 앞에 있는 무언가를 찾는 것 같았소. 당신이 강을 건너며 내 사랑도 모두 가져가 버려서 나는 공허하고 불안했소. 나는 당신이 숲에서 정처 없이 떠돌며 강변에서 멀어지지 않는 것을 눈여겨보았소. 그런데 바로 당신 위에 완전히 대조되는 모습의 남녀 한 쌍이 있었소. 그들은 누가 봐도 사랑에 빠져 자기들에게만 집중하고 있었소. 우주 전체가 그곳에 있는 것 같았소.

당신이 오두막으로 돌아오는 길에 다시 강을 건너자, 내가 당신의 안전에 대한 염려와 당신에 대한 순수한 그리움으로 언덕으로 내려가 당신을 맞이하려고 했소. 탁 트인 곳에서, 그렇게 아름다운 환경에서 당신을 만난다고 생각하니 다정했던 기억들이 떠올라 당신 손을 잡고 뜨거운 입맞춤을 하리라 생각했다오. 그런데 실망스럽게도 계곡에서 푹 팬 협곡에서 당신을 잃고 오두막에 돌아와서야 당신을 만났다오. 그런데 이번에는 그곳에 동료들이 가득해, 우리의 사생활을 누릴 수 없었소. 그래서 나는 많은 것을 정리하고 싶었다오. 마지막 장면에서는 당신이 구석에서 바닥에 드러누워 우울함과 지루함, 피곤함을 잊고는 자고 있었소. 그래서 내가 무릎을 꿇고 몸이 드러난 부분을 이불로 덮어 주었다오. 나는 그런 꿈을 꿀 때마다 대개는 근심과 걱정 속에서 눈을 뜨지만, 곧바로 모두 꿈이었다는 것을 깨닫고 안심한다오. 하지만 이번에는 내 반응이 엇갈렸소.

23. 아미나 카찰리아에게 보낸 1981년 5월 3일자 편지에서

이따금 내 건강이 무너져 삶이 막바지에 이르렀다는 소문이 있었지요. 최근에도 그런 소문이 있었는데, 가족과 친구들이 망연자실했을 겁니다. 겉보기와 달리 위험한 병이 몸의 중요한 기관을 갉아먹고 있는데 환자도 그것을 모르는 경우도 물론 있습니다. 그러나 지금까지는 내가 참 대단하다는 생각이 듭니다…….

24. 진드지 만델라에게 보낸 1981년 3월 1일자 편지에서

작은 감방에서 왔다 갔다 하거나 침대에 누워 있으면 생각이 이리저리 떠돌아 이런 일도 생각나고 저런 실수도 생각날 때가 많다. 그 중에는 내가 감옥 밖에서 전성기였을 때, 과연 내가 가난하고 어려워 발버둥 칠 때 내게 친구가 되고 도움까지 준 많은 사람의 사랑과 친절에 충분히 고마움을 표시했나 하는 생각도 있단다.

25. 토로베차네 추쿠두[10]에게 보낸 1977년 1월 1일자 편지에서

14년은 긴 세월이고, 그동안 퇴보도 있고 행운도 있었습니다. 사랑

---

10 애들레이드 탐보의 가명으로, 추쿠두는 그녀의 결혼 전 성이다(부록 「사람과 장소, 사건」 참조). 만델라는 자신이 영국에 망명 가 있던 탐보 가족에게 편지를 쓰고 있다는 것을 당국이 알게 하고 싶지 않아서 편지를 위니 편으로 보냈다.

하는 사람들이 언급하기도 끔찍한 온갖 종류의 정신적·육체적 문제로 금세 늙어 버리고, 관념론자들은 떨어져 있으면 더 그리운 법이라고들 하지만 애정의 끈은 약해지는 경향이 있고, 아이들은 자라면 엄마 아빠의 바람과 맞지 않는 관점을 갖게 됩니다. 떨어져 있던 자는 결국 돌아와도 환경은 낯설고 우호적이지 않습니다. 꿈과 시간 계획표는 결국 실현되기 어렵고, 불행이 닥쳤을 때 운명이 황금 다리를 제공해 주는 일도 거의 없습니다.

그러나 우리 자신이 우리의 삶과 행동을 구석구석까지 모두 계획하려고 노력해 운명이 한가할 때만 끼어들도록 하면 언제나 큰 진보를 이룰 수 있습니다.

26. 위니 만델라에게 보낸 1979년 12월 9일자 편지에서

그동안 왜곡으로 무고한 많은 사람이 오해를 받은 것은, 아직도 양심이 있는 사람이라면 결코 부인하지 않을 구체적 사실과 사건을 중심으로 왜곡이 이루어지는 탓이오. 습관은 쉽게 사라지지 않으며 명백한 흔적을 남기고, 그것은 우리의 뼈에 새겨지며 우리의 피 속을 흐르는 눈에 보이지 않는 상처가 되어 주역들에게 돌이킬 수 없는 피해를 입히고, 아무리 피하려 해도 그 흔적들이 남아서 당연히 그들의 것이었어야 할 품위와 청렴함과 행복을 빼앗아 가버리오. 그런 상처는 사람을 있는 그대로 보여 주어서, 그가 얼마나 당혹스러운 모순 속에 사는지를 만천하에 적나라하게 보여 주오. 그리고 그런 모순은 다시 거울이 되어서 어떤 척하는 사람들의 진면목을

보여 주며, "내 삶의 이상이 무엇이든 나는 원래 이런 사람이란다." 하고 선언한다오.

그렇지만 우리의 삶에는 나름의 안전장치와 보상책이 있다오. 흔히 말하듯이 성인은 늘 청렴하려고 노력하는 죄인이라오. 어떤 사람이 인생의 3/4을 악한으로 살아도 성인으로 추앙받는 것은 그 사람이 나머지 1/4을 성인으로 살았기 때문이오. 실생활에서 우리가 대하는 것은 신들이 아니라 우리 같은 평범한 사람들이오. 모순으로 가득 찬 사람들, 차분하면서도 변덕스럽고 강하면서도 약하고 유명하면서도 악명 높은 사람들, 우리 몸에 흐르는 피 속에서 구더기와 살충제가 매일 전쟁을 벌이는 사람들 말이오. 다른 사람을 판단할 때 어떤 측면에 관심을 집중시키는가는 판단을 내리는 사람의 성격에 달려 있을 것이오. 의심이 많은 사람은 늘 의혹에 시달릴 거고, 잘 믿는 사람은 오-토벨라 시쿠티엘레[11]가 무슨 말을 하든 모두 곧이곧대로 믿으려 할 것이고, 앙심을 품은 사람은 부드러운 깃털 먼지떨이 대신 날카로운 도끼를 쓸 것이오. 그러나 현실주의자는 자신이 숭배하는 사람의 약점에 아무리 충격을 받고 실망해도, 인간의 행동을 사방에서 객관적으로 바라보며 그 사람에게서 교훈이 되는 특성에 관심을 집중시킬 것이오. 의식을 고양하고 열정이 불타오르게 하는 특성에 말이오.

11 코사어로, '유약하거나 남의 말을 잘 믿는 이를 이용하는 사람'을 뜻하는 말이다.

27. 마키 만델라에게 보낸 1977년 3월 27일자 편지에서

너도 알다시피 나는 감리교회에서 세례를 받고, 웨슬리교파 학교(클라크베리, 힐트타운, 포트하레)에서 교육을 받았다. 기숙사도 웨슬리 하우스에서 지냈다. 포트하레에서는 일요 학교 선생이 되기도 했다. 여기서도 모든 예배에 참석하고, 설교도 일부 즐겼다……. 나는 신의 존재 여부에 관해 내 나름의 믿음이 있고, 왜 인류가 태곳적부터 신의 존재를 믿었는지도 아마 쉽게 설명할 수 있을 거다.

이른바 유럽 문명이 고대 그리스와 로마 문명의 영향을 많이 받았다는 것은 너도 잘 알 거라고 믿는다. 그런데 많은 분야에서 과학 지식이 발달했는데도 그리스 사람들은 신이 열네 명이 넘었다. 너도 이 신들의 이름을 일부 들어 보았을 것이다. 아폴로와 아틀라스, 큐피드, 주피터, 마르스, 넵튠, 제우스 등. 최근에 영국에서 여론조사를 해 신을 믿는 사람이 얼마나 되는지 알아보았는데, 내가 올바로 기억하고 있다면, 전체 인구의 30퍼센트 이상이 신자로 밝혀졌단다. 나는 이 문제에 대해 이렇다 저렇다 논할 생각은 없고, 단지 경험상 종교적 믿음을 간직하는 것이 훨씬 낫다는 것만 말하겠다. 네가 자기도 모르게 비과학적이고 완전히 허구임을 알면서도 그것을 팔아먹으려는 사람들이 많아서 화가 날지도 모르지만 말이다.

28. 진드지 만델라에게 보낸 1979년 3월 25일자 편지에서

거의 같은 때에 성직자가 우리에게 사탄의 아들과 비슷한 위력을

가진 네팔 사람에 관해 말해 주었단다. 성직자에 따르면, 그 네팔 사람은 눈만 쳐다보아도 고양이와 개, 돼지가 죽었단다. 게다가 그 사람은 인간도 똑같이 쉽게 처리할 수 있다고 주장했단다. 그래서 그 나라의 기독교 교회 목사가 그 네팔 사람에게 하느님이 인간의 마음 속에 있는 악보다 힘이 강하다며 자기와 한판 겨루자 했단다. 그리하여 약속한 날에 목사와 장로들이 그 아시아 사람과 대결을 했고, 전능한 신에게 기독교 신앙의 우월성을 증명할 수 있는 힘을 달라고 간청했단다. 결과는 그 네팔 사람이 기독교로 개종한 것이었다.

내가 그 설교를 들으면서 힘들었던 것은 내가 늘 먼 나라에서 일어나는 기적을 좋아하지 않기 때문이란다. 특히 그것을 과학적으로 설명할 수 없을 때는 말이다. 이 이야기는 설교단에서 한 말이지만 믿기 어렵다. 하지만 그것으로 선과 악의 전쟁, 정의와 불의의 전쟁을 그릴 생각이었다면 우리가 그것을 상징적 의미로 받아들일 수 있겠지.

29. 제나니 라 만델라[12] 들라미니 공주에게 보낸 1979년 3월 25일자 편지에서

그러나 작은 일에도 주의를 기울이고 사소한 호의에도 감사하는 습관은 좋은 사람임을 보여 주는 중요한 지표 가운데 하나란다.

---

12 제나니(제니) 만델라, 1973년에 스와질란드의 소부자 왕의 아들 툼부무지(무지) 들라미니와 결혼했다(부록 「사람과 장소, 사건」 참조).

30. 로벤 섬에 수감된 흑인 의식 운동가[13]들이 ANC 수감자들은 너무 온건하다고 생각했는지를 두고 리처드 스텡글과 나눈 대화에서

아니, 난 그렇게 생각하지 않아요. 그들이 꽤 많이 들어왔는데, 사람들이 ANC(아프리카 민족회의)에 관해 오해를 한 것은, 정치가는 무엇보다도 적에게 공격적이어야 한다고 생각한 탓이에요. 그게 맞는 말이고, 옳을 수도 있어요. 하지만 사람들을 교육해서 우리의 관점으로 돌아서게 하고 싶으면, 그게 우리가 감옥에서 한 일인데, 공격적이어서는 그럴 수 없어요. 공격적이면 그들을 내치는 꼴이 되어 그들이 반격을 하게 되지만, 좀 더 부드럽게 접근하면 공격적일 때보다 훨씬 많은 결과를 얻을 수 있어요. 특히 확신이 있을 때는.

31. 리처드 스텡글과 나눈 대화에서

스텡글 : 주말에 한 우화를 이야기해 주었잖아요. 태양과 바람에 관한 우화요.

만델라 : 예, 그랬지요.

스텡글 : 아주 재미있는 이야기라고 생각했어요. 그래서 우리가 그것

---

13 흑인 의식 운동은 흑인 젊은이와 노동자를 대상으로 한 반아파르트헤이트 운동이다(부록 「사람과 장소, 사건」 참조).

을 이 책 어디에서 쓸 수도 있겠다는 생각이 들었어요.

만델라 : 예.

스텡글 : 그 이야기를 지금 다시 해줄 수 있을까요?

만델라 : 예, 중요한 것은 평화의 메시지가 우리 사람들의 사고방식과 접근 방식에 깊이 스며들도록 해야 한다는 것이었어요……. 내가…… 평화의 힘과 물리력의 힘을 대비시키려고 태양과 바람이 논쟁을 벌인 일을 이야기했지요. 태양이 "내가 너보다 강해." 하니까, 바람이 "아냐, 내가 너보다 강해." 했어요. 그래서 둘이 외투를 입고 가는 한 나그네를 놓고 자기들 힘을 시험해 보기로 했어요. 그리고 나그네가 외투를 벗도록 하는 데 성공한 쪽이 더 강한 것으로 하기로 했어요. 바람이 먼저 나섰어요. 그런데 바람이 불기 시작하자 바람이 거세질수록 나그네가 걸친 외투를 더욱 단단히 여몄어요. 바람이 불고 또 불어도 나그네가 외투를 벗어 던지도록 할 수 없었어요. 그러니까, 내가 말한 대로, 바람이 세게 불수록 나그네가 외투를 더욱 단단히 여몄고, 결국 바람이 포기했어요. 다음에는 태양이 아주 부드러운 햇빛으로 시작했어요. 그러나 점점 햇빛이 강해지자…… 나그네는 외투가 필요 없다는 생각이 들었어요. 외투는 보온을 위해 입은 것이니까. 그래서 옷을 느슨하게 풀었는데, 햇빛이 더욱 강해지자 결국 외투를 벗어 던졌어요. 그래서 결국 부드러운 방법으로 나그네가 외투를 벗도록 하는 것이 가능했어요. 따라서 이것은 평화를 통해 우리가 가장 단호한 사람, 가장 폭력을 신봉하는 사람도 바꿀 수 있다는 우화이고, 그것이 우리가 따라야 할 방법이에요.

| CHAPTER 10 |

전술

"우리가 품은 이상,
우리가 가장 좋아하는 꿈과 열망이
우리 생전에 실현되지 않을지도 모릅니다.
그러나 그것은 중요하지 않습니다.
우리가 살면서 자신의 의무를 다하고
동료들의 기대에 어긋나지 않게 살았다는 것만
알아도 충분히 보람 있는 경험이며
아름다운 성취입니다."

시나 던컨에게 보낸 1985년 4월 1일자 편지에서

1. 프랭크 치카네 목사[1]에게 보낸 1989년 8월 21일자 편지에서

대의를 위해서 싸울 때 승리는 최종 목표의 달성 여부에 의해서만 판단되는 것이 아닙니다. 사는 동안 기대에 어긋나지 않게 사는 것도 승리입니다.

2. 시나 던컨[2]에게 보낸 1985년 4월 1일자 편지에서

우리가 품은 이상, 우리가 가장 좋아하는 꿈과 열망이 우리 생전에 실현되지 않을지도 모릅니다. 그러나 그것은 중요하지 않습니다. 우리가 살면서 자신의 의무를 다하고 동료들의 기대에 어긋나지 않게 살았다는 것만 알아도 충분히 보람 있는 경험이며 아름다운 성취입니다.

3. 새뮤얼 대시 교수[3]에게 보낸 1986년 5월 12일자 편지에서

당신이 굳게 잠긴 감옥 문을 열어 내가 자유인으로서 걸어 나갈 수

---

1 1951년~. 성직자이자 반아파르트헤이트 활동가이고, 작가이자 공무원이며, ANC 회원이다.

2 1932~2010년. 반아파르트헤이트 활동가로, 아파르트헤이트에 반대하는 백인 여성 조직인 검은 띠(Black Sash)의 지도자. 만델라는 이 편지를 검은 띠 창립 13주년에 그녀에게 썼다.

3 1925~2004년. 국제 인권 연맹 이사로, 워터게이트 상원 조사 위원회 수석 법률 고문이다. 미국인으로서는 처음으로 1985년에 만델라와 인터뷰를 했다.

있게 하거나 내가 살아야 하는 이 상황을 개선할 수는 없지만, 확실히 당신의 방문으로 지난 22년 동안 나를 감싼 이 모든 암울함을 견디기가 쉬워졌습니다.

4. 만델라가 감옥에서 쓴 미출간 자서전 원고에서

나는 나를 포함한 정치범들의 석방을 위해 그동안 국내외에서 각고의 노력을 기울인 것도 안다. 그것은 우리에게 큰 힘을 주었고, 덕분에 우리 곁에 수많은 친구가 있다는 것도 알았다. 아내의 사랑과 가족 전체의 사랑 다음으로, 적이 우리를 고립시키고 깎아내리려 온갖 짓을 다하는데도 전 세계에서 결코 우리를 잊지 않았다는 것을 아는 것보다 우리에게 큰 힘을 준 것은 없다. 그러나 우리는 적을 잘 안다. 그들은 우리를 석방해도 강자의 입장에서 석방하고 싶지 약자의 입장에서 석방하고 싶지 않으며, 그것은 그들이 영원히 잡을 수 없는 기회다. 그래도 우리 친구들이 우리의 석방을 끈질기게 주장하는 것을 알고 큰 힘을 얻었지만, 현실적으로 접근하면 우리는 그런 요구가 받아들여질 가능성을 완전히 배제해야 한다는 것을 알 수 있다. 그러나 나는 아주 낙관적이다. 교도소 담장 안에서도 지평선 너머에 펼쳐진 짙은 구름과 푸른 하늘을 볼 수 있다. 그동안 아무리 우리 계산이 틀렸고 아직도 우리가 어떤 어려움을 맞닥뜨려야 하든, 나는 내가 생전에 저 햇살 속으로 당당하게 걸어 나가리라는 것을 안다. 그런 일은 우리 조직의 힘과 우리 국민의 굳은 결의에 의해 일어날 것이기 때문이다.

5. 힐다 번스타인에게 보낸 1985년 7월 8일자 편지에서

진보에 관해 이야기하다 보니 내 마음이 내가 벤 벨라의 동료들이 치른 경험을 듣던 62년[4]으로 되돌아갑니다. 참으로 유익한 이야기였습니다. 그런데 그런 이야기를 하면서 몇 번은 젊은이들도 만났는데, 그들은 겨우 20대밖에 안 된 사람들 또한 있었는데도 나는 고작 아마추어에 불과한 중요한 문제들에 관해 아주 베테랑처럼 권위 있게 말했답니다. 나는 창피해서 거의 얼굴이 붉어져, 왜 우리는 이런 문제에서 이렇게 뒤처졌을까 하고 자문했답니다. 그러나 지금은 사정이 달라져서 의식 수준 높은, 결단력 있는 젊은이들이 남아프리카에서 배출되고 있다니 정말 가슴 뿌듯합니다. 무릎이 뻣뻣해지고 눈이 침침하고 백발이 되어도 당신이 이러한 상황이 오는 데 중요한 기여를 했다는 것을 알고 위안을 얻어야 할 것입니다.

6. 니컬러스 베델 경[5]에게 보낸 1986년 6월 4일자 편지에서

그러나 우리나라를 갈가리 찢으면서 그런 위험한 열정을 불러일으키고 있는 비극적 소동을 그냥 방관자의 입장에서 바라보기만 하는 것은 중대한 문제라고 하지 않을 수 없습니다. 물론 국가들이 막강

---

4 만델라는 1962년에 모로코에서 군사훈련 받았을 때를 말하고 있다.

5 1938~2007년. 영국 정치가이자 역사가이고, 인권 운동가이자 유럽의회 의원이다. 1985년에 폴스무어 교도소에서 만델라와 인터뷰를 했다.

한 군대를 강력한 평화운동으로 변화시키고, 치명적인 무기를 해가 없는 보습으로 바꿀 날이 아직은 요원하겠지요. 그러나 오늘날 세계 평화를 위해 진정으로 용감하게 싸우는 세계 조직과 정부, 국가 수반, 영향력 있는 집단과 개인들이 있다는 것은 정말 큰 희망을 줍니다.

7. 힐다 번스타인에게 보낸 1985년 7월 8일자 편지에서

마음속에서 오랫동안 잊었던 이런저런 일들이 자꾸 떠오릅니다. 이제는 없는 가까운 친구들의 일도 그렇습니다. 원통하게도 그런 일이 있을 때마다 대부분의 경우에 우리는 그들에게 마지막 경의도 표하지 못하고, 그들이 사랑했던 사람들에게 조의를 표할 수도 없었습니다. 모세스와 브람, 마이클과 JB, 두마와 잭, 몰리와 릴리언, MP와 줄리언, 조지와 유서프 등 이름을 들자면 한이 없어 여기서 그들을 모두 거명할 수도 없습니다. 그러나 루스 [퍼스트]가 잔혹하게 죽은 것은 우리를 말로 다할 수 없는 충격과 고통 속에 빠뜨려서, 그 비극적인 일이 일어난 지 거의 3년이 되었는데도 상처가 완전히 아물지 않았습니다. 당신도 기꺼이 인정하겠지만, 그녀의 친구들 가운데 이런저런 일로 그녀의 날카로운 혀에 상처를 입지 않은 이가 거의 없었습니다. 그러나 그녀가 정말 헌신적이고 능력 있는 사람이었다는 것을 부정할 사람은 하나도 없을 것이며, 그녀의 죽음은 우리 모두에게 큰 좌절이었습니다.

8. 1985년 11월에 전립선 수술을 받은 뒤 다시 교도소로 돌아갔을 때에 관해 리처드 스텡글과 나눈 대화

스텡글 : 그럼 그들이 당신만 그 감방으로 데려갔을 때 놀랐겠어요?

만델라 : 아니…… 교도소장이 그때는 먼로 준장이었는데, 그가 나를 데리러 와서는 병원에서 교도소로 가는 길에 "지금 우리는 당신을 당신 친구들, 당신 동료들에게 다시 데려가는 것이 아니오. 당신은 혼자 있게 될 거요."라고 했어요.[6] 그래서 이유를 물었더니, "나도 모르오. 상부에서 그러라는 지시를 받았을 뿐이오."라고 했어요.

스텡글 : 당신이 이감해 달라고 한 게 아니고요?

만델라 : 그럼요, 전혀. 나는 그렇게 해달라고 한 적이 없어요. 하지만 물론 그들이 그러자 그것을 이용해 협상을 시작해야겠다고 마음먹었어요. 그것은 민감한 문제가 될 테니 말이지요……. 선거가 있을 때마다 정부는 늘 "우리는 ANC(아프리카 민족회의)와는 이야기하지 않겠다."라고 선전했어요……. 그것은 살인과 재산의 파괴를 일삼는 테러 조직이라면서. 그래서 행동을 취하려면 기밀이라는 요소가 필요했는데, 내가 혼자 있게 되어 기밀을 유지할 수 있었어요. 그래서 친구들이 그립고 그들과 떨어지고 싶지 않았지만, 그때…… 그 기회를 이용하기로 결심했고, 결심한 대로 했지요. 그리고 내가 동료들에게 이것을 문제 삼지 말라고 했어요. 물론 그들에게 내가 그

---

6 만델라는 그동안 월터 시술루와 레이먼드 음라바, 앤드류 음랑게니, 아메드 카트라다와 함께 공동 감방을 쓰고 있었다.

것을 이용하겠다는 말은 하지 않았어요. 만일 내가 친구들에게 협상할 목적으로 그것을 이용하겠다고 했으면, 우리가 협상을 하지 못했을 거예요. 그들이 받아들이지 않았을 테니까. 그래서 내가 결심한 것이 그들에게 말하지 않고 협상에 들어가자는 것이었고, 그래서 그것을 기정사실로 받아들였지요.

9.『자유를 향한 머나먼 길』의 속편으로 쓴 미완성 원고에서

감옥에 있는 내 동지들은 정직하고 원칙이 있는 사람들이었다. 세계의 다른 곳에서 일부 혁명가들이 승리를 눈앞에 두거나 승리하고 얼마 안 되어 운동을 배신한 사례가 있다는 것을 알기에, 그들은 개인이 일을 주도하는 것에 의심의 눈초리를 보냈다. 만일 동지들이 내가 정부와 이야기할 계획임을 사전에 알았다면, 한 사람이 그들과 동떨어져서 그러는 것에 대해 당연히 우려했을 것이다. 조직(ANC)의 본부가 잠비아에 있었고, 투쟁을 지휘하는 지도자들이 그곳에 있었다. 그런 행동을 취할 전략적 순간을 아는 것은…… 그들뿐이었다. ANC는 우리나라의 해방이 궁극적으로는 대화와 협상을 통해 이루어질 거라는 원칙에서 벗어난 적이 없었다.

그런데도 나는 감옥에 있는 동료들에게도 말하지 않고 정부에 접근했다. 아파르트헤이트 정부의 정보국장 닐 바너드 박사[7]가

7 루카스(닐) 바너드 박사(부록 「사람과 장소, 사건」 참조).

The deepening political crisis in our country has been a matter of grave concern to me for quite some time, and I now consider it necessary in the national interest, for the African National Congress and the Government to meet urgently to negotiate an effective political settlement.

At the outset I must point out that I make this move without consultation with the ANC. I am a loyal and disciplined member of the ANC; my political loyalty is owed primarily, if not exclusively, to this organisation and, in particular, to our Lusaka headquarters where the official leadership is stationed, and from where our affairs are directed.

In the normal course of events, I would put my views to the organisation first, and if these views were accepted, the organisation would then decide on who were the best qualified members to handle the matter on its behalf, and on exactly when to make the move. But in my current circumstances I cannot follow this course, and this is the only reason why I am acting on my own initiative, in the hope that the organisation will, in due course, endorse my action.

I must stress that no prisoner, irrespective of his status or influence, can conduct negotiations of this nature from prison. In our special situation negotiation on political matters is literally a matter of life and death which requires to be handled by the organisation itself through its appointed representatives. The step I am taking should, therefore, not be seen as the beginning of actual negotiations between the Government and the ANC. My task is a very limited one, and that is to bring the country's two major political bodies to the negotiating table.

I must further point out that the question of my release from prison is not an issue, at least at this stage of the discussions, and I am certainly not asking to be freed. But I do hope that the Government will, as soon as possible, give me the opportunity from my present quarters to sound the views of my colleagues, inside and outside the country, on this move. Only if this initiative is formally endorsed by the ANC will it have any significance.

I will touch presently on some of the problems which seem to constitute an obstacle to a meeting between the ANC and the Government. But I must emphasise right at this stage that this step is not a response to the call by the Government on ANC leaders to declare whether or not they are nationalists,

WALTONS STATIONERY REF W79

/and to...

1985년경에 ANC와 정부의 협상을 제안한 편지의 초안.

자기들 팀에서 탐보 음베키[8]와 비밀리에 논의를 시작하기로 했다고 말한 것도 그런 이야기 중에 나왔다. 자기들 정보에 따르면 그가 협상에 찬성하는 한 사람이라는 말도 했다.

나는 회담을 외국에서 할 거라면 그런 회담이 비밀 회담일 리 없다는 근거로 그러한 제안에 반대하고, 그들이 ANC 의장인 올리버 탐보나 사무총장인 앨프레드 은조[9]와 접촉해야 한다고 했다. 그러고는 덧붙여 그렇게 권한을 인정받지 않은 회담을 하게 되면 재능 있는 젊은이의 정치 인생을 망치게 될 거라고 했다. 나는 바너드가 나의 조언을 받아들였다고 생각했다. 따라서 나중에 바너드가 나의 조언을 무시하고 타보 음베키와 접촉했을 때 충격을 받았다. 그러나 후자가 현명하게도 조직의 동의 없이 비밀 회담에 참여하는 것을 거부했다. 그는 의장에게 보고를 했고, 의장은 그와 그의 친구 제이콥 주마[10]에게 바너드를 만날 수 있는 권한을 주었다.

10. 1980년대의 회담에 관한 회담[11]에 대하여 리처드 스텡글과 나눈 대화

스텡글 : 그래서 당신은 계속 그들에게 무장투쟁은 정부가 처음 한

8 음부옐와 타보 음베키(부록 「사람과 장소, 사건」 참조).

9 앨프레드 바페툭솔로 은조(부록 「사람과 장소, 사건」 참조).

10 제이콥 제들레이레키사 주마(1942년~). 2009년에 취임한 남아프리카 대통령이다.

11 만델라는 1985년에 법무 장관 코비 쿠시에게 편지를 썼고, 함께 만나서 정부와 ANC의 회담 가능성을 논의하기 시작하자고 말했다.

것에 대한 대응으로 나온 것이다, 평화적으로나 합법적으로 항의할 여지가 없으니 그럴 수밖에 없는 것 아니냐고 했군요.

만델라 : 그렇지요.

스텡글 : 그에 대한 그들의 반응은 어땠나요?

만델라 : 음, 물론 그런 질문에 대답을 하지 못했지요. 먼저, 폭력은 자기들이 용인할 수 없는 범죄행위일 뿐이라는 일반적 태도를 취했어요. 그래서 내가 주장한 것이, 억압받는 사람들이 투쟁해 나갈 때 쓰는 수단을 결정하는 것은 억압하는 사람들이라는 것이었어요. 억압하는 사람들이 평화적인 방법을 쓰면 억압받는 사람들도 평화적인 방법을 쓰지만, 억압하는 사람들이 폭력을 쓰면 억압받는 사람들도 폭력으로 되갚는다, 그것이 나의 주장이었어요…….

그러나 그들이 제기한 문제는, 나도 꽤 타당하다는 생각이 들었지만, "우리가 1년 내내 ANC와는 절대 협상하지 않겠다고 공언했는데, 지금 당신은 우리가 협상을 해야 한다고 말한다. 그러면 우리가 국민들에게 신뢰를 잃을 것이다. 우리가 그것을 어떻게 극복한단 말이냐. 우리는 당신과는 이야기할 수 있고, 아마 우리 국민들도 그것은 받아들일 수 있을 것이다. 그러나 우리가 ANC 자체와는 이야기할 수 없다. 그것은 우리가 전에 내세운 정책에서 완전히 벗어나는 것이기 때문이다. 우리는 신뢰를 잃을 것이다."라는 것이었어요.

그래서 그 문제는 해결하기가 조금 어렵다는 생각이 들어서 그들에게 그랬어요. "당신들은 지금까지 아파르트헤이트를 실시했다. 그러면서 흑인들을 시골로 돌려보내야 한다고 했다. 그런데 지금은 그것을 바꾸었다. 당신들의 주요 정책 중 하나로 통행증 제도도 있었다. 그러나 통행증 법도 폐지했다. 그렇지만 신뢰를 잃지 않았다……. 협상의 문제도 그런 관점에서 바라보아야 한다. 당신들은 당신 국민들에게 ANC 없이는 이 문제를 해결할 수 없다고 분명히 말할 수 있을 것이다." 이게 나의 접근 방식이었어요. 그러나 그것은 대답하기 어려운 문제였어요. 그게 사실이니까.

스텡글 : 그랬군요. 그럼 그들이 당신과 논의하고자 했던 다른 문제들도 집단의 권리 문제, 우리가 소수인 백인의 권리를 어떻게 보호할 수 있느냐는 문제였나요?

만델라 : 예, 그렇지요.

스텡글 : 그래서 논의할 때 당신은 그것을 그들에게 어떻게 설명했나요?

만델라 : 그들에게 1956년에 내가 〈자유〉라는 잡지에 쓴 글을 보라고 했어요. 나는 그 글에서 '자유 헌장'[12]은 사회주의를 위한 청사진이 아니라고 했어요. 아프리카인에 관한 한, 그것은 사실 자본주의를 위한 청사진이에요. 아프리카인들이 그동안 한 번도 누리지 못한 기회, 어디서나 원하는 곳에서 재산을 소유할 수 있는 권리를 누릴 수 있을 것이고, 그러면 그들 사이에 전에 없이 자본주의가 번성할 것이다, 그것이 내가 제시한 논지였어요.

---

12 부록 「사람과 장소, 사건」 참조.

11. 만델라가 폐결핵 치료를 받은 콘스탄티아버그 병원에 관해 리처드 스텡글과 나눈 대화

스텡글 : 콘스탄티아버그는 어땠나요?

만델라 : 아, 아주 좋았어요. 사실은 나를 그곳으로 데려간 날 아침 일찍 코비 쿠시가 나를 보러 왔는데, 내 아침 식사가 나왔어요. 내가 그곳에 온 첫날이라 내게 어떤 식사가 처방되었는지 몰랐나 봐요. 나는 콜레스테롤이 없는 식사를 해야 했고, 따라서 계란도 먹지 말고 베이컨도 먹지 말아야 했어요. 그런데 이날 아침에 계란 두 개에 베이컨까지 듬뿍 나오고 시리얼이 나왔어요. 낄낄낄. 그러자 [폴스무어 교도소에서] 나를 책임지고 있던 소령이 "안 돼요, 만델라. 당신은 이 음식을 먹을 수 없습니다. 이것은 의사의 지시에 어긋납니다." 해요. 그래서 내가 "오늘은 내가 죽을 준비가 되어 있다. 그것을 먹겠다." 했지요. 하하하. 아주 오랫동안 계란과 베이컨을 먹지 못했거든요.

12. 1988년에 콘스탄티아버그 병원에서 빅터버스터 교도소로 간 것에 관해 리처드 스텡글과 나눈 대화

만델라 : 나는 간수들의 습관에 이미 익숙했어요……. 그래서 이 경우에도 그들의 움직임에서 무슨 일이 일어날 거라고, 그것이 예사롭지 않은 일이라는 것을 알 수 있었어요……. 책임자인 소령이 잔뜩 긴장해 짜증을 많이 냈고, 간수들도 자기들끼리 상의하는 일이

많고, 불침번을 서며 당직 간호사 말고는 아무도 내 병실에 들어오지 못하도록 하기에…… 무슨 일이 진행되고 있다는 것을 알 수 있었어요. 그러나 그게 무슨 일인지는 몰랐어요. 그런데 결국 저녁에 소령이 와서 "만델라, 준비하세요. 우리가 당신을 파를[13]로 데려갈 겁니다." 했어요. 그래서 왜 그러느냐고 했더니, "이제는 당신이 그곳에 머물 겁니다." 했어요. 그래서 9시에 우리가 삼엄한 호위를 받으며 떠났어요……. 우리가 도착했을 때는 어두웠는데, 우리가 그 큰 침실에 들어가니…… 벌레가 많았어요. 물론…… 나는 벌레에 익숙해요. 그곳은 야생이니까, 좋은 의미에서. 만일 자연을 좋아한다면 그곳에 있으면 행복할 거예요. 그러나 벌레가 많았고, 생전 처음 보는 것들도 있었어요. 정말 다양했어요, 벌레들이…… 지네도 막 돌아다니고…… 그런 것들이 많았어요.

스텡글 : 당신 침실에?

만델라 : 예, 침실에…… 주로 침실에. 그래서 아침에 쓸어 내는데, 모기도 있었어요. 그러나 잠은 아주 잘 잤어요. 그런데 다음 날 오후에 코비 쿠시 법무 장관이 와서…… 이 건물이, 집이 어떤지 알고 싶어 이 방 저 방 둘러보았어요. 우리는 밖에 나가 보안벽도 살펴보았는데, 그가 "이 보안벽을 높여야겠군요." 하더라고요……. 그는 아주 세심했고…… 어떻게든 나를 편안하게 해주고 싶어 했어요. 그는 내게 어떤 좋은, 아주 비싼 포도주를 가져왔어요……. 그는 아주 친

13 빅터버스터 교도소는 웨스턴케이프에서 파를과 프랑스후크 사이에 있다(부록 「사람과 장소, 사건」 참조).

절하고 부드러웠고, 내게 "이제 당신은 여기서 지낼 겁니다. 이것은 감금된 것이기도 하고 석방된 것이기도 한, 둘 사이의 중간 단계입니다. 우리가 그러는 것은 당신이 그것을 고마워했으면 하기 때문입니다. 우리는 당신과 논의하는 동안 어느 정도 기밀이 유지되었으면 합니다."라고 했어요. 그래서 내가 고맙다고 했지요. 그랬어요.

스텡글 : 그래서 거기 있을 때 자유로우면서도 감옥에 있는 느낌이 들었나요?

만델라 : 음, 그렇죠. 그곳이 보안벽에서 멀리 떨어져 있게 그들이 울타리를 쳐서, 움직일 수 있는 공간이 많았거든요. 그래서 내가 그 안에서, 구내에서…… 움직일 수 있었어요. 내게 식사를 제공하는 일을 했던 스워트 준위[14]는 오전 7시에 와서 [오후] 4시에 떠났어요. 열쇠도 없었어요. 그래서 내가 있고 싶은 만큼 밖에 있을 수 있었어요. 그가 집에 가면 밤에 보초를 서는 간수들이 있었고, 나는 수영장도 있었어요……. 그래서 그곳에서 아주 느긋하게 지냈어요. 가시철조망과 보안벽에 둘러싸여 있었지만, 그것만 빼면 나는 자유로웠어요…….

[스워트는] 요리를 하고 설거지를 할 준비가 되어 있었어요. 그러나…… 내가 하겠다고 했어요. 긴장도 풀고, 죄수에게 식사 준비도 해주고 설거지도 해야 하는 것에 분개할지도 몰라 그러지 않도록. 그래서 내가 설거지를 하겠다고 했는데 그가 거부했어요……. 그가 그것은 자기 일이라고 해서, 내가 "아니다, 우리가 같

14 잭 스워트는 빅터버스터 교도소에서 만델라에게 요리를 해주던 간수였다.

이해야 한다."라고 했어요. 그가 끝까지 고집을 부렸고 또한 진정으로 그랬지만 내가 강제로, 말 그대로 강제로 내가 설거지를 하도록 내버려 두게 했고, 우리는 아주 좋은 관계를 가질 수 있었어요……. 정말 좋은 친구였어요, 스워트 간수는. 아주 좋은 친구였어요……. 저기, 종이 한 장만 줘요. 교정국장에게 전화해서 그에게 다시 전화해야겠어요.

13. 감옥에서 배운 것에 관해 리처드 스텡글과 나눈 대화에서

나는 나를 감동시켰다고 말할 수 있는 요소를 하나도 꼽을 수가 없어요. 정부의 정책은 무자비하고 잔혹했어요. 정부의 진짜 정책이 무엇인지 알려면 감옥에 가야 해요……. 철창에 갇혀 보아야 해요……. 그러나 동시에 간수들이 모두 야수는 아니라는 것도 금방 발견하게 돼요. 물론 그것이 주요 정책이고, 일반적으로 간수들은 무자비해요. 하지만 그래도 우리에게 아주 잘해 준 사람들, 좋은 인간들도 있었어요. 그들은 규정을 어기지 않으려고 했고, 때로는 조금…… 규정에서 벗어나, 규정을 어기고 우리가 집에 있는 것처럼 느끼도록 하려 했어요.

그리고 재소자들의 전투성이라는 문제가 있었어요. 사람들은 상황이 혹독했으니, 특히 60년대에는, 당연히 우리들이 겁을 먹었을 거라고 생각했어요. 그러나 전혀 그렇지 않았어요. 그들은 처음부터 싸웠고, 이런 싸움을 이끈 사람들 가운데 일부는…… 거의 알려지지 않았고, 오늘날에도 거의 알려지지 않았지만…… 감옥 안

에서도 저항을, 불의에 맞서 싸울 수 있는 인간의 정신을 볼 수 있었어요. 그리고…… 지도자의 자질, 어디서나 불의에 맞서 싸우고자 하는 인간의 자질을 갖는 데는 학위가 필요 없다는 것을 알게 돼요……. 전투적 입장을 취할 수 있는 사람들이 많았어요……. 그들은 처벌하고 심지어는 도전하려고 했지 굴복하려고 하지 않았어요……. 우리가 있던 구역에는 읽고 쓸 줄 알며, 폭넓게 읽고, 해외여행을 한 사람들이 있어서 그들과 이야기하면 즐거웠어요……. 그들과 앉아서 토론하면, 많은 것을 배웠다는 생각이 들었어요.

14. 경찰이 위니 만델라를 괴롭힌 것에 관해 리처드 스텡글과 나눈 대화에서

그들은 내가 없는 27년 동안 위니 동지를 괴롭혔고, 내가 비판한 것은, 그것을 선전하고 언론에 공개한 거예요……. 위니 동지가…… 나를 본 뒤에 얀 스뫼츠 [국제공항]에 내렸을 때, 유달리 많은 기자단이 몰려와 그 건에 관해 질문했어요……. 그리고 [위니] 동지가 차를 타고…… 차를 운전해서 올랜도에 갔는데, [그녀의] 지지자들 가운데 일부가 탄 버스도 같이 갔어요. 그런데 소웨토로 가는 길에 경찰이…… 버스를 세우고 수색을 하더니 버스를 압수했어요. 그렇지만 그럴 필요가 없었어요. 그것은 그저 국내외에 널리 알리려는 수작이었을 뿐이에요……. 그들은 조용히 위엄 있게 조사하고, 버스를 압수하는 것이 그들의 의무라고 생각했으면 그렇게 버스를 가져갈 수도 있었어요……. 그런데 그러지 않았어요……. 둘째……

그들이…… 집을 급습하러 갔을 때…… SABC(남아프리카 방송국)를 불러서 그것을 모두 [텔레비전으로] 보여 주었어요. 그때가 새벽 3시경이라…… 아내는 거기에 잠옷 바람으로 나왔고, 내 딸은…… 그 녀석들 가운데 일부는 뒷방에서 발가벗겨졌어요……. 그래서 그것이 매스컴을 엄청 탔어요. 그것은 더 이상 경찰 조사가 아니었어요. 그것은 선전이었어요. 그것이 내가 비판한 거예요.

15. 망고수투 부텔레지 족장에게 보낸 1989년 2월 3일자 편지에서

오늘날 지도부가 직면한 가장 어려운 과제 가운데 하나는 국민을 하나로 통합하는 것입니다. 해방운동의 역사에서 우리 국민이 한목소리로 말하고 자유의 전사들이 노력을 한데 모으는 것이 그렇게 중요했던 적이 없습니다. 현재의 정치 상황을 보면 어느 쪽에서 무슨 말을 하고 무슨 행위를 하든 모두 분열을 낳거나 분열을 심화하는 경향이 있는데, 그것은 무슨 수를 써서라도 반드시 피해야 할 치명적 실수입니다……. 투쟁은 우리의 삶이고, 승리의 순간이 아직 가깝지 않더라도, 우리는 그러한 투쟁의 질을 큰 폭으로 높일 수도 있고 그것을 완전히 망칠 수도 있습니다. 내 정치 인생에서 지금 일어나는 것처럼 우리 사람들이 서로 죽이는 것[15]을 보는 것만큼 나를

---

15 ANC와 잉카타 자유당(IFP) 사람들이 일부 지역에서 패권을 다투며 전쟁을 벌여 수많은 사람이 목숨을 잃었다.

우울하게 하는 것은 없었습니다.

16. 사람의 목에 기름 젖은 타이어를 두르고 불 붙여 산 채로 태워 죽이는 '목걸이 형'에 관해 위니가 연설한 것을 만델라가 공개적으로 지지했는지를 두고 아메드 카트라다와 나눈 대화

카트라다 : 알다시피 당신에게 이런 의문이 있어요……. 거기서는 당신이 위니의 '목걸이 형 연설'에 찬성한 것으로 되어 있어요.

만델라 : 맙소사.

카트라다 : ……앤서니 샘슨이 내게…… 대화를 기록한 것을 보냈어요. 누가 그걸 기록했는지는 우리도 몰라요…….[16] "NM이 WM의 목걸이 형 연설에 찬성했다. 그는 WM을 공격한 흑인은 하나도 없었으니 그것은 좋은 일이라고 했다. 하지만 〈스타〉지의 렉스 깁슨에 대한 WM의 공격에는 약간 유보적 입장을 취했다. 그 며칠 전에 깁슨이 그 연설을 강력하게 옹호하는 글을 발표했기 때문이다."

만델라 : 나는 분명히 그 일을 비난했어.

카트라다 : [샘슨은] 이래요. "마디바가 위니의 '목걸이 형 연설'에 대해서 언급했다는 말 때문에 논란이 있는 문제와 관련해, 나는 당신이 내 말의 토대가 된 문서를 보아야 한다고 생각했습니다. 이것이

16 그것은 만델라의 변호사 이스마일 아요브가 기록했고, 포트하레 대학교의 ANC 문서 보관소에 있었다.

진짜 같아 보이고 공공 문서 보관소에 있기 때문입니다. 나는 내가 그것을 무시할 수 있다고는 생각하지 않지만, 분명히 말할 수 있는 것은 대통령은 물론 절대 그것이 사실이 아니라고 한다는 것입니다. 그러나 어떻게 해서 이런 오해가 생겼는지를 해명하거나 짐작해 보는 게 좋을 것 같습니다."

만델라 : 그런데 어떻게 그가 우리를 전적으로 신뢰할 수 없지? 그 기록을 보관한 사람은 누구야? ……그따위 것은 없어. 나는 아무런 유보 없이 그것을 비난했어.

카트라다 : ……저도 그렇게 말했는데…….

만델라 : 그것은 전혀 사실이 아냐.

17. 교도소에서 공부하는 것에 관해 리처드 스텡글과 나눈 대화

스텡글 : 법률 공부를 하는 것, 그게 감옥에서 할 만했나요? 아니면 그때 당신이 겪고 있던 일, 또는 투쟁과 동떨어져 보였나요?

만델라 : 동떨어져 보였지요. 법. 내가 법에 관심이 참 많아요. 그러나 로벤 섬에서는 내가 너무 바빴어요. 공부에서는 전혀 진척이 없었어요. 첫해는 괜찮았고, 둘째 해도 괜찮았는데, 마지막 해에는 정치적 문제로 제대로 공부할 시간이 없었어요. 그래서 내가 세 번이나 마지막 시험에 실패했다고 생각해요. 폴스무어 [교도소]에 가서야…… 집중할 수 있는 기회를 얻었어요. 특히 혼자 있을 때. 그래서 처음부터 합격할 줄 알았어요. 그러나 그때를 빼면, 포기하고 있었어요. 완전히, 말 그대로.

18. 리처드 스텡글과 나눈 대화에서

ANC(아프리카 민족회의)에서는 어떤 문제를 해결할 때, 일반적으로 극과 극에서 출발해 그 문제를 철저히 토론한 뒤…… 합의에 도달해, 우리의 결정은 아주 확고했어요. 일반적으로 말하면, 섬에서는 [해리] 괄라 동지[17]가 어떤 특정한 접근 방법을 가진 무리를 이끌었어요……. 그는 풍부한 지식과 능력, 경험 덕분에 아주 많은 동지들에게 영향을 끼칠 수 있었어요. 그러나 거의 모든 문제에서 우리는 결국 합의에 도달해요……. 예를 들면, ANC와 [공산]당의 관계에서 그는 차이를 흐리는 경향이 있었고, 우리 논쟁 가운데 많은 것이 그것에 기인했어요. 우리 가운데 일부는 차이를 분명히, 뚜렷이 해두고 싶은데 그는 그것을 흐리는 경향이 있는 데서. 아마 감옥에서 그런 데는 어떤 이유가 있었을 거예요. 당과 ANC는 언제나 완전히 다르면서도 서로 협력했으니까.

19. 리처드 스텡글과 나눈 대화에서

음, 당신도 알다시피, 나는 그때도 읽는 것을 좋아했어요. 내가 정말 바빠지기 전에는……. 당신도 알다시피, 내가 감옥에서 즐긴 것 가운데 하나, 지금도 내가 그리운 것 가운데 하나가 그거예요…….

---

17 해리(음페페테) 템바 괄라(1920~95년). 교사이며 정치가, 정치범. SACP 당원. MK 대원.

나는 아침에 일어나서 목욕하고, 의사를 기다리고…… 아침을 먹고는…… 자유롭게 앉아서 공부할 수 있었어요……. [『전쟁과 평화』에서] 저 쿠투조프가 모스크바를 방어해야 하는가 아닌가를 두고 논의하는 장면, 아름다웠어요. 모든 사람이 수도를 버릴 수 없다고 말할 때, 그의 관심사는 겨울을 위해 러시아 군대를 아껴 두어야 한다는 것이었어요……. 겨울에는 나폴레옹 군대가 러시아 군대와 대적할 수 없을 테니까……. "나는 건물에는 관심 없다. 그것은 당연하다. 내 관심사는 내 군대가 궤멸되지 않도록 아껴 두어야 한다는 것이다." 그리고 그것은 [줄루족 왕] 샤카[18]의 태도이기도 했어요. 샤카는 싸우다가…… 한 부족의 공격을 받고 퇴각했는데, 그들이 왕도인 크랄로 오자 그의 상담역들이 "이제 저항합시다, 버팁시다." 했을 때 말해요. "내가 왜 건물을 지켜야 하지? 건물은 오늘 파괴되면 내일 지을 수 있지만, 군대는 한번 궤멸되면 다시 양성하는 데 오랜 세월이 걸리는데." 그래서 퇴각하지만, 가는 길에 적이 식량을 한 줌도 얻을 수 없게 해요. 가축도 몰고 가고 옥수수와 수수, 콩 따위도 가져가요. 식량이 하나도 남지 않도록. 그래서…… 이 적이 지치고 굶주려요……. 그리하여 적이 퇴각하면 그 뒤를 바짝 쫓아가요. 그러면 적이 퇴각을 멈추고 한바탕 싸워서 끝장을 내려 해요. 그러나 샤카는 공격하지 않아요. 절대. 적이 멈춰 서면 그도 멈춰요. 적이 진격하면 그는 후퇴해요.

그러나 결국은 적이 철수해요. 이제는 굶주려서. 그러자 그

---

18 샤카 카 센장가코나(1787~1828년). 1816~28년에 줄루족의 왕을 지냈다.

들이 잘 때…… 샤카는 부하들을 보내 그들 사이에 섞이도록 해요. 군복이 같으니까……. 그러고는 한밤중에 부하들이 각자 자기 옆에 있는 적을 찌르고는 소리를 질러요. "마법사 움타카티가 나를 공격한다!"라고. 그러자 적이 모두 일어나요. 그 바람에 그들이 잠을 이루지 못하는데, 샤카는 그들이 계속 잠 못 들게 하고는 더욱 지치고 굶주렸을 때 공격할 준비를 해요. 적이 큰 강에 이를 때까지……. 강에는 다리가 하나밖에 없어서 적이 다리를 건너려면 대오를 흩뜨려야 해요. 그래서 적이 반쯤 다리를 건넜을 때 달려가 공격을 해서 그들을 전멸시켜요……. 그러고는 다리를 건너가 나머지 반도 전멸시켜요. 그렇게 그에게는 전술이 있었어요. 나폴레옹과 싸운 쿠투조프와 같은 전술이.

20. 아메드 카트라다와 나눈 대화

만델라 : 나는 빅터버스터에 있을 때 큰돈을 벌 수도 있었어. 알아? 완전히 다른 두 신문에서…….

카트라다 : 아.

만델라 : ……내 사진을 찍으러 와서는, 한 군데서는 50만 랜드를 약속했어.

카트라다 : 그거 신문에 났어요.

만델라 : 그래?

카트라다 : 아니, 아니, 잠깐만요. [간수 크리스토] 브랜드가 내게 말해 주었나? 그러나 어쨌든 알고 있었어요.

만델라 : 거금 50만 랜드를!

카트라다 : 아, 예, 맞아요. 브랜드가 우리에게 말해 주었어요.

만델라 : 그래서 내가 그래. "아니, 난 그것에 동의하지 않겠소."

카트라다 : 예.

만델라 : 거절했지.

카트라다 : 그런데 당신이 [콘스탄티아버그] 병원에 있을 때 그런 거 아닌가요?

만델라 : 응?

카트라다 : 당신이 그 병원에 있을 때 그런 거 아니냐고요.

만델라 : 또 한 신문은 내가 그 병원에 있을 때 그랬어.

카트라다 : 예.

만델라 : 그렇지만 또 한 신문은 빅터버스터에서 그랬어. 그래서 그랬지. "이봐요, 내가 지금 협상 중인데, 이 사람들이 내가 여기서 내 지위를 남용했다는 것을 알면……."

카트라다 : 아.

만델라 : "……내 신뢰가 무너질 거요. 그럴 수 없소." 하니까 그래. "50만 랜드라니까요."

카트라다 : 예.

만델라 : ……나같이 자식에 손자들까지 있는 가난한 사람에게 말야.

카트라다 : 아.

만델라 : 그래서 나는 생각하고 싶지 않았어. 내가 그만둘까 말까 생각하면 유혹을 느낄 거라고 생각했거든.

카트라다 : 예.

만델라 : 그래서 싫다고 분명하게 말했지. 나는 그러고 싶지 않았어,

전혀. 그래서 내가 퉁명스러워져 가지고 큰소리로 말했지. 도청 장치가 있다는 생각도 했거든.

카트라다 : 예.

만델라 : 왜냐하면 우리가 건물 안에 있었으니까…… 라운지에.

카트라다 : 예.

만델라 : 그래서 분명하게 싫다고 했지. "싫소. 나는 그것을 고려하고 싶지 않소. 당신들도 알다시피 나는 협상 중이오. 언제 내가 협상을 하고 있지 않으면 그때는 생각해 볼 수도 있겠지만, 지금은 아니오!" 내가 아주 퉁명스럽게 말했어.

카트라다 : 아.

만델라 : 그러자 그들이 이러더군. "음, 그럼 75만 랜드면 어때요?" 그래서 이랬지. "당신들은 내게 7억 5천만 랜드도 줄 수 있지 않소."

카트라다 : 아.

만델라 : 나는 그것도 받아들이지 않고 그냥 거절했어. 그런데 내가 그 뭐냐, 그 병원에 있을 때, 또 한 번 그런 일이 있었지. 이번에는 1백만 랜드였어.

카트라다 : 예. 그것은 〈타임〉지였을 거예요.

만델라 : 아, 그래, 자네가 맞을 거야.

카트라다 : 예.

만델라 : 그래. 그래서 거절했지. 그런데 말야, 가난한 것은 끔찍한 일이야.

카트라다 : 예, 당신이 감옥에서 빈곤에 시달릴 때 내가 그것에 관해서도 썼어요.

만델라 : 그래.

카트라다 : 당신도 유혹을 느낀다고.

만델라 : 맞아.

카트라다 : ……많은 것에.

만델라 : 말이라고.

카트라다 : 예.

만델라 : 그럼, 물론이지. 그래서 밖에서도 뭔가 제안을 받으면 동료들에게 가서 보고하는 습관을 들여야 해.

21. 간호사 셔나 브래들리[19]에게 보낸 1989년 8월 21일자 편지에서

어느 날 아침에 라디오에서 설교를 듣는데, 목사가 문제에 직면하는 방법에 관해 조언을 했습니다. 어려움은 늘 일시적인 것이라며, 어떻게 접근하느냐에 따라 그 뒤에는 대개 훨씬 행복한 순간이 온다더군요.

22. 리처드 스텡글과 나눈 대화

스텡글 : 사람들이 "넬슨 만델라의 큰 문제점은 사람을 너무 좋게만

---

19 셔나 브래들리는 콘스탄티아버그 병원의 간호사였다.

보려고 하는 것이다."라고 해요. 이에 대해 어떻게 대답하시겠어요?

만델라 : 음, 많은 사람이 그래요. 사춘기 때부터 그런 말을 들었는데, 모르겠어요……. 그 말에도 일리가 있겠지요. 그러나 공인일 때는 그렇지 않다는 증거가 나올 때까지 사람의 진실성을 믿어야 해요. 그렇지 않다는 증거가 없고 좋은 일을 하는 것 같은데 무슨 이유로 사람을 의심해야 하지요? 무슨 속셈이 있어서 좋은 일을 한다고 해야 하나요? 그런 증거가 나오면 그때 그 점을, 신뢰를 저버린 것을 문제 삼아 처리하고 잊으면 되지. 왜냐하면 그래야 살면서 다른 사람들과 잘 지낼 수 있거든요. 사람들은 우리가 사는 사회의 진흙으로 만들어진다는 것을, 그들도 인간이라는 것을 인정해야 해요. 사람들에게는 장점도 있고 단점도 있어요. 우리가 인간으로서 인간과 함께 일할 의무가 있는 것은 그들이 천사라서가 아니에요. 따라서 이 사람에게 이런 강점이 있고 이런 약점이 있는 것을 알면, 그들과 함께 일하면서 그 약점을 받아들이고 그것을 극복하도록 도와주려 하면 돼요. 나는 사람이 어떤 실수를 한 적이 있다는 사실에, 그 사람이 약점이 있다는 사실에 겁을 먹고 싶지 않아요. 나는 내 자신이 그런 것에 영향을 받게 할 수 없어요. 그래서 많은 사람이 [나를] 비판하지만.

그리고 나와 같은 위치에서는 주요 과제가, 서로 다른 파벌들이 분열하지 않고 하나로 모여 있게 하는 것이에요. 따라서 누구와 문제가 있다고 말하면, 다른 사람들과 함께하기 어렵다고 말하면 주의 깊게 들어야 해요. 듣고 문제를 해결하는 동시에, 가장 중요한 점은 조직의 통합을 유지하는 것임을 깨달아야 해요. 조직을 분열시켜서는 안 되잖아요. 그러려면 사람들이 자기에게 올 수 있도록 해야 하고…… 그래서 조직의 통합을 유지하는 역할을 할 수 있어야 해요.

23. 리처드 스텡글과 나눈 대화에서

사람들은 내가 사람을 너무 좋게만 본다고 생각할 거예요. 그것은 내가 견뎌야 하는 비판이고, 그래서 그동안 비판에 적응하려고 했어요. 그게 사실이든 아니든, 나는 사람을 좋게 보는 것이 유익하다고 생각하니까. 사람이 성실하고 정직하다 생각하면서 그런 가정하에 행동하는 것이 좋은 점은…… 함께 일하는 사람들을 그렇게 대하면 그들도 그렇게 행동하는 경향을 보이기 때문이에요. 그래서 누군가 개인적인 관계를 발전시키는 데서 큰 진보를 이루었다면, 기본적으로 자기가 상대하는 이들이 정직하고 성실한 사람이라고 가정하기 때문이에요. 나는 그렇게 믿어요.

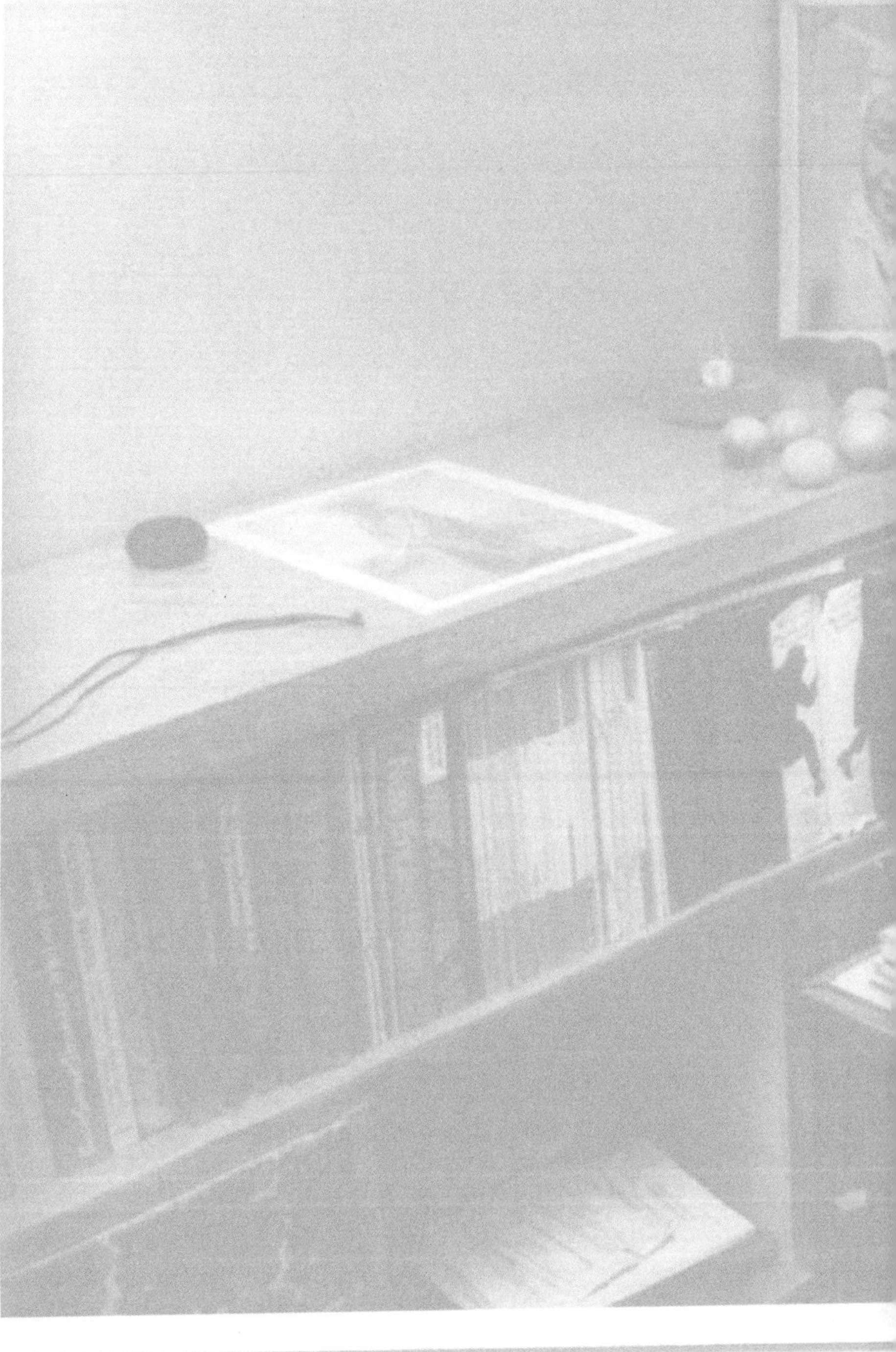

| CHAPTER 11 |

달력 일지

만델라가 쓴 탁상용 달력. 1976년 7월 21일에 '난입'이 있었다는 기록이 있다.

만델라는 로벤 섬과 폴스무어 교도소, 빅터버스터 교도소에서 일련의 탁상용 달력에 일지를 썼다. 1976년부터 1989년까지 쓴 이 일지들은 그가 쓴 공책들과 함께 그의 내밀한 생각과 일상의 경험을 아무런 매개 없이 가장 직접적으로 기록한 것들이다. 그가 날마다 일지를 쓴 것은 아니다. 사실 때로는 몇 주 동안 아무것도 기록하지 않아서, 여기 11장에 모아 놓은 것들을 보면 날짜에 공백이 있다. 이 장에는 그가 달력에 기록한 것들 가운데 가장 중요하고 가장 흥미로운 것들만 모아 놓았다. 여기 있는 것들이 전체의 극히 일부분에 지나지 않아도, 달력의 전반적 느낌이나 성격이 많이 달라지지는 않았다. 어떤 것들은 여기에 포함된 것이 이상해 보일지도 모른다. 하지만 바깥세상에서는 당연한 필수품이 교도소에서는 아주 귀한 사치품이었다. 한 예로, 차에 우유를 넣는 것도 사건이었다. 면회와 편지도 마찬가지다. 그리고 어느 날은 '급습'이라는 단어 하나밖에 쓰지 않았지만, 그 말에는 훨씬 위협적인 것이 숨겨져 있다.

1976년 8월 18일

자미의 체포에 관한 정보를 입수했다.

C.O.(교도소장)가 생일 카드 온 것을 부인한다.

1976년 8월 23일

버나드 W/O(준위)가 생일 카드를 주지 않았다고 말해 주었다.

1976년 12월 8일

디 브라운의 『나를 묻어 주오』[1]를 읽기 시작하다. 런던 U(대학교)에 편지를 보냈다.

1976년 12월 23일

진드지의 생일.

1977년 1월 17일

남을 험담하는 것은 악덕, 자신을 험담하는 것은 미덕.

1977년 1월 20일

카토가 도랑에 빠져 다리에 부상을 당하는 꿈을 꾸었다.

1977년 2월 21일

바너드 준위 밑에 있는 간수 15명 정도가 급습.

1977년 3월 2일

오전 6:55에 큰 진동.[2]

1977년 3월 25일

나와 카토, 조지 등이 푸성귀 있는 밭으로 뛰어 올라갔다가 언덕에

---

1 디 브라운의 『나를 운디드니에 묻어 주오』(1970년에 출판)를 말한다.

2 본토에서 지진이 일어나 툴바흐라는 도시에서 가장 큰 피해를 입었다.

서 전속력으로 내려오는 꿈을 꾸었다. 카토가 넘어져 도움을 받았다. 카토에게 달려가다 잠이 깼다.

1977년 4월 25일

기자와 사진기자, TV 대표들이 섬에 찾아와서 감방과 건물 사진을 찍다.[3]

1977년 6월 4일

자미와 진드지가 1시간 30분 동안 나를 보다. 1977. 5. 16.에 브랜드포트로 추방되었다고 알려 주다.[4]

1977년 7월 11일

면도날.

1977년 8월 22일

면도용 크림과 콜드크림 두 개에 관한 편지를 건네다.

1977년 11월 7일

잔드버그 소령이 K. D. [마탄지마]가 1977. 12. 2에 마디바(자신)를 면회하기 바란다고 전하다.

---

3 정부가 정치범들을 학대한다는 소문을 떨치려고 로벤 섬에 기자 25명을 초청했다.

4 위니가 1976년에는 투옥되더니, 1977년에는 요하네스버그에서 자유 주에 있는 브랜드포트로 추방되었다.

마디바가 면회를 연기해야 한다고 응답하다.[5]

1977년 12월 29일

멘타덴트 치약 100밀리리터 2개.

큰 비놀리아 비누 6개.

큰 바셀린 헤어오일 1개.

오모(가루비누) 1킬로그램.

1979년 3월 11일

DDD 증후군 : 쇠약, 의존성, 두려움.

1979년 4월 27일

지미 크루거 장관[6]이 섬에 오다. G. 뒤 플레시스와 동행. 우리가 약 ±15분 동안 이야기를 나누다.

1979년 5월 9일

안과 의사 A. C. 네틀링과 상담.

시력은 아주 좋음. 바이러스에 감염되었으나 곧 나을 거라 새 안경은 필요 없음.

---

5 만델라와 리보니아 재판을 받고 투옥된 동료들이 마탄지마가 반투스탄 제도를 지지한다는 이유로 만델라가 그를 만나서는 안 된다는 결정을 내렸다.

6 1917~87년. 정치가. 1974~79년에 법무 치안 장관을, 1979~80년에 상원 의장을 역임.

1979년 5월 20일

바이러스가 다시 활동하기 시작. 왼쪽 눈에서 오른쪽 눈으로.

1979년 5월 21일

오른쪽 눈만 아프고 충혈.

1979년 5월 22일

오후에 알부시드 물약 넣기 시작.

1979년 5월 23일

밤에 집에 가니 문이 활짝 열려 있고, 자미가 한 침대에서 자고, 아이들이 한 침대에서 자는 꿈을 꾸다. 아이들은 제니와 진드지인 듯. 밖에 많은 학생들. 내가 자미를 껴안자 자미가 내게 침대로 가라고 명령하다.

1979년 5월 24일

정오에 알부시드 30% 안약 쓰기 시작.

1979년 6월 1일

"희망을 갖기는 쉽지만, 그것을 망치는 것은 결핍이다."

1979년 6월 2일

병든 나라에서는 건강으로 가는 발걸음 하나하나가 그 병을 먹고 사는 사람에게는 모욕이다.

자유의 목적은 다른 사람들을 위해 그것을 창조하는 것이다.

1979년 6월 3일

자미와 자지[7]가 한 시간. 자미는 붉은 저지에 모자.
자지는 내 것과 비슷한 코트.

1979년 6월 12일

(아프리칸스어로) 루 장군이 왔다. 뒤 플레시스 준장과 이야기했다.

1979년 6월 14일

21번째 결혼기념일.

1979년 7월 14일

제니와 진드지, 자마스와지[8]가 45분 동안 면회.
자마스와지는 감기에 걸려 자주 소리를 지른다.

1979년 8월 6일

L 르 그랑주 장관이 교도소를 방문하다. COP(교정국장) 뒤 플레시스가 동행.[9]

---

7 자지웨. 제나니의 딸로, 만델라의 손녀.

8 스와티. 제나니의 딸로, 만델라의 손녀.

9 루이 르 그랑주는 법과 질서부 장관, 뒤 플레시스는 교정국장이었다.

1979년 9월 15일

대족장 대리 밤빌랑가[10]가 1시간 30분 동안 나를 면회하다.

1979년 10월 9일

국가 대 사바타 달린디예보 소송에 관해 A. M. 오마르 씨와 면담.

1979년 10월 17일

옷 벗고 쟀을 때 몸무게 75킬로그램.

1979년 10월 20일

진드지와 ±1시간 면회.

진드지가 아름답고 쾌활해 보인다. 앤(원문대로) 톰린슨 집에서 머물고 있다.

1979년 10월 21일

진드지가 ±45분 동안 면회하고 돌아가다. 이번에도 밝고 쾌활해 보인다. 책과 출판업자 마이크 컥우드에 관해 이야기를 나누다.

1979년 11월 5일

입원 : 오른쪽 뒤꿈치에서 찢어진 힘줄을 제거하는 가벼운 수술. 브라이텐바흐 박사가 집도.

10 앨버트 밤빌랑가 음티라라. 템부족 통치자.

진드지와 내가 밤에 바라(바라과나스 병원)에 가는 꿈. 왜 내가 다른 변호사 대신 그 변호사를 고용했는지 물었다.

1979년 11월 17일

자미가 ±2시간 면회. 담청색 드레스. 적당히 살이 올라 정말 우아해 보인다.

1979년 11월 19일

카밍가 병장이 POP와 실밥을 제거했다. 브라이텐바흐 박사가 오른쪽 뒤꿈치에서 상당히 큰 소골편을 제거했다. 마취는 C. 모스 박사.

1979년 12월 3일

슬리퍼 구매에 관한 편지를 하딩 소령에게 보냈다.

1979년 12월 25일

자미가 한 시간 면회. 피엠버그(피터마리츠버그)에서 크리스마스 식료품과 잡화.

1979년 12월 26일

자미와 스와티가 45분 면회. 사진 20장을 보내기로 약속.

1980년 1월 3일

『나는 흑인이지만』에 수록된 진드지의 시 55편을 읽음. 『흑인과 열넷』은 곧 출판될 예정.

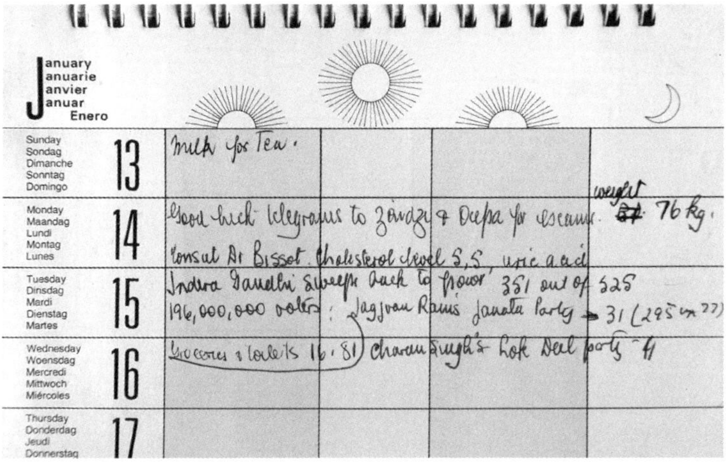

투옥된 NM과 그들이 우리 모두에게 가하는 고통에 대해 침묵하라는 형을 받은 놈자모 만델라에게 바친다.[11]

1980년 1월 10일

새 면도날.

1980년 1월 13일

차에 넣는 우유. (위쪽 삽화 참조)

1980년 1월 26일

자미가 ±45분 동안 면회. 마디바가 피곤해 보인다고 투덜거린다.

---

11 『나는 흑인이지만』의 헌사.

Maandag Lundi Montag Lunes	12	
Tuesday Dinsdag Mardi Dienstag Martes	13	
Wednesday Woensdag Mercredi Mittwoch Miércoles	14	Mrs Helen Suzman MP. Comes with Gen. Rouse. Interview for ±1hr.
Thursday Donderdag Jeudi Donnerstag Jueves	15	BP. 160/105 Ascension Day Hemelvaartdag
Friday Vrydag Vendredi Freitag Viernes	16	160/95
Saturday Saterdag Samedi Samstag Sábado	17	160/90

5 S M T W T F S | S M T W T F S | S M T W T F S | S M T W T F S | S M T W T F S
- - - - 1 2 3 | 4 5 6 7 8 9 10 | 11 12 13 14 15 16 17 | 18 19 20 21 22 23 24 | 25 26 27 28 29 30 31

1980년 3월 13일

스와티의 첫 번째 생일.

1980년 3월 19일

릴리(릴리언 응고이)의 죽음에 관한 자미의 전보를 받았다.

1980년 3월 20일

이디스 응고이[12]에게 위로의 전보를 보냈다.

1980년 5월 14일

하원 의원 헬렌 수즈먼 여사[13]가 루 장군과 함께 오다. ±1시간 동

---

12 릴리언 응고이의 딸.

13 부록 「사람과 장소, 사건」 참조.

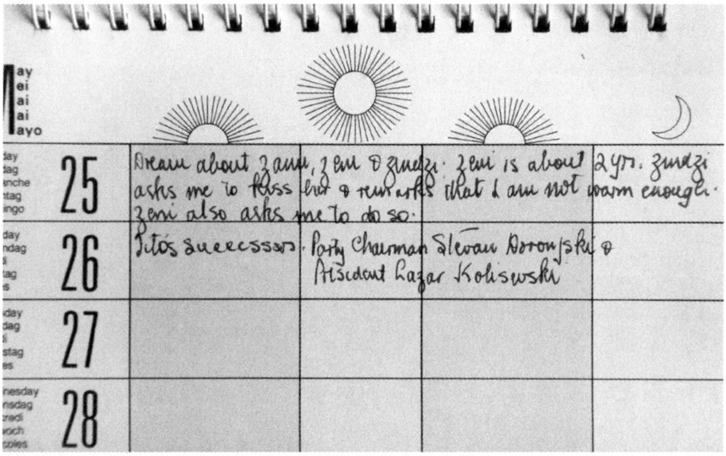

안 면담. (왼쪽 삽화 참조)

1980년 5월 23일

A. L. 마레스키 박사의 진찰 결과 내 상태는 좋다. 심장도 지난번에 진찰했을 때보다 좋아졌다.

밤늦게, 거의 새벽에 집에 돌아가는 꿈을 꾸었다. 자미가 우리의 올랜도 집 뒷문으로 들어오기에 껴안았다. 제니가 두 살밖에 안 되었는데 면도날을 삼켰다가 토해 냈다. 내가 등을 두드려 주었다.

1980년 5월 25일

자미와 제니, 진드지에 관한 꿈. 제니는 두 살밖에 안 되었다. 진드지가 내게 입맞춤을 해달라더니 내가 충분히 따뜻하지 않다고 한다. 제니도 입맞춤을 해달라고 하다. (위쪽 삽화 참조)

1980년 6월 5일

자미가 파란색 옷을 입고 밝은 얼굴로 다시 왔다.

1980년 6월 9일

잔액 41.44랜드.

1980년 6월 24일

카밍가 병장이 혈압을 재다. 180/90.

1980년 6월 30일

카플란 박사의 검사 결과 혈압 120/80, 몸무게 78킬로그램. 마레스키 박사의 심박동 기록도 읽어 주다.

1980년 7월 12일

자미와 진드지, 조불레가 악천후로 오지 못하다.

1980년 7월 13일

자미와 진드지, 조불레[14]가 와서 평소보다 길게 면회했다. 세레체 카마가 죽었다는 소식.

---

14 조불레는 졸레카 세아카멜라(1980년~). 진드지의 딸이며 만델라의 손녀.

1980년 8월 24일

부티[15]와 카토, 카토가 타이 맨 것을 처음 본다.

1980년 9월 7일

네스카페 250g 4.10랜드.

머스타드 소스 54센트.

이발 45.

코코넛 쿠키 54.

샌드위치 스프레드 71.

마르미트 55.

프라이벤토스 55.

게임 레몬 26.

케이크 믹스 250g 38.

1980년 9월 14일

자미와 오우파[16]. 밤색 드레스에 금도금한 펜던트를 한 자미가 사랑스러워 보인다. 오우파는 흰색 줄무늬가 있는 정장(검은색) 차림.

1980년 10월 10일

7만 3천 명이 NM 석방 청원서에 서명.

---

15 부티란 피를 나눈 형제는 아니어도 '형제'라는 뜻. 만델라의 고향에서 온 남자 친척을 의미.

16 오우파 세아카멜라. 당시 진드지의 동반자.

1980년 10월 11일

재소자의 날.[17]

1980년 10월 27일

내 동의도 없이 피나르 준위가 서류를 없앰.

1980년 11월 3일

짐바브웨의 M 석방 운동 : 짐바브웨 대학교에서 M(만델라) 석방 운동을 벌여 600명의 석방 청원 서명을 받음.
클리퍼드 마시리가 주도.

1980년 11월 28일

(아프리칸스어로) 아프리카너들이 자기들이 우수한 인종이고 다른 인종에게 폭력을 쓸 권리가 있다고 생각하는 한, 미래는 여전히 암울하다.
반투 교육[18]이라는 개념에는 오명이 따라다닌다. 아무리 제도를 개선해도 그것이 인종을 분리하는 제도인 한 결코 받아들여지지 않을 것이다.

---

17 1976년에 국제연합 총회에서 이날을 남아프리카 정치범들과 연대하는 날로 공식 지정했다.

18 1953년의 반투 교육법은 교육기관에서의 인종 분리를 합법화했다.

1980년 12월 25일

자미와 진드지, 조불레가 ±1시간 동안 RI(로벤 섬) 방문. 둘 다 옷을 가볍게 입었다. 아예샤 [아널드]를 위해서 포즈를 취해 주기로 약속했다 : 더반에서 네루 상 수상 기념.[19]

인디라 간디의 연설을 담은 테이프가 도착하지 않았다.

1981년 1월 22일

달맞이꽃 기름이 혈압과 콜레스테롤 수치를 내리고 과체중도 줄여 준다.

1981년 2월 18일

앤 공주 23 951
잭 존스 10 507 } 런던 대학교 총장[20]
NM 7 199

NM의 지지자들 중에는 원로 교수들도 있다 : 바버라 하디 교수와 시사평론가 조너선 딤블비.

1981년 4월 1일

만델라 다큐멘터리 : 도널드 우즈 주필이 SA(남아프리카)에서 탈출한 이야기를 TV 다큐멘터리 드라마로 만든 BBC 프로듀서 프랭크

---

19 만델라는 1979년에 국제간 이해를 도모한 공으로 인도 정부로부터 자와할랄 네루 상을 받았다.

20 1981년에 만델라가 런던 대학교 총장 후보로 지명되었다.

콕스가 6월에 NM(넬슨 만델라)에 대한 TV 다큐멘터리 드라마를 찍을 계획이다.
6월에 남아프리카의 백인과 흑인 배우들을 캐스팅하기 시작한다. 이 작품은 50분짜리가 될 것이며, 인권을 주제로 한 시리즈 세 편 가운데 하나가 될 것이다. 영국 어디서 로벤 섬 모형을 만들어서 찍을 예정이다.

1981년 4월 3일

[데즈먼드] 투투 주교[21]가 M 석방 운동이 절정에 이르렀을 때 하원 위원회 회의실에서 연설. 마이클 풋,[22] 데이비드 스틸[23] 참석. 하원의원 94명, 귀족 25명, 19명의 주교를 포함한 교회 지도자 30명, 교수 98명, 약 1천 200만 명을 대표하는 500개 조직이 청원을 공개 지지.

1981년 5월 5일

IRA(아일랜드 공화국군) 순교자 보비 샌즈가 죽다.

1981년 5월 10일

자미와 스와티가 오전 10시경 방문 : 스와티가 유리 칸막이를 두드

---

21 부록 「사람과 장소, 사건」 참조.

22 1913~2010년. 영국 노동당 당수이며 작가.

23 1938년~. 영국 정치가이며 1976~88년에 자유당 당수.

리며 "열어, 열어!" 하고 외치다가 결국 울음을 터뜨려 음다의 여동생이 데리고 나감.

1981년 5월 17일

공부를 하고 있는 재소자의 수.

일반 대학교	29
2년제 대학교	102
대학교 입학시험	127
학사 학위	59
박사 과정	17
계	334

이들 중 30%는 시험을 치르지 않음. (358쪽 삽화 참조)

1981년 8월 5일

나이지리아 부통령 [앨릭스] 에크우에메 박사가 NM 대신 마이클 켈리 시장으로부터 글래스고의 자유상을 수상. '버지스 티킷Burgess Ticket'으로 알려진 명예로운 시민권을 부여하는 두루마리는 라고스 정부 청사에 안전하게 보관될 것이며, "M이 바라건대 머지않은 미래에 자유를 얻으면, 라고스에 와서 받을 수 있다."

1981년 8월 15일

자미와 조불레 : 내가 칸막이 유리에 대고 조불레에게 입맞춤을 하고는 전화로 이야기하다. 조불레가 너무 시끄럽게 해서 도저히 자미와 대화할 수 없다. 조불레는 다음에는 데려오지 않기로 함.

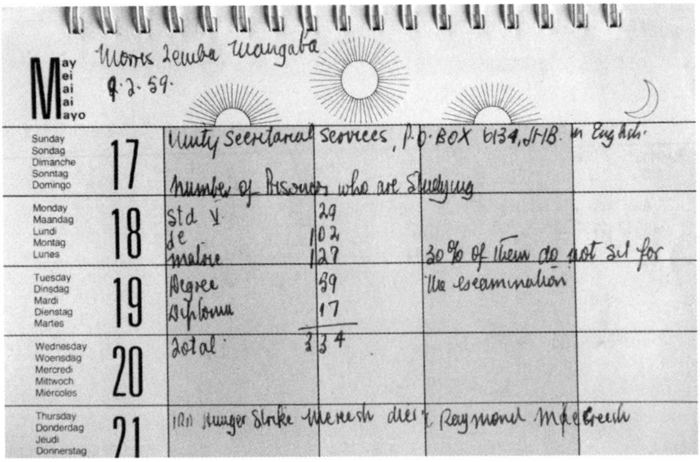

1981년 8월 19일

앤서니 보비 초초베, 25

요하네스 샤방구, 28

데이비드 모이스[24]

[찰] 테론 판사에게 사형 선고를 받다. "고생하는 SA 대중의 정신 만세, 전 세계 인류의 정신 만세, NM 만세, 솔로몬 말랑구[25] 만세."

1981년 9월 26일

자미가 45번째 생일을 우리와 보내다. SAP(남아프리카 경찰)가 진드지의 통행증, 그리고 마비첼라[26]가 집에서 자는 것을 가지고 자미

---

24 앤서니 보비 초초베와 요하네스 샤방구, 데이비드 모이스는 모두 MK 대원이었다.

25 1956~79년. MK 대원. 교수형을 당했다.

와 가족을 몹시 괴롭혔다고 한다.

제니와 진드지가 1981. 10. 9에 리우데자네이루와 USA, 마드리드로 떠난다.

1981년 11월 19일

[그리피스] 음셍게[27]가 살해당했다.

1981년 12월 14일

교도소장이 내게 마운트 아일리프에서 일어난 자동차 사고에 자미도 관련되었다고 알려 주다. 목과 어깨, 갈비뼈에 심한 부상. 열네 살 된 딸 마디키젤라 역시. 콕스타트에 입원. 더반으로 옮겨질지도 모름. 곧바로 안부를 전하는 전보 보냄.

1982년 1월 6일

오전 9시경 소웨토에서 폭탄이 터져 올랜도 마을 회관이 흔들리고, 근처에 있는 집들의 유리창이 박살나고, 벽에 금이 감. 이 지역에서 일어난 두 번째 폭발. (360쪽 삽화 참조)

1982년 1월 28일

자미의 브랜드포트로의 추방과 가택 연금이 1년 연장되었다.

---

26 마비첼라는 M. K. 말레파네였다. MK 대원으로, 위니의 집에 머물고 있었다.

27 음룽기시 그리피스 음셍게(1981년 사망). 반아파르트헤이트 활동가, 인권 변호사, 정치범. ANC 회원. 비밀경찰에 살해당했다.

1982년 1월 30일

자미가 왼손에 아직도 깁스를. 무척 안 좋아 보인다. 블룸폰테인 정형외과 의사 시플리가 새 깁스를 해주었단다. 2월 10일에 그를 만나 진찰을 받아 보고 나아지지 않으면 수술을 할지도.

1982년 1월 31일

자미가 선글라스를 쓰고 다시 옴. 월요일 아침에 있을 템비의 결혼식 사진을 부치겠다고.

1982년 3월 26일

탐 로지 : 'SA 1948~81년의 흑인 저항 정치.'

(1982년 3월 30일에 만델라가 갑자기 본토의 폴스무어 교도소로 이감되었다.)

1982년 4월 24일

자미가 폴스무어로 면회를 오다. 올리스터 스파크스 씨[28]와 동행했으나, 그는 면회가 허락되지 않았다.

1982년 4월 25일

자미가 AS와 함께 다시 옴. 자미가 아주 좋아 보인다. 다음 달에 다시 올 계획.

1982년 5월 5일

아지 테르블랑쉬 [부관]이 비스토(가루 그레이비) 묶음을 부엌에 보내, 금요일에만 한 티스푼씩 쓰라고 지시. 처음 한 티스푼 사용.

1982년 5월 12일

두 번째로 비스토 한 티스푼 사용.

1982년 5월 17일

토목 노동자 연합 노조(런던 소재)에서 자미가 마디바를 면회할 수 있도록 그녀에게 1천 800랜드를 줄 예정. 지난달에는 도싯에 사는 메이저리 럭 여사의 아량 덕분에 자미가 마디바를 면회할 수 있었다.

---

28 1933년~. 작가이며 기자, 정치 평론가.

1982년 6월 26일

자미가 옭은 황갈색 코트를 입고, 죽음의 위협들과 콤비(미니버스) 폭파 기도에 관해 알림. 마비첼라도 동행했으나 면회실에 들어오지 않음.

1982년 8월 1일

아예샤 [아널드]에게 생일 카드.

1982년 8월 7일

마키(4월 30일에 면회 신청). 마키가 와서 한 시간, 카울리 하우스에 머물고 있다.

1982년 8월 8일

마키 30분. 앞니 두 개를 빼고 옆에 있는 것도 하나.

1982년 8월 17일

(아프리칸스어로, 아무래도 신문 기사에서 옮긴 것으로 추정.) 편지 폭탄이 루스 퍼스트의 목숨을 앗아 갔다. 금지령이 내려진 ANC(아프리카 민족회의)의 간부인 루스 퍼스트가 마푸토에서 편지 폭탄이 손에서 터지는 바람에 죽었다. 이 일은 그녀가 일하던 대학의 아프리카 연구소에서 일어났다고 관영 통신사 앙곱은 말했다. 주변에는 연구소 소장 아키노 드 브라간카도 있었는데, 그도 폭발로 부상을 당했다고 가족이 말했다. 사모라 마셸 대통령의 자문 위원 가운데 하나가 그의 부상은 심하지 않은 것 같다고 했다.

그녀의 책 : 177일, 총신, 아프리카 군사 통치 연구, 올리브 슈라이너 전기, 현대 리비아 연구(『리비아 : 정의하기 어려운 혁명』인 것으로 추정).

1982년 8월 21일

소부자 왕[29]이 83세의 나이로 죽음.

1982년 9월 25일

자미가 케냐의 응구기[30]에게 선물로 받은 옷을 차려입음.

1982년 10월 2일

자미와 내가 한 접시를 먹는 꿈……. 몇 수저 뜨지 않았는데 내가 어떤 급한 볼일을 보러 가면서 곧 돌아와 계속 함께 먹었으면 하고 바랐다. 아, 그러나 내가 몇 시간이나 늦어서 그녀의 반응과 염려가 몹시 걱정되기 시작했다. 꿈이 뒤죽박죽이다. 호브도젤라가 등에 가족 하나를 업고 가파른 제방에서 강으로 굴러떨어졌다.

1982년 12월 2일

브라이텐 브라이텐바흐[31]가 폴스무어 교도소에서 석방.

---

29 응구엔야마 소부자 2세(1899~1982년). 스와질란드의 소부자 왕. 제나니의 시아버지.

30 응구기 와 티옹오(1938년~). 케냐 작가.

31 1939년~. 작가이며 화가. 테러법 위반으로 폴스무어 교도소에서 7년간 복역.

1983년 1월 4일

영국의 전 자유당 당수 제러미 소프[32] 씨가 스와질란드 출장 중에 제나니를 만났다. 소프 씨는 고도로 압축된 건초로 저비용 주택을 짓는 계획을 추진 중. 자미의 가택 연금과 그녀 남편의 투옥에 관해 논의.

1983년 1월 7일

자미가 경찰의 급습을 받아, 헬렌 수즈먼 하원 의원과 피터 솔[33] 하원 의원 앞에서 세 시간 동안 경찰차 여섯 대의 수색을 당했다. 금지령을 어겼다며 소환장도 발부했다. 경찰이 포스터와 책, 문서, 침대보를 압수했다. 이동병원에 있는 환자 여섯 명의 사진도 찍었다.

1983년 1월 31일

〈소웨탄〉지 1983. 1. 31. : 비밀경찰이 그녀의 침대보를 가져가서 상원 의원들이 그것을 대체해 줄 계획. SA 비밀경찰이 WM(위니 만델라) 여사에게서 압수해 간 침대보를 막강한 US 상원 의원들이 대체해 주기로 했다. 새 침대보는 SA의 시민권 침해에 대한 의회의 우려를 상징하는 것으로써 ANC(아프리카 민족회의) 지도자의 아내에게 증정될 것이다.

---

32 1929년~2014년. 영국 자유당 당수.

33 1936년~. 요하네스버그 시의회 의원이며 하원 의원.

1983년 2월 2일

우드스톡 병원에 입원.

1983년 2월 3일

뒤통수와 오른쪽 발가락 수술.

1983년 2월 5일

진드지가 밝고 유쾌해 보인다.

1983년 2월 14일

판 질 준위가 머리에 난 상처에서 실밥 뽑음.

1983년 2월 15일

우드스톡 병원의 페레이라 수간호사가 큰 발가락에서 실밥을 뽑고, 스타인 박사가 검사 결과 발가락에서 악성종양이 발견되지 않았다고 말해 줌.

1983년 3월 21일

고대 올림피아 : 감옥에 갇힌 흑인 SA 지도자 NM이 이 그리스 마을의 명예시민이 되었다.

1983년 3월 22일

반아파르트헤이트 위원회 운동과 UN 반아파르트헤이트 위원회에서 어제 ANC 지도자 NM의 석방을 촉구하는 선언문을 발표했다.

이 선언문에는 4천 명 이상이 서명했다.

1983년 3월 24일

ANC 지도자의 박사 학위 수여 : NY(뉴욕) 시립 대학교에서 '자유와 정의의 원칙에 사심 없이 헌신한' 공로로 NM에게 박사 학위를 수여했다. 대학 총장 버나드 할스턴. '학위는 6월에 수여할 예정.'

1983년 3월 29일

자미가 디 그뤼네님(원문대로)에게 3월 29일 본에서 열리는 의회 개회식에 참석해 달라는 요청을 받았다. 〈소웨탄〉지 보도. 반아파르트헤이트 운동이 새 본부를 둔 북런던 캠던에 있는 거리를 '만델라 거리'로 개명하여 투옥된 ANC 지도자에게 경의를 표하기로 했다. 이 거리는 현재 로디지아에서 세실 존 로즈가 식민 통치를 할 수 있도록 도와준 영국 탐험가의 이름을 따서 셀러스 거리[34]로 불리고 있다.

1983년 4월 25일

만델라 결의안 : 한 진보적인 민주당 의원이 투옥된 ANC 지도자와 그의 아내 W를 미국 명예시민으로 선언해 달라고 의회에 요청했다. 크로켓 씨[35]는 이 양원 합동 결의안을 제출하고 동료 하원 의원

---

34 프레더릭 코트니 셀러스(1851~1917년)의 이름을 딴 거리.

35 조지 W. 크로켓 2세(1909~77년). 1980~91년에 미국 하원 의원을 지냈다.

12명의 지지를 받았다. 남아프리카에 대한 정보를 얻을 수 있는 자료 센터로서는 유일할 것으로 믿어지는 한 연구소에서는 지난해 편지 폭탄에 죽음을 당한 루스 퍼스트의 공로를 기릴 계획이다. 처음에는 한 영국 대학교에 근거를 두려 했던 이 연구소의 주요 목적은 전 세계 대학교와 기관에 보관되어 있는 남아프리카에 대한 역사적 자료와 경제적 자료, 사회학적 자료를 모두 마이크로필름에 담는 것이다.

1983년 5월 21일

정부의 헌법 수정안을 위해 싸울 UDF(민주 연합 전선) 결성 — TIC, CUSA, SAAWU[36], 소웨토 시민 연합 등 32개 단체. 150명이 넘는 대표단과 참관인이 UDF 창립 선언문을 채택하고 헌법 수정안을 위해 싸우기로 맹세했다. 의장은 I. 모하메드 박사.

1983년 6월 4일

〈헤럴드〉지 : 더블린 시의회 의원들이 NM의 흉상을 세워 그가 '자유에 지대한 공헌'을 한 것을 기리기로 했다. 원래는 더블린 명예시민 훈장을 수여하자는 요청이 있었으나, 일부 의원들이 그것은 그가 와서 받을 수 없으니 적절하지 않다고 하였다.

---

36 트란스발 인도인 회의, 남아프리카 노동조합 총연맹, 남아프리카 노동조합 연합.

1983년 6월 9일

사이먼 모고에라네와 제리 마솔롤리, 마커스 모타웅[37]이 프리토리아 중앙 교도소에서 교수형을 당했다.

1983년 6월 14일

변호사 이스마일 모하메드와 이스마일 아요브에게 폴스무어 최고 보안 교도소의 생활 조건에 대한 법률 상담.

1983년 7월 1일

MP(하원 의원)인 헬렌 수즈먼 여사가 우리 구역을 방문. 먼로 준장과 보트마 준장 동행. 우리가 여사에게 우리의 고충을 알리고, 운동장과 건축 중인 독방들을 보여 줌. 여사에게 브뤼셀 대학교에서 박사 학위를 받은 것은 명예로운 일이라고 말했다.

1983년 12월 3일

옷 벗고 잰 몸무게 76.8킬로그램.
키 1.78미터, 약 5.1피트.

1983년 12월 13일

AAM(반아파르트헤이트 운동) 의장인 대주교 허들스턴이 요크셔 주 리즈에서 명판 제막식을 하고, 이 도시의 시청 앞에 있는 정원을 투

---

37 모두 MK 대원이며, 대역죄로 처형되었다.

옥된 ANC 지도자 NM의 이름을 따서 'NM 정원'이라고 공식 명명했다. 점판암으로 만들어진 명판에는 M을 "SA의 아파르트헤이트에 대한 저항의 상징"이라고 평하고, 그가 한 말을 기록했다. 제막식 뒤에 시청에서 열린 모임에서도 여러 사람이 M에 대해 연설했다. UN 사무총장 페레스가 보낸 메시지도 낭독되었다.

1984년 1월 16일

당근과 비트, 땅콩을 심었다.[38]

1984년 1월 18일

플라스틱 상자 두 개에 토마토를 심었다.

1984년 2월 19일

추가 결과를 전달받았다.
오전 8:45부터 자미와 두 번 면회. 흰색 긴 치마를 입고 목에 아름다운 구슬 장식을 둘렀다. 그녀와 오우파가 내일 음타타로 차를 타고 간다.

1984년 2월 28일

먼로 준장이 K. D. [마탄지마]가 나와 월터 [시술루]를 몹시 보고 싶어 한다고 말하다. 우리가 K. D.에게 지금은 그런 만남을 갖기에

---

38 만델라는 폴스무어 교도소에서 옥상에 채소를 길렀다.

적절한 때가 아니라는 RI(로벤 섬)의 결정을 일깨워 주다.

1984년 3월 1일

먼로 준장과 다시 만난 자리에서 K. D.의 면회 요청과 관련해 OR(올리버 탐보)과 고반 [음베키][39]에게 편지를 쓰게 해달라고 하다.

1984년 3월 7일

CT(〈케이프 타임스〉지)에서 자미가 마디바에게 K. D.의 석방 제의를 전할 거라고 보도.

1984년 3월 8일

자미가 다갈색 긴 치마와 그에 어울리는 머리 장식을 하고서 [K.] 달리원가 [마탄지마]의 제안을 전함. 40분씩 두 번 면회.
CT에서 추가 보도. [코비] 쿠시가 석방은 고려도 하지 않는다고 말하다.

1984년 3월 10일

CT. 마디바가 아내를 다시 만나 K. D.의 제안에 대한 답변을 주다.

1984년 3월 12일

CT. ANC 지도자 NM이 제안을 거절하다. 자신을 석방해 트란스케

39 아치발드 음부옐와 고반 음베키(부록 「사람과 장소, 사건」 참조).

이에 가두어 놓으려는 어떤 시도도 받아들이지 않겠다고. 소웨토에 있는 집으로 돌아갈 작정이며 트란스케이에 머물지 않겠다고.

1984년 3월 15일

마디바 음반이 잘 팔린다. NM의 석방을 요구하는 음반이 불과 1주일 만에 대중가요 순위에서 놀라운 성적을 기록. 다인종 그룹인 '더 스페셜스'의 〈NM을 석방하라〉가 카피톨 라디오 순위에서는 4위이고, 전국 순위에서도 68위다.[40]

1984년 3월 22일

총 49.40랜드를 〈타임〉지에 보내 구독 연장을 했다.

르 루 박사의 심전도 검사 결과—만족스러움. 소변에 혈흔. 고혈압 140/90.

1984년 5월 1일

〈케이프 타임스〉지 5/1 : 아주 똑 부러진 M(만델라) 부인 : 그녀가 금지령을 받은 사람이라 SA 법 아래서는 그녀의 말을 인용할 수 없는데, 점잔을 빼지 않고 말을 길게 늘어놓아서 5월에는 그녀를 보고 그녀의 말을 들을 수 있었다.

40 〈넬슨 만델라를 석방하라〉는 더 스페셜스의 제리 대머스가 작사한 저항 가요다(1984년에 싱글 〈넬슨 만델라를 석방하라 / 문을 부수어라〉로 발매되었다).

1984년 5월 12일

자미와 제니 : 처음으로 접촉이 자유로운 면회를 함. 면회 두 번.

1984년 6월 18일

〈소웨탄〉지 : 쿠바 대통령 피델 카스트로가 쿠바에서 가장 권위 있는 메달 가운데 하나를 22년 동안 SA 감옥에 갇혀 있는, 금지령을 받은 ANC 지도자 NM에게 수여했다. 쿠바를 방문 중인 ANC 사무총장 앨프레드 은조에게는 플라야 기론(피그스 만) 훈장을 수여했다. 쿠바 정치국 부국장 헤수스 몬타네 씨는 "M은 굴하지 않는 저항 정신을 보여 주는 고무적인 사례이다."라고 했다.

1984년 6월 23일

40분 동안 마키와 두마니[41].

1984년 7월 16일

〈케이프 타임스〉지. 종신형을 받고 수감 중인 ANC 지도자 NM에 대해 짧게 언급하고, [앨런] 헨드릭스[42]는 이제 그가 석방될 때라고 했다. "설사 그가 잘못을 했더라도 그는 충분히 형을 살았다."라고 그는 말했다.

---

41 두마니 만델라. 마카지웨 만델라의 아들이며 만델라의 손자.

42 1927~2005년. 장관, 교사, 노동당 정치가.

1984년 7월 18일

〈스타〉지 1984. 3. 3.부터 6개월 동안 구독 연장.
구독료 95.28랜드.

1984년 8월 5일

자미가 돌아와 40분씩 두 번 면회. 마리치[43]가 데려옴. 자미의 말로는 셰나즈가 내게 여러 번 편지를 썼다는데 나는 받지 못했다.[44]

1984년 8월 12일

〈선데이 익스프레스 리뷰〉지 : 유베르 말레르브 : 지미 클리프[45]가 SA에서 다수 지배가 이루어질 때까지 SA로 돌아가지 않겠다고 맹세했다. 지난주에 남런던에 있는 크리스털 궁 노천극장에서 해마다 열리는 NM 페스티벌에서 그렇게 말했다.
클리프와 SA 최고의 트럼펫 연주자 휴 마세켈라, 다수의 아프리카 밴드, 직설적인 영국 레게 그룹 애스와드의 음악을 들으러 약 5천 명이 극장에 몰려왔고, 애스와드가 공연을 마무리했다.

1984년 8월 28일

소변에 피. 버거 소령이 표본을 또 하나 채취.

---

43 마리치 판 더 메르베. 만델라의 친구 하르베이 판 더 메르베의 아내.

44 셰나즈 미어. 파티마 미어의 딸(부록 「사람과 장소, 사건」 참조).

45 1948년~. 자메이카 스카와 레게 가수.

1984년 8월 30일

버거 소령이 측정한 혈압 140/80.

1984년 9월 5일

잔액 560.77랜드. 비뇨기과 전문의 로브셔 박사와 상담, 소변 검사 결과 피의 존재 확인. 바송, 피나르 씨 등이 엑스레이 촬영, 신장에 이상이 있는 것으로 진단되었으나 무슨 문제인지는 확실히 모름. 내일 폭스호스피털(원문대로)에서 더 검사하기로.

1984년 9월 6일

폭스호스피털(원문대로)에서 스캐닝 기계로 검사. 오른쪽 신장뿐만 아니라 간에서도 물혹 발견 : 신장에 있는 것은 순수한 물 ; 간에 있는 것은 석회화되었을지도. 병원에서 더 조사를 받도록 조치.

1984년 9월 12일

신장 문제를 검사하려고 우드스톡 병원에 입원.

1984년 11월 1일

두 토이트 수간호사가 측정한 혈압 170/100.
〈케이프 타임스〉지 : ANC는 어떻게 무장투쟁 정책으로 전환했나. 앤드류 프라이어. 정치학과.

1984년 11월 14일

솔 플라체, SA 민족주의자, 1876~1932년(브라이언 빌란 저).[46]

1984년 12월 12일

성적 : 여섯 과목 모두 낙제.[47]

1985년 1월 31일

12:15에 교도소장이 내게 보타 대통령의 연설문을 주다. 3:15에 지붕에 있는 동료 넷과 40분 동안 상의를 하다.

1986년 1월 1일

막스 대령이 교도소 정원으로 나를 태워다 줌. 한 시간 반 동안 짜임새를 보며 보냄. 흥미로운 새의 삶. 나중에 내 숙소에서 지붕에 있는 동료 넷이 합류해, 한 시간 동안 함께 약간의 간식을 먹음.

1986년 1월 4일

바크하이즌 중위가 정원에 태워다 주다. 한 시간을 보내고 토마토를 한 자루 가득 가지고 돌아옴.

1986년 1월 6일

1985. 11. 1. 몸무게 72킬로그램, 키 1.80미터.[48]

---

46 1984년에 출판된 『솔 플라체 : 남아프리카 민족주의자』(브라이언 빌란 저)를 말한다. 솔 플라체는 솔로몬 체키쇼 플라체를 가리킨다(부록 「사람과 장소, 사건」 참조).

47 법학사 과정 성적을 말한다.

48 만델라의 키가 1983년 12월에 잿을 때보다 2cm 큰 것으로 보아, 간수들이 신체검사를 꼼꼼하게 하지 않은 것을 알 수 있다.

1986년 1월 12일

바크하이즌 중위가 정원에 태워다 주어 한 시간 동안 여러 밭을 보며 지내다. 먼로 준장이 보안을 이유로 우리에게 도로에 가까이 가지 말라는 지시를 내리다.

1986년 1월 14일

내 감방에 칠을 하느라 옆 감방으로 옮겼다.

1986년 1월 23일

플러그와 전기풍로, 전기 주전자 신청한 것도 받아들여지지 않고 수술에 참여한 의사들에게 책 선물을 보내게 해달라는 요청도 받아들여지지 않았다는 통보를 받음. 영화 〈소피의 선택〉[49]을 보다.

1986년 1월 24일

먼로 준장이 정원까지 태워다 주었다. 교도소에서 나와 토카이 서부를 통해 산기슭까지 제멋대로 뻗어 나간 포도밭을 지나고, 벽돌담을 통해 으리으리하게 빛을 발하는 부잣집들을 지났다.

1986년 1월 28일

도서관에서 영화 1) 테러리스트와 인질, 2) 모스크바 학생들, 3) 마오리족 여성의 지위, 4) 애니메이션을 보다.

---

49 1982년에 나온 영화.

1986년 2월 1일

조지 [비조스]와 세 시간 동안 상담. 2월 14일에 우리 모두와의 상담을 신청할 예정. 그가 다른 사람들과도 악수를 하자고 했으나 거절당함.

1986년 2월 5일

양고기 통조림을 열어 제니의 생일을 축하.

티호포(월터 시술루)와 40분 동안 면담.

1986년 2월 7일

아마데우스 필름[50] 4권을 보다. 흥미로운 이야기지만 끝이 약간 밋밋했다.

1986년 2월 12일

[레이먼드 음라바] 은도베의 66번째 생일을 맞이해 그와 두 시간 조금 넘게 시간을 보내다. 함께 점심을 먹고, X마스 케이크를 나누어 먹다. 그에게 우리가 조지 비조스에게 지시한 것에 관해 다른 동지들과 의논해 달라고 했다.

---

50 1984년에 개봉한 영화 〈아마데우스〉를 말한다.

1986년 2월 21일

자미, 진드지와 80분 동안 특별 면회. 가족과의 면회가 끝나고 몇 분 뒤에 먼로 준장이 방문. 아주 중요한 인물인 오바산조 장군[51]과 다시 ±45분을 보냈다. 이에 앞서서 영화 〈Boetie gaan grens toe(형제, 국경을 가다)〉[52]를 보다.

1986년 4월 5일

크사멜라(월터 시술루)와 내가 살리 여사와 먼로 준장, 그레고리 준위[53]가 참석한 가운데 시키보 주교가 음푸믈와나 목사의 도움을 받아 엄숙하게 올린 디데카와 은도베 결혼식의 증인이 되다.

1986년 4월 8일

자미와 노모스코우[54]가 40분 동안 면회를 하며 전날 사바타가 죽었다고 전하다. 자미가 가족에게 알리고 루사카에서 시신을 수습하려고 함.

1986년 4월 15일

비극적인 영화 〈폴 제이콥과 핵 범죄 집단〉과 당혹스러운 새로운

---

51 올루세군 오바산조(1937년~). 나이지리아군 장군. 1999~2007년에 나이지리아 대통령을 지냈고, 영국에서 아파르트헤이트를 조사하도록 보낸 저명인사 그룹 7명 가운데 하나였다.

52 아마 〈Boetie Gaan Border Toe〉(1984년에 개봉)일 것이다.

53 제임스 그레고리(1941~2003년). 간수이며 검열관, 『바하마 안녕』(1995년에 출판)의 저자.

54 사바타 왕의 첫째 아내이며 부옐레카야 왕의 어머니. 사바타 용굴랑가 달린디예보는 잠비아에서 망명 중에 죽었다.

춤 〈일렉트릭 부기〉를 보았다.[55]

1986년 4월 18일

영화 〈실종〉과, 1974년에 라이온스와 스프링복스가 싸워 라이온스가 12대 3으로 이긴 경기를 그린 단편 영화를 보았다.

1986년 5월 5일

9:30부터 11:55까지 하원 의원인 헬렌 수즈먼 여사, 티안 판 더 메르베 씨[56]와 면회. 정치 문제에 관해 폭넓은 대화를 나누다.

1986년 5월 6일

먼로 준장이 내게 펜테르 장군이 밤빌랑가와 [K.] 달리원가 [마탄지마]에 관해 더 자세한 정보를 얻고 싶어 한다고 전하다.

1986년 5월 16일

EPG(영국 저명인사 그룹) 전체와 면담.

1986년 5월 28일

마야 안젤루의 〈나는 왜 새장에 갇힌 새가 우는지 안다I know why the caged bird sings〉.

---

55 〈폴 제이콥과 핵 범죄 집단〉은 1978년에, 〈일렉트릭 부기〉는 1983년에 개봉한 영화다.

56 진보 연방당 하원 의원.

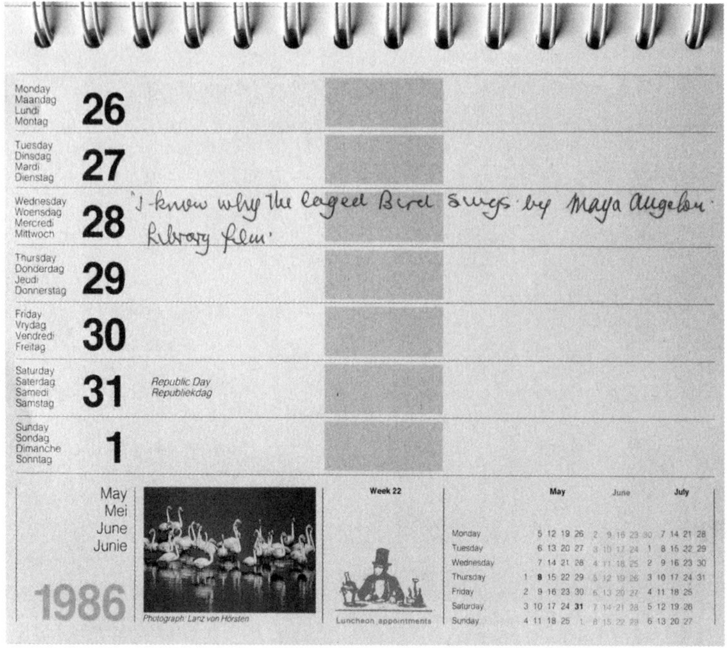

도서관 영화. (위쪽 삽화 참조)

1986년 6월 16일

자미가 변호사가 된 꿈을 꾸었다. 자미가 만델라와 탐보에 대한 재판에 나와 결석재판을 받아들인다. NM이 법정에 도착해 재판 무효 신청을 하고 자미를 법정으로 부른다.

1986년 6월 17일

그레고리 준위가 거만한 태도로, 내게 자기가 편지를 잘못 두어 사라졌는데 그것에 대해 할 수 있는 게 하나도 없다고 말한다. 어떤 위치에 있든 자기를 위협할 수 있는 사람은 없다는 말도 한다.

1986년 6월 18일

그레고리 준위에 관해 판 시테르트 소령과 논의. 소령이 되도록 빨리 그레고리 준위가 여유 있을 때 문제를 거론하겠다고 약속하다.

1986년 8월 18일

피터 스토리 목사[57]가 예배 전주곡으로 〈월요일〉에 관해.
독일에서 찍은 무함마드 알리에 관한 영화. 〈얼간이들 복수하다〉[58]와 단편영화도.

1986년 8월 19일

피터 스토리 목사가 용서에 관해.

1986년 8월 20일

피터 스토리 목사가 주기도문에 관해.

1986년 8월 25일

버거 소령이 측정한 혈압 140/80.
브라이언 조핸슨 목사…… '서는 것'에 관해.

---

57 감리교 목사.

58 1984년에 개봉한 영화 〈얼간이들의 복수〉를 말한다.

1986년 8월 26일

브라이언 조핸슨 목사가 '걷는 것'에 관해.

1986년 8월 27일

브라이언 조핸슨 목사가 '앉는 것'에 관해.

1986년 9월 4일

요하네스버그 마이클 오스틴 신부. 그리스도처럼 사는 법에 관해. 버거 소령이 측정한 혈압 120/70.

1986년 9월 5일

마이클 오스틴 신부 : 로욜라는 누가 내게 내가 곧 죽을 거라고 해도 나는 계속 카드놀이를 하겠다, 라고 했다.

1986년 9월 10일

[시부시소] 존도와 시포 브리짓 술루, 클래런스 럭키 파이[59]가 처형되다.

1986년 10월 1일

텔레비전 수상기를 주다. 오후 4시부터 6시 45분까지 본 프로그램들이 모두 매스껍다.

---

59 모두 1986년 9월 9일에 처형된 MK 대원들이다.

1986년 10월 8일

더 좋은 새 안테나를 주다.

1986년 10월 10일

달리원가와 만남, 트란스케이 영사 H. T. 음푼지와 넬슨 마부나[60]가 동행.

1986년 10월 19일

사모라 마셸 대통령이 SA와 모잠비크의 국경에서 비행기 사고로 사망.

1986년 10월 20일

라디오에서 모잠비크 공화국 대통령 사모라 마셸의 사망을 공식 발표. 국방부 장관과 교통부 장관, 외교부 차관.

1986년 12월 11일

진드지의 생일 카드를 보내다. 지미[61]와 코니[62]의 꿈을 꾸다. 지미가 자미와 나를 찾아오다. 우리가 그에게 휴일에 와서 함께 보내자고

---

60 넬슨 티틀레 마부나(1996년에 사망). 임봉기(부족의 역사와 전통, 인물 등을 찬양하고 찬미하는 시인)였다.

61 제임스(지미) 로얼 즈웰린지마 은종웨(1919~76년). 의사이며 반아파르트헤이트 활동가로, ANC 케이프 주 지부장을 지냈다.

62 콘스턴스(코니) 은종웨(1920~2009년). 간호사이며 반아파르트헤이트 활동가로, 제임스 은종웨 박사의 아내.

하다. 스텔스키에게 내 일자리를 얻어 달라고 부탁하는 꿈을 꾸다.

1986년 12월 26일

동료들의 처소에서 그들과 하루를 보내고 멋진 점심 식사를 즐겼다.

1987년 1월 27일

(아프리칸스어로) 자미에게 보낸 편지가 사라졌다는 증거에 만족하지 못하다. 그것은 복사한 것이 아니었다. 한편 우체국에서 복사본을 보내겠다고 약속하다.

1987년 2월 18일

50미터짜리 치실 하나.

하루에 1리터씩 생우유를 받기 시작하다.

1987년 2월 20일

혈압 120/80. (오른쪽 삽화 참조)

1987년 2월 23일

풍성한 과일 케이크와 땅콩으로 템비의 생일을 축하하다.

1987년 4월 4일

마셜 박사에게 검사 : 오른쪽 눈에 눈병. 아무것도 볼 수 없다.

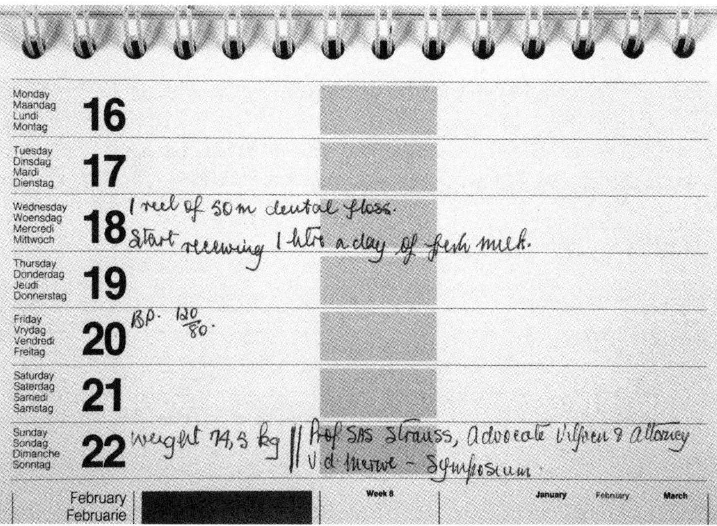

1987년 4월 8일

타이거버그 [병원] J. 판 루옌과 상담. 망막에 구멍이 생긴 것을 발견해 오른쪽 눈을 수술하고 새 돋보기를 추천하다. 2주일 뒤에 다시 보기로.

1987년 4월 20일

교도소에서 여자들 구역에 있는 동료 넷[63]과 두 시간 동안 면회.

63 월터 시술루와 레이먼드 음라바, 앤드류 음랑게니, 아메드 카트라다가 이제는 폴스무어 교도소에서 여자들 구역에 수감되어 있었다.

1987년 4월 22일

조 슬로보가 MK(움콘토 웨 시즈웨) 참모총장직을 사임했다고 BBC의 짐 피시가 알리다. 존 바라트[64]의 논평.

타이거버그의 판 루옌과 상담. 오른쪽 눈에 추가로 레이저 치료를 받고, 한 달 뒤에 다시 보기로.

1987년 4월 23일

가족을 괴롭히는 문제와 관련해 COP(교정국장) 빌름스 장군과 면담.

1987년 7월 9일

ANC와 남아프리카인 집단의 다카르 회담이 시작되다.

1987년 7월 14일

악관절의 통증과 관련해 이비인후과 전문의인 드 한 박사와 상담. 검사 결과 오른쪽 귀에 있는 관이 약간 부어오른 것 말고는 눈에 띄는 이상이 발견되지 않음. 그러나 통증과는 무관한 듯.

1987년 8월 6일

아예샤 [아널드]의 생일인 오늘 오전 9:20에 브랜드 병장이 내게 아예샤의 죽음을 알리다. 곧바로 속달로 아민과 아이들에게 전보를 보내다.

---

64 1930~2007년. 1967~94년에 남아프리카 국제 문제 연구소 본부 소장을 지냈다.

1987년 8월 19일

옷을 벗고 잰 몸무게 67킬로그램.

새 면도날.

1987년 8월 20일

감방의 크기 6.4미터×5.4미터.

1987년 8월 22일

캐시(아메드 카트라다)의 생일에 그와 한 시간 동안 면담.

1987년 9월 7일

모든 종류의 음식과 음료에서 흰 설탕의 섭취를 피하려고 시도.

1987년 9월 12일

여동생 메이블[65]과 40분 면회. 동생에게 12만 랜드를 주었다.

1987년 9월 26일

양고기 브리야니와 흰 강낭콩, 록 과일 케이크로 자미의 생일을 축하하다.

---

65 논탄쿠 메이블 티마퀘(1924~2002년). 결혼 전 성은 만델라이다.

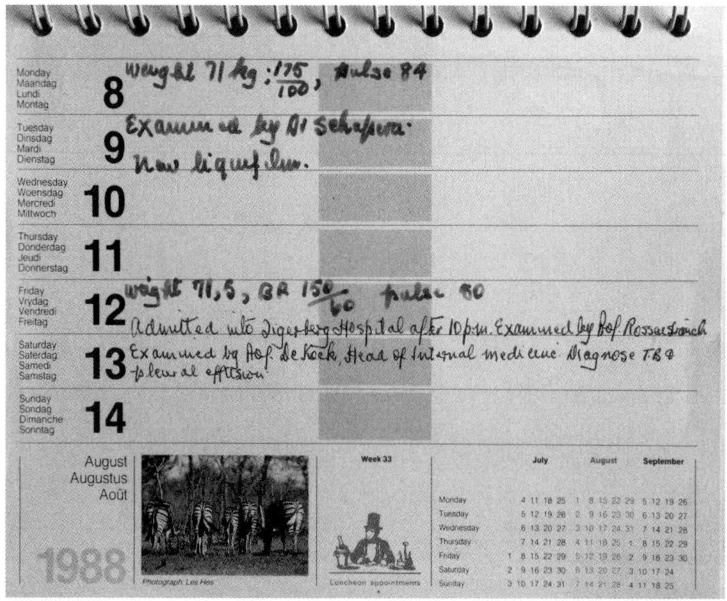

1987년 12월 27일

하비가 소웨토에 있는 우리 새집이 폭격을 받아 손상되었다고 알리다. 티호포(월터 시술루)를 40분간 보다.

1988년 6월 5일

오른쪽 빗장뼈 아래와 왼쪽 발에 생긴 통증으로 샤비로 박사와 상담. 엑스레이에서는 아무런 이상도 발견되지 않았으나, 소변에 피가 있다. 비뇨기과 전문의에게 검사를 받아 보라고 하다. 몸무게 72.25킬로그램.

1988년 8월 12일

오후 10시 이후에 타이거버그 병원에 입원. 로센스트라우흐 교수에게 진찰을 받다.

1988년 8월 13일

내과 과장인 드 코크 교수에게 검사. 폐결핵과 늑막염 진단을 받다.
(왼쪽 삽화 참조)

1988년 8월 17일

앤서니 시몬스가 면회 오다.

1988년 8월 24일

몸무게 71킬로그램 : 수간호사 일레인 컨스가 1988. 8. 25.부터 휴가. 새 파자마와 슬리퍼.

1988년 8월 25일

몸무게 70.3킬로그램.

1988년 8월 27일

몸무게 71.5킬로그램. 드 발 간호사가 휴가를 가다.

1988년 9월 10일

스톡 박사에게 진찰을 받다. 개암을 가져오다. 집에서 땅콩 한 자루를 공급하다.

1988년 9월 11일

스톡 박사에게 진찰을 받다 : 수간호사 E. 컨스(교도관과는 관계없음)가 검사. 타이거버그의 E. 컨스. 저녁에는 리티샤 존슨 수간호사가 검사. 마를린 포르스터 수간호사가 초콜릿 케이크를 가져오다.

1988년 9월 12일

몸무게 69.5킬로그램.

1988년 9월 14일

E. 킬라시 팜 수간호사가 1주일 휴가를 떠나다.

1988년 9월 20일

스톡 박사에게 진찰을 받다. 티 수간호사가 아픈 여동생을 만나러 비행기로 런던에 갈 거라고 하다.

1988년 9월 22일

몸무게 70킬로그램. 클라인한스 소령이 혈액 표본 네 개 채취.
스톡 박사가 나오지 않음. 스톡 박사가 오후 5시경에 나타남. 그가 내가 기침을 다시 하기 시작했다는 보고를 받았다고 했으나, 내가 기침을 하지 않았다고 분명하게 말함.

1988년 9월 26일

몸무게 71킬로그램. 여느 때처럼 스톡 박사가 진찰.
정원에 가서 ±45분 동안 있었다. 안개가 끼고 춥다.

1988년 9월 27일

여느 때처럼 스톡 박사에게 진찰을 받다.

케이 간호사가 1988. 9. 25.에 자신의 21번째 생일을 축하하다. 브래들리 간호사가 면회 오다.

1988년 9월 28일

죄수복을 가져오다.

1988년 10월 15일

여느 때처럼 스톡 박사에게 진찰을 받다. 드 코크 교수도 진찰하다. 자미와 레아비, 진드지, 조조, 존드와[66]가 면회 오다.

1988년 10월 17일

군법 시험을 보다.

스톡 박사가 오후 5시 30분경에 진찰하다.

1988년 10월 22일

여느 때처럼 스톡 박사가 진찰하다. 쫄쫄이 양말 두 켤레와 시파콜을 처방하다.

---

66 레아비는 노마반들라 필리소(1930~97년)로, 결혼 전 성은 레아비에다. 조조는 진드지의 딸로, 만델라의 손녀다. 존드와(1985년~)는 '가다피'로도 알려졌는데, 진드지의 아들이며 만델라의 손자다.

1988년 10월 24일

몸무게 71킬로그램. 스톡 박사가 진찰하다 : 땅콩 500그램, 브라질 커피 100그램, 아몬드 100그램을 받다. 타이거버그의 경무관 스트라우스 박사가 나를 찾아오다.

1988년 11월 3일

스톡 박사에게 진찰을 받다. 마레 소령이 옷 구입 요청이 승인되었다고 하다. 몸무게 71킬로그램.

1988년 11월 19일

스톡 박사에게 진찰을 받다. 루스 스코사나 수간호사가 2주 휴가를 받다.

1988년 11월 21일

몸무게 73킬로그램. 레이 수간호사가 요하네스버그로 3주 휴가를 떠나다. 스톡 박사에게 진찰을 받다.

1988년 11월 30일

스톡 박사에게 진찰을 받다. 두 번 돌아와서 혈액 검사 결과와 줄리 모건 수간호사의 상태를 알려 주다. 검사 결과 바이러스성 수막염으로 밝혀지다.

1988년 12월 7일

스톡 박사에게 진찰을 받다. 오후 9시 30분에 콘스탄티아버그 병원에서 파를(빅터버스터 교도소)로 이감되다.

1988년 12월 8일

사우스 파를 프라이빗 X 6005. 교도소 1335/88.

슈닝 박사에게 진찰. 7624-41011(02211).

1988년 12월 23일

폴스무어 동료들과 일곱 시간을 보냈다.

1988년 12월 25일

자미와 진드지, 조조, 두 존드와[67]가 면회를 오다.

1989년 1월 2일

T. T. 마탄지마 준장이 오전1915(원문대로)부터 오후 1:30까지 면회. 템부족의 승계를 둘러싸고 싸우는 두 당사자를 보겠다고 하다.

1989년 1월 17일

자미와 진드지가 오전 11시부터 오후 1:15까지 면회. 함께 점심을 먹었다.

---

67 한 존드와는 진드지의 아들이고, 또 한 존드와는 M. K. 말레파네의 아들인 존드와 말레파네이다.

1989년 1월 25일

시티 파크에 있는 오르몬드 앤드 파트너스 엑스레이 회사를 방문했다. 돌아오는 길에 랑가와 구굴레투, 교차로, 카옐리차, 스트랜드, 보포트웨스트, 두 토이트 패스(원문대로), 흐라부, 엘긴, 프렌후크(원문대로)를 지나다. 그레고리 병장에게 9.70랜드를 주다.

1989년 1월 27일

결핵 치료를 마치다.

1989년 2월 24일

시델스키 씨가 40+분 동안 면회. 그의 아내와 딸 루스는 들어오지 못함. 이스라엘의 종교 장관인 베리. SA에서 상업(부동산 중개인)을 하는 콜린.[68] 그레고리 병장에게 9.70랜드를 주다.

1989년 3월 12일

케이프 주 민주당원들에게 지금까지 674통의 생일 카드를 받았다.

1989년 3월 15일

티호포가 오전 11시 15분부터 오후 2시까지 면회.

68 베리와 콜린은 라자르 시델스키의 자식들.

1989년 3월 16일

M. B. 판 루옌 교수에게 진찰을 받다. 오른쪽 눈이 나빠지고 있지만 수술할 정도는 아님. 웰링턴과 우스터, 로슨빌, 두 토이트(원문대로) 터널을 지나 툴바흐를 지났다. 반 세흘린 박사에게 다시 진찰을 받았다. 폴스무어 [교도소]도 방문했다.

1989년 3월 17일

브리 브리(월튼 음콰이)가 오전 11:15부터 오후 1:30까지 면회.
리키필름 안약.

1989년 3월 24일

만들라[69]가 오전 11:30부터 오후 1:30까지 면회. 사하로프 상을 가져왔다. 두루마리와 수표와 메달.

1989년 3월 25일

원가(K. D. 마탄지마)와 마푸[70], 그들의 아내가 면회를 왔다. 원가에게 400랜드, 마푸에게 200랜드를 받다. 화장실에 5랜드가 더 있었다.

1989년 3월 26일

만들라가 오전 11:10부터 오후 12:50까지 면회. 그에게 400랜드를

---

69 만들라 만델라(1974년~). 마카토의 아들이며 만델라의 손자.

70 마푸 마탄지마를 가리킨다.

주었다. 1989. 3. 24.에도 90랜드를 주었다.

1989년 3월 30일

파를에 있는 제일 국영 은행에서 엘겔브레히트와 넬 씨가 방문. 센지(망고수투 부텔레지)에게 쓴 편지를 주고 오늘 부쳐 달라고 했다. 교도소 당국의 요청으로 수정했다.

1989년 4월 21일

런던 노동당이 발행한 창당 57주년 기념 카드를 건네받다.

1989년 5월 31일

느닷없이 자미가 정문에 와서 진드지와 함께 들여보내 달라고 하다.

1989년 6월 8일

아미나와 유서프 카찰리아 부부가 세 시간 동안 면회.

1989년 6월 9일

W. [빌름스] 장군이 면회를 와서 중요한 일에 관해 의견을 교환했다.

1989년 6월 14일

마이크 로사우가 면회.

이달 24일까지는 면회가 없다는 통보.

1989년 6월 15일

크사멜라(월터 시술루)가 약 1시간 반 동안 면회.

1989년 6월 20일

계획이 불발로 끝났다는 통보.

1989년 6월 26일

빌름스 장군과 또 한 사람이 오전 9시부터 11:45까지 면회.

1989년 7월 4일

KC(코비 쿠시) 장관과 아주 중요한 만남.

1989년 7월 5일

아주 중요한 사람과 만남—정치는 논하지 않음.

혈압 오전 7시 170/100, 오후 3:45 160/90.

1989년 7월 11일

혈압 오전 7시 180/90, 오후 2:30 210/90.

G. W. [빌름스 장군]과 다른 두 사람이 면회.

MB 조이와 그의 남동생이 ±3시간 동안 면회.

1989년 7월 13일

혈압 오전 7시 160/80, 오후 3:45 170/90.

헬렌 수즈먼 여사가 면회.

1989년 7월 14일

캐시(카트라다), 음판들라(음랑게니), 모코니(모초알레디), 은도베(음라바), 크사멜라(시술루)가 면회.

1989년 7월 18일

혈압 170/80. 오전 7시 71번째 생일. 자미와 함께 제니 가족과 아이작을 뺀 모든 자식과 손자 손녀들이 면회.

1989년 7월 19일

오전 10:15부터 오후 3:45까지 드라이브를 나가다.

1989년 8월 2일

폴스무어와 로벤 섬의 동료 재소자들이 다섯 시간 동안 면회.

1989년 8월 3일

오전 9:15부터 오후 3:45까지 파티마 [미어]가 면회.

1989년 8월 4일

오전 10시부터 오후 3:30까지 스텔라 시그카우[71]가 면회.

---

71 스텔라 시그카우 공주(1937~2006년). 1987년에 트란스케이 수상을 역임했고, 아파르트헤이트 이후의 남아프리카에서도 장관을 지냈다.

1989년 8월 8일

자넹켈레 달라실레 족장과 파테킬레 홀로미사 족장이 면회.

1989년 8월 10일

맘펠라 람펠레[72]가 세 시간 동안 면회.

1989년 8월 11일

폴스무어에서 오스카 음페타[73]와 세 시간 동안 만남.

1989년 8월 12일

OR이 뇌졸중으로 쓰러져 비행기로 런던으로 이송.

제니와 아이들이 오지 못하다.

1989년 9월 13일

카토와 존디, 만들라, 은다바[74]가 면회.

1989년 9월 20일

혈압 오전 7시 165/90, 오후 3:45 160/80.

---

72 1947년~. 학자이며 의사, 반아파르트헤이트 활동가.

73 오스카 마파카파카 음페타(1909~94년). 반아파르트헤이트 활동가이며 노조 운동가, 정치범.

74 은다바 만델라. 마카토의 아들이자 만델라의 손자.

F. W. 데 클레르크[75]가 새 국가 대통령으로 취임.

1989년 10월 10일

혈압 180/90. 티호포 등을 석방[76]할 거라는 소식.

오전 7:15부터 8:30까지 카토와 면회.

쿠시 장관, G. 필륜 박사[77]와 면회.

1989년 10월 11일

카플란 박사가 가슴과 다리 엑스레이를 찍다. 파를 록에 오르다.

1989년 10월 13일

10:45부터 오후 4시까지 제프 마세몰라[78]가 면회.

1989년 10월 16일

로셸[79]이 면회.

---

75 프레데리크 빌렘(F. W.) 데 클레르크(부록 「사람과 장소, 사건」 참조).

76 월터 시술루와 레이먼드 음라바, 아메드 카트라다, 앤드류 음랑게니, 일라이어스 모초알레디, 제프 마세몰라, 윌튼 음콰이, 오스카 음페타가 요하네스버그 교도소에서 5일 뒤에 석방되었다.

77 헤리트 필륜(1926~2009년). 헌법 개발 장관. 정부와 ANC 간 논의의 틀을 제공했다.

78 자프타(제프) 칼라비 마세몰라(1928~90년). 정치 활동가이며 정치범. PAC 회원.

79 로셸 음티라라. 전통에 따른 만델라의 손녀.

1989년 10월 18일

템불란드에서 온 친척과 친구들 일곱 명이 면회.

1989년 10월 19일

친척과 친구들 네 명이 면회 : 자미가 쪽지를 전하다.

1989년 10월 26일

시릴, 머피[80]와 이야기하다.

1989년 10월 29일

전국에서 석방된 죄수 일곱 명과 고반 [음베키]를 환영하는 집회.

1989년 10월 31일

오전 9시에서 오후 5시까지 자미와 진드지, 아기가 방문.

1989년 11월 10일

오전 11시부터 오후 4시까지 로벤 섬 사람들 다섯이 방문.

1989년 11월 28일

메리 벤슨[81]의 70번째 생일.

---

80 시릴 라마포사와 머피 모로베.

81 1919~2000년. 작가이며 반아파르트헤이트 활동가.

1989년 12월 13일

두 시간 55분 동안 대통령 F. W. 데 클레르크와 만났다.

1989년 12월 29일

혈압 오전 7시 160/90, 오전 8:30 140/80, 오후 4시 160/80.

랄루 치바와 레지 반데야르, 시리시 나나바이[82]가 면회.

1989년 12월 30일

크사멜라, 은치키[83]와 이야기하다.

1989년 12월 31일

혈압 오전 7시 155/80, 오후 3:45 140/80.

바지 크기 87R/34R.

스타일 8127.

---

82 레지 반데야르와 시리시 나나바이는 정치범이 된 MK 대원들이다.

83 은치키는 알버티나 시술루를 말한다.

만델라가 빅터버스터 교도소의 집에서 머물던 시기는 투옥된 상태에서 자유로운 상태로 이행하는 시기였다. 1990년 1월 13일자로 되어 있는 다음의 일기는 그가 감옥에 있을 때 쓴 최후의 일기다.

오리 떼가 뒤뚱거리며 거실로 걸어 들어와 내가 있는 것도 모르는지 이리저리 어정거린다. 수컷들은 색깔이 화려하지만, 위엄을 지키며 난봉꾼처럼 굴지 않는다. 조금 뒤 오리들이 나의 존재를 깨닫는다. 깜짝 놀랐으면서도 나의 존재를 선선히 받아들인다. 그래도 내 눈에는 오리들이 보이지 않게 불편해 하는 기색이 보인다. 꼭 양심의 가책을 느끼는 것 같다. 나는 조금 있으면 오리 똥이 넓은 카펫을 장식할까 봐 두려우면서도, 오리들이 양심의 가책을 느끼는 것을 보고 약간의 만족을 얻는다. 그런데 갑자기 오리들이 꽥꽥거리며 울더니 줄을 지어 밖으로 걸어 나간다. 안심했다. 오리들이 손자 손녀들보다 낫다. 아이들은 언제나 집 안을 난장판으로 만들어 놓는데 말이다.

Saturday, January 13

NOTES

8.00 Flock of ducks walks clumsily into the lounge
8.30 and loiter about apparently unaware of my
9.00 presence. Males with loud colours, but keeping
9.30 their dignity and not behaving like play-
10.00 boys. Moments later they became aware of
10.30 my presence. If they got a shock they
11.00 endured it with grace. Nevertheless, I detect
11.30 some invisible feeling of unease on their
NOON part. It seems as if their consciences
1.00 are worrying them, and although I fear
1.30 that very soon their droppings will decorate
2.00 the expensive carpet, I derive some
2.30 satisfaction when I notice that their
3.00 consciences are worrying them. Suddenly
3.30 they squawk repeatedly and then ~~file~~
4.00 file out. I was relieved. They
4.30 behaved far better than my grandchild-
5.00 ren. They always leave the house upside
5.30 down

NIGHT APPOINTMENTS

14 Sunday 15 Monday

1990년 1월 13일자 일기.

PART 4

*

희비극

넬슨 만델라는 감옥에서 풀려난 뒤에 정신을 차릴 수 없을 정도로 어수선한 시간을 보냈다. 아프리카 민족회의를 조직하고, 협상을 하고, 선거를 준비하고, 대통령으로서 통치하고, 그의 시대에 가장 유명한 지도자로서 세계를 돌아다니느라 여념이 없었고, 그 와중에 위니와의 이혼으로 인한 고통까지 견뎌야 했다. 사생활에서도 말이 없는 사람이라, 그는 개인적 관계에 관해 말하기를 어려워 했다. 그의 시간은 거의 그의 시간이 아니었다. 그가 이 기간에 쓴 일련의 공책에는 사적인 일들이 반영되어 있다. 회의 중에 쓴 긴 '회의록'을 제외하면, 모두 그날그날 일어난 일을 쓴 토막글이다.

남아프리카에서 1990~94년은 피와 공포의 시대였다. 정치적 폭력으로 수천 명이 죽었다. 세보켕과 보이파통, 비쇼에서 일어난 학살사건 같은 것이 흔했다. 그 기간 내내 우익이 군의 지원을 받아 쿠데타를 일으킬지도 모른다는 두려움이 만연했다. 그렇지만 실용주의가 협상과 화해 정책을 추진하도록 했다. 만델라는 자신이 정식으로 허락한 책 출판 프로젝트를 위해 리처드 스텡글, 아메드 카트라다와 대화를 나누면서도, 한편으로는 나라가 분열되지 않도록 통합 작업을 하거나(1994년 4월 전까지) 나라를 다스렸다(1994년 5월부터). 하루는 폭력의 무자비한 결과를 목격했고, 그다음 날에는 조용히 차분하게 과거를 응시했다. 대화를 즐기며 자주 낄낄거리거나 하하거리는 것 같으면서도(한번은 밑을 내려다보고는 "어라, 양말을 뒤집어 신었네." 하고 말했다), 아주 빈번하게 하품을 했다. 한번은 졸려서 눈을 뜨고 있을 수가 없다고 투덜거리기도 했다.

넬슨 만델라의 수감 시절에 대한 추억에는 향수가 없지 않다. 그때는 자기만의 일상이 있었고, 동지애가 있었고, 배울 수 있는 교훈이 있었다. 읽고 공부할 시간도 있었고, 편지 쓰고 명상할 시간도 있었다. 그런데 아이러니하게도 그는 여전히 죄수 신세였다. 석방된 뒤에도 그는 곧잘 방문객이나 손님들에게 짓궂게도 자신은 여전히 자유롭지 않다고 했다. 그러면서 자신의 개인 비서들을 가리키며 "이들이 내 간수들이오."라고 했다.

| CHAPTER 12 |

긴털족제비에서 기적으로

"우리는 적을 과소평가하지 않는다.
과거에 갈등이 있었을 때 그들은 강적에 맞서
용감히 싸워 모든 이의 찬사를 받았다.
그때는 그들에게 지킬 것이 있었다.
그들의 독립이다.
그러나 지금은 처지가 바뀌었다.
그들은 국내에서는 압도적 다수를 억누르는
소수의 억압자이고, 전 세계에서도 고립되었다.
따라서 투쟁의 결과가 분명히 다를 것이다."

만델라가 감옥에서 쓴 미출간 자서전 원고에서

1. 만델라가 감옥에서 쓴 미출간 자서전 원고에서

우리는 적을 과소평가하지 않는다. 과거에 갈등이 있었을 때 그들은 강적에 맞서 용감히 싸워 모든 이의 찬사를 받았다. 그때는 그들에게 지킬 것이 있었다. 그들의 독립이다. 그러나 지금은 처지가 바뀌었다. 그들은 국내에서는 압도적 다수를 억누르는 소수의 억압자이고, 전 세계에서도 고립되었다. 따라서 투쟁의 결과가 분명히 다를 것이다. 삶에도 수레바퀴가 있어, 아우추마요(원문대로)에서 [앨버트] 루툴리 [족장]까지 우리 역사에 등장한 모든 민족 영웅이, 아니 사실은 우리나라의 모든 민중이 3세기 넘게 그것을 움직이려고 노력했다. 그것이 기름때 끼고 녹이 슬어 움직이지 않았지만, 우리는 결국 그것이 삐걱거리며 앞뒤로 움직이게 할 수 있었고, 그래서 지금 우리는 언젠가는 그것이 한 바퀴 돌아 칭송받던 사람들이 바닥으로 떨어지고 멸시받던 사람들이 칭송을 받을 수 있을 거라는, 아니, 칭송받던 사람들이나 멸시받던 사람들이나 모두 이 지상에서 평등하게 살 수 있을 거라는 희망과 확신 속에서 산다.

2. 만델라가 연설하는 스타일을 두고 리처드 스텡글과 나눈 대화

스텡글 : 당신이 좀 더 자극적인 연사였으면 하는데 그렇지 않다고 사람들이 때로 비판해요.

만델라 : 음, 우리가 협상을 통해 문제를 해결하려고 하는 이런 성격의 분위기에서는 사람들과 침착하게 논의하기 바라지, 대중을 선동

하는 연설을 바라지 않아요. 왜냐하면 사람들이 우리가 어떻게 행동하는지, 우리가 의견을 어떻게 표출하는지 알고 싶어 하니까. 그래야 우리가 그런 협상 과정에서 중요한 문제를 어떻게 다룰지 알 수 있으니까. 대중은 책임감이 있고 책임감 있게 말하는 사람을 보고 싶어 해요. 대중이 그러니 내가 대중을 선동하는 연설을 피하는 거요. 나는 대중을 선동하고 싶지 않아요. 나는 대중이 우리가 지금 무엇을 하고 있는지 이해하기 바라고, 그들에게 화해의 정신을 불어넣고 싶어요.

스텡글 : 지금은 당신의 연설 스타일이 옛날에 감옥 가기 전과 다르다면 뭐라고 하겠어요?

만델라 : 음, 나는 분명히 부드러워졌어요. 젊을 때는 아주 급진적이고, 거창한 말을 쓰고, 모든 사람과 싸우려고 했지요. 그러나 지금은 사람들을 이끌어야 하고…… 따라서 대중을 선동하는 연설은 적절하지 않아요.

3. 『자유를 향한 머나먼 길』의 속편으로 쓴 미완성 원고에서

지도자는 아무리 날카로운 비판이라도 조직 구조 내부에서 나오는 건설적 비판이 내부 문제를 해결하는 가장 효과적인 방법임을 분명히 인식하고, 동지들의 견해가 모두 하나하나 신중하게 고려되게 해야 한다. 동지들이 자유롭게 의견을 개진할 수 있으면, 주변으로 밀려나거나 부당하게 희생될지도 모른다는 두려움도 없을 것이다.

어떤 지도자든 비판에 지나치게 민감한 것은, 논의할 때 마치 선생이 자기보다 아는 것도 없고 경험도 없는 학생을 대하듯이 하는 것은 큰 잘못이다. 지도자는 아무런 제약 없이 자유롭게 의견을 주고받도록 격려하고, 그러는 것을 환영해야 한다. 그러나 누구도 동지의 정직성을 의심해서는 안 된다. 그 사람이 지도자든 일반 조직원이든.

4. 『자유를 향한 머나먼 길』의 속편으로 쓴 미완성 원고에서

조직의 내외부에서, 정치 집회에서, 의회 등 정부 기구에서 논쟁할 때 논쟁의 주요 목적을 잊어서는 안 된다. 논쟁의 주요 목적은 아무리 우리들 사이의 차이가 뚜렷해도 바로 그 논쟁을 통해 우리가 그 어느 때보다도 강해지고 가까워지고 단결되고 확신이 강해지는 데 있다. 우리 조직 내부에서, 우리 조직과 적 사이에서, 차이와 상호 불신을 제거하는 것이 언제나 우리를 이끄는 원칙이 되어야 한다. 하지만 초점은 우리 조직의 기본 정책을 시행하는 데 맞추어져 있어야 한다.

5. 위니 만델라와 헤어진 것에 관하여 리처드 스텡글과 나눈 대화에서

자세히 들어가고 싶지 않고, 그저 개인적 이유로 헤어졌다고만 말하고 싶군요.

(5)

and the developing world.

4

Aids.

Aids is a major problem to be tackled by the entire world. To deal with it requires resources far beyond the capacity of one continent. No single country has the capacity to deal with it.

An aids epidemic will destroy or retard the economic growth throughout the world. A world wide multi-faceted strategy in this regard is required.

5.

The continent of Africa is well aware of the importance of environment. But most of the continent's problems on environment are simply the product of poverty and lack of education. Africa has no resources or skills to deal with desertation, deforestation, soil erosion and

공책에서(418쪽 참조).

6. 공책에서

크뤼허스도르프에 있는 사니빌에서 발생한 사망자 수.
벌건 대낮에 [샘] 은툴리[1]의 장례식에서 18명이 죽음을 당했다.

지난 2년 동안 발견된 증거들은 모두 NP(국민당)와 정권이, 살인자들은 누구이고 왜 이들이 무방비 상태의 무고한 남자와 여자, 아이들을 죽이는지, 누가 그들에게 돈을 주어 그러도록 하는지 알고 있다는 것을 보여 준다.

왜 32대대를 그곳에 보내지 않았을까.

7. 공책에서 - 협상에 대한 생각

1) 먼저 협상부터.
2) 크리스마스 전에 정치범들을 석방해야 한다.

사람을 감동시키는 예술의 언어로 이 청중의 생각과 감정을 사로잡아라—이 특정한 경우에는 힘찬 음악과 활기찬 춤의 언어로. 그것은 푸른 하늘에서 떨어지는 빗방울 같다.

---

1 1991년에 사망. ANC 회원에게 암살당했다. 이스트랜드에 있는 카틀레옹에서 그의 장례식을 치를 때 총을 든 사람들이 장례식에 참석한 사람들을 살해했다.

8. 공책에서

피가 아니라 머리로 생각하라.

9. 공책에서

에이즈는 전 세계가 맞붙어야 할 중대한 문제이다. 그것을 해결하려면 한 대륙의 역량을 넘어선 자원이 필요하다. 어떤 나라도 그것을 혼자 해결할 역량이 없다.

에이즈의 유행은 전 세계에서 경제성장을 박살내거나 둔화시킬 것이다. 이와 관련해 전 세계에서 다면적 전략을 펼칠 필요가 있다.

10. 공책에서

아프리카 대륙도 환경의 중요성을 잘 안다. 그러나 이 대륙에서는 환경문제가 대부분 빈곤이나 교육 부재의 결과이다. 아프리카에는 사막화와 삼림 파괴, 토양 유실, 오염을 해결할 자원과 기술이 없다.

이런 문제들을 다룰 때 마치 세계가 하나의 세계가 아닌 양 문제를 하나하나 따로따로 다루어서는 안 된다. 부자 나라들이 아프리카 사람들의 가난을 이용해 이 대륙에 유독성 폐기물을 버리는 바람에 상황이 더욱 나빠졌다. 부자 나라들은 아프리카 사람들에게 돈을 주지만, 그것은 말 그대로 뇌물을 주어 아프리카 주민들이 온갖 오염의 위험에 노출되도록 하는 것이다.

11. 공책에서

우리가 늘 염두에 두어야 할 가장 중요한 점, 우리가 해방 투쟁을 하며 온갖 전인미답의 우여곡절을 겪으면서도 정도에서 벗어나지 않게 하는 지침은, 돌파구는 결코 개인의 노력이 낳은 결과가 아니라는 것이다. 그것은 언제나 집단의 노력과 승리가 낳은 결과이다.

12. 『자유를 향한 머나먼 길』의 속편으로 쓴 미완성 원고에서

나는 정치 생활을 하면서, 아프리카인이든 혼혈인이든 인도인이든 백인이든 모든 공동체와 모든 정치조직에는 예외 없이 좋은 사람들이지만 어떻게든 자신의 삶을 유지하고 싶어 하는 사람들, 평화와 안정을 희구하는 사람들, 남부럽지 않은 수입과 좋은 집을 원하고 자식을 가장 좋은 학교에 보내고 싶어 하는 사람들, 사회구조를 존중하고 그것을 유지하고 싶어 하는 사람들이 있다는 것을 발견했다.

13. 공책에서

1992. 9. 21.

트로이카, 조사, 대중 행동—느낌.

기소, 경제에 대한 우려, 흑인의 사회구조.

우리가 오후 1시에 만나기 전에 회의실을 청소해야 한다.

14. 공책에서

미래에는 우리가 일찍 와야 한다.

통일을 위한 더욱 강력한 운동.

어떤 조직들에 먹칠을 하는 사건.

자신을 방어할 수 없는 젊은이를 공격.

검토.

시인.

수천 명 가운데 100명.

험프리—비디오.

족장들과 상의할 것.

족장들이 정치조직의 일원이어서는 안 된다.

[1991년 12월]

15. 1992년경에 그라사 마셸[2]에게 쓴 편지의 초안에서

짐을 잃어버렸다니, 특히나 외국에 가는 길에, 참으로 괴로웠겠습니다. 외국에서 낯선 사람들 틈에서 얼마나 난처하고 불편했을지 생각하고 싶지도 않군요. 그래도 당신의 방문이 거의 끝날 즈음에 그것에 대해 말씀해 주셔서 다행이었습니다. 당신이 곧 돌아가 아이들과 함께할 것을 알고 걱정스럽던 제 마음이 누그러졌으니까요.

아이들이 당신을 무척 그리워했을 것이고, 그래서 당신과 지나의 장담에도 제게는 별로 위안이 되지 않는군요……. 당신의 형제에게 당신이 아주 특별한 존재가 되고 있어서, 아주 많은 생각과 감정이 당신에게 집중되었답니다. 수도를 두 곳 방문하는 일이 조금 고되었겠지만, 당신은 그런 일도 쉽게 해낼 수 있는 대단한 능력이 있습니다.

당신을 생각하며.

16. CODESA(민주 남아프리카를 위한 회의)[3]에서 정치 협상을 하는 중에 노트한 공책에서

1) 폭력을 중지시켜야 한다고 제안.

---

2 부록 「사람과 장소, 사건」 참조.

3 CODESA는 1991년 12월 21일에 요하네스버그에 있는 세계 무역 센터에서 시작된 다자간 회담이다.

2) 우리가 그러한 학살에 무관심한 채 계속 정권과 이야기할 수 있을까?
3) CODESA에서 철수하는 것이 돌파구를 찾는 가장 빠른 길이 아닐까?
4) 철수할까.

17. 공책에서

1992. 8. 20.

나탈[4]의 세 지방과 만남.

폭력 : 사망자 없음.

3월 140명이 죽었다.

4월 91명

5월 79명

6월 82명

7월 133명

8월 52명

700명이 넘게 죽었다.

---

4 잉카타 자유당(IFP) 지지자들과 ANC 지지자들 사이의 폭력으로 1985년부터 1995년까지 콰줄루나탈 주에서 수천 명이 죽었다.

미들랜즈에서 난민 7,000명.

응구엘레자나와 스탱어.

무장한 소수집단의 공격—ANC 지지 지역에 있는 집들을 공격. 주요 목표는 ANC와 동맹 세력.

치안을 책임지고 있는 세력의 은밀한(원문대로) 역할.

펌프식 연발총—아주 작은 총알 이용.

ANC 행사에 나온 사람들만 공격.

암살단의 존재.

6월—암살단에 119명이 죽었다.

나탈에서 45건 발생.

18. 공책에서

1992. 8. 26.

[이] 나라를 통치하는 사람은 누구나 좋은 경제를 원할 것이다.

두 달째 경기 하강.

경제를 되살리기가 극히 어려울 것이다.

19. 공책에서

감옥에서 그녀(루스 퍼스트)가 암살당했을 때 거의 완전히 외톨이가 된 느낌이었다.

그녀가 죽었어도 살아 있음을 알지만, 그것도 위안이 되지 않는다.
이 기념식도.
유복한 가정에서 자란 유대인 여성이 자신이 속한, 특권을 가진 공동체와 연을 끊었다.

20. 1992년 비쇼 학살 사건[5]이 일어나기 직전에 F. W. 데 클레르크 대통령에게 쓴 편지의 초안에서

오전 7시 30분까지 F. W. 데 클레르크에게 보낼 것.
앞서 오늘 저녁에 내가 우리의 대화에 관해 언급하며, 당신이 내게 전한 것이 1992년 9월 4일자 당신의 편지 내용과 일치하지 않는다는 사실을 보여 주었다.

그 편지에서 당신은 분명히 1992년 9월 7일에 시스케이에서 계획되고 있는 행동에 관해 언급한다. 그러고는 당신의 정부가 전국 평화 협정에서 협의한 테두리와 골드스톤 위원회에서 내린 지침에서 벗어나지 않는 한 평화적인 시위에 반대하지 않는다고 한다.[6]

이런 이유로, 당신은 계획된 행진을 조직한 사람들이 밝힌

---

5 1992년 9월 7일에 시위행진을 하던 중 ANC 지지자 7만 명이 시스케이 주 비쇼의 경기장으로 들어가려고 하자 군인들이 총을 쏘아 ANC 지지자 28명이 죽었다.

6 1991년에 남아프리카 정치조직들이 타결한 전국 평화 협정은 폭력을 방지하는 데 목적이 있었다. 골드스톤 위원회는 정치적 폭력과 위협을 조사하기 위해 설립됐다.

주요 목표에 의문이 없다고 분명히 말했다.

나아가 당신은 관련된 모든 사람들 사이에 합의가 이루어져 계획된 행동이 평화적으로 이루어지도록 할 수 있는 일은 모두 하겠다는 말까지 했다. 그러고는 내게 ANC(아프리카 민족회의)도 이 점에서 협력을 해달라고 호소했다. 나는 기꺼이 당신에게 우리의 협력을 약속했다.

이 모든 발언과 약속은 시스케이 밖이 아니라 안에서 계획된 것에 관한 것이다.

오늘날 우리의 처지는 전반적으로 크게 바뀌었다. 당신은 위에서 언급한 편지 어디서도 그것에 대해 암시조차 하지 않았지만, 그럼에도 우리에게 협력해 달라고 부탁했다. 그래 놓고는 시스케이 경계에 군대를 배치하고, 도로에 차단막을 세우고, 소요 지역을 선포하고 있으며, 이 모든 것은…… 당신도 알다시피 긴장을 불러일으키고 있다.

오늘 저녁에 당신이 9월 4일자 편지에서 말한 것과는 반대로 시스케이 내부 문제에 간섭하지 않겠다고 한 것도 충격적이기는 마찬가지다. 이런 모순은 유감스러우며, 당신과 내가 성실하게 협상을 하고 있지 않다는 인식을 더욱 짙게 할 뿐이다. 당신에게 촉구하는 바, 9월 4일에 우리가 합의한 것을 존중하고, 우리 모두 힘겹게 조성하려고 노력한 평화 협상 분위기를 해치는 일은 어느 것도 하지 말라.

나아가 우리는 반투스탄을 인정하지 않으므로 그곳 법원에서 내린 결정에 구애받을 필요가 없다고 생각한다는 점 또한 분명히 밝혀 둔다. 우리는 관련된 모든 당사자들이 이 불안한 상황을 해소하고 계획된 대로 시위가 진행될 수 있도록 도와주기 바란다.

행진은 우리의 사무총장 시릴 라마포사와 크리스 하니, 거트루드 쇼프, 로니 카스릴스, 레이먼드 주트너, 토니 옌게니[7] 등이 이끌 것이다.

ANC 의장
넬슨 만델라

21. 공책에서

우리의 힘은 규율에 있다.
평화적 시위를 할 수 있는 권리.
그것은 범죄다.
민주주의를 지지하는 세력.
보복은 아니다. 늘 준비된 상태에 있을 것.
우리가 무엇을 하든 평화 협상 과정에서 벗어나서는 안 된다. 우리 자신이 평화 협상 과정을 방해한다는 비난을 받게 해서는 안 된다.

---

7 마타멜라 시릴 라마포사(1952년~). 템비실레(크리스) 하니(부록 「사람과 장소, 사건」 참조). 거트루드 쇼프 (1925년~)와 로니 카스릴스(1938년~), 레이먼드 주트너 박사(1945년~), 토니 옌게니(1954년~)는 ANC 지도자.

22. 공책에서

이 점에서 우리의 현재 입장은 독일연방공화국의 입장과 같다. 이 나라의 헌법에는 민족주의를 정부에서 필요하면 채택할 수도 있는 선택지 가운데 하나로 명시한 조항이 있다. 그러나 지난 수십 년 동안 한 번도 민족주의를 채택하지 않았다.

남아프리카 경제가 위태로운 상황에 있다.

23. 1993년경에 쓴 공책에서

우리 모두 접어들고 있는 기간에는 우리가 과거에서 벗어날 생각을 해야 한다—우리의 접근 방법을 바꿔야 한다.

그런 상황에서는 사람들이 모두 미래에 관심을 갖게 된다. 나와 아내, 아이들에게 무슨 일이 일어날까. 어느 나라나 그 나라의 가치를 지키는 경찰이 필요하다.

우리…… 그동안 계속 투쟁해 온 우리도 바뀌어야 한다.

우리는 경찰을 적대적으로 보는 환경에서 살았다. 여러분은 여러분을 이용해 집권당의 이익을 지키는 환경에서 살았다. 물론 여러분 가운데도 힘을 합쳐 국가와 국민을 위해 일한 사람이 많다. 그러나 집권당이 자신을 국가와 동의어로 만들어 버렸다.

지금은 우리 모두가 국가의 일원이 되기를 바라는 상태로 가고 있다—이제는 경찰이 국민을 보호할 수 있다.

가장 좋은 것은 경찰에 있었던 사람들과 그 바깥에 있었던 사람들이 그것을 함께하는 것이다.

의심할 여지없이 ANC(아프리카 민족회의)가 정부에서 다수당이 될 것이다. 우리는 과거의 잘못을 되풀이하고 싶지 않고, 경찰이 ANC의 수호자가 되기를 바라지 않는다. 그렇다고 해서 여러분이 개인으로서 경찰에 중립적이어야 한다는 말은 아니다.

경찰은 정당정치에는 중립적이지만 민주주의의 수호자여야 한다.

그들의 구체적인 관심사를 해결하라.

당연히 변화가 있을 것이다. 이 현 단계에도 경찰을 운영하는 경험을 쌓을 필요가 있다.

이상적으로는 모든 변화에 경찰의 구성원이 포함되어야 하고, 구성원이 아닌 사람들도 포함되어야 한다. 어떤 변화가 일어나든 그들의 환경에도 변화가 일어나야 한다.

이것이 우리가 취할 접근법이다. 전국 임시정부—연합—우승자.

그들에게 그런 변화 과정에 동참하도록 호소, 특히 경찰의 변화에. 그래야 ANC가 그들의 관심사를 해결할 거라는 확신이 들 것이다.

24. 『자유를 향한 머나먼 길』의 속편으로 쓴 미완성 원고에서

1959년에 [크리스] 하니[8]가 포트하레 대학교에 입학해 고반 음베키의 관심을 끌었다. 고반은 하니의 발전에 중요한 역할을 했다. 하니가 마르크스주의 사상을 접하고 이미 불법 지하조직이었던 남아프리카 공산당에 들어간 것도 여기서다. 그는 늘 자신이 마르크주의로 돌아서면서 더욱 인종을 차별하지 않는 관점이 되었다고 강조했다. 하니는 대담하고 솔직담백한 젊은이라, 지도력을 제대로 발휘하지 않는다 싶으면 자기 조직도 서슴없이 비판했다. 그는 그때를 이렇게 회상했다. "우리들 가운데 60년대에 그 진영에 있던 사람들은 문제에 대한 깊이 있는 이해가 없었다. 우리들 대부분이 아주 젊어 20대 초반이었다. 우리는 성급하게 행동에 나섰다. '우리에게 길이 없다고 말하지 마라. 우리를 효율적으로 이용해 길을 찾아야 한다. 그러기 위해 우리가 훈련받는 것 아닌가.'라고 말하곤 했다."

25. 1993년 4월 10일에 크리스 하니가 야누시 발루시에게 암살된 뒤 전국에 방영된 텔레비전 연설에서

오늘 밤 저는 모든 남아프리카 사람 하나하나에게, 모든 흑인과 백인에게 온 마음으로 호소하고자 합니다.

편견과 증오에 가득 찬 한 백인 남자가 우리나라에 와서 참으로 잔혹한 짓을 저질러, 지금 우리 국민 전체가 백척간두에 서 있습니다.

아프리카너 출신의 한 백인 여성은 생명의 위험을 무릅쓰고

8 부록 「사람과 장소, 사건」 참조.

우리에게 이 암살자를 알려 그를 심판할 수 있도록 했습니다.[9]

크리스 하니가 잔혹하게 살해되어 온 나라와 전 세계가 충격에 휩싸였습니다. 슬픔과 분노에 우리가 갈가리 찢어지고 있습니다.

지금 일어난 일은 정치적 차이나 피부색의 차이를 넘어 수백만의 가슴을 울린 국민적 비극입니다.

우리 모두가 느끼는 슬픔과 당연한 분노는 장례식과 함께 전국에서 펼쳐질 기념식에서 표출될 길을 찾을 것입니다…….

지금은 남아프리카 사람 모두가 일치단결하여, 크리스 하니가 목숨 바쳐 이루고자 했던 것, 즉 우리 모두의 자유를 파괴하려는 사람들에 맞서야 할 때입니다.

지금은 우리 백인 동포들이, 계속 수많은 애도의 메시지를 보내고 있는 우리 백인 동포들이, 우리 국민에게 엄청난 손실이 발생한 것을 알고 손을 뻗어 장례식과 기념식에 참석해야 할 때입니다.

지금은 경찰이 세심하고 신중하게 행동해야 할 때입니다. 국민 전체에게 봉사하는 진정한 공동체의 경찰이 될 때입니다. 이 비통한 때에 더 이상 인명 손실이 있어서는 안 됩니다.

지금은 우리 모두에게 분수령과 같은 순간입니다.

우리의 결정과 행동이, 우리가 우리의 고통과 슬픔과 분노를 이용해 우리나라의 유일한 궁극적 해결책인 선거를 통해 선출

9 만델라는 하니의 이웃이 발루시의 차량 번호를 기록해 경찰에 알린 것을 말하고 있다.

된, 국민에 의한 국민을 위한 국민의 정부를 향해 나아갈지를 좌우할 것입니다.

우리가 전쟁을 숭배하는 사람들, 피에 굶주린 사람들이 우리나라를 앙골라와 같은 사태에 빠뜨릴 행동을 촉발하도록 해서는 안 됩니다.

크리스 하니는 군인이었습니다. 그는 철의 규율을 신봉했습니다. 그는 지시를 철저하게 수행했습니다. 그는 자신이 설교한 것을 실천했습니다.

어떤 규율의 결여도 크리스 하니가 옹호했던 가치를 짓밟을 것입니다. 그런 행동을 하는 사람들은 암살자의 이익에 봉사하고 그에 대한 기억을 훼손할 뿐입니다.

우리가 하나의 국민으로서 함께 과단성 있게, 단호하고 절도 있게 행동하면, 아무것도 우리를 멈출 수 없습니다.

평화를 위해 싸운 이 군인을 그에 어울리는 방식으로 예우합시다. 그가 평생을 바쳐 싸운 민주주의, 노동자와 빈민과 실업자와 땅 없는 사람들의 삶에, 눈에 보이는 진정한 변화를 가져올 민주주의를 실현하는 데 다시 우리를 바칩시다.

26. 『자유를 향한 머나먼 길』의 속편으로 쓴 미완성 원고에서

하니는 생의 말년을 남아프리카 방방곡곡에서 열리는 모임—마을 집회, 노조 대표 위원회, 거리 위원회—에서 지칠 줄 모르고 연설하며 보냈다. 그는 자신의 권위와 군사적 특권을 협상을 지키는 데 쓰며, 보통은 아주 [회의적인] 젊은이들이나 제3세력의 폭력에 시달리는 위원회에 참을성 있게 호소했다……. 클리브 터비 루이스도 그들이 인종적 증오와 내전을 불러일으켜 협상을 좌절시키고 싶어 한 것을 인정했다. 비극적이었지만 사실적이었던 그의 죽음이 결국 우리가 협상을 통한 문제 해결에 서둘러 매진하도록 한 것은, 모든 종류의 신념을 가진 남아프리카인의 성숙함을 말해 주는 것이고 하니의 영전에 바치는 헌사이다.

27. 공책에서

1993. 5. 14.

1)
억압받는 사람들에 대한 헌신이 우선이다.
우리가 그들의 요구를 들어주고 그들의 열망을 수용할 수 있느냐에 성패가 달려 있다.
구체적으로는 그들에게 집을 가질 수 있게 해주어 임시 거주지를 없애고, 실업과 학교 위기를 없애고, 의료 시설이 부족한 것도 해결해야 한다.

2)
소수집단들의 미래에 대한 두려움.

3)
위협은 흑인 대리자들이 아니라 우익으로부터.

28. 리처드 스텡글과 나눈 대화에서

크리스 하니는 우리 사람들 사이에서 영웅이었어요. 특히 젊은이들에게. 그래서 그의 죽음에 분노가 일었어요. 우리는 그러한 분노를 해소할 수 있도록 무언가를 해야 했고, 우리가 할 수 있는 것이라고는 전국에서 시위를 하는 것, 그래서 사람들이 분노를 표출할 통로를 찾을 수 있게 하는 것뿐이었어요. 만일 우리가 그러지 않았다면, 우익과 이 사악한 부류들이 나라를 인종 전쟁에 빠뜨리는 데 성공해서 헤아릴 수 없을 정도로 많은 인명 손실과 유혈 사태가 일어났을 거예요……. 그러나 우리가 취한 조치 덕분에 그것을 막았고, 여기저기서 단편적으로 약간의 폭력이 발생하기는 했으나 그런 시위들이 아주 잘되었어요……. 우리가 하니를 죽인 사람들의 목표를 좌절시켰어요.

29. 공책에서

요하네스버그에서 적어도 세 번, 각기 다른 행사에서 그라사 마셸을 만났다. 그녀는 늘 공손하고 신중하고 이해심이 있었다. 그러나 그녀가 14년간 교육부와 문화부의 장관을 지냈고 지금도 국내 문

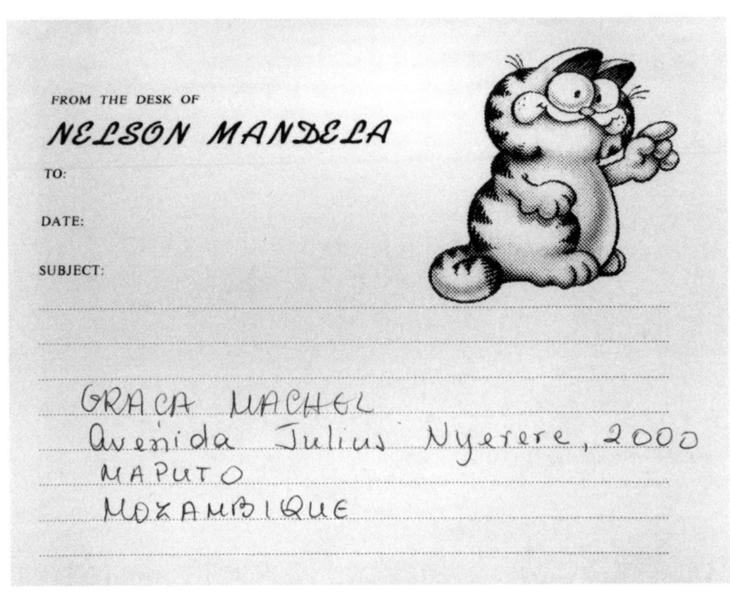

FROM THE DESK OF

NELSON MANDELA

TO:

DATE:

SUBJECT:

GRACA MACHEL
Avenida Julius Nyerere, 2000
MAPUTO
MOZAMBIQUE

만델라가 자기 이름이 인쇄된 편지지에 그라사 마셸의 주소를 적어 놓았다. 그라사 마셸은 훗날 그의 세 번째 부인이 되었다.

제 담당 국회의원을 지내고 있는 마푸토에서는 내가 완전히 다른 그라사를 만났다. 그녀는 정중하고 매력이 있으면서도 단호하고 권위가 있었다. 시사누 대통령[10]이 무척 존경스러웠다.

10 조아킹 알베르토 시사누(1939년~). 1986~2005년에 모잠비크 대통령을 지냈다.

30. 1993년경에 쓴 공책에서

나는 내일 오전 7시에 피터마리츠버그에 가서 일요일 저녁에 돌아올 것이다. 그 지역에는 국가 안보국 사람들로 예상되는 어떤 제3세력이 최근에 놀라울 정도로 많은 수의 무고한 시민들을 죽였다. 그 중에는 학교에 가던 아이들도 있었다. 학살은 요하네스버그에서 평화 회담을 시작하기 전날 시작되었다. 우리는 이들이 우리 국민이 계속 서로 학살하도록 해 궁극적으로는 협상을 중단시키려는 게 아닐까 생각한다. 우리의 조사 결과는 현 사태에 대한 경찰의 설명과 우리의 견해 사이에 심각한 불일치가 있음을 보여 준다.

31. 1993년경에 쓴 공책에서

예전에는 친구들에게 편지를 쓰는 것이 내가 무척 좋아하는 취미 가운데 하나였고, 편지 하나하나가 내게 큰 즐거움을 주었다. 그러나 지금은 일에 짓눌려 이 취미를 즐길 수가 없다. 대통령 집무실에서 타자로 쳐서 보내는 공식적인 편지 말고는 1990년 2월 이래로 이와 비슷한 편지를 쓴 기억이 없다.

32. 그라사 마셸에게 보낸 편지 초안에서

앙골라 사태가 큰 우려를 낳고 있습니다.

이제 개인적으로 몇 마디 쓰면, 국제 올림픽 위원회 위원장인 사마란치 씨가 제게 스위스에 있는 건강관리 시설에 와서 한 7일간 건강검진도 받고 치료도 했으면 좋겠다고 했습니다. 저는 그런 시설에 관해 거의 아는 게 없지만, 가겠다고 했답니다. 아무래도 이런 것은 당신이 저보다 잘 알 테니, 조언해 주시면 기쁘겠습니다.

따님들과 처음 만나서 아무래도 그들과 무슨 생각을 나누기가 주저되었습니다. 적어도 올리비아와는 그랬습니다. 올리비아의 학교생활에 관해 알고 싶었는데 말입니다. 당신 딸이라 모잠비크 안에서나 밖에서나 기대가 많을 것입니다. 고등 학문을 할 수 있는 자질을 향상시키면 좀 더 좋은 위치에서 모잠비크와 모잠비크 국민들에게 봉사할 수 있을 텐데. 만일 올리비아가 고등학교나 대학교에 가는 것에 관심이 있다면, 당신과 제가 그 문제에 관해 더 상의해 볼 수 있겠지요. 그러나 우리가 의견을 나눌 때까지는 올리비아에게 그 문제에 관해 언급하지 않는 것이 현명할지도 모릅니다.

저는 3월 8일에 사무실에 돌아가자마자 곧바로 일에 뛰어들어, 오전 7시에 첫 업무를 보고 오후 5시에 사무실에서 나왔습니다. 어제는 오전 6시 45분에 시작했지만 오후 2시에 집에 돌아왔습니다. 우리는 되도록 제가 오전에만 사무를 보도록 하고 있답니다. 오늘도 오전 6시 45분에 일을 시작했습니다. 그러고는 자유 생명 보험회사 이사진과 기타 주요 사업가들과 함께 점심을 먹고, 오후 3시 45분에 집에 돌아왔습니다.

친구들이 외국에 가면 우리는 외로움을 느끼곤 합니다. 사실은 한 번도 그들과 함께 산 적도 없는데 말입니다. 현실과 감정 사이에는, 뇌와 피 사이에는 언제나 갈등이 있습니다.

음, 뭔가 일어나고 있었던 게 분명해요. 폭력의 발생 빈도가 받아들이기 힘들 정도로 높고 사람들이 죽어 나갔으니까요. 그런데 체포되어 유죄 판결을 받는 일은 거의 없으니, 치안을 책임지고 있는 세력들이 방조하고 있는 게 분명했어요. 경찰도 관련됐음을 보여 주는 사건들도 있었어요. 경찰이, 군이. 흑인 거주 지역에 가서 사람들과 이야기해 보면, 그들은 경찰이 이 일에서 아주 중요한 역할을 했다고 확신했어요……. 어제는 내가 발 강 유역 세보켕에 가서 연설하며 경찰이 아주 깊이 관여했다고 말했어요…….[11] 먼저 병원에 가서 사람들을 보았어요. 총상을 입고 죽음을 면한 환자들을. 내가 그들을 보는데, 그들 가운데 하나, 한 젊은 여성, 소녀가 지붕 없는 소형 트럭에서 백인 남자가 자기를 쏘았다고 했어요. 예……. 그래서 내가 "처음 듣는 이야기인데요." 하고 말하니, "아니에요. 아주 분명하게 그 백인 남자를 볼 수 있었어요. 그가 나를 쏠 때."라고 해요. 신문은 물론 TV와 라디오에서도 흑인 남자 넷이 어쩌고저쩌고했지만, 이 젊은 여성은 "아니에요. 백인 남자가 있었어요." 하고 말했어요.

---

11 1990년 3월 26일 요하네스버그에서 30마일 떨어진 세보켕에서 항의를 하는 ANC 시위대에 경찰이 발포하여 12명이 죽고 300명이 부상을 당했다.

34. 공책에서

투표 연령을 18세 아래로 내리는 것에 관해……. 어제 아침에 시릴[라마포사] 동지가 설명해 준 바에 의하면 NC(협상 위원회)에서 내 의견을 지지하지 않는다는 게, 조직 전체가 그 제안을 받아들이지 않았다는 게 분명하다.[12]

어떤 지위에 있는 동지든, 정리하고 여과하는 과정 없이 주요 정책에 관해 발언해서는 안 된다.

그 발언에 조직의 정책 결정 구조가, 회원 전체가 무척 당혹스러워한 게 틀림없다…….

35. 『자유를 향한 머나먼 길』의 속편으로 쓴 미완성 원고에서

나는 ANC(아프리카 민족회의)에서 회의할 때 내가 조직의 의장이라는 이유만으로 내가 말하는 것은 무엇이든 받아들이려는 약한 동지나 꼭두각시는 바라지 않는다고 강조하곤 했다. 나는 우리가 문제를 다룰 때 주인과 하인이 아니라 서로 평등한 동지로서 저마다 자유롭고 솔직하게, 주변으로 밀려나거나 희생될지도 모른다는 걱정 없이 자기 의견을 개진할 수 있는 건강한 관계를 요청했다.

---

12 1993년에 만델라가 투표 연령을 열네 살로 낮추자고 제안했다. 이 안은 ANC 집행위원회에서 거부되었다.

한 예로, 많은 소리와 분노를 불러일으킨 나의 제안 가운데 하나가 투표 연령을 열네 살로 낮추자는 것이었다. 그것은 세계의 다른 곳에서도 여러 나라가 채택한 조치였고, 이는 그런 나라들에서는 그 나이 대의 젊은이들이 혁명 투쟁에 앞장섰기 때문이다. 그렇게 기여한 바가 크기에, 승리를 거둔 그들의 정부가 그들에게 투표권을 주어 보상을 한 것이다. 그러나 나의 제안에 대한 전국 집행위원회 위원들의 반대가 어찌나 거세고 압도적이었던지, 나는 당연히 물러설 수밖에 없었다. 소웨토에서 발행되는 신문은 아기가 기저귀를 차고 투표를 하는 만화로 이 문제를 과장했다. 아주 노골적으로 내 생각을 조롱한 예들 가운데 하나였다. 나는 그것을 다시 주장할 용기가 나지 않았다.

36. 공책에서

지도자는 두 부류가 있다.

a) 일관성이 없어서 어떤 행동을 할지 예측할 수 없는 지도자. 오늘 동의해 놓고 그다음 날 부인하는 지도자.

b) 일관성 있는 지도자. 신의가 있고 비전이 있는 지도자.

37. 공책에서

지도자의 첫 번째 임무는 비전을 제시하는 것이다.

두 번째는 추종자들, 자신을 도와 그 비전을 실천에 옮길 수 있는 사람들, 효율적인 팀을 통해 그 과정을 관리할 수 있는 사람들을 만들어 내는 것이다. 이런 사람들은 이끌면 자기들이 어디로 가고 있는지 안다. 지도자가 비전을 공유해서, 추종자들이 지도자가 세운 목표를 믿고 그 목표에 도달하는 과정을 믿기 때문이다.

38. 『자유를 향한 머나먼 길』의 속편으로 쓴 미완성 원고에서

망명 중에도 거대한 다인종 조직—생각도 여러 갈래고, 회원도 이 대륙 저 대륙에 흩어져 있으며, 젊은이들이 민중의 억압에 분노한 나머지 자원과 제대로 된 계획 없이도 분노만으로 인종차별적 정권을 전복하도록 도울 수 있다고 믿는 조직—을 통합하고 그 통합을 유지할 수 있는 지도자는 대단한 지도자다.

OR(올리버 탐보)은 이 모든 것을 이루었다. 국내의 정치범들과 일반 사범들에게, 외국의 자유 투사들에게, 외교관들에게, 국가 정상들에게, OR은 억압받는 사람들이 자존감을 회복하고 자신의 운명을 스스로 결정지을 수 있도록 도운 똑똑하고 균형 잡힌 지도자의 훌륭한 본보기로 인정을 받았다.

39. 『자유를 향한 머나먼 길』의 속편으로 쓴 미완성 원고에서

OR(올리버 탐보)의 죽음[13]은 거대한 떡갈나무가 쓰러진 것과 같았다. 오랜 세월 우뚝 서서 주변 풍경을 모두 아름답게 만들고, 주변에 있는 모든 것, 인간과 동물을 모두 끌어모은. 그의 죽음으로 강력한 종교적 확신을 가진 지도자의 시대가 종말을 고했다……. 뛰어난 수학자이자 음악가였던 그는 민중에 대한 헌신에서 타의 추종을 불허했다.

40. OR(올리버 탐보)의 죽음에 관해 리처드 스텡글과 나눈 대화에서

나는 정말 외로웠고, 그가 그곳에 누워 있는 것을 보고도 그가 죽었다는 것을 믿을 수 없었어요. 그것은 비극이었어요.

41. 그라사 마셸에게 보낸 편지 초안에서

어떤 사람들은 소박하지만 나름의 방식으로 국민의 자산 또는 전

13 올리버 탐보는 망명한 지 30년이 된 1991년에 남아프리카로 돌아와 1991년 4월 24일에 뇌졸중으로 유명을 달리했다.

세계의 자산이 됩니다.

지난번에 당신이 제게 조언해 준 것들에 관해 잠시 생각해 보았습니다. 바라건대 당신도 일에 직접 관여한 사람들은 객관적으로 되돌아보기가 절대 쉽지 않다는 것을 이해하시겠지요. 그런 사람들은 논리보다 감정에 영향을 받을 수밖에 없으니까요. 하지만 당신이 우려하는 것들 가운데 일부는 수용할 계획을 세워 적당한 때에 당신께 말씀드리겠습니다.

당신의 조언을 상관도 없는 일에 쓸데없이 간섭하는 것으로 오해할지도 모른다고 또다시 말씀하신다면, 유감스럽게도 틀렸습니다. 그동안 당신의 견해는 타당했고, 늘 그렇듯이 지금 제가 말하려는 것에도 당신이 우쭐해하지 않을 거라고 확신합니다. 제가 알기로 지금 제게 아주 가까운 사람은, 사실은 여성입니다만, 소박하지만 나름의 방식으로 전 세계의 자산이 되고 있습니다. 그녀는 우리나라도 여러 번 방문했고, 몇몇 외국에 있는 나라들도 방문했답니다.

42. 극작가 아서 밀러와의 인터뷰에 관해 리처드 스텡글과 나눈 대화에서

지금 자세한 것은 기억이 나지 않지만, BBC에서 아서 밀러를 보내 나와 만나게 하고 싶다고 우리 정보 홍보국에서 말한 것은 기억나요. 물론 나는 그가 무척 보고 싶었어요. 그가 대단한 용기와 능력을 가진 국제적인 인물이고, 그가 나를 인터뷰하겠다니 영광이었으니까요……. 우리는 약 네 시간 동안 함께 있었어요……. 만나 보니 내가 받은 인상이 틀리지 않았어요. 역시 주목할 만한 사람이었어요. 그는 무엇을 물어야 할지 알았어요. 진정으로 위대한 모든 사람들과 마찬가지로 그는 거만하게 굴지 않고, 내가 되도록 편안함을 느끼게 하려고 했어요. 그 위대한 사람 앞에서도 말이지요. 하하하. 그를 만나서, 아서를 만나서 정말 기뻤어요. 그는 정말 인상적인 사람이에요.

43. 1993년경에 쓴 공책에서

내가 남아프리카에서 US(미국)의 UN(국제연합)으로 출발하기 전날 밤에 스무 명 넘는 사람들이 요하네스버그 외곽에 있는 간선도로에서 총에 맞아 죽었다.

이번에도 또다시 경찰은 바쁘게 평범한 일상을 보내는 사람들을 보호하는 데 실패하고, 살인자들의 자취를 찾는 데도 실패했다.

그렇지만 지난 3년 동안 일어난 이런 공격들에는 뚜렷한 패턴이 있다. 그 3년 만에 1만 명이 넘는 사람이 살해를 당했는데 범인은 몇 명밖에 체포되지 않았다.

그것은 치안을 책임지고 있는 세력이 살인자를 검거하는 데 완전히 실패했다는 것이며, 이는 곧 남아프리카 경찰과 방위군이 이 불안정한 사태에 책임이 있고 나아가 정부의 방조와 묵인이 있음을 말해 준다.

28· 1· 94 Rockey
404 1227

Students task force 648-5575
(Aziz)

Women task force.

religious groups:
28· 1· 94

legislation on land reform, industrial policy
housing

2· 1· 94

The entire country was deeply shocked by the murder of so many children in Mitchell's Plain.
Last Sunday I sent a telegram of sympathy to the bereaved families which we distributed to the mass media.
In spite of my tight schedule I will spend the rest of the day visiting the bereaved families to give them support. Children are our most precious possession, it is an indescribable tragedy that they should die under such tragic circumstances

1994년 1월에 작성한 개인 서류에서.

그러한 근거에서 희생자들은 이 치안을 책임지고 있는 세력들이 살인의 본질적 부분이라는 인식을 가지고 있다.

내 경험이나 ANC에 있는 내 동료들의 경험에 비추어 볼 때, 데 클레르크 정부는 이 중대한 문제를 제대로 다루고 싶은 의지가 전혀 없다.

44. 1994년 1월에 작성한 개인 서류에서

미첼스플레인에서 아주 많은 아이들이 살해를 당하여 온 나라가 큰 충격에 빠졌다.[14]

지난 일요일에 유족들에게 조문을 보내고, 그들의 슬픔에 공감하며 위로하는 전보를 보내고, 그것을 대중매체에 배포했다.

빡빡한 일정에도 불구하고 오늘 나머지 시간은 유족들을 방문해 그들에게 지지를 보내는 데 써야겠다. 아이들은 우리의 가장 소중한 재산이다. 그런데 그들이 그런 비극적 상황에서 죽다니, 참으로 슬픈 일이 아닐 수 없다.

---

14 케이프타운에 있는 미첼스플레인 지역에서 연쇄살인범에게 남자아이 열아홉 명이 살해를 당했다.

45. 개인 서류에서

1)

민주 세력이 함께 발전해 나가야.

2)

우리의 문제는 처음 민주적인 선거를 하는데 1천 700만 명의 유권자가 그동안 한 번도 투표를 해본 적이 없다는 것이다.

3)

우리 유권자의 문맹률은 67%에서 63%에 이르고, 이들은 시골에 근거지를 두고 있다.

4)

우리의 문제는 어떻게 사람들에게 다가가 유권자들이 투표하는 법을 교육받도록 할 것인가 하는 것이다.

5)

우리는 이번 선거에서 이미 선거 사무소가 150개나 있는 NP(국민당)와 경쟁을 하고 있다. 우리는 지역 사무소 말고는 아무것도 없다.

6)

NP는 이 나라에서 가장 효율적이고 잘 조직된 정당 가운데 하나다.

7)
대중의 지지를 누려라. 여론조사 결과는 우리가 다수당으로 부상할 거라고 한다. 그러나 유권자를 투표소로 데려갈 수 있느냐가 관건이다.

46. 1994년경에 쓴 공책에서

1)
정치적 경험을 개인화하라.

2)
첫 번째 방문과 나중 한두 번의 방문이 대조적.
미지의 것을 눈앞에 둔 죄수.
동지 25명에게 교도소를 떠나도록 설득하기 위해…….

3)
우리 어머니와 장남의 죽음.
자연사, 사고.
장례식에 참석하게 해달라고 했지만 거부당했다.

4)
40년대 초에 나를 도와주었던 사람들에게 고맙다는 인사도 하지 못하다.

5)

내가 돌아갔을 때 그들이 살아 있었으면 했는데. 모두 세상을 떠났다. 세상 자체가 죽어 가고 있다고 생각했다.

6)

내 가족을 괴롭힘.

자미와 아이들.

심리적 박해—아내에 대한 부정적인 뉴스.

7)

재소자들과 간수들의 관계가 아주 나빴다.

그러나 간수들 사이에서 치열한 논쟁—오페르만 병장.

8)

재소자들이 단합—ANC, PAC, APDUSA—마퀘투, 포켈라, 에디, 네빌, 사스 쿠퍼, 윌터, 고반, 캐시, 피크, 데니스 브루터스[15]—겁쟁이—영웅.

9)

한 걸음 물러서서 되돌아볼 기회.

---

15 (차례대로) 클래런스 마퀘투, 존 은야티 포켈라, 에드워드(에디) 대니얼스, 네빌 알렉산더 박사, 사타시반 (사스) 쿠퍼, 월터 시술루, 고반 음베키, 아메드 카트라다, 조지 피크, 데니스 브루터스(부록 「사람과 장소, 사건」 참조).

10)

크라마트[16], 연극, 안티고네.

전기와 신문을 읽고 다른 사람들과 의견을 나눌 수 있는 능력.

11)

협상—P. W. 보타[17]와 만남.

12)

1989. 2. 9. 데 클레르크와 만남.

13)

폴스무어와 빅터버스터.

47. 『자유를 향한 머나먼 길』의 속편으로 쓴 미완성 원고에서

나는 우익 아프리카너들이 곧 있을 선거를 폭력으로 막기로 했다는 취지의 첩보를 받고 있었다. 조직의 장이라면 만일의 경우에 대비해 그런 보고의 정확성을 꼼꼼하게 점검해 보아야 할 것이다. 나는 그랬고, 그것이 정확하다는 것을 발견하자 행동에 나서기로 했다.

---

16 1754년에 로벤 섬 유배 중에 숨진 케이프타운의 이슬람 성직자 셰이크 마두라를 기리는 이슬람 성소.–옮긴이

17 피터 빌럼(P. W.) 보타(부록 「사람과 장소, 사건」 참조).

나는 전임 대통령 P. W. 보타가 있는 양로원 윌더니스로 날아가, 내가 아직 감옥에 있을 때인 1989년 7월에 우리가 함께 발표한 성명서를 상기시켰다. 그 성명서에서 우리는 이 나라의 평화를 위해 함께 노력하기로 맹세했다. 그런데 지금 우익이 평화를 위협하고 있다 말하고, 이 일에 개입해 달라고 했다. 그는 협조적이었고, 아프리카너들이 선거를 막기로 한 것도 사실이라고 했다. 그러나 이 문제를 나하고만 논의하고 싶지는 않다면서 내가 F. W. 데 클레르크 대통령과 페르디 하르첸베르그[18], [콘스탄트 필윤] 장군[19]을 데려오는 게 좋겠다고 했다.

그래서 내가 극우 아프리카너 지도자인 유진 테레블랑슈[20]도 포함시켜야 한다고 했다. 그가 데 클레르크 대통령보다 훨씬 많은 군중을 끌어모을 수 있는 무자비한 선동 정치가라는 근거에서였다. 그러나 이 문제에는 전임 대통령이 부정적이라서 더는 주장하지 않았다.

나는 요하네스버그로 돌아가자마자 바로 데 클레르크 대통령에게 전화를 걸어 보타의 초청에 대해 알렸다. 그러나 그는 우리가 전임 대통령과 만나는 것 자체에 대해 부정적이었다. 후자가 테레블랑슈를 싫어하는 만큼이나 그도 그런 생각에 대해 부정적이었

---

18 1936년~. 원래는 국민당 정치가였으나, 1982년에 우익인 보수당의 출범을 도왔다.

19 1933년~. 아파르트헤이트 시대의 방위군 우두머리였고, 자유 전선 지도자였다.

20 유진 네이 테레블랑슈(1941~2010년). 보어인-아프리카너 공화국 창설에 헌신한 극우 단체인 아프리카너 저항운동(AWB)의 창설자.

다. 그래서 진보적인 아프리카너 신학자 요한 헤인스 교수[21]에게 접근하여 장군, 하르첸베르그, 테레블랑슈와 내가 함께 만날 수 있게 해달라고 했다. 테레블랑슈는 타협하지 않았고, 나와는, 그의 말에 따르면, 공산주의자와는 어떤 만남도 갖지 않겠다고 했다.

그래서 장군과 하르첸베르그를 만나, 그들이 폭력적 수단으로 선거를 막을 준비를 하고 있다는 것이 사실이냐고 물었다. 장군은 솔직했다. 아프리카너들이 무장하고 있는 것도 사실이고, 이 나라가 피비린내 나는 내전에 직면해 있는 것도 사실이라고 했다. 나는 충격을 받았지만, 해방운동의 승리를 대단히 확신하는 척했다. 나는 그들에게, 그들이 우리보다 군사적으로 훈련도 더 잘되어 있고 파괴적인 무기도 가지고 있을 뿐만 아니라 정보도 많아 이 나라에 대해서도 더 잘 알 테니 그렇게 되면 힘들어질 거라고 말했다. 그리고 이 무모한 도박에도 불구하고 결국은 그들이 궤멸될 거라고 경고했다. 우리는 백인 지배에 이미 치명타를 입히고 역사적 승리를 눈앞에 두고 있었다. 나는 이것이 그들의 동의 덕분이 아니라 그들의 반대에도 불구하고 그렇다고 했다. 우리에게는 정당한 대의와 수, 국제사회의 지지가 있다는 말도 덧붙였다. 그들은 이것들이 하나도 없었다. 나는 그들에게 계획을 철회하고 세계 무역 센터에서 하는 협상에 동참하라고 호소했다.

21 요한 아담 헤인스(1928~94년). 네덜란드 개혁 교회 신학자.

48. 『자유를 향한 머나먼 길』의 속편으로 쓴 미완성 원고에서

나의 조언에도 불구하고 내게 민주적으로 선출된 남아프리카공화국의 첫 대통령이 되라고 강요했다.

총선일이 다가오자 ANC(아프리카 민족회의)의 원로 지도자 세 명이 조직 내에서 널리 의견을 물어 선거에서 이기면 내가 대통령이 되어야 한다는 결정을 만장일치로 내렸다고 했다. 그들은 이것을 첫 의원 총회에서 제안할 거라고 했다. 나는 그러한 결정을 거두어 달라고 했다. 그해에는 내가 일흔여섯 살이 되기에, 남자든 여자든 훨씬 젊은 사람을, 감옥에 다녀오고 국가와 정부 수반들을 만나고 세계 조직과 지방 조직에서 열리는 회의에도 참석하고 국내외의 발전 동향도 잘 알고 가능하면 미래의 발전 과정도 예측할 수 있는 사람을 찾는 게 현명할 거라고 했다.

나는 언제나 공동체를 위해 자신의 재능을 쓰는 남자와 여자들, 정부나 사회에서 어떤 직에 있지 않아도 그들이 기울인 노력과 희생으로 높은 존경과 찬사를 받는 사람들을 존경한다는 말도 했다. 재능과 겸손함을 겸비한 사람, 대중 친화력이 있어서 인종과 배경에 관계없이 빈자와 부자, 약자와 강자, 평민과 왕족, 젊은이와 노인, 남자와 여자 모두와 잘 지낼 수 있는 사람은 지구상 모든 사람의 존경과 사랑을 받는다…….

나는 세 원로 지도자에게 말했다. 나는 조직이나 정부에서 어떤 자리도 맡지 않고 그냥 봉사하는 게 더 좋다고. 하지만 그들 가운데 하나가 완전히 내 입을 막아 버렸다. 그는 내가 늘 집단 지도 체제의 중요성을 주장하고 우리가 그런 원칙을 철저하게 지키는

한 잘못될 일이 없다고 한 것을 상기시켰다. 그러고는 직설적으로 물었다. 내가 지금 자신이 일관되게 설파한 대로 하고 있느냐고. 그 원칙이 한 사람이 굳게 믿는 것을 강력하게 옹호하지 못하도록 막을 의도로 만들어진 것은 아니었지만, 나는 그들의 제안을 받아들이기로 했다.

하지만 한 번만 하겠다고 분명히 말했다. 그들은 내 말에 기습을 당한 듯했지만, 그 문제는 내가 조직에 맡겨야 한다고 했다. 하지만 나는 이 문제에 어떤 불확실성도 남겨 두고 싶지 않았다. 대통령이 되고서 얼마 안 되어 나는 오직 한 번만 대통령을 할 것이고, 따라서 재선이 되려고 하지 않을 거라고 공개적으로 발표했다.

49. 『자유를 향한 머나먼 길』의 속편으로 쓴 미완성 원고에서

투표일에 북부 트란스발에서 온 나이 지긋한 어느 아프리카인 부인이 투표소에 있는 선거 관리인에게 자신은 감옥에서 나온 소년에게 투표를 하고 싶다고 했다. 부인은 어떤 이름을 대기는 했지만 그가 어떤 조직에 속해 있는지는 알지 못했다. 자세히 탐문한 끝에 투표소 관리인들은 부인이 만족할 수 있게 문제를 해결할 수 있었다.

50. 『자유를 향한 머나먼 길』의 속편으로 쓴 미완성 원고에서

움콘토 웨 시즈웨의 전사들이 비할 데 없는 용기를 발휘해 국내로

First Session of Parliament
25. 5. 94

Mr De Klerk's statement
Die NP is willig om sy taak te doen.
① Die tema van die toespraak van die president
Issues of minorities will be fully addressed.
self-determination: Local govt can provide
room for self-govt.
Indicate progress in negotiating.

Kader Asmal.
All of us are here for the first time
notion of inclusiveness
RDP way of dealing with the past

Mr Marais.
Congratulates Sibusiso Bengu.
Persuasion will be used.

Coming from different backgrounds NB

Thenjiwe Mthintso.
In Xhosa: ndibulela u Mongameli

Chief Buthelezi.
OR, Zeph, Sobukwe — President
also Deputy-President.
Thank everybody who has contributed to success of this day.
State of Emergency

1994년 5월 25일에 만델라가 남아프리카 대통령으로서 처음 맞이한 의회 회기 때 한 메모.

침투해서 정부 시설을 공격하고 아파르트헤이트 세력과 맞붙어…… 때때로 그들을 물리쳤다.

다른 자유의 투사들도 국내의 지상이나 지하에서 활동하며, 대중에게 들고일어나 모든 형태의 억압과 착취에 저항하도록 했다. 그들은 자신에게 무슨 일이 일어나든 상관없이 정권의 무자비함에 용감하게 맞섰다. 해방을 위해 그들은 가장 값비싼 대가를 치를 준비가 되어 있었다.

아파르트헤이트 감옥에서 용감하게 조국에서 인간으로 대접받을 권리를 주장하는 자유의 투사들도 있었다. 그들은 말 그대로 스스로 사자 굴에 들어가, 자유의 횃불을 사악한 자들이 끌 수 없다는 보편적 원리를 다시 한 번 증명해 주었다.

그런데 1994년 4월, 느닷없이 저항하는 기술에 숙련된 바로 이 투사들이, 백인 지배를 완전히 박살내기 위해 끈질기게 싸웠던 투사들이, 전에 통치한 경험도 없고 그런 훈련을 받아 본 적도 없는 투사들이 아프리카 대륙에서 가장 발달되고 부유한 나라를 통치하는 엄청난 임무를 맡았다.

유례없는 도전은 모든 형태의 인종차별을 없애 우리 국민 전체가 인간의 존엄성을 회복하도록 하고 우리 삶의 모든 영역에 평등의 원칙을 도입하는 것이었다.

이것이 민주 정부에서 우리의 선구자들이 직면한 중대한 도전이었다. 이것이 정부에 거역하고 보이콧을 하고 처벌을 하라고 설교했던 과거 자유의 투사들이 건너야 할 루비콘 강이었다. 이제 과거의 테러리스트들이 남아프리카를 통합하는 임무를, 남아프리카는 흑인과 백인을 불문하고 이곳에 사는 모든 사람의 것이라 선언한 자유헌장의 핵심 원칙을 실행에 옮기는 임무를 맡았다.

51. 『자유를 향한 머나먼 길』의 속편으로 쓴 미완성 원고에서

좋은 지도자는, 어떤 종류의 긴장과 갈등이든 사회에서 그것을 없앤다면, 비전을 가진 사람들은 사회에 영향을 미칠 수 있는 이상적인 환경을 만들어줌으로써, 창조적인 사람들이 무대 중앙에 나갈 수 있게 된다는 사실을 분명히 알아야 한다. 극단주의자들은 긴장과 갈등, 상호 불신이 있을 때 활개를 친다. 냉철한 사고와 좋은 계획은 한 번도 그들의 무기가 아니었다.

52. 『자유를 향한 머나먼 길』의 속편으로 쓴 미완성 원고에서

아파르트헤이트 정권은 법과 질서를 시궁창에 빠뜨렸다. 국민 대다수의 인권을 무참히 짓밟고, 재판 없이 구금하고, 정치 활동가들을 살해하고, 정권에 맞서 독립적인 판결을 내린 상소 법원 판사를 공개적으로 비판하고, 사법부를 보수적인 법률가들로 채웠다. 경찰이, 특히 치안을 책임지고 있는 세력들이 독자적으로 법이 되었다. 이런 말도 안 되는 관행 탓에, 그리고 내 나름의 신념에 따라, 나는 모든 기회를 이용하여 법과 사법부를 존중하도록 했다. 새로운 남아프리카에서 법 위에 있는 사람은 없다. 대통령도 마찬가지다. 일반적으로는 법의 지배가, 구체적으로는 사법부가 존중받아야 한다.

53. 개인 서류에서

대통령과 두 부통령, 국방부 장관과 안전안보부 장관 헤오르흐 마이링 장군과 판 더 메르베 장군은 다음과 같은 문제들에 대해 되도록 빨리 편리한 시간에 국가 정보국의 보고를 받아야 한다.

1) 1990년 2월 1일부터 1994년 5월 31일까지의 첩보 자료가 들어 있는 문서가 폐기되거나 첩보 데이터가 컴퓨터에서 삭제된 일이 있는가?
   a) 만일 있다면, 그런 자료 또는 데이터는 모두 구체적으로 어떤 것들이었나?
   b) 그런 자료나 데이터를 폐기하고 삭제한 날짜는?
   c) 그렇게 폐기하고 삭제하도록 정식 허가를 내어준 사람의 이름은?

2) 국가 안보 위원회와 그것에 딸린 합동 관리 위원회 같은 조직들이 지금도 존재하는가?
   a) 만일 존재한다면, 그런 국가 안보 위원회와 합동 관리 위원회의 구성원들은 누구인가?
   b) 존재하지 않는다면, 그것들이 언제 해체되었는지에 대한 정확하고 자세한 보고.
   c) 해체되기 전에 구성원이었던 사람들의 명단.
   d) 국가 안보 위원회의 목적.
   e) 그것의 자금과 장비는 어떻게 되었나?

3) 조직이나 단체에 침투해 염탐을 한 요원들의 명단과…… 조직들의 명단.

4) 민간인 협력국은 아직 존재하는가? 그것의 구조와 구성원들에 대한 상세한 설명이 제공되어야 한다.

   a) 만일 존재하지 않는다면, 언제 해체되었나?
   그것의 자금과 장비는 어떻게 되었나?

5) 비밀 정보 수집국은 아직 존재하는가?

   a) 존재한다면, 구성원은 누구인가?

   b) 존재하지 않는다면, 언제 해체되었나?

   c) 그것의 자금과 장비는 어떻게 되었나?

6) 피에르 스테인 장군의 보고서 원본이 제공되어야 한다.

   a) 그 보고서로 인해 해고되었거나 사임을 요청받은 여러 군 고위 관리들은 정확히 어떤 범죄행위로 그렇게 되었는가?
   정치적 동기에서 휘두른 폭력으로 2만 명 가까운 사람들이 살해당했는데, 그것은 누구에게 책임이 있는가?
   정치적 동기에서 휘두른 폭력에 책임이 있는 무리들이 닐 아게트와 [릭] 터너, 이맘 하루언, 아메드 티몰, 데이비드 웹스터, [매튜] 고니베 등 그리피스와 빅토리아 음셍게 ; Pebco(포트엘리자베스 흑인 시민 조직) 3 ; 베키 음랑게니 같은 자유의 투사들이 죽은 데도 책임이 있다는 주장이 있다.

7) 플라크플라스 부대[22]는 계속 존재하는가?

그것의 구성원들은 누구였고, 그들은 어떻게 되었는가? 그것의 목적은 무엇이었고, 만일 지금도 계속 존재한다면 그것의 목적은 무엇이고, 해체되었다면 그것의 자금과 장비는 어떻게 되었는가?

8) 이 나라에서 암살단이 벌인 작전들에 대한 상세한 정보. 이것은 맞는가? 골드스톤 보고서에 따라 그들은 어떤 대가를 받았는가. V(플라크플라스) 부대의 부대원들이.

54. 공책에서

확신과 희망에 찬 분위기.

(미델베르그.)

다양한 자료가 정부의 업무 수행에 대해 고무적인 평가를 했다.

1995년에 대한 견해와 1996년에 대한 전망이 긍정적—매체.

---

22 남아프리카 경찰의 반란 진압 부대였다. 많은 반아파르트헤이트 활동가의 고문과 죽음에 책임이 있었다.

미래에 대한 희망이 계속 지배적인 분위기다.

계획을 수립하는 과정은 마무리했거나 마무리 중이고, 눈에 띄는 성과를 보여 주고 있고, 변화의 속도를 높이고 있다.

사람들이 통치를 받는 지방정부를 변혁했다.

기업 활동 신뢰도 상승—남아프리카가 1985년에 처음 자본의 순유출을 경험하기 시작 ; 1994년까지 9년 반 동안 계속.

517억 랜드가 국외로 유출.

1994년 5월 10일 이후 상황이 극적으로 변하여 자본의 순유입을 경험.

1994년 중반부터 1995년 말까지 자본의 순유입량이 300억 랜드에 이름.

1995년 말에는 준비은행이 단기 외채를 모두 갚았다.

공신력 증가.
63% = 66%
한동안 도달할 수 없었던 수준으로 급상승.

55. 1996년경에 작성한 개인 서류에서

1990년인가 1991년 7월부터 트란스발에 핏자국이.

세보켕 ±32

크뤼허스도르프—36

세보켕—200

소웨토와 요하네스버그—45+9

1990년 세보켕 문제로 데 클레르크와 만남.

그는 어떤 조의도 표하지 않았다.

체포는 없었다.

80만.

56. 공책에서

1) 테드에게 전화.

2) 코피 아난.

3) 야크스 헤르블.[23]

4) 오프라 윈프리.

5) 쫄쫄이 양말.

23 G. J.(야크스) 헤르블(부록 「사람과 장소, 사건」 참조).

57. 개인 서류에서

그라사 여사(그라사 마셸)의 세계 여행이 한동안 걱정거리였는데, 그녀가 유니세프와 맺은 계약이 올해 말에 끝나면 정말 안심이 될 것이다. 그러면 그녀가 자신의 뛰어난 능력을 국민에게, 특히 모잠비크의 어린이들에게 쏟을 수 있겠지.

그녀가 1996. 8.에 SA(남아프리카)에 돌아와서…… 동료들과 함께 UNO(국제연합 기구)에 낼 보고서[24]를 마무리 지었다. 그녀는 여느 때처럼 우리와 함께 살다가 1996. 8.에 모잠비크로 떠났다. 그렇게 겸손하면서도 품위 있고 훌륭한 여성의 사랑과 따뜻한 보살핌을 받다니, 내가 얼마나 기쁘고 행복한지 말할 수가 없다.

현대의 발명품은 그녀가 외국에 있을 때에도 우리가 계속 연락할 수 있게 해준다. 이 우주 어딘가에 내가 기댈 수 있는 사람이 있다는 것이, 특히 내 정치적 동료들은 도움을 줄 수 없는 문제에서 내게 믿을 수 없을 정도로 큰 위안과 만족을 준다.

58. 개인 서류에서

여느 때처럼 밤 9시가 넘자 손녀 로셸이 내게 눈 치료를 해준 뒤에

24 1994년에 국제연합에서는 마셸에게 무장 분쟁이 어린이들에게 끼치는 영향에 관한 연구를 이끌도록 했다.

내 침대에 앉는다. 나는 로셸이 "안녕히 주무세요." 하기 전에 당연히 해주는 몇 마디를 기다린다. 그런데 대신 로셸이 폭탄을 터뜨린다. "할아버지, 이제 말씀드려야겠어요. 이 말 들으면 완전히 충격일 거예요. 할아버지가 제게 기대하는 그런 일이 아니에요……. 그 결과 곧바로 집을 떠나 다른 곳에서 살게 되었어요. 늘 강조하셨잖아요. 일반적으로는 교육의 중요성을, 구체적으로는 저와 템부 로열 하우스와 관련해. 그런데 이 점에서 제 성적은 늘 중간도 안 되었어요. 할아버지는 이 점에서 저를 전폭적으로 지지해 주셨어요. 할아버지는 늘 제 마음속에 있을 거예요. 그러나 이제 집을 떠나 다른 곳에서 살 거예요." 로셸은 줄곧 공손했지만 거침없이 분명히 말했다.

망연자실했다. 내 손녀가 내 가슴을 찢다니, 믿을 수가 없었다. 로셸은 누구보다도 세심하게 나를 보살펴 주었다. 잠자리에 들기 전에 신발과 양말도 벗겨 주고, 아름다운 이야기들도 들려주고, 다음 날 아침 몇 시에 아침 식사를 하고 싶으냐고 묻는 등.

59. 개인 서류에서—밸런타인데이가 그에게는 무엇을 뜻하는지를 물은 한 여학생의 질문에 대한 답변으로 밸런타인데이에 관해서 쓴 글의 초안

나이와 보수적인 문화적 배경 탓에 그런 친밀한 느낌이나 감정에 관해 공개적으로 이야기하는 것이 내게는 쉽지 않구나. 특히 그런 질문을 손녀라 해도 좋을 만큼 어린 사람에게 받을 때는 말이다. 그런데 누가 일반적인 사전에 나오는 것과 동떨어진 정의를 내리려

했다고 하더라도, 세계 문명의 주요 형태들을 염두에 두면, 그것에 대한 정의가 사람들만큼이나 많을 수 있는 것도 당연한 일이겠지.

나는 평범한 사람들이 사랑에 빠졌을 때 가장 높은 수준의 감정적 애착 가운데 하나를, 만족과 행복을 느꼈으면 좋겠다.

아마도 보통 사람들이 당연히 여기는 단순한 것들에 대해 내가 얼마나 무지한지 알면 많은 사람이 충격을 받을 거다. 부모가 읽을 줄도 쓸 줄도 모르는 시골에서 태어나고 자란 사람은 밸런타인데이에 관해 거의 들어 본 적이 없단다.

도시로 와서는 점차 주류 정치에 휘말려, 그런 문제에 관한 정보를 업그레이드할 틈이 거의 없었구나. 나는 밸런타인데이 카드와 선물도 지난 5년 동안 받은 게 고작이란다. 그러나 세상의 주목을 받기는커녕 아무도 모르게 다른 사람들에게 행복을 가져다주는 사람들에게는 당연히 엄청난 존경심이 생긴단다.

안타깝게도 일정이 빡빡해 오늘은 밸런타인데이를 기념할 시간을 찾을 수가 없구나. 그것은 앞으로도 마찬가지일 거야.

오늘날의 젊은 세대는 자기들만의 독특한 가치 체계를 가지고 독립적으로 분명한 생각을 하는 사람들이 많지. 따라서 일흔여덟 살이나 된 사람이 그들에게 관계를 잘하는 법에 관해 조언하는 것만큼 주제넘은 일도 없을 거다. 더구나 이것은 [충고]의 문제가 아니라 사회적 환경의 문제란다. 젊은 세대에게 교육의 기회를 주고 더 나은 삶을 살 수 있게 해주면 훌륭하게 아주 잘할 테니 말이다.

나는 같은 가치를 신봉하는 사람들, 공통의 비전을 가진 사람들, 서로의 진실성을 받아들이는 사람들이 좋은 관계를 가질 수 있는 토대를 놓았다고 생각한다. 그러나 이것에는 주목할 만한 예외도 아주 많을 것이다.

60. 로벤 섬을 박물관으로 발전시키는 계획에 관해 1996년경에 기록한 공책에서

로벤 섬.

문화부, 예술부 등.

독립된 구조.

평범함을 넘어선.

개발하고 싶어 하는 인간의 욕망.

관광객의 파괴.

박물관은 기억이 아닌 영감의 원천이어야 한다.

특별 이사회.

61. 공책에서

1)

다른 곳에서 교전 ; 잘되기를 빈다.

2)

아일랜드는 역사를 통틀어 늘 주목을 받았다.

3)

누가 먼저 문제를 일으켰는지를 밝히는 것은 전혀 어렵지 않다. 그러나 우리는 곧 어떤 당도 완전히 옳거나 전혀 옳지 않다고 할 수 없는 단계에 이른다.

4)

아일랜드 지도자들이 자기들 문제도 해결하지 못한다는 비난.

62. 대통령 수첩에서

1997. 12. 29. 월요일 : 쿠누를 떠나 CT(케이프타운)로 향했으나, 좌골신경통으로 오른쪽 다리에 심한 통증이 와서 프랭클린 손[25]의 딸 결혼식에 참석하기로 한 것을 취소했다.

1997. 12. 30. : 신랑 신부가 예정대로 아침 7시에 아침 식사를 하러 오지 않고 8시 45분에야 왔다. 그들을 찍으려고 라포트 [신문]에서 온 사진사가 떠나야 했다. 에스파냐 커플은 오전 10시에 아이스터플라트 [공군기지]를 떠나 12시 15분에 마푸토에 도착했다. 그라(그라사 마셸)의 저택에서 가장 가까운 정부 영빈관에서 머물렀다.

25 프랭클린 손(1939년~). ANC 회원. 1995~98년에 남아프리카 주미 대사를 지냈다.

1997. 12. 31. : 극심한 좌골신경통으로 움직이지도 못한 채 위층에 남아 있었다. 동지인 조아킹 시사누 대통령이 방문해 KK(케네스 카운다)[26]가 가택 연금을 당한 것과 가택 연금 상태에 대해 알려 주다. 그라, 아이들과 함께 저녁 식사를 하고 묵은해가 지나가는 것과 폴라나 호텔에서 불꽃놀이 하는 것을 보다.

1998. 1. 1. : 가족과 함께 점심 식사를 하지 못하고, 지나와 내 사저에서 점심 식사를 해야 했다. 진드지와 로셸에게 행복한 새해를 빌어 주었다. 테론과 물리치료사.

1998. 1. 1. : 특별한 일이 없다—SQ에 돌아가지 않겠다고 했다.

1998. 1. 2. : PM(수상) M

1998. 1. 4. : HC(고등판무관)가 왔다.

위고 박사, 테론이 그라와 점심 식사를 했다. 내게 주사를 두 번 주고 돌아갔다.

1998. 1. 5. : WM(위니 만델라) 문제로 주디, 그라사와 언쟁. 나는 서로 공유할 수 없는 어떤 영역이 있는 관계는 하고 싶지 않다고 했다. 그녀는 내 역사의 일부다.

---

26 1924년~2021년. 1964~91년에 잠비아 대통령을 지냈다. 5개월 동안 가택 연금을 당했다.

1998. 1. 6. : 모잠비크의 HC가 다시 4년 계약을 하고 싶어 한다.

1998. 1. 7 : 음푸말랑가 동물보호구의 공원 관리소장이었던 내 친구 제러미 앤더슨을 15분 동안 만났다. 아랍 모이가 케냐 대통령에 취임한 것을 축하하다.

마푸토에서 워싱턴에 있는 안토니오 페르난데스 족장에게 전화해 크리스마스와 새해 인사를 했다. 그가 워싱턴에서 몇 번이나 내게 연락하려고 했는데 연결이 되지 않았다고 한다. 우리가 모두 외롭게 아파르트헤이트와 싸울 때 서로 믿고 의지했던 친구들을 직원들이 그저 대통령을 방해하려 드는 낯선 사람들로만 여길 때 가끔 고통스럽다.

1998. 1. 19. : 9층에 있는 셸 하우스[27]에 찾아가니 내가 이 층에 있는 사무실을 쓰는 것은 안전하지 않다며 10층으로 다시 돌아가는 게 좋겠다고 했다. 그들의 권고를 일언지하에 거절했다. 사무총장 칼레마 [모틀란테][28]도 나와 의견이 같았다. 물러나는 SG(사무총장) 직무 대행 셰릴 카롤루스[29]와도 위 문제를 논의하고, 내가 참석하겠다고 했다.

---

27 셸 하우스는 요하네스버그 중앙에 있는 ANC 본부였다.

28 칼레마 페트루스 모틀란테(1949년~). ANC 지도부. 2008년 9월부터 2009년 5월까지 남아프리카 임시 대통령을, 2009년부터 남아프리카 부통령을 지냈다.

29 1958년~. 정치가. ANC 회원. 남아프리카 런던 주재 고등판무관.

1998. 1. 22. : [레소트의 왕] 레치에 3세와 1세가 보츠와나의 마시르 대통령 앞에서 레소토 하일랜드 워터 프로젝트를 개시하다. 그러나 날씨 탓에 점심을 먹지 않고 떠나야 했다.

1998. 1. 23. : 웨스턴 폰도랜드의 여왕 대리와 모후를 찾아가 경의를 표하고, 콜리언 로스와 함께 미래의 왕 은다마세 망갈리소[30]가 컨슬리 칼리지에 입학하도록 주선했다.

1998. 1. 24. : 95만 랜드에 나온 제카 씨의 집을 살펴보고, 주택 담보 대출의 세부 조건을 알려 달라고 했다.

1998. 1. 24. : 방길리즈웨, 달라구바, 즈웰로두모 족장과 산딜레 음구들와 족장, 카우들레 족장, 실리멜라 족장, 음은콴케니 족장을 만났다.

1998. 1. 24. : 헤오르흐 마이링에게 탄자니아로 헬리콥터를 급파하도록 지시했다.

1998. 1. 24. : 부옐레카야 왕과 여왕[31]과 점심 식사.

---

30 봉골레투 은다마세 여왕. 현재 템부족이 사는 지역의 통치자인 은다마세 은다마세의 어머니.

31 부옐레카야 달린디예보. 아바템 부족의 왕 후계자. 놀룬투 달린디예보 여왕. 부옐레카야 달린디예보 왕의 젊은 아내.

1998. 1. 24. : 클린턴 대통령의 전화를 받았다.

1998. 1. 25. : 무세베니 대통령의 전화를 받았다.

63. 공책에서

쿠누에서 새해 첫날에 열린 축제 때 조금 마음이 편치 않았다. 크리스마스 날 주변에 있는 마을들에서 아이들이 1천 명이 넘게 왔고, 어른들도 100명쯤 왔다. 우리는 템부족의 왕 즈웰리반지 달린디에보가 기증한 양 한 마리를 포함해 양 열한 마리를 잡고, 줄루족의 왕 즈웰리티니 카 줄루가 기증한 소 한 마리도 잡았다. 모인 사람들은 기분이 아주 좋았고, 가죽과 뿔을 빼고는 고기를 모두 먹었다.

그전에는 대개 크리스마스 때보다 새해에 손님이 적었다. 그러나 이번에는 양을 열두 마리 잡았다. 그거면 충분하다 못해 남을 거라고 믿었다. 그런데 웬걸, 크리스마스 때보다 사람들이 더 많이 와 몇 킬로미터를 걸어서 쿠누에 온 어떤 아이들이 자기들은 먹지도 못했다고 투덜거렸으니, 내가 얼마나 마음이 불편했을지 상상할 수 있을 거다. 다음번에는 허를 찔리지 말아야지.

폰도족의 왕 탄디줄루 시그카우의 방문을 받았다. 관습에 따라 그를 위해 양 한 마리를 잡고, 그에게 두 번째 준비한 것을 주었다. 그는 자기 동생인 웨스턴 폰도랜드의 왕 불린드렐라 은다마세가 왕[들]이 그들의 각 지역에서 전통적 지도자 회의의 일원이 되어야 한다는 제안에 대해 전혀 동조하지 않았다. 그래서 이 문제는 내가 그들이 이끄는 대로 따르는 게 좋겠다고 했다. 그리고 그들이 만나서 공동 입장을 취해야 하지 않겠느냐고 했다.

클레오파트라 달린디예보 여왕의 방문도 받았다. 우리 지역을 통치하는 족장 노콸레 발리줄루 족장과 함께였다. 템부족 족장들 가운데서 술고래다.

64. 공책에서

공동 데이터베이스가 어느 정도까지 구축되었나.
부패에 대한 점검.
분석가들의 자질.
많은 불법 도피.
정기적으로 외국 여행.

65. 공책에서

1)
우리는 이 세상을 한 번 거쳐 갈 뿐이다. 따라서 한 번 기회를 놓치면 다시는 잡을 수 없다.

2)
삶의 목표와 목적을 정하고, 원칙적으로 가능하면 절대 그것에서 벗어나지 마라.

3)

ANC(아프리카 민족회의)는 이러한 원칙을 아주 잘 이해했다.

4)

1950년대 초반에 이미 우리는 모든 SA(남아프리카) 사람들에게 인민헌장을 요구하자고 했다.

5)

우리는 당시 모든 정당 지도자들에게도 우리와 함께 국민 회의를 준비하자고 했다. NP(국민당), 자유당.

6)

기본 정책—SA는 우리 모두의 것이라고 선언한 자유헌장—을 채택했다.

7)

1961년에 인민 대회를 요청했다.

8)

1984년에 ANC가 보타 대통령에게 접근했다—ANC와 NP의 만남. 백인 지배의 전복은 해방운동의 성과—다양한 정도政道로 ANC, PAC, AZAPO(아자니아 인민 기구)[32]가 이룬.

변혁도 공동 노력.

9)

ANC의 주도로 상황을 바꾸었다. 긴털족제비에서 기적으로.

10)

개발 계획—흑인과 백인.

세계의 문이 열렸다.

---

32 1978년에 설립된 아자니아 인민 기구는 흑인 의식 운동에 자극을 받아 금지령을 받은 세 개의 조직, 즉 흑인 인민 협의회(BPC)와 남아프리카 학생 조직(SASO), 흑인 공동체 건설 계획(BCP)을 탄생시켰다.

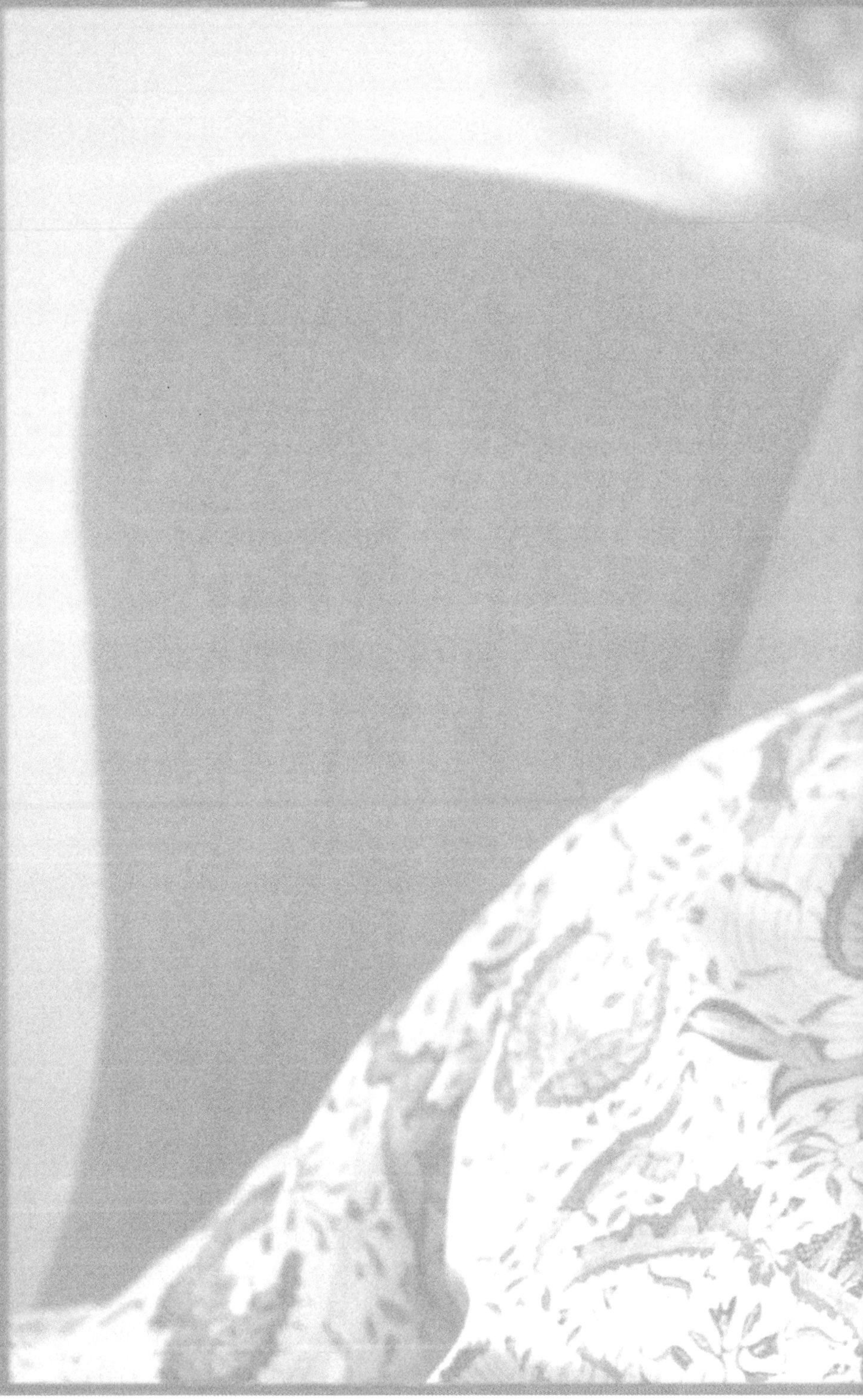

| CHAPTER 13 |

나라 밖에서

Discussion with President George W Bush
White House 12 November 2001.

How much time have I got?

1

Compliments on manner in which he
has handled important issues:
Meeting various Heads of States
especially Presidents Mbeki & Obasanjo

2.

Afghanistan.
My press statement.
No pulling out before B.L. is flushed out.
Civilian casualties unfortunate, but that
happens in every war.

3.

Palestine – Almost 30 years of fruitless
efforts.
My Proposal.
Arafat affair unfortunate

공책에서(496~497쪽 참조).

1. 이집트 여행에 관해 리처드 스텡글과 나눈 대화에서

[야세르] 아라파트도…… 이집트 방문 중이어서 [호스니] 무바라크 [대통령]을 만난 뒤에 만났어요. 무바라크 대통령은 공항에서 곧바로 만나러 갔어요. 대통령 궁에 가니 환대해 주었고, 우리 상황에 관해 간략히 설명하고 그와 이집트 국민의 지지에 감사한 뒤 그곳에서 함께 만찬을 했어요. 그러고는 호텔에 돌아와, 다음 날 무바라크를 만났지요.

이집트에서는 정말 놀랍고도 흥미로운 경험을 했어요. 우리가 홀에 모인 사람들에게 인사하고 연설을 해야 해서 경찰이 우리를 호위해 그곳으로 데려갔어요. 그런데 모인 사람들이 깜짝 놀랄 정도로 많아서 사태를 짐작하고는 경찰에 인원을 보강해 우리가 군중을 뚫고 지나갈 수 있도록 길을 열어 달라고 했어요. 그들은 그러려고 했어요. 경찰을 일부 불러 모아, 우리에게 배치했던 수보다 많은 경찰이 우리를 호위하도록 했으니까. 그러고는 책임을 맡고 있던 경찰관이 내게 나서라고 했어요. 그래서 "아니, 내 측근들이 먼저 들어가게 해주시오."라고 했어요. 군중이 어찌나 많은지, 내가 먼저 들어갔다가는 사람들이 확 몰려들어 대혼란이 일어나서 우리 대표단이 안으로 들어오지 못할까 봐 걱정이 되었거든요. 경찰이 온통 내게만, 내 주변만 신경을 쓰느라 우리 대표단을 떼어 내기까지 했으니까. 그래서 그가 우리 대표단을 안으로 들여보내도록 했는데, 몇 걸음 가지 않아 돌아와서는 "자, 이제 들어가실 수 있습니다." 해요. 그래서 나섰는데, 경찰이 저지선을 만들어 놓았는데도 사람들이 그냥 뚫고 들어왔어요. 대혼란이 일어났고, 그 바람에 신발 한 짝

을 잃어버렸어요. 홀 안에 들어가서도 혼란은 계속되어…… 위니와도 헤어졌어요. 그들이 위니를 밀어내는 바람에…….

그들이 만지고 싶어 하고 악수하고 싶어 하고, 대중 속에 있으면 일부는 아주 이기적일 수도 있어요. 그들이 나를 잡은 채 놓아주려 하지 않고, 다른 사람들은 나를 붙잡으려 애쓰고…… "오! 오래전부터 당신을 보고 싶었어요. 내가 당신의 손을 잡다니 오늘이 무슨 날이지요?" 하면서 붙들려 하고…… 내 머리카락이 헝클어지고, 내 발뒤꿈치를 밟아 신발이 벗겨졌어요. 위니도 그들이 한 10분 동안 찾아서야 겨우 들여보냈어요. 위니는 내게 어찌나 화가 났던지, 하루 종일 말도 하지 않았어요. "왜 내 곁을 떠나요?" 하기에 "내가 달리 어떻게 할 수 있었겠소." 했지요. 내가 이리 밀리고 저리 밀리고 하니까, 이제는 군인들도 경찰도 나를 떠밀어서 군중을 피하도록 했어요. 나는 그들에게 연설할 기회도 얻지 못했어요. 그들이 조용히 하지 않고 계속 소리를 지르는 바람에. "만델라! 만델라!" 하고…… 그러니까 존경과 감탄의 표시로. 그래서 "제가 여기 여러분에게 연설을 하러 왔습니다."라고 말하려 했지만, 그들은 내게 기회를 주려고 하지 않았어요. "그럼 그냥 가겠습니다." 했더니 조금 질서가 잡히는 듯했지만…… 내가 시작하자 다시 [소리를 지르기] 시작했어요. 그래서 우리가 위층에 있는 발코니로 올라가기로 했어요. 거기서는 연설을 할 수 있을 테니까. 그러나 그것도 도움이 되지 않았어요. 나는…… 그렇게 시끌벅적한 모임은 본 적이 없어요. 열광으로, 사랑으로. 나는 결국 연설을 하지 못했어요. 몇 번 하려고 했지만…… 포기해야 했어요.

2. 미국 방문에 관해 리처드 스텡글과 나눈 대화에서

아, 그러나 미국 사람들은 아주 따뜻하고 아주 열렬했어요……. 물론 뉴욕에 발을 딛는다니 무척 흥분이 되었지요. 내가 청소년기부터 듣고 읽은 도시니까……. 당연히 미국에 있는 우리 대표 린디 마부자도 발견했어요……. 외무 장관 타보 음베키와 재무 장관 토머스 은코비, 지금 대통령 집무실 수장으로 있는 바버라 마세켈라…… 기타 몇 명과 함께였어요. 경찰이 우리를 호텔까지 호위해 주었어요.

……기억이 안 나요……. 색종이 테이프를 뿌리며 환영하는 행사는 언제 했는지……. 행사의 연속이라……. 그것(색종이 테이프 환영)이 내가 미국에서 한 가장 흥분되는 경험이었어요……. 미국에 남아프리카의 반아파르트헤이트 투쟁에 대한 관심이 널리 있는 것은 알았지만, 뉴욕에 도착해서 그것이 반영된 사람들의 행동을 보니 정말 힘이 나고 가슴이 뭉클했어요. 사람들의 환호, 우리의 투쟁에 대한 확고한 연대를 보여 주는 그들의 발언—거리에서, 건물에서, 사무실과 집에서…… 아파트에서—이 정말 엄청났어요. 완전히 발끝부터 흥분이 밀려왔어요……. 자신이 그런 선의의 대상이라는 것을 알면, 사람이 정말 겸손해져요. 내가 그랬어요.

3. 국제연합 방문에 관해 리처드 스텡글과 나눈 대화에서

그러나 그때 내가 연설은 했지만, 회기 중에 우리 사람들이 나를 집

으로 보내야 했어요. 우리가 국제연합에 친구들이 많아 그들이 와서 나와 악수를 하는데, 나는 악수를 앉아서 못하거든요. 외교관들과 특히 여성들—여성인 외교관들과. 그래서 누가 오면 내가 일어나서, 본능적으로 일어나서 악수를 해요. 그러자 우리 대표단의 일원인 타보 음베키와 프린 진왈라[1]가 제발 가만히 앉아 있으래요. 그래서 "그럴 수 없다. 누가 나를 보러 오면 나는 일어나서 악수를 해야 한다."라고 하니, "당신이 회의를 방해하고 있어요." 해요. 그래서 "그럼 이제 사람들이 인사하러 오지 못하게 해라. 당신네들이 내게 와서 인사하도록 놔두니 대안이 없다. 일어날 수밖에." 했더니, "그럼 집에 가요. 호텔로 가요, 어서. 여기서 회의를 방해하느니 거기 그냥 있는 게 낫겠어요." 하는 거예요. 그래서 내가 떠났다니까요. 하하하. 그러고는 그들이 뭐라고 한 줄 아세요? "회의 끝날 때까지 그냥 거기 있어요. 이 [국제연합] 안전보장이사회가 끝날 때까지." 그래서 결국 그렇게 되었어요. 껄껄껄.

4. 만델라가 미국의 경호를 보고 느낀 점에 관해 리처드 스텡글과 나눈 대화에서

미국은 경호가 아주, 대단히 전문적이에요……. 그들은 어떻게 움직일지 간략히 설명해 주고, 가장 위험한 순간은 어떤 곳에 있다가

1 1932년~. 언론인이며 정치가. 1994~2000년에 남아프리카 국회 대변인.

차로 갈 때, 차에서 내려 어떤 곳으로 갈 때라고 해요. 그리고 계속…… 신속한 움직임을 주장해요……. 이곳에서 저곳으로 이동할 때면 경호원들이 빙 둘러싸요. 그래서 새로운 곳을 방문했을 때 사람들과 이야기하며 그들이 어떻게 생각하는지, 여러 가지 다양한 주제에 관해 그들의 견해는 어떤지 알고 싶어도 그러기가 어려워요. 여기나…… 미국이나 경호원들이 그러도록 내버려 두지를 않아요. 그래서 방문하는 여러 지역의 차이를 평가하고 생생하게 알기가 무척 어려워요.

5. 클린턴 대통령의 취임에 관해 리처드 스텡글과 나눈 대화에서

나는 지난해 4월에 시온 기독교회에 100만 명이 모인 것 말고는 한 곳에 그렇게 많은 사람이 모인 것을 본 적이 없어요……. 취임식이 열린 이곳에서는, 그것이 작은 산이라…… 사람들이 계곡으로 내려가 거리를 가득 메우는 것을 볼 수 있고…… 거기에 연단이, 무대가 있었어요……. 그리고 취임식이 시작되었는데…… 그것은 정말 인상적일 정도로 정확하게 이루어졌어요……. 그렇게 큰 행사를 준비할 수 있는 역량이라니, 대단했어요……. 나는 내게 인사하러 오는 사람들의 환대에 집중할 수가 없었어요. 게다가 때로 그들이 시야를 가리는 바람에…… 경호원들도 나를 보호하려고 내 앞에 서 있어서 연단을 보는 것도 막았어요……. ANC(아프리카 민족회의)에 대한 사람들의 열렬한 지지에 큰 감동을 받았어요……. 올리버 [탐보] 같은 사람들이 ANC를 사람들에게 알리는 데, 미국 사람들에게 알

리는 데 주목할 만한 일을 했지요. 그렇게 조직에서 한 일 덕분에…… 사람들이 내가 누군지 아주 잘 알았어요. 그래서 행사를 제대로 따라갈 수 없었지만, 그래도 좋았어요. 그게 따뜻함과 친절과 사랑의 표시니까. 그리고 클린턴의 연설은 거의 모든 것을 다루었어요. 지구적이었고, 아주 짧았어요……. 그는 필요한 것을 말했고, 그것에 감동했어요. 그가 부시에게 찬사를 보낸 점도. 이제 싸움이 끝났고…… 미국인이 하나가 되어…… 그들 공통의 문제를 해결하기 위해 나설 것이 분명했어요. 참으로 대단한 광경이라는 생각이 들었어요.

……저녁에 여기저기서 댄스파티가 있어서 나도 그중 하나에 갔는데, 나와 미국 의회 내 흑인 의원 모임의 의장인 퀘이시 음푸메[2]가 대기실에서 클린턴을 만날 거라는 전갈이 왔어요……. 우리가 그곳에 가서 그와 악수하고 많은 것을 주고받았어요. 그가 즉흥적이라서 그런 것은 아니었어요……. 그 뒤에 그가 홀로 들어갔는데, 홀에서 밴드가 연주를 하고 있자 색소폰을 들어 연주했어요. 그래서 우리 모두 춤을 추었어요. 모두 자이브를 추었어요. 아주, 대단히 감동적이었어요……. 그가 그렇게 격식을 따지지 않는 것도 대단했어요. 국민에게 그렇게 가까운 대통령을 갖는다는 것은. 그는 대중 친화력이 있고, 그것이 내게는 무척 인상적이었어요. 그는 품위가 있으면서도 아주 대중 친화적이었어요.

---

2 1948년~. 전미 유색인 지위 향상 협회 회장.

6. 런던 웸블리 경기장에서 열린 1990년 콘서트에 관해 리처드 스텡글과 나눈 대화에서

나는 트레이시 채프먼과 맨해튼 브라더스를 보고 싶었어요……. 늘 그 젊은 여성(맨해튼 브라더스의 보컬인 미리암 마케바)에게 자극을 받아서, 박스에 앉아 있는데…… 그녀가 무대에 나오자 정말 흥분되었고, 그녀가 연주를 하기 시작했어요……. 그런데 막 음악을 즐기기 시작했을 때 닐 키녹이 나를 보러 여기 왔다는 말을 듣고 나가야 했어요. 내가 키녹을 꼭 보고 싶었던 것은 노동당과 노동당 당수인 닐 키녹이 우리 투쟁에서, 반아파르트헤이트 투쟁에서 아주 든든한 지원군이었기 때문이에요. 그들이 내 석방을 요구했고, 내가 런던에 가자 환대해 주었어요. 정말 좋은 사람들이고, 그를 만나 행복했어요……. 그러나 트레이시 채프먼을 놓친 것은 유감이에요. 그렇지만 닐 녹스를 본 뒤에 자리로 돌아가니, 맨해튼 브라더스가…… 무대에 나왔어요. 아, 그들이 저 50년대 추억을 불러일으켰어요……. 그런데 러시아 대사가 나를 보러 왔다는 거예요. 두 공연…… 모두 고대했는데, 결국 보지 못했어요. 콘서트가 끝나고 스타들을 모두 보러 가서 그들과 악수했어요……. 나는 정말 즐겼는데, 당연히 경호가 방해되었어요. [그들이] 내가 그곳에 오래 있는 것을 바라지 않았고…… 그래서 겨우 [공연한 사람들과] 악수하고 축하할 시간밖에 없었어요. 물론 군중에게도 연설을 했어요.

7. 국유화에 관해 리처드 스텡글과 나눈 대화에서

내가 감옥에서 한 발언, 국유화가 여전히 우리의 정책이다, 우리는 변하지 않았다, 라고 한 발언에 이미 남아프리카에서도 격렬한 반발이 있었어요……. 물론 재계의 반발이 있었고, 그런 반발에 생각하지 않을 수 없었어요. 중요한 것은…… 재계의 지지를 받는 것이니까……. 내가 [감옥에서] 나오자, 우리는 왜 우리가 국유화 정책을 채택했는지를 재계에 설명하는 데 전념했고, 물론 미국 사업가들도…… 우리에게…… 많은 압력을 넣었어요……. 국유화 문제를 재고하라고……. 남아프리카에 투자하도록 장려하려면 어떻게 해야 할지 그 문제를 심각하게 고민해 보아야 했어요.

결정적 순간은…… 내가 스위스 다보스에서 열린 세계 경제 포럼에 참석했을 때예요. 거기서…… 세계 산업계의 주요 지도자들을 만났는데…… 그들이 그것을 지적하며…… 국유화 문제에 대한 자기들 의견을 아주 솔직하게 피력했고…… 그래서 깨달았죠, 전에 없이. 우리가 투자를 원한다면 국유화를 우리 정책에서 완전히 제거하지는 않더라도 그것을 재고해야 한다는 것을……. 우리는 자기들 재산이 국유화될 거라는 재계의 두려움을 씻어 주어야 했어요.

8. 캐나다 여행에 관해 리처드 스텡글과 나눈 대화

스텡글 : 캐나다에서 멀로니 씨[3]의 영접을 받았지요?

만델라 : 예, 맞아요. 그리고 캐나다에서 어떤 모임에 나가 연설을 하

고…… 걸어 나가는데, 한 여성이 내게 질문을 했어요. 브라이언 멀로니 씨가 내게 500만 달러를 주었는데, 이 여성이 하는 말이…… "만델라 씨, 멀로니 씨에게 받은 이 500만 달러로 사람들을 죽일 건가요? 지금껏 그랬듯이?" 하는 거예요. 그래서 차분하고 진지하게 대답해 주고 싶었는데, 내가 미처 그러기도 전에 사람들이 그 여성을 쫓아냈어요. 사람들이 밀어내 그 여성이 넘어졌어요. 그래서 말리려고 했지만 늦었어요. 그들이 나를 떠미는 바람에. 알고 보니 PAC(범아프리카 회의) 회원이었어요……. 그녀가 나를 보고 "만델라, 멀로니 씨에게 받은 이 500만 달러, 그것으로 당신의 국민들을 죽일 건가요?" 하는데, 하하…… 오, 맙소사! 그런데 그들이 그녀를 아주 거칠게 다루었어요.

9. 구스 베이에 관해 리처드 스텡글과 나눈 대화에서

캐나다에서 더블린으로 넘어가기 전에 기름을 채우려고 우리가 구스 베이라는 곳에 들렀는데, 내가 공항 건물로 걸어가다가 어떤 사람들이 바로 공항 울타리 너머에 있는 것을 보고 물었어요…… 우리를 공항으로 데려가던 관리에게. "저 사람들은 누구입니까?" 그랬더니 "저 사람들은 에스키모입니다." 그래요. 난 그때까지 에스키모를 한 번도 본 적이 없어, 에스키모를 북극곰이나 바다표범을 잡는

3 브라이언 멀로니(1939년~). 1984~93년에 캐나다 수상을 지냈다.

사람들로만 생각했어요……. 그래서 가서 이 사람들을 봐야겠다는 생각이 들었어요……. 그러길 잘했어요. 그들이 10대, 10대 후반의 청소년들이었거든요……. 그리고 그들과 이야기를 주고받다가 그들이 고등학생인 것을 알고 깜짝 놀랐어요. 그들은 알고 있었어요. 우리가 착륙해서 기름을 채울 거라는 말을 들었던 거예요……. 나는 그들을 만나 아주 행복했고, 그들이 나의 석방에 관해 알아 큰 감동을 받았어요. 그들이 [텔레비전을 통해] 석방된 것을 보았고, 내가 한두 모임에서 연설한 것도 알고 있었어요. 그것은 대단히 흥미로운 대화였어요. 충격 그 자체였으니까요. 나는 완전히 한 대 얻어맞은 기분이었고, 에스키모 사회에 대한 내 지식이 후졌다는 것을 깨달았어요. 그들이 학교에 다닐 거라고는, 그들이 바로 우리와 다름없을 거라고는 상상해 본 적이 없었으니까. 한 번도. 투쟁에, 자유를 위한 투쟁에 몸담았으면서도 우리 말고도 모든 곳에서, 전 세계에서, 덜 발달된 상태에서 벗어나 변화하고 있다는 것을 알았어야 했어요…….

그런데 대화는 무척 즐거웠으나, 그만…… 폐렴에 걸리고 말았어요……. 오클랜드에 오니, 거기 기온이 약 40도였는데, 오클랜드에서 구스 베이로 거의 논스톱으로 날아갔더니, 그곳은 기온이 영하 15도이고, 여기저기 눈이 쌓인 것을 볼 수 있었어요……. 기후 변화에…… (외투를 입고 있었지만) 추운 날씨에…… 밖에 서 있어서, 내가 공항 건물에 갔을 때는 이미 감기에 걸려 있었어요. 그래도 공항 건물은 따뜻했어요. 불이 있어서. 그리고 관리자가 여성이었는데, 에스키모 여성이었지만 아주 선진적인, 아주 문화적인 사람이었고, 내게 친구 하나가 남아프리카에 있는 캐나다 대사관에 있다고 했어요. 그리고 에스키모가 또 한 사람 있었는데, 남자였고, 그 여성의 보조역이었어요. 그도 아주 인상적이었는데, "우리 관습에 따르면, 저는 음악으로 당신을 환영해야 합니다."라고 했어요. 그러고는 설명을 해주고 악기를 가져왔어요. 기타였는데, 목조부를 보니 전통 형태였어요. 줄도 서양의 기타처럼 배열되어 있지 않았고요. 그것도 그가 설명해 주더니, "제가…… 제가 당신을 환영하며 연주할 노래는 〈밤을 보여 주어요〉입니다."라고 했어요. 그러고는 그가 연주를 하기 시작했는데, 음색이 탁하고 음이 길게 늘어져 아주 음울했어요. 그러나 나중에는 분위기에 변화가 있었어요. 처음에는 거의 눈치챌 수 없었지만, 갈수록 밝아졌어요. 그가 계속 노래를 연주하니, 경쾌한 음이 주조를 이루어서 갈수록 밝아졌고, 음악에 따라 그의 얼굴 표정까지 바뀌었어요. 그래서 절정에 이르렀을 때는 음악이 아주 밝고 활기찼어요. 그는 그렇게 나를 환영해 주었어요.

10. 폐렴에 걸린 것에 관해 리처드 스텡글과 나눈 대화에서

감기에 걸린 것은 아일랜드에서였어요. 그래서 내 주치의 은타토 박사와 나 수술할 때 도와준 게셀레 박사에게 전화했어요. 더블린으로 와달라고. 몸이 좋지 않아서, 나를 치료하던 사람들에게 진찰을 받아야겠다고 생각했거든요. 그들이 보고…… 큰 문제는 없다 하고…… 더블린에서 수상의 의사에게도 치료를 받아…… 의회에서 양원 합동 회의의 연설을 했어요……. 그러고는 우리가 런던으로 갔지요. 그때는 회복되고 있었지만, 호텔에서 나올 때 비가 오는

것을 몰랐어요……. 위니가 제발 돌아가 내 외투를 가져오게 해달라고 했지만…… 영국 수상을 만나는 데 늦고 싶지 않았어요. 그래서 "아니, 그냥 갑시다. 돌아가면 늦어요." 하고 차에 올라탔는데, 차에 타면서 비를 몇 방울 맞았어요. 그런데 그로 인해 상태가 나빠졌어요……. 이제는 폐렴이 아주 심각해졌어요……. 내가 나갈 때 한 무리의 청소년들을 만났어요. 이들도 10대였는데, 그들이 사인을 해달라기에…… "애들아, 지금 서둘러야 하거든. 돌아와서 해줄게." 했더니, "언제요?" 해서 "오후에."라고 말했어요. 그러고는…… 그 일에 관해 잊었어요. 그래서 돌아갔다가 다른 약속 장소로 서둘러 가는데, 그들이 아직도 기다리고 있는 것을 발견했어요. 그들이 아침 9시쯤 거기 있었는데…… 4시에 아직도 기다리고 있었어요. 그래서 "여러분, 미안하다. 내가 약속이 있어서 서둘러 가고 있다."라고 했더니 "약속했잖아요. 우리에게 사인해 주겠다고. 명예를 걸고 반드시. 사인해 줘요!" 그래요……. 그들이 내가 명예를 걸고 굳게 맹세했다고 말하자 무척 곤란해서, 어쩔 수 없이 하나하나 사인을 해주었어요. 그런데 그렇게 사인을 하고 있는데, 우리 쪽 사람 하나가 "아니, 한 사람에게만 해줘요." 그래요. 하지만 아이들이 그곳에서 하루 종일 기다렸고…… 그래서 그들이 내게 주는 것에 모두 사인을 해주었어요. 그랬더니 [누가] 내게 그럽디다. "아이들이 나머지는 모두 팔 거예요. 사인한 것을 모두." 하하하. 그런데 사실이에요. 그들은 사인 사냥을 해서는 돌아다니면서 "저, 누구누구의 사인을 원하세요? 여기 있어요." 그래요. 5파운드, 그 정도 할걸요. 그래서 아마 그들이…… 돈 좀 벌었을 거예요. 하하.

대처 여사와는…… 거의 세 시간 동안 만났고, 당연히 제재 문제에 관해, 남아프리카의 전반적인 정치적 상황에 관해 이야기했어요. 그녀는 우리와 [망고수투] 부텔레지의 관계에 관심이 있었지만…… 내가 제재 문제에는 어떤 감동도 주지 못했어요……. 그녀에게 "우리는 억압받는 공동체이고, 따라서 정권이 정책을 바꾸도록 압력을 넣기 위해…… 무언가를 할 필요가 있는데, 우리가 가할 수 있는 가장 가공할 성격의 압력은 제재뿐입니다."라고 했지만, 아무런 감동도 줄 수 없었어요. 그러나 그녀는 매력이 있었고, 그녀와 개인적으로 오찬을 했어요……. 그녀는 아주 따뜻했어요. 내가 들은 것과는 딴판이었어요. 예. 그리고 사실 그러고는 양해를 구하고 실례를 해야 했어요. 다른 약속에 가야 해서……. 그러나…… 그녀도 아주 너그럽게 시간을 내주었고, 아주 인상 깊었어요……. 그녀의 강한 성격이 아주 인상적이었어요. 정말로 철의 여인이었어요.

아일랜드에서는 이런 발언을 했어요. 남아프리카에서는 우리가 정권과, 적과 이야기를 하기로 했다. 우리는 이것이 국제연합에서 제시한 지침과 일치한다고 보며…… 회원국은 평화적인 수단을 통해 자신의 문제를 해결하려고 노력해야 한다. 그러고는 IRA(아일랜드 공화국군)와 영국 정부에 그들의 문제를 평화적으로 해결하라고 촉구했고, 하원에서 이 문제로 질문을 받았을 때도 내가 한 말을 되풀이했어요. 하하. 그런데 질문을 한 친구는 나의 그런 제안을 비판했다가…… 다른 의원들에게 야유를 받았어요…… "우—!" 하는 야유를. "터무니없는 소리!" "말도 안 되는 소리!"라고 말한 사람들도 있었어요. 껄껄.

11. 베아트릭스 여왕과 엘리자베스 2세 여왕에 관해 리처드 스텡글과 나눈 대화에서

만나 보니 네덜란드 여왕은 아주 흥미롭고, 사리가 아주 분명하고, 견문이 아주 넓고, 자신감이 아주 높고, 다가가기 아주 쉬운 사람이었어요. 엄격한 의전도 없어…… 여왕과 아주 좋은 시간을 보냈고, 그녀가 가진 정보의 양에, 세계 문제를 함께 이야기하고 싶어 하는 열정에 깜짝 놀랐어요……. 정말 아주 멋진 여성이에요.

[엘리자베스 여왕은] 가장 오랫동안 군림하는 군주 가운데 하나이고, 나무랄 데 없는 분이에요. 말을 해보면 유머 감각이 뛰어나요……. 1991년인가에 하라레에서 영연방 회의가 열렸을 때 여왕을 보았는데, 말레이시아 총리 마하티르 씨가 건배를 제안해 달라는 말을 듣고 그랬어요. "우리가 예전에는 대영제국 아래 있었고, 엘리자베스 여왕이 거기 있었지요. 우리는 술탄이 있었지만 통치하지 않았고, 총독과 고문관들이 있어서 그들의 조언을 받아들여야 했어요. 우리는 영연방Commonwealth의 일원이지만, 그 부wealth는 공통common의 것이 아니지요." ……그녀는 이 모든 농담을 즐겼어요……. 그 뒤에 내가 여왕과 이야기할 기회가 있었는데…… 여왕은 아주 재기 넘치고 전혀 경계가 없었어요. 그래서 참 대단한 여성이다, 하고 생각했어요. 아주 날카롭기도 하고. 정말 아주 날카로웠어요. 자신은 아주 많은 격식에 둘러싸여 있을지 몰라도, 개인은 아주 단순한 사람이에요. 아주 솔직하고. 그녀에게 좋은 인상을 받았어요.

12. 프랑스 여행에 관해 리처드 스텡글과 나눈 대화에서

프랑수아 미테랑 대통령에게는 아주 성대한 대접을 받았어요……. 사회주의자는 불량배처럼 행동한다고 생각하는 것은 오해예요……. 내가 광장의 한쪽에서 다가가고 그가 다른 쪽에서 다가와 우리가 광장 한가운데서 만나도록 해놓았더라고요……. 그는 그곳에 다니엘(그의 아내)과 함께 있었고 나는 위니와 함께 있었는데, 비가 내렸어요. 악천후였지만, 그도 비옷을 입고 나도 비옷을 입고 있었어요……. 우리는 중앙에서 만나 악수를 하고 텐트 같은 곳으로 가, 거기서 만나 의견을 나누었어요. 내가 그에게 우리나라 상황에 관해 간략히 설명했고, 그런 뒤 우리가 만찬을 하러 갔지요…….

파리에서 제네바까지는 전용 비행기를 내주었어요. 날씨가 아주 나빠서…… 사람들이 무척 불안해하기에 농담을 해야겠다고 생각했어요……. 그래서 "만일 내 아내에게 무슨 일이라도 생기면 이 친구들을 고소하겠다."라고 했어요. 그런데 덜컹거리는 소리 따위에 걱정하느라 사람들이 농담을 이해하지 못했어요. 비행기에 무슨 일이 생기면 우리 모두 죽을 것이고, 그러면 내가 행동을 취할 수도 없을 거잖아요……. 그런데 그게 농담인 줄도 모를 정도로 사람들이 아주 불안해했어요.

13. 리처드 스텡글과 나눈 대화

만델라 : 맙소사. 교황[4]도 걸출한 인물이에요. 아주 겸손하고. 교황을 한 30분 알현했을 거예요, 내가 틀리지 않다면. 그런 뒤 나머지 사람들, 우리 대표단 전체를 불러 메달을 수여하고 우리를 위해 기도를 해주었어요……. 감동받았어요. 감옥에 있을 때 읽은 이야기가 있어서……. 교황이 알프스에서 휴가를 보내는데…… 동료 하나와 걷다가 갑자기 걸음을 멈추더니 "그런데 오늘이 넬슨 만델라 생일이잖아." 하더래요. 그런 이야기가 있었어요……. 교황이 "오늘이 넬슨 만델라 생일인 것 기억나?" 했다는.

스텡글 : 오, 교황이 그랬대요?

만델라 : 그랬대요. 그걸 기억하고 있었던 거지요. 그러고 보면 교황은 우리 남아프리카 문제에 보통의 피상적인 관심만 가진 사람은 아닌 것 같아요……. 교황은 우리를 환대했고…… 내가 상황을 간략히 설명하니, 아파르트헤이트에 대한 투쟁을 전폭적으로 지지한다는 성명을 발표하고, 우리에게 행복과 용기를 빌어 주었어요……. 아, 교황은 수 개 국어에 능통한 사람이기도 해요! 언어에 능통한 사람이에요. 그가 기타도 치는 것 알아요? ……교황은 정말 놀라운 사람이에요. 하하. 또한 가장 '널리' 여행한 교황이고. '가장' 널리 여행한 교황……. 나는 안드레오티 총리도 만났어요…… 안드레오티 총리. 그리고 대통령[5]도 만났는데…… 어떻게 대통령 이름

4 교황 요한 바오로 2세(1920~2005년).

을 잊을 수 있지? 하하.

14. 리처드 스텡글과 나눈 대화에서

또 한 나라―이름은 말하지 않겠어요. 아프리카에서는 사람들이 아주 예민할 수 있으니까.―에서는 우리가 감옥에 있을 때나 석방되었을 때나 민주주의 국가라는 인상을 가지고 있었어요. 선거를 하니까……. 그래서 내가 거기서 환대를 받고 국가수반으로 대우를 받아, 저녁에 연회에서 대통령을 칭찬했어요. 이 나라에서 민주주의가 시행될 수 있게 해주고, 국민으로 하여금 누가 정부를 구성해야 하는지를 결정할 수 있도록 해주었다고. 그런데 말하면서 보니…… 냉소적으로 웃는 사람들이 있었어요…… 하하. 그래서 우리 쪽 사람 하나에게 "여기 분위기가 왜 그래?" 하고 물으니, 그가 그래요. "음, 당신이 아주 좋게 말했지만 여기 감옥에 얼마나 많은 사람이 있는지 몰랐어요? 다름 아닌 정부에 반대한다는 이유로, 그것도 평화적인 방법으로. 그들은 선거에서 정부에 도전하고 싶어 하는데, 정부에서 그들이 두려워 그들을 감옥에 넣은 거예요." 하하하. 아주 곤란했어요……. 그래서 [이제는] 어떤 나라에 가면 꼭…… [먼저] 그 나라에 관한 책자를 읽고, 그 나라 정치제도의 전반적 특징과 그들이 지닌 문제를 살펴요.

---

5 프란체스코 코시가(1928년~2010년). 1985~92년에 이탈리아 공화국 대통령을 지냈다.

15. 피델 카스트로를 만난 것에 관해 리처드 스텡글과 나눈 대화에서

카스트로는 굉장히 매력 있는 친구예요……. 우리는 한 모임에서 같이 연설을 했어요. 그 도시 이름이 뭐더라? 작은 나라에서 그렇게 많은 사람이 모일 수 있을까? 환상적이었어요. 내 생각에 한 30만 명쯤 모인 것 같아요. 모든 사람이 의자에 앉아 있었고, 카스트로는 연설문도 없이 세 시간 동안 연설을 했고, 수치를 인용해 미국이 파산했음을 보여 주었어요. 그런데 한 사람도 자리를 뜨지 않았어요. 화장실에 갔다 돌아오는 것 말고는……. 나는 카스트로에게 대단히 감동을 받았고, 그의 겸손함에도 감동했어요. 아주 겸손한 사람이에요……. 내가 그와 함께 차를 타고 도시를 가로질렀는데, 그는 그냥 앉아서 팔짱을 끼고 있었고 군중에 손을 흔든 사람은 나였어요……. 연설 뒤에 우리가…… 군중 속으로 들어갔는데, 그가 모든 사람에게 인사를 했어요……. 그런데 보니 그가 백인에게 인사를 하려다가 어떤 흑인에게 인사를 하러 가더라고요. 그게 그냥 우연이었는지 아니면 일부러 그런 것인지는 모르겠어요. [그는] 아주 따뜻했고, 한참 동안이나 그들과 이야기를 했어요……. 그러다 깨달았지요. 우리가 차를 타고 도시를 가로질렀을 때 그렇게 열광하며 손을 흔든 것은 실은 나 때문이 아니었다는 것을. 그것은 카스트로를 향한 것이었어요……. 아무도 내게는 신경을 쓰지 않았어요. 하하……. 그에게 큰 감동을 받았어요.

16. 케냐와 우간다, 모잠비크를 방문한 것에 관해 리처드 스텡글과 나눈 대화에서

우간다에서나 케냐에서는 날씨가…… 아주 흥미로웠어요……. 우간다에서는…… 땅이 어찌나 비옥한지, 말 그대로 아무것(씨)이나 뿌려도 자랄 정도였어요. 그들은 자급자족을 해요……. 과일 같은 것도 그렇고…… 여러 가지 농산물도……. 케냐에서는 1년 내내 옥수수를 심을 수 있더군요……. 거기서는 옥수수가 세 단계로 자라고 있었어요. 하나는 완전히 익었고, 하나는 이제 막 익으려 하고, 하나는 이제 막 땅에서 올라왔어요……. 그걸 보면 날씨가 농사짓기에 얼마나 좋은지 알 수 있지요……. 남아프리카에서는…… 관개시설이 잘되어 있는 농장들 말고는 옥수수를 1년에 한 번 심어요. 그러나 우리는 이 모든 나라에서 환대를 받았어요……. 모잠비크에서는 마푸토에서 시사누 대통령을 만났어요. 전쟁으로 나라 경제가 큰 피해를 입은 게 분명했어요. 그래서 아주 힘든 시간을 보내고 있었지만, 나는 시사누가 문제를 아주 잘 해결할 거라고 생각했어요. 고인이 된 모잠비크 대통령의 부인 마셸도 만나서 아주 기뻤어요. 그때 그녀를 처음 만났어요. 아주 인상적인 여성이고, 굉장히 매력적인 사람이었어요. 마푸토에서 거의 사흘을 보냈어요. 그런데 우리가 떠나는 날 남아프리카에서 폭파 협박이 있었어요……. 그 비행기에 폭탄이 있다는 거였어요……. 그래서 우리는 비행기에서 내려야 했고, 우리 짐은 수색을 해야 해서 두고 와야 했어요. 수색을 마친 이튿날 보내져야 했지요……. 우리가 돌아오니 공항의 경비가 삼엄했어요. 공연히 소란을 피운 사람들이 우리가 돌아오면 나를

처치하겠다고 또 위협을 한 탓이었어요. 그러나 아무 일도 일어나지 않았어요.

17. 공책에서

조지 W. 부시 대통령과 논의.
2001년 11월 12일 백악관.

내가 시간이 얼마나 있지?

1)
그가 중요한 문제를 다룬 방식에 대해 칭찬.
여러 대통령과 만남. 특히 음베키 대통령과 오바산조 대통령.

2)
<u>아프가니스탄.</u>
내가 언론에 성명 발표.

나의 언론 발표.
BL(오사마 빈 라덴)이 숨어 있는 곳에서 쫓아내기 전에는 떠나지 않을 것.
민간인 사상자는 유감, 그러나 그런 일은 모든 전쟁에서 일어난다.

3)

팔레스타인 — 거의 30년 동안 성과 없는 노력.

나의 제안.

아라파트 일은 유감.

4)

부룬디 재정 지원 증가.[6]

5)

로커비.[7]

---

6 1999년에 국제연합 사무총장이 만델라를 부룬디 공화국의 투투시족과 후투족 사이의 내전을 종식시키기 위한 평화 회담의 수석 중재인으로 임명했다.

7 1988년에 팬암 103기가 폭파해 270명이 죽은 로커비 사건이 일어난 뒤에 만델라가 중재자로 나서 리비아 대통령 무아마르 카다피를 설득함으로써 압델바세트 알리 모흐메드 알 메그라히, 그리고 그와 함께 기소된 범인을 국제연합에 넘기기로 타협을 보았다.

| CHAPTER 14 |

집

"원주민의 땅을 약탈하고,
그들의 광물자원과 기타 원자재를 착취하고,
그곳에 사는 주민들을 특정한 지역에 가두고,
그들의 움직임을 제한하는 것이
지상 모든 식민주의의 초석이었다.
일부 눈에 띄는 예외도 있지만."

『자유를 향한 머나먼 길』의 속편으로 쓴 미완성 원고에서

1. 『자유를 향한 머나먼 길』의 속편으로 쓴 미완성 원고에서

원주민의 땅을 약탈하고, 그들의 광물자원과 기타 원자재를 착취하고, 그곳에 사는 주민들을 특정한 지역에 가두고, 그들의 움직임을 제한하는 것이 지상 모든 식민주의의 초석이었다. 일부 눈에 띄는 예외도 있지만.

그러나 이것이 영국 자본주의가 남아프리카에서 취한 형태였고, 1913년에 남아프리카 정부가 토지법을 통과시킨 뒤에는 이 나라 인구의 15퍼센트도 안 되는 소수, 백인이 토지의 약 87퍼센트를 소유하고 다수인 흑인—아프리카인, 혼혈인, 인도인—은 13퍼센트도 안 되는 토지밖에 소유하지 못하게 되었다. 그들은 더러운 곳에서 가난하게 살거나 아니면 백인 농장에서, 광산에서, 도시에서 일자리를 구할 수밖에 없었다.

1948년에 국민당이 집권하자, 아프리카너들은 믿을 수 없을 정도로 무자비하게 행동하며 흑인들이 아직 소유하고 있던 얼마 안 되는 땅에 대한 권리마저 빼앗아 가려고 했다. 기억도 할 수 없을 만큼 오래전부터 지역에서 살았던 크고 작은 공동체들을, 그들의 조상과 사랑하는 사람들이 묻혀 있는 땅에서 뿌리 뽑아, 아무것도 없는 들판에 내던지고 알아서 살도록 했다. 그리고 이러한 짓을 백인 공동체가, 교육을 받았지만 악명 높은 성직자들의 지도를 받아서 했다. 이들은 자기들의 기술과 종교를 이용해 다수인 흑인들에게 신이 금지한 온갖 악행을 저질렀다. 그러고도 자기들의 흉계가 신의 계시를 받은 거라고 주장하는 위선을 떨었다.

(솔 플라체의 1913년 토지법에 대한 글에서 인용.)

2. 얼굴이 알려져서 받는 압박에 관해 아메드 카트라다와 나눈 대화

만델라 : 오, 그런데 내가 어느 날 로어호튼에서 마이클의 집까지 걸어갔다고 말했던가? 마이클 하멜과 엘리 와인버그[1]의 집에?

카트라다 : 당시에요?

만델라 : ……아니, 지난 일요일에. 그날 내가 로어호튼에서 그들의 집까지, 그들의 옛날 집까지 죽 걸어갔거든.

카트라다 : 맙소사.

만델라 : 그러나 물론 마이클의 집은 어떤 다른 사람이 소유하고 있었지만, 알아보고 찾을 수 있었어.

카트라다 : 와인버그의 집이 지금도 거기 있구나.

만델라 : 응. 아직도 거기 있어.

카트라다 : 실러[2]도 아직 거기에 있어요.

만델라 : 응. 막대 울타리가 다르게 쳐져 있어서 긴가민가하고 있는데 실러가 왔어.

카트라다 : 예.

만델라 : 그러나 집은 분명히 맞다고 생각했어. 그래서 그냥 거기 있는데, 어떤 나이 든 여자가 와서 "아니, 그 집은 예전에 마이클 하멜이 살던 집인데요." 했고, 그래서 실러도 우리와 함께했지.

---

1 부록 「사람과 장소, 사건」 참조.

2 실러 와인버그(1945~2004년). 반아파르트헤이트 활동가. ANC 회원이며 가우텡 주 의회 의원. 엘리 와인버그의 딸.

카트라다 : 오.

만델라 : 음…….

카트라다 : 바라건대, 경호원이랑 함께 갔겠지요?

만델라 : ……그럼…… 경찰도 거기 있고, 경호원도 있었어.

카트라다 : 오. 집이 거기서 멀어요?

만델라 : 거기까지 가는 데 한 시간이 좀 넘게 걸렸어.

카트라다 : 꽤 먼 거리네요.

만델라 : 꽤 먼 거리지. 그렇지만 정말 아주 느릿느릿 걸어갔어, 서둘지 않고.

카트라다 : 그렇지만 이목을 많이 끌지 않았어요?

만델라 : 오 맙소사! 말도 마, 말도 마.

카트라다 : 아.

만델라 : 참 힘든 삶이야, 이런 삶은.

카트라다 : 예.

만델라 : 자신이 원하는 것을 할 수 없으니.

카트라다 : 예, 그것도…….

만델라 : 걷는 것을 내가 좋아하는데, 지금은 그게 힘들어. 여기…… 웨스트브룩은 그래도 나아. 뜰도 있어서…….

카트라다 : 그것도 힘든 일이에요.

3. 경찰관들에 관해 아메드 카트라다와 나눈 대화

카트라다 : 그날 우리가 호윅에 간 것 알아요?

만델라 : 으응.

카트라다 : 거기 있던 대령…… 그가 내게 판 베이크는 농사를 짓고 있다고 하더군요. 그가 어디 있는지도 알려 주었는데, 지금은 잊어버렸어요.

만델라 : 그래?

카트라다 : 음.

만델라 : 그가 아주 좋은 말을 한 것, 알지?

카트라다 : 예, 〈선데이 타임스〉지에요.

만델라 : 음.

카트라다 : 거기서 그가 그랬잖아요. 자기는 만델라 밑에서 일할 준비가 되어 있다고.

만델라 : 맞아, 그랬어.

카트라다 : 그러면 '영광'일 거라고…….

만델라 : 음. 이런 친구들이 있다니 좋은 일이야. 더커는 죽었지, 아마?

카트라다 : 아니요, 생생하게 살아 있어요……. 어떤, 어떤 기자가 그를 보러 갔어요.

만델라 : 그래?

카트라다 : 그랬더니 그(더커)가 이러더래요. "이보시오, 당신은 AWB(아프리카너 저항운동) 회원이오?" 그래서 아니라고 했더니…… "그럼 당신하고 이야기하고 싶지 않소." [하더래요.]

만델라 : 그가 AWB야?

카트라다 : 예. 그럴 만하잖아요.

만델라 : 맞아.

카트라다 : 그는…… 오츠혼에 있어요. 그가 오츠혼 출신이잖아

요…….

만델라 : 그도 농사를 짓나? 아니면…….

카트라다 : 그가 농사를 짓는지는 모르지만, 오츠혼에 있어요……. 그 친구는 아주 거칠었어요.

만델라 : 말도 못했지. 그런데 크루거는 어떻게 되었을까? 알아?

카트라다 : 전혀. 아무 말도 못 들었어요.

만델라 : 그 친구도 내가 보고 싶은데.

카트라다 : 예. 참 괜찮은 친구였지요.

만델라 : 맞아.

카트라다 : 예. 언젠가 이 옛날 특수부에 있던 친구들과 연락할 수 있으면 좋을 텐데. 그러면 그들이 우리에게 누가 어디서 뭘 하는지 말해 줄 텐데…….

만델라 : 우리가 누구와 연락할 수 있을까? 이 친구들에게 연락하는 것은 아주 너그러운 행동이니, 우리가 바비큐 파티를 할 수도 있을까?

카트라다 : 맞아요. 나도 지금 그런 생각을 했어요. 우리가 이 친구들, 경찰, 간수들을 초청할 경우 어떤 작은 기능이라도 생각할 수 있다면. 우리가 그들과 연락할 수 있다면, 참 괜찮을 거예요.

만델라 : 맞아. 수요일에 내가 상기시켜 주면, 판 더 메르베 [장군]에게 날 보러 오라고 해서 그에게 이 친구들을 찾는 임무를 맡길 수 있을 거야…….

카트라다 : 예, 그러면 참 좋겠네요.

만델라 : 그래. 아마 더커는 분명히 올 거야.

카트라다 : 물론이지요. 그는 올 거예요…….

만델라 : 그리고 늙은 판 베이크도. 저 짐승 같은 스반풀은 어떨까? 그는 아직 살아 있을까?

카트라다 : 예……. 아직 기억할지 모르겠지만, 폭스 가에 있는 이스라엘 대사관 침입 사건이 있었어요, 1967년, 68년에.

만델라 : 아, 맞아. 그랬지.

카트라다 : 그때 경찰이 건물을 포위했어요.

만델라 : 그래, 맞아.

카트라다 : 어떤 사람들이 침입해…… 건물을 점거해서…… 약간의 총격전이 있었어요…….

만델라 : 맞아, 그래. 기억나.

카트라다 : ……그때 스반풀이 [경찰 작전을] 지휘했고, 그중 한 사람이 20년 형인가를 선고받았어요. 지금은 풀려났는데, 그가 스반풀을 찾아갔고, 스반풀이 말하기를…… 그가 가족의 일원이 되어…… 자주 찾아왔는데, 오랫동안 찾아오지 않아 이 친구에게 무슨 일이 생겼는지 궁금하다고 하더군요.

만델라 : 아, 이 친구들을 부르면 좋을 텐데, 안 그래?

카트라다 : 예, 스반풀도. 어때요?

만델라 : 그래, 맞아…….

카트라다 : 그러나 스반풀에 대해서는 신중하게 생각해 보아야 해요. 그에 대한 적대감이 많으니까요.

만델라 : 그래.

카트라다 : 물론 우리 사람들을…… 고문한 다른 경찰에 대한 적대감도 있어요.

만델라 : 그래…….

카트라다 : 예를 들면 맥 [마하라지] 같은 친구. 그가 과연 오겠다고 할지 모르겠어요. 왜냐하면 스반풀이…….

만델라 : 그를 고문해서?

카트라다 : 예……. 안딤바(토이보 자 토이보)[3]도 아주 심하게.

만델라 : 음.

카트라다 : 제프 [모토펭][4]도.

만델라 : 맞아.

카트라다 : 많은 사람들이 그에게 고문을 당했어요.

만델라 : 음.

4. 과장에 관해 아메드 카트라다와 나눈 대화

카트라다 : 아하. 좋아요. 그럼 [『자유를 향한 머나먼 길』 초고] 156쪽…… "남아프리카 보안대는 내가 어디 있는지 정확히 알았을 것이고, 그것은 바로 우리가 원하는 바였다." 그런데 이 장 후반에서는 당신이 영국 여행에 관해 말하면서, 사람들이 아는 것을 원치 않았다고 해요.

만델라 : 아냐, 그것은, 그것은 과장이야……. 그것은 우리가 원하는 것이었다는 부분. 우리는 결코 원하지 않았어.

---

3 허먼 안딤바 토이보 자 토이보(1924년~2017년). 나미비아 자유의 투사, 남서아프리카 인민기구(SWAPO) 지도자, 정치범.

4 제파니아 레코아메 모토펭(1913~90년). 정치 활동가. PAC 의장.

카트라다 : 아.

만델라 : 그것은 그냥 들어내.

카트라다 : 오케이.

만델라 : 알아? 일을 극적으로 만드는 것, 그것이 맞지 않을 때에도…….

카트라다 : 네.

만델라 : ……그것은 전형적인 미국식이야.

5. 개인적인 문제에 관해 아메드 카트라다와 나눈 대화

카트라다 : 다음은 [『자유를 향한 머나먼 길』 초고] 115쪽. "당신이 위니와 결혼하고 싶다고—위니가 당신과 결혼해 주었으면 좋겠다고—선언했을 때 위니의 반응은 어땠나요? 틀림없이 무척 놀랐겠지요?"

만델라 : 아니, 그들에게 사적인 문제는 다루고 싶지 않다고 말했는데.

카트라다 : 아.

만델라 : 말해, 그런 질문에는 대답하지 않겠다고.

카트라다 : 예.

만델라 : 그들에게 말했어.

카트라다 : 오케이.

만델라 : 아니면 그냥 내가 기억하지 못한다고 하든지.

카트라다 : 아.

만델라 : 그리고 내가 그 일에 대해 더 말하고 싶지 않은 것은 그들이

그것을 자기들 말로 쓸 수도 있기 때문이야.

카트라다 : 그럼 마지막 질문. "당신의 이혼과 재혼에 대한 가족의 반응은 어땠나요?"

만델라 : 그것에도 대답하지 않겠어.

카트라다 : 이것 역시.

만델라 : 음. 그런 질문에는 대답하지 않을 거야.

6. 2000년 1월 16일에 탄자니아 아루샤에서 부룬디 평화 협상을 하던 중에 남긴 메모—개인 서류에서

협상 당사자들 가운데 타협의 기술을 배운 사람이 거의 없는 것 같다. 협상할 때 어떤 당사자들이 완고하면, 서로 인정할 수 있는 합의를 이끌어 내는 데 필요한 타협을 이루어 내기가 어려울 수밖에 없다……. 아주 경험 많고 불편부당한 정치 분석가들도 공유하는 아주 뿌리 깊은 인식이 있는데, 그것은 부룬디의 진짜 문제가 국민 통합의 중요성과 평화·화해의 중요성을 이해하는 역동적인 지도력의 부재, 비전이 있고 무고한 양민의 학살에 가슴 아파 하는 지도자의 부재에 있다는 것이다.

나는 이러한 인식이 정확한지 아닌지 모른다. 나는 이 문제를 우리가 평화와 안정을 이룰 수 있는 방안을 계속 함께 찾아 나가면서 결정할 것이다. 나는 여러분 모두의 기대에 부응하여 여러분의 나라가 직면한 엄청난 도전들에 잘 대처해 나갈 수 있다고 믿는다. 여러분이 여러분 나라의 지도자로 떠올랐다는 사실, 여러분이

어떤 잘못을 저지르고 여러분의 사고와 행동에서 어떤 약점이 드러났든, 그러한 사실은 여러분이 모두 여러분의 국민에 대한 대량 학살을 낳은 비극적 사건에 대해 걱정하는 여론 주도자임을 말해 준다.

그러나 많은 핵심 문제에서 합의하지 못하는 것, 여러분의 정치조직에서 발견되는 수많은 분열, 대담한 진취성이 요구되는 상황에서 절박감이 없는 것, 이것은 의심할 여지없이 여러분 모두가 비난받아 마땅한 것이다……. 타협은 지도력을 발휘하는 기술이고, 여러분은 여러분의 친구가 아니라 적과 협상하고 있다. 그런데 여러분의 상황을 연구해 보면 여러분 모두 가식적이고, 융통성 없고, 계략을 써서 경쟁자를 헐뜯거나 약화시키는 데 골몰하고 있는 것 같다. 여러분 가운데 여러분과 여러분의 국민을 통합하는 문제에 관심을 돌리도록 전력을 기울인 사람은 거의 없었다.

여러분 나라의 최근 역사를 공부해 보면, 여러분은 모든 지도자를 움직이는 동기가 되어야 할 기본 원칙을 전혀 모르는 것 같다.

a) 모든 공동체에는 좋은 남자들과 여자들이 있다. 구체적으로 말하면 후투족과 투치족, 트와족 사이에도 좋은 남자들과 여자들이 있다. 진정한 지도자는 그런 좋은 남자들과 여자들이 누구인지 알아내어 그들에게 공동체에 봉사하는 일을 맡길 의무가 있다.

b) 진정한 지도자는 긴장 완화를 위해 열심히 노력해야 한다. 민감하고 복잡한 문제를 다룰 때는 특히 그렇다. 극단주의자들은 대개 긴장과 갈등이 있을 때 번성하고, 순수한 감정이 합리적 사고를 대체하는 경향이 있다.

c) 진정한 지도자는 아무리 심각하고 민감한 문제라도 모든 문제를 이용해 논쟁 끝에는 우리가 그 어느 때보다도 한층 강하고 한층 단결된 사람들이 되도록 해야 한다.

d) 모든 논쟁에서 여러분은 결국 어떤 쪽도 완전히 옳거나 완전히 그르지 않은 지점에 도달한다. 진정으로 평화와 안정을 원하는 사람들에게는 타협이 유일한 대안인 때가 온다.

7. 『자유를 향한 머나먼 길』의 속편으로 쓴 미완성 원고에서

초고.

1998. 10. 16

대통령 재임기

1장

아주 옛날 옛적부터 지구상에 수많은 남자들과 여자들이 나타났다 사라졌다.

어떤 사람들은 아무것도 남기지 않고, 이름조차 남기지 않는다. 그들은 전혀 존재한 것 같지 않다.

어떤 사람들은 뭔가를 남긴다. 다른 사람들에게 저지른 악행을, 중대한 인권침해에 대한 잊을 수 없는 기억을, 소수 민족 집단이나 다수 민족 집단에 대한 억압과 착취에 그치지 않고 그들의 꿈

찍한 정책을 유지하려고 학살도 서슴지 않은 기억을.

세계의 다양한 지역에 있는 어떤 공동체들에서는 도덕의 붕괴가 인류에 대한 범죄로 전 세계가 규탄하는 행동을 계속 자행하면서 신의 이름을 빌려 그것을 정당화하는 형태를 띠며 나타나고 있다.

전 역사상 모든 의미에서 정의를 위한 투쟁에 헌신한 수많은 사람들 중에는 사람들이 억압의 굴레에서 벗어나게 하기 위해, 일자리를 만들고 집·학교·병원을 짓고 전기를 들여오고 특히 시골 지역에 사는 사람들에게 깨끗하고 건강한 물을 공급해 그들의 삶을 향상시키기 위해, 아주 감동적인 작전을 펼쳐 엄청난 희생을 치른 무적의 해방군을 지휘한 사람들도 있다. 그들의 목적은 부자와 가난한 사람, 교육받은 사람과 교육받지 못한 사람, 건강한 사람과 막을 수 있는 병에 걸린 사람의 격차를 없애는 것이었다.

정말로 결국 반동적 정권이 전복되면, 해방자들은 자신의 능력을 최대한 발휘해, 있는 자원을 모두 써서 그런 고귀한 목표를 수행하고, 모든 형태의 부패로부터 자유로운 깨끗한 정부를 세우려고 했다. 억압받는 집단은 거의 모든 구성원이 언젠가는 그들의 소중한 꿈이 실현될 거라는, 언젠가는 당연히 수십 년 동안, 심지어는 수백 년 동안 거부당했던 인간의 존엄성을 되찾을 수 있을 거라는 희망에 차 있었다.

그러나 역사는 끊임없이, 세계적으로 이름을 날린 노련한 자유의 투사들을 가지고도 농간을 부렸다. 한때 혁명가였던 사람들이 탐욕에 쉽사리 굴복하는 일이 빈번했고, 개인의 치부를 위해 공공 자원을 전용하는 경향이 결국 그들을 제압했다. 개인적으로 엄

Draft. 16. 10. 98

The Presidential Years.

Chapter one.

Men and women, all over the world, right down the centuries, come and go.

Some leave nothing behind, not even their names. It would seem that they never existed at all.

Others do leave something behind: the haunting memory of the evil deeds they committed against other people: gross violation of human rights, not only limited to oppression and exploitation of ethnic minorities or vice versa, but who even resort to genocide in order to maintain their horrendous policies.

The moral decay of some communities among others in various parts of the world reveals itself in the use of the name of God to justify the maintenance of actions which are condemned by the entire world as crimes against humanity.

Among the multitude of those who have throughout history committed themselves to the struggle for justice in all its implications, are some of those who have commanded

『자유를 향한 머나먼 길』의 속편으로 쓴 미완성 원고에서(511~512쪽 참조).

2.

invincible liberation armies who waged stirring operations and sacrificed enormously in order to free their people from the yoke of oppression, ~~and~~ to better their lives by creating jobs, building houses, schools, hospitals, introducing electricity, and ~~of~~ bringing ~~water~~ clean and healthy water to people especially in the rural areas. Their aim was to remove the gap between the rich and the poor, the educated and uneducated, the healthy and those afflicted by preventable diseases.

Indeed when reactionary regimes were ultimately toppled, the liberators tried to the best of their ability and within the limits of their resources to carry out these noble objectives and to introduce clean government free of all forms of corruption. Almost every member of the oppressed group was full of hope that their cherished dreams would at last be realised, that they would in due course regain the human dignity denied to them for decades and even centuries.

But history never stops to play tricks even with seasoned & world famous freedom fighters. Frequently ~~in history~~ erstwhile revolutionaries have easily succumbed to greed, and the tendency to divert public resources for

『자유를 향한 머나먼 길』의 속편으로 쓴 미완성 원고에서(512, 515쪽 참조).

청난 부를 축적함으로써, 그들을 유명하게 만든 목표를 거스름으로써, 그들은 사실상 국민 대다수를 저버리고 이전 억압자들의 대열에 합류해, 가난한 사람들 중에서도 가장 가난한 사람들을 무자비하게 강탈해 치부致富를 했다.

본래 겸손하고 소박한 사람들, 사회적 지위에 관계없이 모든 인간에 대한 절대적 확신이 있는 사람들은 언제 어디서나 존경을 받고 찬양도 받는다. 이들은 세계 어디서나 온갖 형태의 중대한 인권침해가 발생하면 그것에 대해 전면전을 선포한 사람들이다. 알려진 사람들도 있고 알려지지 않은 사람들도 있지만.

그들은 일반적으로 낙관적이라서, 세계의 모든 공동체에는 평화가 영구적 해결책을 찾을 수 있는 가장 강력한 무기라고 믿는 좋은 남자들과 여자들이 있다고 믿는다. 현실의 구체적 상황이 폭력의 사용을 정당화해서 좋은 남자들과 여자들도 그것을 피하기 어려울 때가 있을 수 있다. 그러나 그런 경우에도 폭력의 사용은 예외적 수단이 되어야 하고, 그것의 일차적 목적은 평화적 해결에 필요한 환경을 창조하는 것이어야 한다. 그런 남자들과 여자들은 세상의 희망이다. 그들의 노력과 업적은 죽어서도 인정을 받고, 국경을 넘어서도 인정을 받아서 그들은 불멸의 존재가 된다.

여러 자서전을 읽고 내가 받은 일반적 인상은, 자서전은 어떤 사람이 관련된 사건이나 겪은 일들을 단순히 열거한 것이 아니라 다른 사람들이 삶의 본보기로 삼아도 좋을 청사진 노릇도 한다는 것이다.

이 책은 남길 것이 없는 척하지 않는다. 어렸을 때 나는…… 시골 소년에게 있을 수 있는 약점과 실수, 과오를 모두 가지고 있

3

personal enrichment ultimately overwhelmed them. By amassing vast personal wealth, and by betraying the noble objectives which made them famous, they virtually deserted the masses of the people and joined the former oppressors, who enriched themselves by mercilessly robbing the poorest of the poor

There is universal respect and even admiration for those who are humble and simple by nature, and who have absolute confidence in all human beings irrespective of their social status. These are men and women known and unknown who have declared total war against all forms of gross violation of human rights wherever in the world such excesses occur.

They are generally optimistic, believing that, in every community in the world, there are good men and women who believe in peace as the most powerful weapon in the search for lasting solutions. The actual situation on the ground may justify the use of violence which even good men and women may find it difficult to avoid. But even in such

『자유를 향한 머나먼 길』의 속편으로 쓴 미완성 원고에서(515쪽 참조).

4

cases the use of force would be an exceptional measure whose primary aim is to create the necessary environment for peaceful solutions. It is such good men and women who are the hope of the world. Their efforts, and achievements, are recognised beyond the grave, even far beyond the borders of their countries, ~~beyond the grave~~. They become immortal.

My general impression, after reading several autobiographies, is that an autobiography is not merely a catalogue of events and experiences in which a person has been involved, but that it also serves as some blueprint on which others may well model their own lives.

This book has no such pretensions as it has nothing to leave behind. As a young man I combined all the weaknesses, errors and indiscretions of a country ~~lad~~ boy, whose range of vision and experience was influenced mainly by events in the area in which I grew up and the colleges to which I was sent. ~~I relied on arrogance in order to hide my weaknesses~~ As an adult my comrades raised me from ~~obscurity~~ and other fellow prisoners, with some significant exceptions, from obscurity to either a ~~devil or hero~~ foggy enigma, although the aura of being one of the world's longest serving prisoner never totally evaporated.

『자유를 향한 머나먼 길』의 속편으로 쓴 미완성 원고에서(515, 518쪽 참조).

5.
One issue that deeply worried me in prison was
the false image that I unwittingly projected to the out-
side world; outside prison, of being regarded as a saint. I never was
one even on the basis of an earthly definition of a
saint as a sinner who keeps on trying.

『자유를 향한 머나먼 길』의 속편으로 쓴 미완성 원고에서(마지막 단락 참조).

었고, 비전과 경험의 폭이 주로 내가 자란 지역과 내가 다닌 대학교에서 일어난 사건들에 영향을 받았다. 나는 오만에 기대어 나의 약점을 감추려고 했다. 성인이 되어서는 동지들 덕분에 나와 다른 동료 죄수들이 무명의 존재에서 까닭 없이 두려운 존재, 아니면 수수께끼 같은 존재로 격상되었다. 세계에서 가장 오래 복역한 죄수 가운데 하나라는 아우라도 완전히 걷힌 적이 없지만 말이다.

감옥에서 심히 걱정했던 것 하나는 내가 나도 모르게 바깥세상에 투사한 허상, 내가 성인聖人으로 여겨지는 것이었다. 나는 절대 그런 사람이 아니며, '성인은 계속 노력하는 죄인'이라는 세속의 정의를 따르더라도 아니다.

감사의 말

우리는 자신의 시 「나무가 잘려 쓰러지고」를 인용하도록 허락해 주고 '넬슨 만델라 재단 기억과 대화 센터'를 지원해 준 진드지 만델라에게 감사한다.

너그럽게 서문을 써준 버락 오바마 대통령, 그리고 대통령과 쉽게 접촉할 수 있도록 해준 도널드 깁스 대사에게도 감사를 드린다.

우리는 아메드 카트라다와 리처드 스텡글이 아주 잘 보관해 둔 기록들이 이 책에 중요한 역할을 했음을 인정하지 않을 수 없다. 두 사람은 이 책이 구상된 뒤 자기들이 보관하고 있던 자료들을 '넬슨 만델라 재단 기억과 대화 센터'에 맡겨 주었다.

이 책에 실린 사진들은 아래 열거한 사진들을 제외하고, 모두 매슈 윌먼이 훌륭한 솜씨와 엄청난 인내심을 발휘해 만들어 주었다.

24~25쪽(시골 풍경)과 28~29쪽(성인식에 참여한 어린 템부족

아이들)—맥그리거 박물관, 킴벌리, 더건-크로닌 컬렉션 ; 46~47쪽(만델라의 공식 인물 사진)과 92~93쪽(자신의 통행증을 태우는 만델라), 154쪽(도톰하게 무늬를 새긴 부드러운 침대보를 두른 만델라)—앨리 와인버그 ; 56~57쪽(드릴홀 정문에 몰려온 군중)—아프리카 박물관, 타임스 미디어 컬렉션 ; 60~61쪽(올랜도 흑인 거주 지역)—리언 렙슨 ; 124~125쪽(영국의 런던에 간 만델라)—메리 벤슨 ; 154~155쪽(「랜드 데일리 메일」)—아부사 출판사 ; 154~155쪽(카토 매너 항의 시위)—로리 블룸필드 ; 178~179쪽(교도소 뜰에서 일하는 죄수들)—UWC-로벤 섬 박물관, 마이부예 기록 보관소, 클루테 브라이튼바흐 ; 338~339쪽(로벤 섬에 있던 만델라의 책상)과 268~269쪽(교도소 정원에 있는 만델라)—남아프리카 국가 기록 보관소에서 넬슨 만델라 재단에 제공 ; 174~175쪽(로벤 섬의 철조망)과 208~209쪽(로벤 섬에서 만델라가 수감되었던 독방)—매슈 윌먼 ; 308~309쪽(로벤 섬의 감방을 다시 찾은 만델라)—코비스, 데이비드 턴리 ; 406~407쪽(요하네스버그에서 전국 평화 대회에 참석한 F. W. 데 클레르크와 만델라)—로저 보시 ; 410~411쪽(1994년 선거일, 투표하려고 줄 서 있는 시민들)—아거스 뉴스 ; 474~475쪽(프린트 셔츠를 입은 만델라)—PQ 블랙웰 ; 498~499쪽(근접 촬영한 만델라)—넬슨 만델라 재단.

우리는 보관하고 있는 자료에 접근할 수 있게 해준 다음과 같은 기관에도 감사를 드린다 ; 만델라 집 박물관, 남아프리카 국가 기록 보관소, 포트하레 대학교, 비트바테르스란트 대학교(역사 자료실).

지원과 지지를 아끼지 않은 자이라 애덤스와 존 버틀러, 에릭 친스키, 다이애나와 케이트 쿠즌스 자매, 아흐마트 당고르, 리 데이비스, 이마니 미디어, 젤다 라 흐랑스, 몰리 로트, 위니 마디키젤라-만델라, 제나니 만델라, 진드지 만델라, 로셸 음티라라, 툼바 필레이 판사, 나탈리 스코몰로, 웬디 스미스, 잭 스워트, 이반 블라디슬라빅, 제리트 웨그너에게도 감사를 드린다.

'넬슨 만델라 재단 기억과 대화 센터'의 번 해리스와 삼 벤터, 아메드 카트라다, 팀 쿠즌스, 셀로 하탕, 라지아 살레, 루시아 라드셀더스, 자넬레 리바, 보니스와 은야티에게도 감사를 드린다.

처음 이 책의 출판을 시도한 출판사 PQ 블랙웰의 제프 블랙웰과 루스 홉데이, 빌 필립스, 캐머런 기브, 레이철 클레어, 대이나 스탠리, 사라 앤더슨, 조니 겔러, 벳시 로빈스, 케이트 쿠퍼, 슬론 해리스에게도 감사를 드린다.

부록

연표

1996년경의 남아프리카 지도

1962년경의 아프리카 지도

조직과 기구의 약칭

사람과 장소, 사건

*

참고문헌

연표

*

1918년 롤리랄라 만델라가 7월 18일에 트란스케이에 있는 음베조에서 노세케니 파니와 은코시 음파카니스와 가들라 만델라의 아들로 태어나다.

1925년 쿠누 마을 근처에 있는 초등학교에 들어가다. 교사가 만델라에게 '넬슨'이라는 이름을 주다.

1927년 아버지가 죽은 뒤 템부족 섭정 욘긴타바 달린디예보의 보살핌을 받게 되어, 대궁전에서 그와 함께 살러 가다.

1934년 전통적인 할례 의식을 치르고 성인이 되다. 엥코보 지역에 있는 클라크베리 기숙학교에 들어가다.

1937년 포트보포트에 있는 웨슬리교파 대학인 힐트타운 칼리지에 들어가다.

1939년 남아프리카에서 유일한 흑인 대학교인, 앨리스에 있는 포트하레 대학교에 들어가다. 올리버 탐보를 만나다.

1940년 시위에 나섰다는 이유로 포트하레 대학교에서 제적당하다.

1941년 중매결혼을 피해 요하네스버그로 가다. 그곳에 있는 금광에서 야간 경비원으로 일할 자리를 얻다. 월터 시술루를 만나다. 그가 법률 회사 '위트킨과 시델스키, 에이델만'에서 수습사원으로 일할 수 있게 해주다.

1942년 남아프리카 대학[UNISA] 통신 강좌로 문학사 학위를 따기 위해 계속 공부하다. 아프리카 민족회의[ANC] 모임에 비공식적으로 참여하기 시작하다.

1943년 문학사 학위를 받고 졸업한 뒤 법학사 학위를 받기 위해 비트바테르스란트 대학교에 들어가다.

1944년	ANC 청년 동맹ANCYL을 공동 창립하다. 에벌린 은토코 마세와 결혼해 템베킬레(1945~69년), 마카지웨(1947년; 아홉 달 만에 죽다), 마카토(1950~2005년), 마카지웨(1954년) 이렇게 네 자녀를 두다.
1948년	ANCYL의 전국 서기로 선출되어 ANC 트란스발 전국 집행위원회에 참석하다
1951년	ANCYL 의장으로 선출되다.
1952년	ANC 트란스발 지부장으로 선출되어 자동으로 ANC 부회장이 되다. 1952년 6월 26일에 시작된 불복종 운동의 대변인이자 전국에서 불복종 운동에 자발적으로 참여한 사람들의 대표가 되다. 여러 가지 일로 체포되어 며칠 동안 수감되다. 공산주의 활동 금지법으로 다른 열아홉 명과 함께 기소되어, 9개월 징역형에 2년 집행유예를 받다. 일련의 금지령 중 첫 번째 금지령이 내려져 모든 정치 활동이 금지되다. 올리버 탐보와 함께 '만델라와 탐보' 법률 회사를 만들어, 남아프리카 최초의 아프리카인 법률 회사가 탄생하다.
1953년	ANC가 장래 지하에서 움직일 수 있도록 M 계획을 세우다.
1955년	클립타운에서 열린 국민회의에서 자유 헌장이 채택되다. 만델라가 같이 금지령을 받은 동료들과 함께 근처 상점 지붕에서 몰래 그 과정을 지켜보다.
1956년	회의 동맹의 일원 155명과 함께 체포되어 반역죄로 기소되다. 4년 반 동안 재판이 계속되다.
1958년	에벌린 마세와 이혼하다. 놈자모 위니프레드 마디키젤라와 결혼해 딸 둘을 낳다. 제나니는 1959년에, 진드지스와는 1960년에 태어나다.
1960년	3월 21일에 샤프빌 학살 사건이 일어나자 정부에서 비상사태를 선포하고, 만델라가 구금되다. 4월 8일에 ANC와 범아프리카 회의PAC에 금지령이 내려지다.
1961년	1956년 반역죄 재판에서 마지막 30명이 무죄 판결을 받다. 나머지 기소된 사람들도 재판 중에 차례로 기소가 취하되다. 4월에 만델라가 지하로 들어가고, 피터마리츠버그에서 열린 전아프리카 회의에 기조 연설자로 나타나 전국 대회를 열어 남아프리카의 새로운 헌법을 만들자고 하다. 6월에 ANC의 군사 조직 움콘토 웨 시즈웨MK가 결성되어 만델라가 초대 총사령관이 되고, 12월 16일에 일련의 폭파 작전을 개시하다.
1962년	1월에 만델라가 군사훈련을 받고 ANC에 대한 지지를 모으기 위해 남아프리카를 떠나다. 보츠와나(그때는 베추아날란드)를 통해 떠났다가 7월에 다시 보츠와나를 통해 들어오다. 에티오피아와 모로코에서 군사훈련을 받다. 모두 합쳐 아프리카 12개국

을 방문하고, 영국 런던에도 가 올리버 탐보와 2주를 보내다. 8월 5일에 콰줄루나탈에 있는 호윅 근처에서 체포되어, 여권 없이 출국하고 노동자 파업을 선동한 죄로 11월 7일에 5년 형을 받다.

1963년 만델라가 5월에 로벤 섬으로 이송되었다가 2주 뒤에 갑자기 프리토리아 중앙 교도소로 다시 이감되다. 7월 11일에 경찰이 리보니아에 있는 릴리프리스 농장을 급습해 MK 최고사령부에 있는 사람들을 거의 모두 체포하다. 10월에 훗날 리보니아 재판으로 알려진 재판에서 다른 아홉 명과 함께 재판을 받다. 제임스 캔토는 기소가 취하되고, 러스티 번스타인은 무죄 판결을 받다.

1964년 6월에 만델라와 월터 시술루, 아메드 카트라다, 고반 음베키, 레이먼드 음라바, 데니스 골드버그, 앤드류 음랑게니, 일라이어스 모초알레디가 유죄 판결을 받고 종신형을 선고받다. 골드버그를 제외하고는 모두 프리토리아에서 형을 살다가 로벤 섬 교도소로 이감되다.

1968년 9월 26일에 만델라의 어머니가 세상을 떠나다. 어머니의 장례식에 참석하게 해달라는 만델라의 요청이 거부되다.

1969년 7월 13일에 만델라의 장남 마디바 템베킬레(템비)가 교통사고로 죽다. 만델라가 교도소 당국에 편지를 써 아들의 장례식에 참석하게 해달라고 했으나 무시되다.

1975년 몰래 자서전을 쓰기 시작하다. 시술루와 카트라다가 원고를 검토하고 의견을 말하다. 맥 마하라지와 랄루 치바가 그것을 아주 작은 글씨로 옮겨 쓰고, 치바가 그것을 마하라지의 공책 안에 숨기다. 마하라지가 1976년에 석방될 때 그것을 몰래 가지고 나가다.

1982년 만델라가 월터 시술루와 레이먼드 음라바, 앤드류 음랑게니와 함께 폴스무어 교도소로 이감되고, 나중에 카트라다도 그곳으로 이감되다. 독방동 꼭대기 층에 있는 큰 공동 감방을 함께 쓰다.

1984년 만델라의 조카이며 명목상 독립 국가(반투스탄)인 트란스케이의 대통령 K. D. 마탄지마가 트란스케이에 머무는 조건으로 석방이 되도록 해주겠다고 했으나 거절하다.

1985년 폭력을 정치적 전략으로 쓰지 않겠다고 하면 풀어 주겠다는 P. W. 보타 대통령의 제안을 거절하다. 2월 10일에 이러한 내용의 성명서를 만델라의 딸 진드지가 소웨토에서 열린 대규모 집회에서 낭독하다. 11월에 폭스 병원에서 전립선 수술을 받다. 법무장관 코비 쿠시가 병원에 찾아오다. 교도소에 돌아가서는 동료들과 떨어져 혼자 수감되다. 정부와 ANC가 화해할 수 있는 조건을 놓고 정부 관료들과 서로 의견을 탐색하는 회담을 갖기 시작하다.

1988년	만델라의 70번째 생일을 축하하는 12시간 팝 콘서트가 런던에 있는 웸블리 경기장에서 열리고, 이것이 67개국에서 방송되다. 폐결핵에 걸려 타이거버그 병원에 입원해 치료를 받고, 콘스탄티아버그 병원에서 다시 치료를 받다. 12월에 퇴원하여 파를 근처에 있는 빅터버스터 교도소로 가다.
1989년	남아프리카 대학교를 통해 법학사 과정을 마치다.
1990년	2월 2일에 ANC에 대한 금지령이 해제되다. 만델라가 2월 11일에 교도소에서 풀려나다.
1991년	1960년에 ANC에 대한 금지령이 내려진 뒤 남아프리카에서 처음 열린 ANC 전국회의에서 ANC 의장에 선출되다.
1993년	F. W. 데 클레르크 대통령과 함께 노벨 평화상을 수상하다.
1994년	4월 27일에 남아프리카에서 처음으로 민주적인 선거가 실시되어 만델라가 평생 처음 투표하다. 5월 9일에 민주 남아프리카공화국의 초대 대통령으로 선출되어, 5월 10일에 프리토리아에서 대통령 취임식을 하다. 그의 자서전 『자유를 향한 머나먼 길』이 출판되다.
1996년	위니 만델라와 이혼하다.
1998년	80번째 생일에 그라사 마셸과 결혼하다.
1999년	대통령 임기를 마치고 퇴임하다.
2001년	전립선암 진단을 받다.
2004년	모든 공직에서 물러나겠다고 선언하다.
2005년	1월에 만델라의 둘째 아들 마카토가 죽다. 만델라가 아들이 에이즈 합병증으로 죽었다고 공표하다.
2007년	손자 만들라 만델라가 음베조 전통 회의의 의장에 취임하는 것을 지켜보다.
2008년	90세가 되다. 새로운 세대에게 사회 정의를 위해 계속 싸워 달라고 하다. 『만델라 : 공인된 초상화』를 출판하다.
2009년	UN에서 만델라의 생일인 7월 18일을 '세계 넬슨 만델라의 날'로 정하다.
2010년	6월에 증손녀 제나니 만델라가 교통사고로 죽다.
2013년	12월 5일에 요하네스버그 자택에서 지병인 폐 질환이 악화되어 95세의 나이로 생을 마치다.

1996년경의 남아프리카 지도

*

주	시·마을	설명
이스턴케이프 주	음베조	만델라의 출생지
	쿠누	만델라가 어릴 적 살았던 마을. 감옥에서 풀려난 뒤 이곳에 집을 지었다.
	음케케즈웨니	만델라가 아홉 살 때쯤 이사한 대궁전
	엥코보	만델라가 클라크베리 기숙학교에서 중등 과정 졸업장을 땄다.
	포트보포트	힐트타운에 있는 대학에 들어갔다.
	앨리스	포트하레 대학교에 들어갔다.
가우텡 주	요하네스버그	1941년 4월에 요하네스버그로 갔다. 투옥되기 전에 알렉산드라와 소웨토에서 살았다. 석방된 뒤 소웨토와 호튼에서 살았다. 대통령직에 있을 때와 은퇴했을 때 호튼에서 살았다.
	클립타운	1955년에 국민회의에서 자유 헌장을 채택했다.
	프리토리아	1962~63년, 1963~64년에 프리토리아 중앙 교도소에 수감되었다. 1962년에 리보니아 재판을 받았다. 1994년 5월에 대통령 취임식을 했다. 1994~99년에 대통령직에 있을 때 유니언 빌딩에서 근무했다.
	샤프빌	1960년 3월 21일에 샤프빌 대학살이 일어났다.
	리보니아	비밀 은신처 릴리스리프 농장이 있었다.
콰줄루나탈 주	피터마리츠버그	1961년 3월 22일에 전아프리카 회의가 열렸다.
	호윅	1962년 8월 5일에 체포되었다.
웨스턴케이프 주	로벤 섬	1963년 5월에 2주 동안, 1964년 6월 13일부터 1982년 3월 30일까지 18년 동안 로벤 섬에 갇혀 있었다.
	케이프타운	1982년 3월부터 1988년 8월까지 폴스무어 교도소에 수감되었다. 1988년에 타이거버그 병원에서 치료를 받았다. 1988년 콘스탄티아버그 병원에서 치료를 받았다. 1994~99년에 대통령직에 있을 때 사무실과 집이 있었다.
	파를	1988년 12월부터 1990년 2월 11일까지 빅터버스터 교도소에 있었다.

1996년경의 아프리카 지도

*

넬슨 만델라가 1962년에 아프리카와 영국 런던을 여행할 때 택한 경로를 보여 주는 지도. 아프리카 열두 개 나라를 방문하여 MK에 대한 정치·경제적 지원을 이끌어 내려고 정치 지도자들을 만났고, 모로코와 에티오피아에서는 군사훈련을 받았다. 런던에도 가서 올리버 탐보와 2주를 보냈다.

방문한 나라	방문한 것으로 알려진 도시	시기
베추아날란드	로바체, 카사네	1962년 1월 11일에 도착
탕가니카	음베야, 다르에스살람	1962년 1월 21일에 도착
나이지리아	라고스	1962년 1월 25일에 도착
에티오피아	아디스아바바	1962년 1월 30일 도착
이집트	카이로	1962년 2월 12일에 도착
리비아	트리폴리	1962년 2월 25일에 도착
튀니지	튀니스	1962년 2월 27일 도착
모로코	카사블랑카, 라바트, 우지다	1962년 3월 6일에 도착
말리	바마코	1962년 3월 28일에 도착
프랑스령기아나	코나크리	1962년 4월 12일에 도착
시에라리온	프리타운	1962년 4월 16일에 도착
라이베리아	몬로비아	1962년 4월 19일에 도착
가나	아크라	1962년 4월 27일에 도착
나이지리아	라고스	1962년 5월 17일에 도착
가나	아크라	1962년 5월 27일에 도착(45분 동안 잠시 머무름.)
라이베리아	몬로비아	1962년 5월 27일에 도착
프랑스령기아나	코나크리	1962년 5월 28일에 도착
세네갈	다카르	1962년 6월 1일에 도착
영국	런던	1962년 6월 7일에 도착
수단	하르툼	1962년 6월 19일에 도착
에티오피아	아디스아바바	1962년 6월 26일에 도착
수단	하르툼	1962년에 도착, 정확한 날짜는 알려지지 않음.
탕가니카	다르에스살람, 음베야	1962년에 도착, 정확한 날짜는 알려지지 않음.
베추아날란드	카사네, 로바체	1962년에 도착, 정확한 날짜는 알려지지 않음.

조직과 기구의 약칭

AAC	All-African Convention 전아프리카 회의
ANC	African National Congress 아프리카 민족회의(1923년 이전에는 SANNC)
ANCWL	African National Congress Women's League 아프리카 민족회의 여성 동맹
ANCYL	African National Congress Youth League 아프리카 민족회의 청년 동맹
APDUSA	African People's Democratic Union of Southern Africa 남아프리카의 아프리카 민중 민주 연합
COD	Congress of Democrats 민주주의자 회의
COSATU	Congress of South African Trade Unions 남아프리카 노동조합 회의
CPC	Coloured People's Congress 혼혈인 회의
CPSA	Communist Party of South Africa 남아프리카 공산당(1953년 이후에는 SACP)
FEDSAW	Federation of South African Women 남아프리카 여성 연합
IFP	Inkatha Freedom Party 잉카타 자유당
MK	Umkhonto we Sizwe 움콘토 웨 시즈웨(민족의 창)
NEUF	Non-European United Front 비유럽인 연합 전선
NEUM	Non-European Unity Movement 비유럽인 단결 운동
NIC	Natal Indian Congress 나탈 인도인 회의
PAC	Pan Africanist Congress 범아프리카 회의
SACP	South African Communist Party 남아프리카 공산당(1953년 이전에는 CPSA)
SACTU	South African Congress of Trade Unions 남아프리카 노동조합 회의
SAIC	South African Indian Congress 남아프리카 인도인 회의
SANNC	South African Native National Congress 남아프리카 원주민 회의(1923년 이후에는 ANC)
TIC	Transvaal Indian Congress 트란스발 인도인 회의
UDF	United Democratic Front 민주 연합 전선

사람과 장소, 사건

*

ㄱ

가워 라데베 (1908~1968?)

정치 활동가이며 반아파르트헤이트 활동가. 법률 회사 '비트킨과 시델스키, 아이델만'에서 만델라와 함께 일했고, 만델라에게 ANC와 SACP 모임에 참석해 보라고 권유했다. ANC 회원. 1941년에 아프리카 광산 노동자 조합을 공동 설립. 1943~44년에 알렉산드라 버스 보이콧을 도왔다. 셀로페 테마가 전국 집단National Minded Bloc을 결성하는 것을 도왔고, ANC 보수파였기에 ANC가 SACP와 손잡는 것에 반대했다. 1959년에 PAC가 결성되자 PAC 지도부가 되었다.

강가투라 모함브리(몬티) 나이커 (1910~1978)

의사이며 정치가, 반아파르트헤이트 활동가. 인종 분리 반대 회의 공동 창립자이며 초대 회장. 1945~63년에 나탈 인도인 회의NIC 의장. 1947년 3월에 ANC와 TIC, NIC가 서로 협력하기로 약속한 '박사들의 협약' 서명자. 앨버트 주마 박사(ANC 의장)와 유서프 다두 박사(TIC 의장)도 서명했다.

공산주의 활동 금지법 44조 (1950년)

1950년 6월 26일에 통과된 법. 이에 따라 국가에서 SACP에 금지령을 내리고 국가에서 보기에 공산주의 활동으로 보이는 것을 모두 금지했다. 그러나 공산주의를 아주 폭넓게 정의해, 아파르트헤이트에 반대하고 항의하는 사람은 누구나 이 법에 저촉될 수 있었다.

국민당

1914년에 아프리카너 민족주의자들이 블룸폰테인에서 창당한 보수적인 남아프리카 정당. 1948년 6월부터 1994년 5월까지 남아프리카의 지배 정당. 백인에 의한 소수 지배를 지지하는 합법적인 인종차별 정책인 아파르트헤이트 정책을 실시했다.

국민회의Congress of the People

국민회의는 회의 동맹 구성원들이 1년 동안 전국의 가가호호를 방문해 자유로운 남아프리카에 요구하는 바를 기록한 대장정의 정점이었다. 1955년 6월 25~26일에 요하네스버그에 있는 클립타운에서 열렸고, 대표자 3천 명이 참석했다. 회의 두 번째 날 그러한 민중의 요구가 담긴 자유 헌장이 채택되었다.

그라사 마셸 (1945~)

결혼 전 성은 심비네. 모잠비크의 교사이며 인권 운동가, 국제적인 여성 아동 권리 옹호자, 정치가. 1998년 7월에 넬슨 만델라와 결혼. 모잠비크 대통령 사모라 마셸(1986년에 사망)의 미망인. 포르투갈로부터의 독립을 위해 싸워 1976년에 승리를 거둔 모잠비크 해방전선FRELIMO의 일원. 독립 후 모잠비크 교육문화부 장관. 특히 난민 아동을 위해 오랫동안 인도주의 활동을 해온 공로를 인정받아 국제연합 난센 난민상을 받았으며, 그 밖에도 많은 상을 받았다.

ㄴ

남아프리카 공산당SACP

1921년에 CPSACommunist Party of South Africa로 결성되어, 제국주의와 인종차별적 지배에 대항했다. 1950년에 금지령이 내려지자 1953년에 SACPSouth African Communist Party로 개명했다. SACP는 1990년에야 합법화되었다. SACP는 ANC, COSATU와 함께 삼자 동맹을 이루고 있다.

남아프리카의 아프리카 민중 민주 연합APDUSA

1961년에 억압받는 농촌의 농민 계급과 도시의 노동자 계급의 권리를 옹호하고 그들을 정치적으로 교육하려고 결성. 비유럽인 단결 운동NEUM과 전아프리카 회의AAC에 가입. 타바타 아이작 반가니가 주도했다.

남아프리카 여성 연합FEDSAW

1954년 4월 17일에 요하네스버그에서 인종차별 없는 전국 여성 조직으로 설립되었다. 통행증 반대 운동에서 중요한 역할을 했다. 1956년 8월 9일에 여성 2만 명이 프리토리아에 있는 남아프리카 정부 청사 유니언 빌딩을 향해 행진하면서, 통행증 반대 운동은 절정에 이르렀다(지금은 이날을 '여성의 날'로 정해 기념하고 있다).

남아프리카 인도인 회의SAIC

1923년에 결성되어 인종을 차별하는 법에 반대했다. 케이프 인도인 회의, 나탈 인도인 회의, 트란스발 인도인 회의로 이루어졌다. 처음에는 보수적 단체로, 당국에 청원을 하고 대표단을 보내는 활동만 했으나, 1940년대에 유서프 다두와 몬티 나이커가 지도부에 오르면서 전투적인 비폭력 저항운동을 선호하는 좀 더 급진적인 지도부가 세력을 얻었다.

네빌 알렉산더 박사 (1936~)

학자이며 정치가, 반아파르트헤이트 활동가. 아파르트헤이트 정부에 대항해 민족 해방 전선NLF을 창설. 1962년에 사보타주로 유죄 판결을 받고 로벤 섬에 10년 동안 수감되었다. 2008년에 아파르트헤이트 이후의 남아공에서 다언어주의를 주창한 공로로 링구아 팍스 상 수상.

노세케니 파니 만델라 (?~1968)

만델라의 어머니. 은코시 음파카니스와 가들라 만델라의 셋째 부인.

논치켈렐로(은치키) 알버티나 시술루 (1918~2011)

결혼 전 성은 테티웨. 간호사이며 산파, 반아파르트헤이트 활동가, 여성 운동가, 하원 의원, ANC 지도부. 1944년에 간호사 친구인 에벌린 마세(만델라의 첫 번째 부인)를 통해 월터 시술루와 만나 결혼했다. ANCWL과 FEDSAW 회원. 1956년 통행법에 항의해 여성들이 벌인 시위를 주도했다. 여성으로서는 최초로 1963년 일반법 수정 조항에 따라 체포되어 90일 동안 독방에 갇혔다. 1963년부터 계속 금지령이 내려졌고, 경찰에게 계속 괴롭힘을 당했다. 1983년에 UDF가 결성되었을 때 세 명의 의장 가운데 하나로 임명되었다. 1985년에 피터마리츠버그 재판으로 알려진 재판에서, 반역죄로 다른 UDF 회원 및 노조 지도자 15명과 함께 기소되었다. 1994년부터 하원 의원을 지냈고, 1999년에 은퇴했다. 1993~96년에 세계 평화 평의회 의장. 2003년에 평생 인간의 권리와 존엄을 위해 용감하게 싸운 공로를 인정받아 '남아프리카 여성을 위한 여성'에서 주는 뛰어난 여성상 수상.

놈자모 위니프레드(위니) 마디키젤라 만델라 (1936~2018)
사회복지사이며 반아파르트헤이트 활동가, 여성 운동가. ANC 회원. 1958~96년에 만델라와 결혼(1992년에 별거). 제나니 만델라와 진드지스와 만델라의 어머니. 요하네스버그의 바라그와나스 병원에서 흑인으로서는 최초로 자격 있는 의료 사회복지사로 일했다. 1969년에 17개월 동안 독방에 수감. 1970년부터 가택 연금을 당했고, 1962년부터 1987년까지 일련의 금지령이 내려졌다. 1975년에 흑인 여성 연합을 결성하고, 1976년 소웨토 봉기가 일어나자 흑인 학부모 협의회를 결성했다. 1993~2003년에 ANC 여성 동맹 의장. ANC 하원 의원.

ㄷ

데니스 골드버그 (1933~2020)
반아파르트헤이트 활동가이며 정치 활동가. SACP 당원. COD의 공동 설립자이며 지도자. MK에서 기술 장교. 1963년에 리보니아에서 체포되어 프리토리아 지방 교도소에서 종신형을 살았다. 1985년에 석방되자 영국으로 망명했고, 국제연합 반아파르트헤이트 위원회에서 ANC를 대표했다. 1995년에 HEART 공동체를 세워 가난한 흑인 남아프리카 사람들을 도왔다. 2002년에 남아프리카로 돌아와 물 문제로 산림부 장관인 로니 카스릴스의 특별 고문에 임명되었다.

데니스 브루터스 (1924~2009)
교육가이며 반아파르트헤이트 활동가, 인권 운동가. 인종차별 없는 남아프리카 올림픽 위원회SANROC 공동 설립자이자 위원장. SANROC는 다른 나라의 올림픽 위원회들에게 1964년과 1968년 올림픽에 남아프리카공화국이 출전하지 못하도록 해달라고 설득했고, 그 결과 1970년에 남아프리카공화국은 올림픽에서 축출되었다. 1963년에 금지령을 어겨 18개월 징역형을 받았다. 형기의 일부를 로벤 섬에서 보냈다. 1966년에 남아프리카에서 탈출했다.

데이비드슨 돈 텡고 자바부 (1885~1959)
학자이며 시인, 정치 활동가, 반아파르트헤이트 활동가. 존 텡고 자바부의 아들. 앨리스에 있는 포트하레 대학교 최초의 흑인 교수. 1935년에 인종차별 법안에 반대해 설립된 AAC 의장. 교육자이며 SANNC(1923년에 ANC로 개칭) 공동 설립자.

데즈먼드 투투 대주교 (1931~2021)

명예 대주교이며 반아파르트헤이트 활동가, 인권 운동가. 1976~78년에 레소토 주교. 1978년에 흑인 최초로 남아프리카 교회 협의회 사무총장이 되었다. 1994년 선거 뒤 진실과 화해 위원회 위원장이 되어 아파르트헤이트 시대의 범죄를 조사했다. 비폭력을 통해 아파르트헤이트를 종식시키려고 한 공로로 1984년도 노벨 평화상을, 1986년에 인도주의를 실천한 공로로 앨버트 슈바이처 상을, 2005년에 간디 평화상을 수상했다.

ㄹ

라이어넬(러스티) 번스타인 (1920~2002)

건축가이며 반아파르트헤이트 활동가. 남아프리카 공산당[CPSA] 지도부. 자유 헌장이 채택된 1955년 국민회의에 참여한 조직 가운데 하나인 민주주의자 회의[COD]의 창립 회원이며 지도자. 1956년 반역죄 재판에서 피고가 됨. 리보니아 재판에서 무죄 판결을 받은 뒤 아내 힐다와 함께 망명(걸어서 국경을 넘어 이웃 나라 보츠와나로 갔다). 건축가로 활동하는 동안에도 계속 ANC의 지도부에서 활동.

라자르 시델스키 (1911~2002)

트란스발 변호사 협회 회원. 1942년에 요하네스버그에 있던 자기 회사 '비트킨과 시델스키, 아이델만'에 만델라를 수습사원으로 채용했다. 아프리카인을 위해 저당권 설정을 해줄 회사가 거의 없었을 때에 그들을 위해 저당권 설정을 해주었다.

레이먼드 음라바 (1920~2005)

씨족명은 은도베. 반아파르트헤이트 활동가이며 정치가, 외교관, 정치범. ANC와 SACP의 지도부. MK 총사령관. 1963년에 리보니아에서 체포되어, 리보니아 재판에서 종신형을 선고받았다. 로벤 섬에 수감되었다가 1982년에 폴스무어 교도소로 이감. 1989년에 석방. 국민당 정부와의 협상에 참여해 남아프리카의 민주화를 가져왔다. 1991년 ANC 전국 집행 위원회 위원. 1994년에 이스턴케이프 주지사. 1997년에 우간다 주재 남아프리카공화국 고등판무관. 1992년에 ANC 최고 훈장인 이시트왈란드웨 세아파란코에를 받았다.

로버트 레샤 (1920~1973)

정치 활동가이며 반아파르트헤이트 활동가. ANCYL과 ANC 지도부. 1954~55년에

ANCYL 의장 대리. 불복종 운동에 참여. 소피아타운 강제 이주 반대 운동에 적극적으로 참여. 1961년에 1955년 반역죄 재판에서 마지막으로 무죄 판결을 받은 30명 가운데 하나. 그 뒤 얼마 안 되어 나라를 떠나 ANC 망명 지부에서 주도적 역할을 했으며, 국제연합을 포함한 많은 포럼에서 ANC를 대표. 1962년에 만델라가 아프리카를 순방할 때 동행했고, 독립 알제리에서 ANC를 대표했다.

로버트 망갈리소 소부퀘 (1924~1978)

변호사, 반아파르트헤이트 활동가, 정치범. ANC와 ANCYL의 일원이었으나, '아프리카인을 위한 아프리카'를 기치로 PAC 결성. 〈아프리카주의자〉 신문 편집인. 1960년 샤프빌 학살 사건 뒤에 체포되어 구금되었다. 선동죄로 유죄 판결을 받고 3년 형을 선고받았다. 석방되기 전에 1963년에 일반법 수정 조항 37조가 통과되어 이미 정치범으로 유죄 판결을 받은 사람들을 다시 투옥할 수 있게 되었고, 훗날 '소부퀘 조항'으로 알려진 이 법으로 인해 로벤 섬에서 6년을 더 보냈다. 1969년에 석방되어 킴벌리에 있는 가족에게 돌아갔으나, 여전히 24시간 가택 연금을 당했고, PAC에 금지령이 내려져 어떤 정치 활동에 참여하는 것도 금지되었다. 감옥에 있는 동안 법률을 공부해, 1975년 법률 회사를 차렸다.

로벤 섬

테이블 만에 있는 섬. 케이프타운 해안에서 7킬로미터 떨어져 있으며, 길이가 약 3.3킬로미터에 너비가 약 1.9킬로미터다. 17세기에 네덜란드인이 정착한 이래 주로 유형지와 감옥으로 쓰였고, 특히 정치범들이 보내졌다. 나중에 남아공 대통령이 된 세 사람도 여기에 갇혀 있었다. 넬슨 만델라는 1964~82년에, 칼레마 모틀란테는 1977년~87년에, 제이콥 주마는 1963~73년에. 지금은 세계 문화유산이며 박물관이다.

루스 세고모치 몸파티 (1925~)

반아파르트헤이트 활동가이며 여성 운동가, 하원 의원, 대사, 시장. 1953~61년에 요하네스버그에 있던 만델라와 올리버 탐보의 법률 회사에서 타자수로 일했다. ANC 회원. 탄자니아 ANC 지부 여성 분과장. ANC 종교 문제 위원회 위원장. FEDSAW 창립 회원. 1996~2000년에 스와질란드 주재 남아공 대사. 노스웨스트 주에 있는 프레이버그/날레디 시장.

루스 퍼스트 (1925~1982)

학자이며 언론인, 반아파르트헤이트 활동가, 여성 운동가. 1949년에 조 슬로보와 결혼. 비트바테르스란트 대학에 다닐 때 만델라를 만났다. 체포되어 기소되었으나, 반역죄 재판에서 무죄 판결을 받았다. 1960년 비상사태 때 아이들을 데리고 스와질란드로 몸을 피했다.

1963년에 90일 동안 독방에 수감되었고, 석방되자 영국으로 피신했다. 1977년부터 모잠비크에서 망명 생활을 했는데, 1982년 8월 17일에 소포 폭탄에 목숨을 잃었다.

루카스(닐) 바너드 박사 (1949~)

학자. 1978년에 오렌지 자유 주 대학 정치학과 교수. 1980~92년에 남아공 정보국 국장. 감옥에 있는 만델라와 비밀 회동을 갖고 만델라의 향후 석방과 집권을 준비. 이의 일환으로 만델라와 P. W. 보타 대통령의 만남을 주선하고, 나중에 F. W. 데 클레르크 대통령과의 만남도 주선. 1996~2001년에 웨스턴케이프 주지사.

리보니아 재판

1963년부터 1964년까지 열린 재판. 이 재판에서 회의 동맹 지도자 10명이 사보타주로 기소되어 사형에 직면했다. 요하네스버그에 있는 리보니아라는 교외 지역의 이름을 따서 리보니아 재판이라고 한다. MK 최고사령부 6명이 이 리보니아에 있던 은신처인 릴리스리프 농장에서 체포되고, 마이부예 작전이라는 게릴라전 제안서를 비롯해 유죄의 근거가 된 많은 문서를 압수당했다. 이미 선동죄와 불법으로 출국한 죄로 형을 살고 있던 만델라도 연루되었고, 그가 게릴라전에 관해 메모한 것들과 1962년에 아프리카를 순방할 때 쓴 일기도 압수당했다. 1964년 4월 20일에 만델라는 증인으로서 반대신문을 받지 않고 피고석에서 〈나는 죽을 각오가 되어 있다〉라는 유명한 연설이 된 진술을 했다. 1964년 6월 11일에 피고 8명이 프리토리아에 있는 츠와니 재판소에서 쿼터스 드 베트 판사에게 유죄 판결을 받았고, 다음 날 종신형에 처해졌다.

리처드 스텡글

편집자이며 저술가. 만델라와 협력해 만델라의 자서전 『자유를 향한 머나먼 길』(1994년에 출판)을 썼다. 1996년에 다큐멘터리 〈만델라〉 공동 제작. 〈타임〉지 편집자.

릴리언 마세디바 응고이 (1911~1980)

정치가와 반아파르트헤이트 활동가, 여성 운동가, 웅변가. ANC 지도부. 1956년에 여성 최초로 ANC 집행위원회에 선출. ANC 여성 동맹 의장. 1956년에 FEDSAW 회장. 1956년에 통행법에 맞서 여성들이 벌인 행진을 이끌었다. 반역죄 재판에서 무죄 판결을 받았다. 1960년 비상사태 때 구금. 1963년에 90일 구금법으로 70일 동안 구금되어 독방에 갇혔다. 계속 금지령이 내려졌다. 1982년에 ANC 최고 훈장인 이시트왈란드웨 세아파란코에를 받았다.

ㅁ

마디바 템베킬레(템비) 만델라 (1945~1969)

만델라의 장남. 첫 번째 아내 에벌린에게서 낳았다. 교통사고로 사망.

마이클 하멜 (1915~1974)

언론인이며 지식인, 노조 활동가, 반아파르트헤이트 활동가. SACP 지도부이며 〈아프리카 공산당〉 기관지 편집인. MK 대원. 남아프리카 노동조합 회의[SACTU]의 설립을 도왔다. COD 공동 설립자. 계속 금지령이 내려졌다. 1962년에 SACP에서 망명을 하는 것이 좋겠다고 했지만, SACP와 ANC, MK에서 독보적 역할을 했다.

마카지웨(마키) 만델라 (1954~)

만델라의 둘째 딸. 첫 번째 아내 에벌린에게서 낳았다.

마카지웨 만델라 (1947)

만델라의 장녀. 첫 번째 아내 에벌린에게서 낳았다. 9개월 만에 사망.

마카토(카토) 만델라 (1950~2005)

만델라의 둘째 아들. 첫 번째 아내 에벌린에게서 낳았다. 2005년 1월 6일에 에이즈 합병증으로 사망. 그의 두 번째 아내 존디 만델라도 2003년 7월에 에이즈 합병증으로 폐렴에 걸려 죽었다.

마키

(마카지웨 만델라를 보라.)

망고수투 부텔레지 (1928~)

남아프리카 정치가이며 줄루족 왕자. ANC 회원이었으나 1979년에 관계가 나빠졌다. 1975년에 잉카타 자유당[IFP]을 창당하고 당수가 되었다. 콰줄루 주지사. 1994~2004년에 남아프리카공화국 내무 장관에 임명되었고, 만델라가 대통령직에 있는 동안 여러 번 대통령을 대리했다.

모사 모하메드(모시) 물라 (1934~)

반아파르트헤이트 활동가이며 외교관. 트란스발 인도인 청년 회의[TIYC]와 TIC 회원. 국민

회의 전국 행동 위원회에서 정규 직원으로 일했다. 1956~61년 반역죄 재판에서 마지막으로 무죄 판결을 받은 30명의 피고 가운데 하나. 1963년에 90일 구금법으로 구금되어 독방에 갇혔다. 다시 구금되었으나 젊은 간수 요하네스 그리프를 매수해 탈옥해서 국경을 넘어 탄자니아로 도망갔다. 1972년에 인도에서 ANC의 최고 대표자가 되었다. 1989년 11월에 세계 평화 평의회에서 ANC 대표로 임명되었다. 1990년부터 ANC의 외무부에서 일했다. 초대 이란 주재 남아공 대사를 지냈고, 2004년에 은퇴할 때까지 파키스탄 주재 고등판무관을 지냈다.

모지스 코타네 (1905~1978)
반아파르트헤이트 활동가이며 정치 활동가. 1939~78년에 SACP 사무총장. 1963~73년에 ANC 회계 책임자. 1956년 반역죄 재판에서 피고. 불복종 운동으로 재판을 받은 20명 가운데 하나. 1955년에 인도네시아에서 열린 반둥회의에 참석. 1960년 비상사태 때 구금되었다가 가택 연금. 1963년에 망명. 1975년에 ANC 최고 훈장인 이시트왈란드웨 세아파란코에를 받았다.

ㅂ

바브 헤플 (1934~)
변호사이며 학자, 반아파르트헤이트 활동가. COD와 SACTU의 일원. 1962년에 만델라가 불법적으로 출국을 하고 노동자 파업을 선동했다고 체포되었을 때 만델라를 대변했다. 1963년에 릴리스리프 농장에서 체포되었으나, 정부 측 증인을 서기로 해 기소가 취하되었다. 결국 남아프리카에서 망명을 갔다. 2004년에 기사 작위를 받았다.

반역죄 재판
1956~61년. 반역죄 재판은 아파르트헤이트 정부가 회의 동맹 세력을 없애려는 시도였다. 1956년 12월 5일 새벽에 급습해 156명을 체포하여 내란죄로 기소했다. 1961년 3월에 재판이 끝났을 때는 피고 전원이 기소가 철회되거나 무죄 판결을 받았다. 만델라는 마지막으로 무죄 판결을 받은 30명 가운데 하나였다.

발타자르 요하네스(B. J.) 포르스터 (1915~1983)
1966~78년에 남아프리카 수상. 1978~79년에 남아프리카 대통령.

범아프리카 회의PAC

1959년에 ANC에서 분리된 조직으로, '아프리카인을 위한 아프리카'라는 철학을 옹호하는 로버트 소부퀘가 만들었다. ANC보다 열흘 앞서 전국적인 통행법 반대 투쟁을 벌였다. 이것은 1960년 3월 21일에 샤프빌 대학살에서 절정을 이루었고, 경찰의 발포로 무장하지 않은 시위대 69명이 죽음을 당했다. 1960년 4월에 ANC와 함께 금지령이 내려졌다. 1990년 2월 2일에 금지령 해제.

벤 투록 (1927~)

학자이며 노조 운동가, 정치 활동가, 반아파르트헤이트 활동가, 하원 의원. CPSA 당원이며 ANC 회원. 1955년 국민회의를 조직하는 데 관여한 남아프리카 COD의 지도자. MK 창립 단원 가운데 하나. 반역죄 재판에서 무죄 판결을 받았다. 1957년에 케이프 주 의회에서 웨스턴케이프 주의 아프리카인을 대표했다. 1966년에 망명했다.

불공평한 법에 대한 불복종 운동

1951년 12월에 ANC가 발의해, 1952년 6월 26일에 SAIC와 함께 6개의 아파르트헤이트 법에 불복종하는 운동을 개시했다. 이 운동으로 사람들이 인종을 차별하는 법을 어기고, 백인 전용 구역에 들어가고, 통행금지령을 어겨 스스로 체포되었다. 만델라가 운동에 자발적으로 참여한 사람들의 전국 대표로 임명되고, 몰비 카찰리아가 부대표로 임명되었다. 불복종 운동에 자발적으로 참여한 사람들이 8천 500명 넘게 투옥되었다.

빅터버스터 교도소

웨스턴케이프 주 파를과 프랑스후크 사이에 있는, 경비가 삼엄하지 않은 교도소. 1988년에 만델라가 이곳으로 이감되어, 교도소 구내에 있는 개인 집에서 살았다. 교도소 정문 바로 바깥에 만델라의 조각상이 있다. 지금은 드라켄스타인 교도소로 개명되었다.

빌리 네어 (1929~2008)

정치가이며 반아파르트헤이트 활동가, 정치범, 하원 의원. ANC와 NIC, SACP, SACTU, MK의 일원. 1963년에 사보타주로 기소되어 로벤 섬에서 20년 동안 복역했다. 석방되자 UDF에 들어갔다. 1990년에 체포되어 발루 작전에 참여한 죄로 기소되었다. 새로운 민주 남아프리카공화국에서 하원 의원을 지냈다.

ㅅ

사바타 용굴랑가 달린디예보 왕 (1928~1986)
1954~80년 트란스케이 대족장. 민주 진보당 당수. 욘긴타바 달린디예보의 조카. 1980년에 트란스케이의 마탄지마 대통령을 모독한 죄로 기소되자 잠비아로 망명했다.

사타시반(사스) 쿠퍼 (1950~)
심리학자이며 반아파르트헤이트 활동가. 흑인 의식 운동의 주창자. 1972년에 흑인 대회 총무. 1973년에 금지령이 내려져 5년 동안 더반 행정구역에서 벗어나지 못했다. 모잠비크 해방운동의 승리를 축하하는 대회의 조직을 도왔다는 이유로 1974년에 10년 형을 받았다. 1982년 12월 20일에 석방되었다. 1983년에 아자니아 민중 조직[AZAPO] 부회장으로 선출되었다.

사티안드라나스(맥) 마하라지 (1935~)
학자이며 정치가, 정치 활동가, 반아파르트헤이트 활동가, 정치범, 하원 의원. ANC와 SACP, MK의 지도부. 1964년에 사보타주로 유죄 판결을 받고 12년 형을 선고받아 로벤섬에서 복역. 만델라의 자서전 『자유를 향한 머나먼 길』을 몰래 옮겨 적는 일을 도왔고, 1976년에 석방될 때 그것을 감옥에서 몰래 가지고 나왔다. 불린드렐라(불라) 작전을 지휘하고, 지하에서 ANC를 지휘하며 국내 지하 지도부를 결성. CODESA 사무국에서 일했고, 1994~99년에 교통부장관을 지냈다. 제이콥 주마 대통령의 사절.

샤프빌 학살 사건
가우텡 주 샤프빌이라는 작은 도시에서 일어난 사건. 1960년 3월 21일 경찰이 통행법에 항의해 시위를 하던 군중을 향해 발포해 69명이 사망하고 180명 이상이 부상을 당했다. 시위대는 비무장 상태였다. PAC에서 조직한 이 시위에 약 5천 명에서 7천 명에 이르는 사람들이 참여했다. 남아프리카에서는 이날을 '인권의 날'로 정해, 해마다 기념하고 있다.

셀로페 테마 (1886~1955)
언론인이며 정치 활동가. ANC 지도부. 1919년에 베르사유 평화 회의와 영국 정부에 파견된 ANC 대표단 총무.

솔로몬 체키쇼(솔) 플라체 (1876~1932)

저술가이며 언론인, 언어학자, 신문 편집인, 정치 평론가, 인권 운동가. 아프리카 인민 기구의 일원. 1912년에 SANNC(1923년에 ANC로 개명) 초대 사무총장. 남아공 흑인 최초로 영어로 소설을 썼다(『무디』, 1913년에 출판). 1901년에 최초의 츠와나어·영어 주간지 〈코란타 에아 베코아나〉(츠와나족의 신문)를 창간하고, 1910년에는 〈트살라 에아 베코아나〉(인민의 벗)를 창간. 아프리카인이 토지를 소유하거나 점유할 수 있는 권리를 엄격하게 제한한 1913년의 토지법에 대해 영국 정부에 항의한 SANNC 대표단의 일원.

수재너 조애너(몰리) 피셔 (1908~1964)

결혼 전 성은 크리지. 교사이며 반아파르트헤이트 활동가. CPSA 당원이며 FEDSAW 회원. 1937년에 브람 피셔와 결혼. 1955년에 세 조직에서의 활동이 금지되고, 남아프리카의 평화와 소련과의 우정을 위한 모임에서 맡은 총무직에서도 물러나야 했다. 1960년 비상사태 때 구금되었다. 1964년에 딸의 21번째 생일 파티에 참석하려고 남편과 함께 케이프타운으로 가는 길에 교통사고를 당해 숨졌다.

스티브 부킬레 츠웨테 (1938~2002)

반아파르트헤이트 활동가, 정치범, 정치가, 하원 의원. ANC와 MK의 일원. 금지된 조직의 일원이라는 이유로 1964~78년에 로벤 섬에 투옥되었다. 1988년에 ANC 집행위원회에서 일했고, 1990년에 흐루트쉬르에서 회담에 관한 회담에 참여. 1994~99년에 스포츠레크리에이션부 장관. 남아프리카 스포츠의 인종차별 철폐를 추진했다. 1999~2002년에 안전보안부 장관.

ㅇ

아메드 모하메드(캐시) 카트라다 (1929~2017)

반아파르트헤이트 활동가이며 정치가, 정치범, 국회의원. ANC와 SACP 지도부. 트란스발 인도인 의용대와 이것의 후신인 트란스발 인도인 청년 회의 창립 회원. 1946년에 SAIC에서 아시아인 토지 소유법과 인도인 대표법에 반대해서 벌인 소극적 저항운동에 참여해 한 달 동안 투옥되었다. 국민회의를 공동으로 조직했고, 회의 동맹 다목적 위원회 위원으로도 활동했다. 1960년 비상사태 때 구금. 1961년에 마지막으로 무죄 판결을 받은 반역죄 재판 피고인 30명 가운데 하나. 1962년에 가택 연금. 1963년 7월에 릴리스리프 농장에서 체포되어, 리보니아 재판에서 사보타주로 기소. 1964~82년에 로벤 섬에 수감되었다가 1989년 10월 15일에 석방될 때까지 폴스무어 교도소에 수감. 남아프리카에서 최초로 실시된 민주 선거로 1994년부터 하원 의원이 되었고, 만델라 대통령의 정치 고문을 지냈다. 1994~2006년에 로벤 섬 위원회 위원장. 1992년에 ANC 최고 훈장인 이시트왈란드웨 세아파란코에를 받았고, 인도 대통령에게 프라바시 바라티야 삼만 상을 받았으며, 명예박사 학위도 여러 개 받았다.

아미나 카찰리아 (1930~)

결혼 전 성은 아스바트. 반아파르트헤이트 활동가이며 여성 운동가. ANC와 TIC 회원. FEDSAW 공동 창립자이자 회계 담당. 여성 진보 동맹 창립자. 유서프 카찰리아와 결혼. 1963년부터 1978년까지 금지령을 받아 친목회나 정치적 모임에 참석하는 것도 금지되고, 어떤 교육의 장이나 출판사에도 가지 못하고, 요하네스버그라는 행정구역을 떠나는 것도 허락되지 않았다.

아우추마오 (?~1663)

(여기서 만델라는 "아우추마요"라고 썼다.) 코이코이족 지도자. 영어와 네덜란드어를 배워, 1652년에 네덜란드 사람들이 희망봉에 정착할 때 통역으로 일했다. 그가 네덜란드 정착민들과 전쟁을 벌이자, 1658년에 얀 판 리베크가 그를 추종자 둘과 함께 로벤 섬으로 유형을 보냈다. 로벤 섬에 최초로 수감된 사람들 가운데 하나이자 유일하게 로벤 섬에서 탈출하는 데 성공한 사람.

아치발드 음부옐와 고반 음베키 (1910~2001)

씨족명은 지지. 역사가이며 반아파르트헤이트 활동가. ANC와 SACP의 지도부. MK 최고 사령관을 지냈다. 타보 음베키(1999~2008년에 남아프리카공화국 대통령)의 아버지. 리보니아 재판에서 유죄 판결을 받아 종신형을 선고받았다. 1987년에 로벤 섬 교도소에서 석방. 1994~97년에는 아파르트헤이트 이후의 남아프리카 상원에서 상원 부의장을 지냈고, 1997~99년에는 그것의 후신인 전국주평의회에서 상원 부의장을 지냈다. 1980년에 ANC 최고 훈장인 이시트왈란드웨 세아파란코에를 받았다.

아프리카 민족회의 여성 동맹ANCWL

1948년에 창설. 1952년의 불복종 운동과 통행증 반대 운동에 적극적으로 참여.

아프리카 민족회의 청년 동맹ANCYL

ANC의 보수적 시각에 반발해 1944년에 넬슨 만델라와 안톤 렘베데, 월터 시술루, A. P. 음다, 올리버 탐보가 창설. 아파르트헤이트 체제에 항거해 시민 불복종 운동과 파업 등을 주도했다. 1959년에 많은 회원이 이 조직을 떠나 범아프리카 회의PAC를 결성했다. 1960년부터 1990년까지 활동이 금지되었다.

아프리카 민족회의ANC

1912년에 아프리카 원주민 회의SANNC로 출발. 1923년에 아프리카 민족회의ANC로 개칭. 1960년 3월에 샤프빌 학살 사건이 일어난 뒤 남아공 정부가 활동을 금지해, 1990년에 금지가 풀릴 때까지 지하에서 활동. 1961년에 ANC의 군사 조직인 움콘토 웨 시즈웨Umkhonto We Sizwe, 즉 민족의 창MK을 창설하고, 만델라가 총사령관이 되었다. ANC는 1994년 4월 27일에 남아공에서 처음 실시된 민주적 선거로 남아공의 집권당이 되었다.

압둘라 압두라만 (1872~1940)

의사이며 정치가, 반아파르트헤이트 활동가. 시시 굴의 아버지. 흑인 최초로 케이프타운 시의회와 케이프 주의회 의원으로 선출. 아프리카 정치 기구APO 의장. 인종차별과 억압에 맞서 싸운 공로로 1999년에 만델라가 일급(금장) 공로 훈장을 추서.

애들레이드 프랜시스 탐보 (1929~2007)

결혼 전 성은 추쿠두. 간호사, 지역 사회사업가, 반아파르트헤이트 활동가, 여성 운동가. 1956년에 올리버 탐보와 결혼. ANCYL 단원. 1956년 여성 행진에 참여. 1997년 7월에 영국 국교회에서 평신도에게 주는 최고의 공훈장인 키레네 사이먼 훈장을, 2002년에 금장 바오밥 훈장을 받았으며, 그 밖에도 많은 상을 받았다.

앤드류 모케테 음랑게니 (1926~)

씨족명은 모틀로콰, 별명은 음판들라. 반아파르트헤이트 활동가이며 정치범, 하원 의원. ANCYL과 ANC, MK의 일원. 1963년에 리보니아 재판에서 유죄 판결을 받고 종신형을 선고받았다. 로벤 섬에서 18년을 복역하고 1982년에 폴스무어 교도소로 이감되었다. 1992년에 ANC 최고 훈장인 이시트왈란드웨 세아파란코에를 받았다.

앤서니 샘슨 (1926~2004)

작가이며 언론인. 만델라의 전기 『만델라 : 공인된 전기』를 썼다. 남아프리카 잡지 〈드럼〉을 편집했다. 〈드럼〉은 1950년대에 요하네스버그에서 남아프리카의 도시 흑인 지도층이

주로 읽은 중요한 잡지였다.

앨버트 존 음붐비 루툴리 족장 (1898~1967)

교사이며 반아파르트헤이트 활동가, 종교부 장관. 그루트빌 보호 지구의 수장. 1952~67년에 ANC 의장. 1953년부터 정부의 금지령으로 가택 연금을 당했다. 1956년 반역죄 재판에서 피고. 1960년에 자신의 통행증을 불태우고 샤프빌 학살을 애도하는 날을 정하자고 해 6개월 형을 선고받았다(집행이 유예되었다). 아파르트헤이트에 대한 투쟁에서 비폭력 투쟁을 한 공로로 1960년에 노벨 평화상 수상. 1955년에 국민회의에서 ANC 최고 훈장인 이시트왈란드웨 세아파란코에를 받았다.

앨프레드 바페툭솔로 은조 (1925~2000)

ANCYL과 ANC 지도부. 1952년 불복종 운동과 국민회의에 참여. 1962년에 24시간 가택 연금을 당했고, 1963년에 238일 동안 구금되었다. 석방된 뒤 ANC에서 나라를 떠나라는 명령을 받았다. 이집트와 인도, 잠비아, 탄자니아를 포함한 여러 나라에서 ANC를 대표했다. 1969년 두마 노크웨에 이어 사무총장이 되었고, 1991년에 남아프리카에서 처음 합법적인 ANC 회의가 열릴 때까지 그 자리에 있었다. 1990년 이후 ANC 대표단의 일원이 되어 데 클레르크 정부와의 회담에 참여했다. 1994년에 새로운 민주 남아프리카공화국에서 외무 장관에 임명되었다. 2003년에 루툴리 금장 훈장을 받았고, 그 밖에도 많은 상을 받았다.

에드워드(애디) 대니얼스 (1928~)

(만델라는 그를 "대니"라고 불렀다.) 정치 활동가. 남아프리카 자유당 당원. 정부에 대한 항의의 표시로 인간이 아닌 것을 대상으로 사보타주를 했던 아프리카 저항운동의 회원. 로벤섬에서 15년을 복역했고, 만델라와 함께 B구역에 있었다. 1979년에 석방되자마자 금지령이 내려졌다. 2005년에 남아프리카공화국 정부로부터 루툴리 은장 훈장을 받았다.

에벌린 은토코 마세 (1922~2004)

간호사. 1944~57년에 넬슨 만델라와 결혼. 마디바 템베킬레(1945~69년)와 9개월 만에 죽은 마카지웨(1947년), 마카토(1950~2005년), 마카지웨(1954년~)의 어머니. 월터 시술루가 사촌 여동생인 에벌린을 만델라에게 소개했다. 1998년에 은퇴한 소웨토 사업가 사이먼 라키필레와 재혼.

에벌린 은토코 만델라

(에벌린 은토코 마세를 보라.)

에이브럼(브람) 피셔 (1908~1975)

변호사이며 반아파르트헤이트 활동가. CPSA 당수. COD의 일원. 1946년에 아프리카 광산 노동자들이 벌인 임금 인상 투쟁에 관여해 선동죄로 기소되었다. 반역죄 재판에서 만델라 등 ANC 지도부를 성공적으로 변호했다. 1963~64년에 리보니아 재판에서 피고 측 변호인단을 이끌었다. 계속 금지령이 내려졌으며, 1966년에 공산주의 활동 금지법을 어기고 사보타주를 공모한 죄로 종신형을 선고받았다. 1967년에 레닌 평화상을 받았다.

엘리 와인버그 (1908~1981)

노조 운동가이며 사진가, 정치 활동가. SACP 당원. 1953년부터 계속 금지령이 내려졌다. 1960년 비상사태 때 3개월 동안 구금되었고, 1964년 9월에 다시 구금되었다. SACP 중앙위원회 위원이라는 이유로 유죄 판결을 받아 5년 형을 선고받았다. 1976년에 ANC의 지시로 남아프리카를 떠나 망명했다.

올리버 레저널드(O. R.) 탐보 (1917~1993)

변호사, 정치가, 반아파르트헤이트 활동가. ANC 지도부이며, ANCYL 공동 설립자. 만델라와 함께 남아프리카에서 처음으로 아프리카인 법률 회사를 세웠다. 월터 시술루에게 금지령이 내려진 뒤 ANC 사무총장이 되고, 1958년에 ANC 부의장이 되었다. 1959년에 5년 금지령이 내려졌다. 1960년대에 남아프리카를 떠나 ANC의 국외 활동을 관리하고 반아파르트헤이트 세력을 결집했다. 남아프리카 국외에서 군사훈련장을 세웠다. 1980년대에 만델라 석방 운동을 시작했다. 1990년까지 망명지인 영국 런던에서 살았다. 1967년에 앨버트 루툴리 족장이 죽은 뒤 ANC 의장 대리. 1969년에 모로고로 회의에서 의장에 선출되어 죽 그 자리에 있다가 1991년에 ANC 전국 의장이 되었다. 1992년에 ANC 최고 훈장인 이시트왈란드웨 세아파란코에를 받았다.

욘긴타바 달린디예보 족장 (?~1942)

템부족의 족장이자 섭정. 만델라의 아버지가 세상을 떠난 뒤 만델라의 후견인이 되었다. 만델라는 아홉 살 때 음케케즈웨니에 있는 대궁전으로 가 그와 함께 살았다.

움콘토 웨 시즈웨MK

'민족의 창'을 뜻하는 움콘토 웨 시즈웨는 1961년에 창설되었고, 흔히 MK로 알려져 있다. 넬슨 만델라가 초대 최고사령관이었던 ANC의 군사 조직. 1994년 선거 뒤 해체되어, 아파르트헤이트 시대의 남아프리카 수비군과 반투스탄 수비군, IFP의 자위군, PAC의 군사 조직인 아자니아 인민해방군APLA과 함께 새로 결성된 남아프리카 국방군에 통합되었다.

월터 울리아테 막스 시술루 (1912~2003)

씨족명은 크사멜라와 티호포. 반아파르트헤이트 활동가이며 정치범. 알버티나 시술루의 남편. 1941년에 만델라를 만나 라자르 시델스키에게 소개해 주어, 시델스키가 만델라를 수습사원으로 채용했다. ANC 지도자이며, 일반적으로 '투쟁의 아버지'로 여겨졌다. 1944년에 ANCYL을 공동 창설했다. 1952년 불복종 운동에서 주도적 역할을 해 공산주의 활동 금지법에 따라 체포되어 기소되었다. 1956년 반역죄 재판을 받았으나 무죄 판결을 받았다. 계속 금지령이 내려졌고, ANC와 PAC에 금지령이 내려진 뒤로 계속 가택 연금을 당했다. MK 창설을 도왔고, MK 최고사령부에서 일했다. 1963년에 지하로 들어가 리보니아에 있는 릴리스리프 농장에 숨어 있었으나, 1963년 7월 11일에 체포되었다. 리보니아 재판에서 사보타주로 유죄 판결을 받고, 1964년 6월 12일에 종신형을 선고받았다. 로벤 섬과 폴스무어 교도소에서 복역했다. 1989년 10월 15일에 석방. 아파르트헤이트 정부와 협상을 벌여 백인 지배를 종식시킨 ANC 협상 팀의 일원. 1992년에 ANC 최고 훈장인 이시트왈란드웨 세아파란코에 수상.

위니 만델라

(놈자모 위니프레드 마디키젤라 만델라를 보라.)

유서프 다두 박사 (1909~1983)

의사이며 반아파르트헤이트 활동가, 웅변가, SAIC 의장. MK 혁명 위원회에서 올리버 탐보를 대리. 1972~1983년에 SACP 당수. ANC의 지도부. 1940년에 반전운동을 하다 처음 투옥되었고, 1946년 소극적 저항운동 때도 6개월 동안 투옥. 1960년 비상사태 때 지하로 들어갔고, 체포를 피하려고 망명했다. 1955년에 국민회의가 열렸을 때 ANC의 최고 훈장인 이시트왈란드웨 세아파란코에 훈장을 받았다.

유서프 카찰리아 (1915~1995)

정치 활동가. 남아프리카 인도인 회의SAIC 총무. 몰비 카찰리아의 동생. 아미나 카찰리아의 남편. 1952년 불복종 운동에 참여해 집행유예 9개월을 선고받았다. 1953년부터 계속 금지령이 내려졌다.

은도베

(레이먼드 음라바를 보라.)

은코시 음파카니스와 가들라 만델라 (?~1927)

족장이며 상담역, 자문관. 익스히바 가문의 후손. 만델라의 아버지. 지역의 백인 치안판사와 논란이 벌어져 족장의 지위를 박탈당했다.

음부옐와 타보 음베키 (1942~)

정치가이며 반아파르트헤이트 활동가. 1999~2008년에 남아프리카공화국 대통령. 1994~99년에는 부통령. 고반 음베키의 아들. 1956년에 14세의 나이로 ANCYL에 들어갔다. 1962년에 다른 학생들과 함께 남아프리카를 떠났다. 망명 중 ANC에서 빠른 속도로 승진했고, 소련에서 군사훈련을 받았다. O. R. 탐보와 긴밀히 협력했고, ANC 대표단을 이끌어 남아프리카 정부와 비밀 회담을 했으며, 이후에도 남아프리카 정부와의 모든 교섭에 참여했다. 1997~2007년에 ANC 의장을 지냈다.

음웰리 스코타 (1880년대)

사무원, 언론인, 법원 통역사, 사업가, 신문 발행인. SANNC(나중에 ANC로 개명) 지도부. ANC 기관지 〈아반투-바토〉의 창간자이며 발행인. AAC의 일원.

이수(랄루) 치바 (1930~)

반아파르트헤이트 활동가. SACP 당원이며 TIC 회원. MK 소대장. 남아프리카 비밀경찰에게 고문을 받아 한쪽 귀가 멀었다. MK 제2최고사령부에 있었고, 이로 인해 18년 형을 받아 로벤 섬에 수감되었다. 감옥에서 만델라의 자서전 원고를 옮겨 쓰는 작업을 도왔다. 민주 연합 전선UDF 회원. 1994~2004년에 하원 의원. 평생 인종차별과 성차별 없는 정의롭고 민주적인 남아프리카를 건설하기 위한 투쟁에 이바지한 공로로 루툴리 은장 훈장을 받았다.

이스마일 아마드(몰비) 카찰리아 (1908~2003)

반아파르트헤이트 활동가. SAIC와 TIC, ANC의 지도부. 1946년 소극적 저항운동에 참여한 핵심 인물. 1952년 불복종 운동에 자발적으로 참여한 사람들의 부대표. 대표는 만델

라. 불복종 운동으로 재판을 받은 20명 가운데 하나. 1955년에 모지스 코타네와 함께 반둥 회의에 갔다. 1964년에 보츠와나로 탈출했고, 뉴델리에 ANC 사무소를 세웠다. 그의 아버지 아마드 모하메드 카찰리아는 간디의 측근이었고, 1908~18년에 트란스발 영국 인도인 연합회 회장을 지냈다.

일라이어스 모초알레디 (1924~1994)

씨족명은 모코니. 노조 운동가이며 반아파르트헤이트 활동가, 정치범. ANC와 SACP, 비유럽인 노동조합 회의CNETU 회원. 1952년 불복종 운동 뒤 금지령을 받았다. 1955년에 SACTU의 설립을 도왔다. 1960년 비상사태 때 4개월 동안 투옥되었고, 1963년 다시 90일 동안 구금되었다. 리보니아 재판에서 종신형을 선고받고 1964~1989년에 로벤 섬에서 복역. 석방된 뒤 ANC 전국 집행위원회에 선출. 1992년에 ANC 최고 훈장인 이시트왈란드웨 세아파란코에를 받았다.

ㅈ

자미

(놈자모 위니프레드 마디키젤라 만델라를 보라.)

자유 헌장

회의 동맹의 원칙을 담은 성명서. 1955년 6월 26일에 소웨토에 있는 클립타운에서 국민회의가 열렸을 때 채택되었다. 회의 동맹에서는 남아프리카 전역에서 자원봉사자 수천 명을 모집해 민중의 요구를 기록하도록 했다. 자유 헌장은 남아프리카 사람은 인종차별 없이 누구나 똑같은 권리를 누려야 한다는 것, 토지개혁, 노동조건과 생활환경의 개선, 부의 공정한 분배, 의무교육, 더욱 공정한 법을 옹호했다. 자유 헌장은 아파르트헤이트에 대한 투쟁에서 강력한 무기가 되었다.

자이납 아스바트 박사 (1923~)

반아파르트헤이트 활동가. 1946년 소극적 저항운동에 참여해 투옥. 1946년에 최초로 트란스발 인도인 회의TIC에 간부로 선출된 여성들 가운데 하나. 1963년에 5년 금지령을 받았고, 금지령이 만료되자 출국 허가를 받고 런던으로 갔다. 아버지 에브라힘 아스바트는 간디의 소극적 저항운동에 참여했으며, 1918년에 트란스발 영국 인도인 연합회Transvaal

British Indian Association 회장에 선출되었다.

자이누니사(시시) 굴 (1897~1963)

변호사이며 반아파르트헤이트 활동가. 압둘라 압두라만의 딸. 1940년대에 민족 해방 연맹NLL을 창설하고 초대 의장이 되었다. 비유럽인 연합 전선NEUF 의장. 1946년 소극적 저항 운동에 참여해 체포되어 기소되었으며, 1954년에는 금지령이 내려졌다. 1962년에 남아프리카 흑인 여성 최초로 법률 학교를 졸업해, 케이프 바로 불렸다. 사후에 남아프리카의 해방과 공정하고 인종차별 없는 민주적인 남아프리카를 위한 투쟁에 크게 기여한 공로로 남아프리카공화국 정부로부터 루툴리 은장 훈장을 받았다.

자카리아 케오디렐랑(Z. K.) 매튜스 (1901~1968)

학자, 정치가, 반아파르트헤이트 활동가, ANC의 일원. 1923년에 남아프리카 흑인 최초로 남아프리카 대학에서 문학사 학위 취득. 1930년에 남아프리카 흑인 최초로 법학사 학위 취득. 국민의회와 자유 헌장을 구상. 샤프빌 학살 사건이 일어나자 앨버트 루툴리 족장과 함께 1960년 3월 28일을 '전 국민 애도의 날'로 정하고 등교 거부 운동을 벌였다. 1965년에 은퇴해 보츠와나로 갔고, 보츠와나에서 주미 대사가 되었다.

잭 호지슨 (1910~1977)

반아파르트헤이트 활동가. SACP 당원. 제2차 세계대전 참전 용사들의 반파시즘 조직인 스프링복 군인회의 전국 비서. COD 공동 설립자이며 초대 사무총장. MK 공동 설립자. MK 신병 훈련을 도왔다. 아파르트헤이트 정부에서 금지령을 내렸다. 반역죄 재판을 받았다. 리보니아 재판 공소장에 공모자로 분류되었다.

제나니 만델라(제니) (1959~)

만델라가 두 번째 부인 위니에게서 얻은 장녀. 2019년 주한 남아프리카공화국 대사로 임명됐다.

제니

(제나니 만델라를 보라.)

제임스(지미) 크루거 (1917~1987)

정치가. 1974~79년에 법무부 장관. 1979~80년에 상원 의장. 국민당 당원. 1977년에 스티브 비코가 구치소에서 죽을 때 자기는 눈 하나 깜짝하지 않았다고 말해 악명이 높았다.

제임스 세베 모로카 박사 (1892~1985)

의사이며 정치가, 반아파르트헤이트 활동가. 1949~52년에 ANC 의장. 1952년 불복종 운동에 대한 재판에서 유죄 판결을 받았다. 재판 중 개인 변호사를 선임하고 ANC에서 탈퇴해 처벌의 경감을 호소했다. 그 결과 ANC 의장으로 재선되지 못하고 루툴리 족장에게 자리를 내주었다.

제임스 캔토 (1927~1975)

변호사. ANC 회원이나 MK 대원이 아니었는데도 리보니아에서 재판을 받았다. 릴리스리프 농장에서 붙잡힌 해럴드 월프가 누이의 남편이며 동업자라는 사실 때문이었을 것이다. 나중에 무죄 판결을 받고 망명을 갔다.

조 슬로보 (1926~1995)

반아파르트헤이트 활동가. 1949년에 루스 퍼스트와 결혼. ANC와 CPSA 지도부. MK 사령관. 1942년에 CPSA에 가입했고, 비트바테르스란트 대학에서 법률을 공부했다. 이 대학에서 만델라를 만났고, 학생운동에 적극 참여했다. COD의 결성을 도왔고, 1956년 반역죄 재판을 받았다. 1960년 비상사태 때 6개월 동안 구금. MK 창설을 도왔다. 1963년부터 1990년까지 망명을 가 영국과 앙골라, 모잠비크, 잠비아에서 살았다. 1986년에 SACP 사무총장. MK 참모총장. 여러 정당 간 협상에 참여해 백인 지배를 종식시켰다. 1994년부터 만델라의 정부에서 주택부장관. 1994년 ANC 최고 훈장인 이시트왈란드웨 세아파란코에를 받았다.

조이스 시카카네 (1943~)

언론인이며 반아파르트헤이트 활동가. 알버티나 시술루와 위니 만델라 등 정치범 가족들에 관해 썼고, 이로 인해 공산주의 활동 금지법에 저촉되어 체포되었다. 나중에 테러법에 저촉되어 다시 구금되는 바람에 독방에서 18개월을 보내야 했다. 석방이 금지되었다. 1973년에 남아프리카를 떠나 망명했다. 새로운 민주 남아프리카공화국에서 정보부에 채용되었다.

조지 비조스 (1928~2020)

그리스 태생의 인권 변호사. 전국 인권 변호사 협회 공동 설립자. ANC의 법과 헌법 위원회 위원. 민주 남아프리카를 위한 회의[COEDSA]의 법률 자문. 리보니아 재판에서 피고 측 변호사. 진실과 화해 위원회에서 스티브 비코와 크리스 하니, 크래독에서 비밀경찰에게 살해당한 활동가 네 명의 가족을 포함해 많은 반아파르트헤이트 활동가들을 변호. 만델라가 남아프리카 법률 봉사 위원회 위원으로 임명했다.

조지 피크 (1922~)

정치 활동가. 1953년에 남아프리카 혼혈인 기구(나중에 CPC)를 공동 설립하고, 전국 의장이 되었다. 반역죄 재판에서 무죄 판결을 받았다. 여러 차례 금지령이 내려졌고, 1960년 비상사태 때 5개월 동안 구금되었다. 1961년 3월부터 케이프타운 시의회 의원이었으나, 1962년에 사보타주로 기소되어 2년 동안 복역했다. 1964년에 남아프리카를 떠나 망명했다.

존 랑갈리발렐레 두베 (1871~1946)

교육자이며 출판인, 편집자, 작가, 정치 활동가. 1912년에 설립된 SANNC(1923년에 ANC로 개칭)의 초대 의장. 올랑게에 줄루족 기독교계 실업학교를 세웠다. 1904년에 최초로 줄루어와 영어로 된 신문 〈일랑가 라세 나탈(나탈의 태양)〉을 창간. 1913년 토지법에 반대. 1935년에 AAC의 집행부. 만델라는 1994년에 두베가 올랑게에 세운 학교에서 생애 처음 투표를 하고는, 두베의 묘에 찾아가 남아프리카공화국이 이제 자유로운 나라가 되었음을 알렸다.

존 비버(J. B.) 막스 (1903~1972)

정치 활동가이며 반아파르트헤이트 활동가, 노조 운동가, ANC 트란스발 지부장, SACP 당수. 공산주의 활동 금지법으로 금지령을 받았다. 비유럽인 노동조합 트란스발 협의회 의장. 아프리카 광산 노동조합[AMWU] 조합장. 1946년 아프리카 광산 노동자 파업을 주도했다. 1963년에 ANC의 명령으로 탄자니아에 있던 해외 사절단 본부에 합류했다.

존 은야티 포켈라 (1922~1985)

반아파르트헤이트 활동가. ANCYL 단원. PAC 공동 창립자이며 지도부. 1966년에 PAC의 군사 조직 포코에 참여해 13년 형을 선고받았다. 1981년까지 PAC 의장.

존 텡코 자바부 (1859~1921)

학자이며 작가, 신문 편집인, 정치 활동가. 데이비슨 돈 텡고 자바부의 아버지. 최초의 흑인 소유 신문 〈임보 자반트순두(흑인의 의견)〉를 창간. 1916년에 남아프리카 원주민 대학(포트하레 대학교)의 설립을 도왔다. 사후에 루툴리 금장 훈장을 받았다.

지마실레 윌튼 음콰이 (1923~2004)
씨족명은 음보나, 별명은 브리브리. 노조 운동가이며 정치 활동가. ANC와 SACTU 회원. 포트엘리자베스에서 아프리카인 직물 노동자들을 위해 노동조합을 조직. 1952년 불복종 운동에 자원봉사자로 참여하고, 이후 국민회의를 위한 운동에서도 활발하게 활동. 1956년 반역죄 재판 때 몸을 피해 레소토로 갔다. 움콘토 웨 시즈웨에 가입했고, 중국에서 군사훈련을 받았다. 릴리스리프 농장에서 MK 지도부가 체포된 뒤 MK 총사령관이 되었다. '작은 리보니아 재판'으로 알려진 재판에서 유죄 판결을 받고 종신형을 선고받았다. 로벤섬에서 형을 살았다. 1989년 10월에 석방. 1994년에 상원 의원으로 선출되었고, 나중에 이스턴케이프 주 입법부에 배치되었으며, 1999년에 공직에서 은퇴할 때까지 거기서 일했다. 1992년에 ANC 최고 훈장인 이시트왈란드웨 세아파란코에를 받았다.

진드지
(진드지스와 만델라를 보라.)

진드지스와 만델라(진드지) (1960~2020)
만델라가 두 번째 부인 위니에게서 얻은 두 번째 딸.

ㅋ

카이저 달리원가(K. D.) 마탄지마 (1915~2003)
템부족 족장이며 정치가. 만델라의 조카. 1955년에 트란스케이 지역 총회에 참석했고, 1956년에 트란스케이 지역 당국에 들어갔다. 1963년에는 트란스케이 자치구 의장. 동생 조지 마탄지마와 함께 트란스케이 민족 독립당을 만들어 이끌었다. 1976년에 트란스케이가 명목상의 독립을 얻었을 때 트란스케이 반투스탄의 초대 수상이 되었다. 1979~86년에 트란스케이 대통령.

코이코이족
남아프리카 원주민. 이 부족은 소와 양을 길러 생계를 유지하는 유목민이었다.

쿠누
남아프리카공화국 이스턴케이프 주에 있는 시골 마을. 만델라는 음베조에서 태어나 가족과 함께 이곳으로 이사했다.

크사멜라

(월터 울리아테 막스 시술루를 보라.)

클래런스 마크웨투 (1928~)

정치 활동가이며 반아파르트헤이트 활동가, 정치범. ANCYL 단원. 1990~96년에 PAC 공동 설립자이며 나중에 의장. 1963년에 PAC의 목적을 추진한 죄로 기소되어 5년 형을 받았다. 로벤 섬에서 풀려나 트란스케이로 호송되었으나, 1979년에 K. D. 마탄지마에게 추방당했다. 1989년에 PAC 전위 조직인 범아프리카 운동[PAM] 초대 의장. 1994년 민주 선거로 하원 의원에 당선. 루툴리 은장 훈장을 받았다.

ㅌ

템비실레(크리스) 하니 (1942~1993)

반아파르트헤이트 활동가이며 정치 활동가. 열다섯 살 때부터 ANCYL의 일원. SACP에도 들어갔다. MK에서 활동하다 결국 대장이 되었다. 이스턴케이프 주와 웨스턴케이프 주에서 지하에 있던 ANC에서 활동했으며, MK에서 승진했으나 결국 망명했다. 1990년에 남아프리카로 돌아왔다. 1991년부터 SACP 사무총장. 1993년에 요하네스버그에 있는 자택 밖에서 야누스 발루시에게 암살당했다. 2008년에 ANC 최고 훈장인 이시트왈란드웨 세아파란코에를 받았다.

티호포

(월터 울리아테 막스 시술루를 보라.)

ㅍ

파티마 미어 박사 (1928~2010)

작가이며 학자, 반아파르트헤이트 활동가, 여성 운동가. 1950년에 이스마일 미어와 결혼.

1946년에 소극적 저항운동이 벌어졌을 때 학생 위원회를 만들어 운동을 지원했다. FEDSAW 창립 회원. 1956년에 흑인 여성 최초로 남아프리카 백인 대학(나탈 대학교) 강사로 임명. 1953년부터 금지령이 내려졌고, 암살 기도가 있었으나 피했다. 흑인 의식 운동의 이데올로기를 받아들였다. 1975년에 흑인 연구소IBR를 세웠다. 1975년에 설립된 흑인 여성 연합 초대 회장. 최초로 공인된 만델라 전기 『희망보다 높은』(1988년에 출판)을 썼다.

폴스무어 최고 보안 교도소

케이프타운의 토카이라는 교외 지역에 있는 교도소. 1982년에 만델라가 월터 시술루와 레이먼드 음라바, 앤드류 음랑게니와 함께 이곳으로 이감되었고, 나중에 아메드 카트라다도 이곳으로 왔다.

프레데리크 빌럼 데 클레르크 (1936~2021)

변호사. 1989~94년에 남아프리카공화국 대통령. 1989~97년에 국민당 당수. 1990년 2월에 ANC와 다른 조직들에 대한 금지령을 해제하고 만델라를 석방했다. 1994년부터 1996년까지 만델라 밑에서 타보 음베키와 함께 부통령을 지냈다. 1997년에 신국민당 당수. 아파르트헤이트를 평화적으로 종식시킨 공로로 1992년에 아스투리아스 황태자 상을 받고, 1993년에는 만델라와 함께 노벨 평화상을 받았다.

피터르 빌럼 보타 (1916~2006)

1978~84년에 남아프리카공화국 수상. 1984~89년에 최초로 집행권이 있는 대통령으로 재직. 남아프리카공화국의 국민당 당수. 아파르트헤이트 체제의 옹호자. 1985년에 만델라가 폭력을 쓰지 않겠다고 하면 풀어 주겠다는 보타의 제안을 거부했다. 보타는 1998년에 진실과 화해 위원회에서 아파르트헤이트 범죄에 관해 증언해 달라는 요청을 거부했다.

필리먼 피어스 두마실레(두마) 노크웨 (1927~1978)

변호사이며 정치 활동가. ANCYL 단원. ANC 지도부. 1953~58년에 ANCYL 사무총장. 불복종 운동에 참여. 가르치는 일이 금지되자 법률을 공부해 변호사가 되었고, 흑인 변호사 최초로 트란스발 대법원에 들어갔다. 하지만 1956~61년 반역죄 재판에서 피고가 되어 활동하지 못했다. 1958년에 열린 ANC 연례회에서 사무총장으로 선출되어, 1969년까지 그 자리에 있었다. ANC에서 망명을 가라는 명령을 받고, 1963년에 모지스 코타네와 함께 나라를 떠났다. 망명지에서 ANC 지부의 설립을 도우며, 많은 국제 포럼에서 로비 활동을 했다.

ㅎ

헨드릭(코비) 쿠시 (1913~2000)

남아프리카 정치가이며 법률가, 행정가, 협상가. 1978년에 국방 및 국가 정보부 차관. 1980년 법무부 장관. 1985년부터 국민당과 ANC의 협상을 위해 만델라와 회담. 1994년 남아프리카 최초의 민주적 선거를 통해 상원 의장으로 선출되었다.

헨드릭 프렌스 페르부르트 박사 (1901~1966)

1958~66년에 남아프리카 총리. 1950~58년에 원주민부 장관. 국민당 정치가. 아파르트헤이트의 설계자로 널리 알려져 있으며, '분리 발전' 체제를 옹호했다. 그의 지도 아래 남아프리카가 1961년 5월 31일에 공화국이 되었다. 의회에서 디미트리 차펜다스에게 암살.

헬렌 수즈먼 (1917~2009)

학자이며 정치가, 반아파르트헤이트 활동가, 하원 의원. 비트바테르스란트 대학 경제사 교수. 아파르트헤이트 정부의 인종차별 정책에 대응해 비트바테르스란트 대학에 통일당 지부를 세웠다. 1953~59년에는 통일당 하원 의원, 1961~74년에는 아파르트헤이트에 반대하는 진보연합당 하원의원. 야당 정치 지도자 가운데 유일하게 로벤 섬을 방문하는 것이 허락되었다.

헬렌 요셉 (1905~1992)

결혼 전 성은 페늘. 교사이며 사회복지사, 반아파르트헤이트 활동가, 여성 운동가. COD 창립 회원. FEDSAW 전국 총무. 여성 2만 명이 프리토리아의 유니언 빌딩으로 행진했을 때 행진을 조직한 지도부. 1956년 반역죄 재판을 받음. 1962에 가택 연금. 만델라 부부가 모두 투옥되었을 때 진드지와 제니 만델라가 보살핌을 받도록 도왔다. 1992년에 ANC 최고 훈장인 이시트왈란드웨 세아파란코에를 받았다.

회의 동맹Congress Alliance

1950년대에 설립되고, ANC와 SAIC, COD, 남아프리카 혼혈인 기구(훗날 CPC)로 이루어졌다. 1955년에 SACTU가 설립되어 동맹의 다섯 번째 단체가 되었다. 국민회의를 결성하고 자유 헌장에 포함시킬 조항을 결집하는 데 중요한 역할을 했다.

흑인 의식 운동

흑인 젊은이와 노동자를 대상으로 벌인 반아파르트헤이트 운동으로, 흑인 정체성에 자부심을 갖도록 했다. 1960년대에 ANC와 PAC 회원들이 계속 금지령을 받고 투옥되면서 정치적 공백이 생기자 생겨났다. 스티브 코비가 이 운동을 창시했고, 그가 이끈 남아프리카 학생 기구[SASO]가 기원이 되었다.

힐다 번스타인 (1915~2006)
결혼 전 성은 슈와츠. 저술가이며 화가, 반아파르트헤이트 활동가, 여성 운동가. 1943년부터 1946년까지 요하네스버그 시의회 의원. '백인들만'의 투표로 공직에 선출된 유일한 공산주의자. 1956년에 남아프리카에서 최초로 인종차별 없는 여성 조직으로 결성된 남아프리카 여성 연합[FEDSAW] 창립 회원이자 남아프리카 평화 회의 창립 회원. ANC 여성 연맹 회원. 1964년 리보니아 재판 뒤, 걸어서 보츠와나로 탈출했다가 다시 런던으로 이동. 2004년에 남아프리카에서 남녀평등과 자유 민주 사회를 이루는 데 기여한 공로로 루툴리 은장 훈장 수여.

기타

1960년 비상사태
샤프빌 학살 사건이 일어나자 1960년 3월 30일에 선포. 아프리카인 지도자들을 대거 체포하고 투옥한 것이 특징. 1960년 4월 8일에 불법 단체법에 따라 ANC와 PAC에 금지령이 내려졌다.

G. J.(야크스) 헤르블 (1946년~)
학자. 1994~99년 만델라 대통령 재임 시절 장관. 1994~99년에 거국 내각 정부에서 장관을 지냄. 로즈 대학교 총장. 웨스턴케이프 대학교 인문학부의 저명한 교수. 넬슨 만델라 재단 이사장.

MK
(움콘토 웨 시즈웨를 보라.)

OR
(올리버 탐보를 보라.)

참고문헌

*

도서

Davenport, Rodney and Saunders, Christopher, South Africa : *A Modern History*, 5th ed., Macmillan Press Ltd, London, 2000.

Kathrada, Ahmed, *Memoirs*, Zebra Press, Cape Town, 2004.

Mandela, Nelson, *Long Walk to Freedom*, Little, Brown and Company, London, 1994. (한국어판 : 『만델라 자서전 : 자유를 향한 머나먼 길』, 김대중 옮김, 두레, 2006.)

Meer, Fatima, *Higher Than Hope*, Skotaville Publishers, Johannesburg, 1988.

Nelson Mandela Foundation : *A Prisoner in the Garden : Opening Nelson Mandela's Prison Archive*, Penguin, 2005.

Nicol, Mike, *Mandela : The Authorised Portrait*, PQ Blackwell, Auckland, 2006.

Sampson, Anthony, *Mandela : The Authorised Biography*, HarperCollins Publishers, London, 2000.

Sisulu, Elinor, Walter and Albertina Sisulu : *In Our Lifetime*, David Philip Publishers, Cape Town, 2002.

웹사이트

www.justice.gov.za/trc

www.nelsonmandela.org

www.robben-island.org.za

www.sahistory.org.za

넬슨 만델라

NELSON ROLIHLAHLA MANDELA

1918년 7월 18일에 남아프리카 트란스케이에서 태어났다. 1944년 아프리카민족회의(ANC)에 들어간 후 1962년 8월 체포될 때까지 오랫동안, 집권당인 국민당의 아파르트헤이트 정책에 저항하는 운동에 매진했다. 27년 넘게 감옥에 갇혀 있었고, 그동안 반아파르트헤이트 운동을 상징하는 강력한 인물로서 그 명성이 점점 높아졌다. 1990년 2월 출소했으며, 1993년에 노벨평화상을 수상하고, 1994년에 남아프리카공화국에서 민주적 선거에 의해 선출된 첫 대통령으로 취임했다. 이후 발표한 자서전 『자유를 향한 머나먼 길(Long Walk to Freedom, 1994)』은 전 세계에서 600만 부 이상 팔린 베스트셀러가 되었다. 자와할랄 네루 상, 유네스코 시몬 볼리바르 국제상 등 지금까지 1,115회 이상 각종 상을 수상하는 영예를 안았다. UN 총회는 만델라의 생일인 7월 18일을 '국제 넬슨 만델라의 날'로 선포하고 그가 세계의 자유에 기여한 공을 치하했다. 2013년 12월 5일 요하네스버그 자택에서 지병인 폐 질환이 악화되어 95세의 나이로 생을 마쳤다.

옮긴이 윤길순

한국외국어대학교 영어과를 졸업했고, 출판사 편집장을 역임하는 등 출판계에서 오랫동안 일했다. 현재 전문번역가로 활동 중이며, 영미권의 뜻깊은 인문·사회·과학·예술 도서들을 우리말로 옮기는 데 매진하고 있다. 그동안 옮긴 책으로 『건축은 왜 중요한가』, 『지구 위의 모든 역사』, 『제국의 탄생』, 『스탈린』, 『새 인문학 사전』, 『용병』, 『세상에서 가장 놀라운 생물들』, 『산파 일기』, 『내 영혼의 달콤한 자유』 등 다수가 있다.

나 자신과의 대화

1판 1쇄 발행 2013년 1월 7일
1판 3쇄 인쇄 2013년 12월 13일
2판 1쇄 발행 2022년 10월 20일

지은이 넬슨 만델라
옮긴이 윤길순

발행인 양원석 **책임편집** 김애영
디자인 신자용, 김미선 **영업마케팅** 양정길, 윤송, 김지현, 정다은, 박윤하

펴낸 곳 ㈜알에이치코리아
주소 서울시 금천구 가산디지털2로 53, 20층(가산동, 한라시그마밸리)
편집문의 02-6443-8857 **도서문의** 02-6443-8800
홈페이지 http://rhk.co.kr
등록 2004년 1월 15일 제2-3726호

ISBN 978-89-255-7738-8 (03340)

※이 책은 ㈜알에이치코리아가 저작권자와의 계약에 따라 발행한 것이므로
본사의 서면 허락 없이는 어떠한 형태나 수단으로도 이 책의 내용을 이용하지 못합니다.

※잘못된 책은 구입하신 서점에서 바꾸어 드립니다.

※책값은 뒤표지에 있습니다.

✶

CONVERSATIONS
WITH MYSELF